解密巴塞尔

简析国际银行监管框架

刘春航◎编著

DECODING
BASEL

A BRIEF ANALYSIS OF THE INTERNATIONAL BANKING
REGULATORY FRAMEWORK

中国金融出版社

责任编辑：张智慧　王雪珂
责任校对：潘　洁
责任印制：丁淮宾

图书在版编目（CIP）数据

解密巴塞尔（Jiemi Basaier）：简析国际银行监管框架/刘春航编
著. —北京：中国金融出版社，2015.4
　ISBN 978 - 7 - 5049 - 7881 - 3

　Ⅰ.①解…　Ⅱ.①刘…　Ⅲ.①国际清算银行—协议—研究
Ⅳ.①F831.2

　中国版本图书馆 CIP 数据核字（2014）第 054303 号

出版
发行　中国金融出版社

社址　北京市丰台区益泽路 2 号
市场开发部　（010）63266347，63805472，63439533（传真）
网上书店　http：//www.chinafph.com
　　　　　　（010）63286832，63365686（传真）
读者服务部　（010）66070833，62568380
邮编　100071
经销　新华书店
印刷　保利达印刷有限公司
尺寸　169 毫米×239 毫米
印张　29.75
字数　393 千
版次　2015 年 4 月第 1 版
印次　2015 年 4 月第 1 次印刷
定价　69.00 元
ISBN 978 - 7 - 5049 - 7881 - 3/F. 7441
如出现印装错误本社负责调换　联系电话（010）63263947

序言（一）

　　巴塞尔委员会成立至今已有四十余年。回首四十年前，与全球金融体系紧密关联的国家经济体比如今要少得多。那时银行业务相对初级和简单，银行监管的重点主要集中于信用创造及其对通货膨胀或汇率的影响。四十年后的今天，银行业已经呈现出全然不同的景象。虽然监管当局过去关心的很多问题如今依然重要，但是伴随着不同国家金融体系之间、银行体系与实体经济之间的相互关联性不断上升，监管当局越来越需要能够识别国内或全球冲击的监管工具，以应对那些可能威胁全球金融稳定的潜在危机。全球化步伐的加快和关联性的不断增加意味着金融危机将不再有边界。

　　中国之于这个新世界至关重要。无论对于政策制定者、市场参与者，还是学者来说，了解银行监管机制都必不可少。我很高兴刘春航组织撰写了这本内容翔实、旨在解读巴塞尔协议监管框架的著作，并邀请我为本书作序。中国于 2009 年 3 月加入巴塞尔委员会，当时全球金融体系正陷入一场长期、深远而复杂的金融危机，这场危机的起因是多样的，且对金融和经济体系造成了非常严重的影响。危机不仅向我们展示了金融体系之间是如此的高度关联，更让我们意识到，为了维护全球金融稳定，形成国际统一的银行监管标准是多么重要。危机中，巴塞尔委员会迅速采取行动，扩大了其成员的代表性，邀请中国等具有全球重要性的国家加入，共同参与国际监管规则的制定和实施。显然，合作、协调和沟通是实现金融体系稳定的关键。

经过几年来紧锣密鼓的工作，巴塞尔委员会已经完成了巴塞尔监管框架的大量修订工作，国际上很多国家都参与其中。这项工作为国际金融监管格局带来了根本性的变化。危机表明，金融体系中某一局部的脆弱和不足，不仅可能引发国内金融体系的动荡，还可能造成区域性和全球性的影响。因此，对巴塞尔监管框架的诸多改革，即《巴塞尔协议Ⅲ》，旨在提高银行体系吸收冲击的能力，增强国内金融体系的韧性，从而提升国际金融体系的稳定性。

正是基于这个目标，危机爆发后至今，巴塞尔委员会对巴塞尔框架下以风险为基础的资本监管标准进行了大幅改进。巴塞尔委员会提高了国际活跃银行的资本要求，要求其计提更多高质量、能够真正吸收损失的资本；引入资本缓冲加强资本监管的逆周期性，激励银行在更高的资本水平下经营；要求全球系统重要性银行持有附加资本以避免其倒闭可能带来的不稳定性，同时鼓励国内系统重要性银行照此实施。

除了提升资本质量和数量外，《巴塞尔协议Ⅲ》还引入了不具有风险敏感性的杠杆率指标，作为一个简单的资本监管底线以更好地支撑银行的稳健性。《巴塞尔协议Ⅲ》同时引入了国际流动性监管标准，要求银行持有一定水平的合格优质流动性资产，以避免类似此次金融危机中部分银行遭遇的流动性危机。此外，《巴塞尔协议Ⅲ》的目标还包括提升银行的风险管理能力和公司治理水平，增强透明度和信息披露，提振市场对监管指标的信心，促进国际金融体系的公平竞争。为了将改革的非预期影响降至最低，《巴塞尔协议Ⅲ》是按计划逐步实施的，这为银行达标预留了时间，也为那些需要对资产负债表和商业模式进行调整的银行留有余地。

伴随着这些修订标准的逐步实施，巴塞尔委员会密切关注监管改革的进程，以确保改革路径对金融稳定的支持是持续的。换句话说，我们要确保巴塞尔监管框架能在相当长的时期发挥作用。目前，巴塞尔监管框架的几个领域正在持续推进相关工作，本书第十章"巴塞尔监管框架的改进"对这些工作进行了清晰的描述。这些工作包括第三支柱补充信息披露、银行交易账户市场风险框架、对信用风险和操作风险标准法的修订等。

巴塞尔委员会关注的另一领域在于如何确保国际监管标准在简单性、可比性和风险敏感性之间寻找平衡。正如本书所描述的，毫无疑问，巴塞尔监管框架在过去四十年中发生了翻天覆地的变化，其框架越来越复杂。尽管复杂性的不断提升可能源于资本监管框架对风险敏感性的追求，但很明显在某些领域，复杂性带来的成本已经超出了收益。以内部模型为例，虽然内部模型具有较强的风险捕捉能力，但是基于内部模型计算的风险加权资产的可比性较低，而由此带来的缺陷并不能被其优势所掩盖。因此，巴塞尔委员会正在评估存在过度复杂性的领域，并就提升资本充足率的可比性寻找解决方案。

然而，在巴塞尔监管框架中平衡简单性、可比性和风险敏感性并非易事。追求简单性和风险敏感性的平衡，已经在巴塞尔委员会政策制定者的脑海中根深蒂固。在当前资产证券化框架和操作风险框架的修订中，这已经成为巴塞尔委员会首要考虑的问题。在交易账户规则和信息披露要求的修订中，也已经被充分吸收。对于巴塞尔委员会来说，"解密巴塞尔"，使其变得更为简单易懂，是一个持续而严谨的过程，对于这本十分有价值的书籍的作者来说，无疑亦是如此。

　　谈及巴塞尔委员会的工作，自然少不了巴塞尔监管框架的实施，本书在第十一章中对此进行了介绍。巴塞尔监管框架实施的一致性对提高全球银行体系的韧性、提升对银行和金融体系的市场信心非常重要。巴塞尔委员会目前正在开展对巴塞尔协议实施的全面评估，我很高兴巴塞尔委员会的成员国正在持续推动巴塞尔协议强有力的实施。目前，所有成员经济体都已经开始实施或即将实施《巴塞尔协议Ⅲ》中以风险为基础的资本监管规则。中国作为第一批被评估的国家之一，其资本监管标准被巴塞尔委员会评为符合巴塞尔协议的资本监管标准。

　　巴塞尔委员会得益于中国在国际政策制定和监管中的参与。所有的巴塞尔委员会成员国，包括发达国家和发展中国家，都在互相学习如何强化监管框架。同时，我相信我们的成员将怀着同样的意愿和谦卑之心，吸取历史经验，完成未来的工作。我们将继续致力于促进全球金融体系的稳定，根据巴塞尔框架制定的标准，推动各国实施稳健的监管制度。我希望这本书能够为您了解和掌握巴塞尔监管框架提供有益的参考。

斯蒂芬·英格维斯（Stefan Ingves）
巴塞尔委员会主席
2015 年 4 月

序言（二）

 刘春航博士及其银监会同事共同撰写的这本关于国际银行监管框架的著作，不仅富有时效性和重要性，而且意义深远。

 作为国际银行监管标准的制定者，巴塞尔委员会的历史就是一篇关于银行业全球化及银行业危机的故事。在融入全球经济的进程中，中国必须遵守国际规则，以利于在全球经济金融事务中扮演越来越重要的角色，在全球经济增长、社会责任以及金融稳定等多方面发挥应有的作用。对于巴塞尔Ⅲ以及巴塞尔委员会、国际证监会组织（IOSCO）、国际保险监督官协会（IAIS）和金融稳定理事会（FSB）提出的国际金融监管标准，中国必须对其充分吸收并为我所用，实现中体西用。

 伦敦政治经济学院的 Charles Goodhart（2011）对银行监管及巴塞尔委员会的历史进行了权威性的回顾，时间跨度从 1974 年至 1997 年，恰好覆盖了赫斯塔特（Herstatt）危机至亚洲金融危机（1997—1998 年）这个时段。众所周知，监管改革通常是由危机引发的。20 世纪 70 年代初，欧洲美元业务在欧洲兴起，但同时欧美银行发现无法处理外汇交易业务由于欧洲和美国的时差（大约 6~7 个小时）及清算时间差异带来的损失。美国的银行向德国赫斯塔特银行支付德国马克，以期 6 小时后在纽约获得美元，但此时赫斯塔特银行宣布破产，无法支付美元从而给对手方带来巨额损失。欧洲与美国的央行及银行监管者为了解决由此带来的资本和流动性等问题，达成了第一个紧急协议。

1975 年，巴塞尔委员会成立，成员由 G10 的监管当局和央行代表共同组成。1988 年，第一版资本监管规则"巴塞尔 I"面世。1997—1998 年亚洲金融危机和 2000 年的科技泡沫之后，第二版资本监管规则"巴塞尔 II"应运而生，包含最低资本要求（第一支柱）、监督检查（第二支柱）和信息披露（第三支柱）三大支柱。

在 2007 年这场始于美国次贷危机、蔓延至欧洲主权债务危机的北大西洋金融危机爆发之前，巴塞尔 II 并未得到完全实施。目前，这场始于发达经济体的危机对全球经济的影响余波尚存。危机引发了国际金融监管改革的讨论，拟对巴塞尔 II 的不足进行修订，并将流动性监管要求、杠杆率及对"大而不倒"机构的处理等纳入改革的内容。巴塞尔 III 的关键要素已于 2010 年底达成广泛共识，并于 2010 年 11 月召开的 G20 韩国首尔峰会上获得批准，相关规则将于 2018 年底前陆续实施。

中国作为 G20 和巴塞尔委员会的成员国，已发布巴塞尔 III 的相关规定并正在实施进程中。在中国银行业"走出去"的过程中，最大的挑战不仅包括在实施巴塞尔 III 中，对信息系统、业务流程和治理体系等机制的完善，还在于不同国家对当地规则的设计及解释可能有所不同。例如，美国银行监管者包括美联储、货币监理署、联邦存款保险公司以及各州银行监管当局等，体系相当复杂。相比较资本或流动性等核心规则而言，在美经营的银行可能更容易由于违反"反洗钱"或"与敌通商"等规定而被罚款。同样，欧洲目前仍处在统一共同银行市场和共同资本市场规则的进程中，当地的规则和法律已经高度复杂。

在实施巴塞尔 III 的过程中，中国面临的核心挑战便是如何将国际标准运用于中国国内实际，即如何适应西法中用。

关于巴塞尔Ⅲ，我有一些自己的看法。首先，我认为巴塞尔Ⅲ是妥协的产物，对于这场发达市场危机的起因，不同监管者有不同的解释，巴塞尔Ⅲ便是对这些不同解释的艰难平衡。巴塞尔Ⅲ过于复杂，难以理解和实施，且仅适用于全球系统重要性银行。在包括中国在内的很多发展中国家，很多银行以吸收零售存款为主，如果要求它们全盘实施巴塞尔Ⅲ的相关要求，成本昂贵且可能存在"过度设计"（over-designed）。然而，对于那些致力于"走出去"成为全球化银行的银行来说，遵守国际标准是自然的，这是按照国际规则进行游戏的前提条件。因此，本书对它们来说至关重要，有助于它们更好地理解巴塞尔Ⅲ规则，尽可能地运用国际银行监管框架来提高自身风险管理能力、完善公司治理，并将这些规则充分运用于中国的实际。

然而，所有的新产品（不论是药物还是金融规则）都应该有相应的健康警示。

英国金融服务局前主席、中国银监会国际咨询委员会成员Howard Davies先生是国际金融和监管改革的权威之一，历任英格兰银行前副行长和摩根士丹利董事，因此他既有中央银行的视角，又有商业银行的观点。他于2014年最新出版的著作《金融市场能否被管控》（*Can financial markets be controlled?*）一书中对全球监管改革进行了坦率地评估，他的一些观点不容忽视。他认为，2007年金融危机爆发以来，从大量的监管改革中我们可以总结以下几点：首先，银行监管者通过对银行管理层和董事的任命进行资格审查、对银行盈利策略和商业模式进行质询、专职的进驻式的现场检查等手段，频繁地介入了银行的经营和治理。第二，监管和合规成本呈指数上升。从1997年至今，英国的监管成本上升了 4 倍。银行不仅需要准备上亿的美元和欧元以应对诉讼和罚款，同时还要支付持续上升的合规和诉讼成本。第三，监管规则过于复杂和精细化，以至于管理者不得不在业务流程中的几乎每一步骤不断请教律师和会计师。除了极少数专家，对于大多数人来说，几乎不太可能全面了解监管规则的整体影响。第四，银行不愿意承担风险，在遇到市场波动时，会第一时间从做市商市场中迅速撤离，从而导致金融市场分割严重、流动性较低且波动性较高。风险厌恶的银行家不仅迫使中央银行成为最后贷款人，还要求中央银行吸收所有剩余风险，不惜一切代价维护金融体系的稳定，而这些行为都使金融体系更加脆弱。总之，即使我们遵守了当前所有的国际金融监管规则，也未必能阻止下一次危机。

Charles Goodhart 教授在描述巴塞尔委员会 1997 年之前的历史时，对当时监管体系的缺陷进行了总结：一是缺乏理论依据；二是由于仅关注单家机构，忽略了金融体系；三是未对流动性监管达成协议；四是缺乏实证分析；五是不愿意对处罚或危机处置等问题进行讨论。

可能很多人没有意识到，巴塞尔委员会并不具有法律地位，在国家和国际层面均未受到法律的认可。作为标准的制定者，其地位是由各国银行监管者在实践中树立的。正是由于全球最大的银行机构都使用这些规则，市场分析师运用这些标准来衡量银行，这些标准才成为全球金融市场行为和合规的准则。在 G20 领导人峰会承诺后，即使没有法律授权，巴塞尔协议也已经成为了名副其实的国际银行监管标准。

毫无疑问，巴塞尔协议所体现的原则是崇高和正确的，实践中不易把握的是对这些原则的诠释和在具体细节上的执行。我认为，对于尚不成熟的市场来说，例如中国和其他新兴市场，应该适用一个相对简单、原则化的巴塞尔协议，但在实施中应该更加严格。复杂的金融机构可能需要复杂的监管规则，巴塞尔Ⅲ当然适用于全球系统重要性机构。

对于优秀的银行管理者和监管者来说，不仅应该了解巴塞尔协议的原则，也应掌握其细节。只有知其然且知其所以然，才能够更好地吸收并为我所用。因此，我将这本书推荐给中国的银行管理者、市场分析师和金融监管者等所有相关从业人员，以了解巴塞尔协议的细节、运作流程和内在逻辑。这是一本值得精读的必备手册。

沈联涛
中国银监会首席顾问
2015 年 4 月

前　　言

　　进入 21 世纪以来，金融全球化已经成为不可逆转的趋势。伴之而来的是金融监管规则的国际化。与世界其他主要经济体一样，我国的银行监管政策框架目前已与国际规则基本接轨。2007 年国际金融危机爆发之后，我国在二十国集团（G20）主导的全球金融治理改革中发挥了重要作用，在国际金融规则制定中的参与度和话语权显著提升。2009 年，我国正式成为金融稳定理事会和巴塞尔委员会的成员，并在各个层面开始参与国际银行监管政策的制定，推动全球金融治理改革。对国际银行监管框架的理解已成为我国银行监管政策研究和制定者的必修之课。

　　国际银行监管政策框架是以巴塞尔委员会发布的一系列政策文件为核心的。出于一系列偶然的因素，巴塞尔这个坐落在莱茵河畔的瑞士小镇在过去三十年中成为了国际银行监管合作和国际银行监管标准制定的中心。"巴塞尔协议"则几乎成为了国际银行监管标准的代名词。随着全球金融市场的发展，国际银行监管合作逐步深化，巴塞尔协议的政策内容不断丰富。同时，国际银行监管标准的执行力度也在逐步加强。巴塞尔委员会刚刚成立时，其目的主要是探索国际银行监管合作的良好标准，供各国监管者参考。1988 年出台的《第一版巴塞尔协议》（巴塞尔 I）仅是在十国集团（G10）内部执行，而且并没有严格的政策实施评价体系。2010 年《第三版巴塞尔协议》（巴塞尔 III）出台后，G20 首脑在圣彼得堡峰会上承诺将严格实施巴塞尔Ⅲ政策框架,以增强全球金融体系的稳健性。同时,G20赋予了金融稳定理事会和巴塞尔委员会相应的评估职责,以确保金融改革政策在各国的落地实施。

自从1988年巴塞尔Ⅰ发布以来,我国的银行监管者们就对国际银行监管政策框架进行了深入细致的研究。2004年发布的《商业银行资本充足率管理办法》就是基于当时的巴塞尔资本监管框架,并充分结合我国国情制定的一部重要监管法规。2006年修订的《2007年银行业监督管理法》中也借鉴了巴塞尔委员会《有效银行监管核心原则》中的许多重要成果。2012年发布的《商业银行资本管理办法(试行)》以及2014年发布的《商业银行流动性风险管理办法(试行)》标志着以加强资本和流动性监管为主要内容的巴塞尔Ⅲ在我国的正式落地实施。

与此同时,国际银行监管框架仍在继续演进。此次国际金融危机后,国际社会对金融监管的理念、方法和手段进行了全面、深刻的反思。危机证明,盲目依靠市场自我约束和自我修复能力的金融监管是无效的,最终严重伤害了金融体系的稳定和经济发展,付出的代价是惨痛的。具有宏观审慎视角的、前瞻性的金融监管成为了防范系统性风险、维护金融稳定的基石,银行监管者对流动性风险的关注也大幅提升。逆周期资本、系统重要性银行附加资本、杠杆率、动态拨备、流动性覆盖率、净稳定资金比例等新监管工具和标准应运而生。这些新的监管技术指标和方法都在不断完善的过程中。同时,巴塞尔委员会亦在不断改进资本监管框架下的风险计量方法,包括交易账户的市场风险、资产证券化风险及银行账户利率风险等,以更好地适应不断变化的金融市场。国际银行监管框架的不断完善必将带来更多的政策讨论和更为丰富的研究成果。对我国的银行监管者来说，必须密切跟踪并积极参与到这些政策讨论中。作为金融稳定理事会和巴塞尔委员会的正式成员，中国不仅是国际银行监管政策和标准的制定者，也是执行者。这些政策和标准的有效性和公平性将直接影响我国银行体系的稳定和国际竞争力。要能够深入参与国际监管规则的制定，并发挥积极作用，我国必须拥有一大批既熟悉国际银行监管政策框架，同时又了解我国银行业实际情况的监管政策制定者。

　　研究巴塞尔协议的另一重要意义在于探索如何将国际监管标准与我国银行业发展的实际情况相结合，提高我国银行监管框架自身的有效性和可操作性。我国银行业市场化改革至今，已形成了多层次、多元化的商业银行体系，既有全球布局、参与国际竞争的全球系统重要性银行，也有服务小微、"三农"的社区银行。不同类型的银行应适用于不同的监管框架。已经"走出去"的大型银行，就必须遵守国际监管规则。对于业务相对简单、服务领域相对有限的中小银行来说，则更需要一个相对简单、易行的监管框架。巴塞尔协议作为对近三十年来国际银行业监管经验和教训的总结，其理念和原则是十分值得我们学习和借鉴的。如何将国际经验"本土化"，为我所用，是我们必须认真研究的重要课题。因此，作为中国银行业的监管者，研究巴塞尔协议的意义不仅在于更好地参与国际规则的制定，更在于提升我国自身的银行监管能力，更好地维护金融稳定。

　　然而，要弄懂国际银行监管政策框架并非易事。每次与近几年刚入会的同事聊天，他们谈到最大的挑战之一就是当前监管政策框架的复杂性。金融危机之后出台的许多新的监管理念、方法和工具的意义、具体内涵以及与不同监管政策之间的关系尚不甚清晰。的确，大量由英文直接翻译过来的词汇概念，冗长而绕口的规则条文，再加上一系列复杂的数学公式，使国际银行监管政策框架仿佛变成了一串串艰涩难懂的密码，让大多数人望而却步，成为了监管政策研究工作中一块顽固的绊脚石。于是，我便下决心编写一本关于国际银行监管框架的初级读本，把国际银行监管框架的起源、基本内容和发展趋势尽量用平实、易懂的语言做一个粗浅的解读，以便于从事监管政策研究制定的同事们以及感兴趣的读者理解，并在此基础上进行更为深入的分析和研究。

本书主要包括国际银行监管框架的形成及演进、基本内容和发展方向三个部分。第一部分描述国际银行监管框架的形成及演进，该部分从国际监管合作的兴起开始，介绍了巴塞尔委员会的成立和巴塞尔 I 的产生；阐述了在金融自由化的背景下，巴塞尔 II 对巴塞尔 I 的扩充和改进；概括了此次国际金融危机后，作为银行监管改革核心内容的巴塞尔 III 的出台及修订。第二部分介绍国际银行监管框架的基本内容，该部分从资本监管、流动性风险监管、宏观审慎监管等方面对当前国际银行监管框架进行了全面阐述，其中资本监管包括三大支柱的基本框架、风险加权资产的风险计量方法、杠杆率指标等。该部分还同时从有效银行监管核心原则的视角对国际银行监管政策框架进行了讨论。第三部分展望国际银行监管框架的发展方向，该部分结合巴塞尔委员会对巴塞尔协议的最新修订，阐述了近期巴塞尔监管政策的演进方向、实施进展以及从简单性、可比性和风险敏感性平衡的角度对国际银行监管框架进行了再思考。

本书是在银监会政策研究局和统计部的同事们的共同努力下完成的。本书的基本思路、章节结构及内容由我负责设计，刘志清、徐洁勤、吴祖鸿、梅向东、陈璐、鄢姣、赵玥芃、朱元倩、毛竹青、王广龙、初善冰、林凯旋和王丽华等同志撰写了初稿，李文泓、慕相同志对部分章节提出了宝贵修改意见。在本书的编写过程中，我与写作组成员就每一章的结构和内容进行了深入的讨论，反复修改，以增强内容的准确性、一致性和可读性。由于平日里两个部门的工作非常繁重，参与写作的同志均为部门的业务骨干，所以本书的写作都是在工作之余的时间里完成的。我对参与写作的各位同志执著的敬业精神和良好的业务素养表示感谢。

　　希望这本书能够成为学习国际银行监管框架的一块敲门砖。

刘春航
中国银监会政策研究局
2015 年 4 月

目　　录

第一部分　国际银行监管框架的形成及演进

第一章　金融自由化与国际监管合作的兴起·············· 3

　第一节　巴塞尔委员会的起源······················· 3

　第二节　巴塞尔Ⅰ的诞生·························· 18

第二章　相信市场的力量：巴塞尔Ⅱ··················· 30

　第一节　20世纪90年代的金融自由化··············· 30

　第二节　巴塞尔Ⅱ的主要特征····················· 47

第三章　国际金融危机和巴塞尔Ⅲ的出台··············· 53

　第一节　2008年爆发的国际金融危机················ 53

　第二节　全球金融改革·························· 60

　第三节　巴塞尔Ⅲ协议的主要内容·················· 73

第二部分　国际银行监管框架的基本内容

第四章　资本监管（一）：基本框架·················· 81

　第一节　最低资本要求·························· 82

　第二节　监督检查····························· 95

　第三节　信息披露···························· 107

第五章　资本监管（二）：风险计量 ·················· 116

　　第一节　信用风险 ··································· 118

　　第二节　资产证券化信用风险计量 ···················· 139

　　第三节　交易对手信用风险 ·························· 155

　　第四节　市场风险 ·································· 163

　　第五节　操作风险 ·································· 175

第六章　资本监管（三）：杠杆率 ··················· 186

　　第一节　杠杆率的提出及意义 ························ 186

　　第二节　巴塞尔Ⅲ杠杆率 ···························· 201

　　第三节　杠杆率的实施 ······························ 216

第七章　流动性风险监管 ·························· 226

　　第一节　流动性风险监管概述 ························ 226

　　第二节　流动性风险监管的定性要求 ················· 233

　　第三节　流动性风险监管的定量标准 ················· 249

第八章　宏观审慎监管 ···························· 263

　　第一节　着眼于系统性风险的宏观审慎监管 ············ 263

　　第二节　逆周期监管 ······························· 271

　　第三节　系统重要性银行监管 ························ 280

第九章　有效银行监管的核心原则 ·················· 300

　　第一节　《核心原则》的提出及其发展 ················ 300

　　第二节　有效银行监管的前提条件 ···················· 306

　　第三节　第三版《核心原则》简介 ···················· 308

　　第四节　《核心原则》的应用与评估 ·················· 326

第三部分　国际银行监管框架的发展方向

第十章　巴塞尔协议监管框架的改进……………………………… 339

　　第一节　对资本定义的反思……………………………………… 339

　　第二节　风险计量方法的改进…………………………………… 349

　　第三节　大额风险敞口监管政策………………………………… 367

第十一章　巴塞尔协议监管框架的实施………………………… 379

　　第一节　全球实施进展…………………………………………… 381

　　第二节　巴塞尔Ⅲ的实施效果…………………………………… 388

　　第三节　全球实施评估…………………………………………… 395

　　第四节　风险加权资产的差异分析……………………………… 407

第十二章　对国际银行监管框架的反思………………………… 416

附录：巴塞尔委员会的职责和组织架构………………………… 426

参考文献…………………………………………………………… 431

后记………………………………………………………………… 451

第一部分

国际银行监管框架的形成及演进

本部分按时间顺序介绍现代国际银行监管框架的形成与演进。现代国际银行监管框架的形成与 20 世纪 70 年代布雷顿森林体系的解体及其引发的国际金融体系的重大变化密不可分,其核心标志是 1975 年巴塞尔银行监管委员会的建立。同年,巴塞尔委员会发布了《巴塞尔协定》,对母国和东道国的监管职责及其合作作出了纲领性的规定。1988 年,巴塞尔委员会发布《关于统一国际银行资本计量和资本标准的协议》(巴塞尔 I),建立了全球统一的银行业资本监管标准(第一章)。

　　20 世纪 90 年代以来,在金融自由化的大背景下,为适应国际金融体系新的变化,提高资本监管框架风险覆盖的全面性和风险计量的精细化要求,巴塞尔委员会于 2004 年正式发布《巴塞尔协议第二版》(巴塞尔 II),建立了包括最低资本要求、监督检查和市场纪律在内三大支柱的资本监管框架(第二章)。2008 年爆发的国际金融危机引发了国际社会的对金融监管的全面反思,推动了国际金融治理体系的改革,其核心内容之一是巴塞尔委员会 2010 年发布的《巴塞尔协议第三版》(巴塞尔 III),旨在增强金融机构的风险抵御能力,并加强对金融体系中系统性风险的防范(第三章)。

第一章 金融自由化与
国际监管合作的兴起

随着1973年布雷顿森林体系的解体，全球金融体系的结构发生了重大变化。在此背景下，20世纪70年代以来，银行业的经营方式、所承担的风险形式不断演变。汇率风险的上升导致一些大型银行倒闭，跨境资本的流动等也使全球金融体系面临的系统性风险开始增加。这些问题引起了各国银行监管部门的高度重视。加强国际监管合作，防止金融风险在国家之间传染和蔓延，逐渐成为各国金融监管当局关注的焦点。

在国际社会的共同努力下，金融监管的国际合作不断增强，国际金融监管体系逐步建立。其中一个具有跨时代意义的事件就是1975年巴塞尔银行监管委员会（Basel Committee on Banking Supervision，以下简称巴塞尔委员会）的成立。巴塞尔委员会成立伊始发布的《巴塞尔协定》（*The Concordat*），确立了对跨国银行境外分支机构监管的若干原则，是对国际监管合作的最初探索。

20世纪80年代，随着银行业面临的各类风险不断增加，以及各国银行间的不平衡竞争加剧，巴塞尔委员会于1988年发布第一版巴塞尔协议（以下简称巴塞尔Ⅰ），建立了一套全球统一的资本充足率监管标准，全球金融监管合作开始进入新时期。

第一节 巴塞尔委员会的起源

20世纪40~70年代，在布雷顿森林体系（Bretton Woods System）

主导下，全球汇率制度高度稳定而僵化，资本跨境流动和相关银行业务受到严格管制。1973 年布雷顿森林体系解体，银行国际业务快速发展，金融创新不断涌现。在金融自由化背景下，金融创新和跨境资本流动也使得金融体系的系统性风险上升。但与此同时，由于受到监管主权的限制，任何一个国家都无法独自对跨国金融机构和跨境资本实施完全有效的监管。因此，在各国之间构建监管合作与协调机制，成为西方国家金融监管机构必然关切的焦点。为加强对跨国银行的信息交流并加强监管协调，1975 年 2 月，十国集团（G10）[①] 成立了巴塞尔委员会，并于 1975 年发布了首份文件——《巴塞尔协定》。

专栏　布雷顿森林体系

20 世纪 30 年代的大萧条和第二次世界大战宣告了金本位制的解体，国际经济与货币体系陷入了混乱。为建立新的国际货币体系，1944 年 7 月，西方主要国家的代表在联合国国际货币金融会议上通过了《联合国货币金融会议最后决议书》以及《国际货币基金组织协定》和《国际复兴开发银行协定》两个附件，总称为《布雷顿森林协定》。由于此次会议是在美国新罕布什尔州布雷顿森林举行的，所以称该货币体系为"布雷顿森林体系"。

布雷顿森林体系以美元为中心，以实现汇率稳定为目标，实行黄金——美元本位制。其基本内容包括：一是美元与黄金挂钩，各国确认 1944 年 1 月美国规定的 35 美元一盎司的黄金官价；二是其他国家的货币与美元挂钩，各国政府规定各自货币的含金量，通过含金量的比

---

① 十国集团成立于 1961 年，初始成员国包括参与借款总安排（General Arrangements to Borrow）的十个国家（美国、英国、联邦德国、法国、日本、比利时、意大利、荷兰、加拿大、瑞典）所组成的团体。借款总安排设立于 1962 年，内容主要为上述十个国家央行共同筹募 60 亿美元信用额度的紧急基金，为国际货币基金组织与十国间的预备信用（Stand - by Credit）。瑞士于 1964 年加入十国集团，但其名称仍维持不变。

例确定同美元的汇率；三是实行可调整的固定汇率制度，各国货币兑美元的汇率，只能在法定汇率上下各1%的幅度内波动。

尽管布雷顿森林体系在建立初期运行正常，但是这一体系自身存在着难以持续的"特里芬难题"。20世纪50年代，西欧和日本的战后经济实力恢复并迅速发展。美国的经济地位相对削弱，国际收支状况恶化，美元信用开始下降，1960年至1973年相继爆发了十次美元危机。1971年8月15日，美国政府宣布停止美元与黄金的兑换。1971年12月，G10在华盛顿签署了《史密森协定》，试图通过适度贬值美元和调整汇率波动限定范围来维护固定汇率体系。但美国政府囿于刺激国内经济实现全面就业的目标，实施了宽松的货币政策，这导致美元持续贬值。1973年，日本和西欧国家相继决定将汇率与美元脱钩，开始实施浮动汇率制度。至此，维持了近30年的布雷顿森林体系彻底解体。

一、布雷顿森林体系解体后的国际银行体系

布雷顿森林体系下，20世纪40～70年代，国际银行体系面临的汇率风险较小，跨境资本流动较少，西方发达国家的银行业务也受到较为严格的管制。在严管制、低风险的金融环境下，金融监管的国际合作主要着重于货币政策、财政政策等宏观经济政策的协调配合。

1973年布雷顿森林体系解体后，发达国家开始逐步放松对金融市场的管制。在金融自由化背景下，金融创新不断涌现，银行跨境经营活动愈发频繁，跨境资本流动规模加大，金融体系的系统性风险上升。

（一）国际银行业务快速发展

20世纪60年代初到70年代初，美国银行的跨境业务率先发展。这些银行从事的跨境业务不仅包括传统的存贷业务、货币兑换业务，也包括担保、信托、票据贴现、托收、租赁、咨询等银行服务。由于美国

未经战争破坏，经济金融实力较强，再加上严格的国内金融管制，都促成了美国银行积极向海外拓展以扩大规模，并避开国内的分业监管和利率管制。从 1960 年至 1970 年的十年间，在海外经营的美国银行总数从 8 家增加至 53 家，美国银行海外分行数量由 124 家增加至 536 家，美国银行海外分行资产由 35 亿美元激增到 526 亿美元（张帆，1989）。此阶段，除美国外其他国家的海外银行发展较为缓慢。

20 世纪 70 年代，布雷顿森林体系解体后，美国银行的海外业务快速发展，其他西方主要国家的银行也迅速国际化。1980 年，美国海外分行数量达到了 789 家；海外分行资产为 4 005 亿美元，是 1970 年的7.6 倍。日本海外分行从 60 年代末期的 70 家增加到 1980 年的 465 家。联邦德国银行海外机构从 60 年代中期的 15 家发展到 80 年代的 75 家（刘逖，1999）。

当时，许多西方国家银行的国际业务集中于欧洲货币市场[①]。欧洲货币市场发端于欧洲美元市场。第二次世界大战后，随着马歇尔计划的实施，大量美元货币进入欧洲银行体系。布雷顿森林体系建立后，美元在国际贸易中地位攀升，美元在国际结算支付中频繁使用，国际市场存在着大量的美元需求。同时，美国持续的贸易逆差使欧洲美元规模不断扩大。尽管一些美国银行跨国经营，但仍然无法满足市场的各种需要，西欧各国银行把经营美元视为一个新的业务增长点，促进了欧洲美元市场的发展。欧洲美元市场兴起的另一个原因是美国国内对美元利率的管控。美国联邦储备银行（Federal Reserve Board）自 1933 年公布的"Q 条例"限制美国商业银行对活期存款（30 天以下）支付利息，并对储蓄存款和定期存款规定了利率上限。而此时西欧各国商业银行的存款利率自由浮动空间更大，使美国国内存款利率常常低于西欧，部分国

---

① 欧洲货币（Euro currency）是指存放在某一国境外银行中的该国货币，如存放在欧洲银行中的美元称为欧洲美元（Euro dollar）。这些存款最初存在欧洲，所以统称为欧洲货币，其中以欧洲美元为主，而经营欧洲货币的市场就称为欧洲货币市场。

内存款转移到欧洲货币市场，进一步推动欧洲货币市场业务的迅速发展。此外，欧洲各国银行监管当局对这些欧洲美元业务采取较为宽松的管理政策，也从另一方面促进了欧洲货币市场的进一步繁荣。

　　布雷顿森林体系解体后，在利率、汇率价格波动加大的情况下，各国金融机构进行套利投机以及管理风险的需求不断增强，金融创新层出不穷。一是以套利投机或转移和缓释风险为目的的期权、期货、互换等各类金融衍生产品的品种和规模迅速增加（见表 1.1）。二是资产证券化初步发展，在改善流动性的同时，也为银行转移风险提供了新型工具。三是以银行提供信用支持为特征的中间业务的快速发展，使银行表外资产迅速扩张。这些金融创新植根于金融市场需求，由市场主体自发创造，实质上反映了各国金融业在传统领域之外的活跃成长，可视作市

表 1.1　　　　　　　　　　20 世纪 70－80 年代的金融创新

时间	创新产品
1972	外汇期货
1973	外汇远期
1975	利率期货
20 世纪 80 年代初	货币互换
20 世纪 80 年代	利率互换
1982	期权交易
1982	股指期货
1984	远期利率协议
20 世纪 80 年代	欧洲美元期货期权
20 世纪 70 年代中期	与物价指数挂钩的公债
1980	债务保证证券
1982	可调利率优先股
1983	动产抵押债券

　　资料来源：根据公开信息整理。

场自发的金融自由化进程。同时，各国监管当局也意识到过度的金融管制限制了金融机构经营的灵活性，降低了金融机构的运营效率，开始逐步放松金融管制。这就形成了一个从放松金融管制到金融创新，再到放松金融管制的循环。这一过程在促进金融发展的同时，也带来了新的金融风险。

（二）浮动汇率制下银行面临更大的汇率风险

布雷顿森林体系解体后，世界上大多数国家开始实行浮动汇率制，汇率波动不再受到限制，这是布雷顿森林体系解体后国际金融体系的重要特征之一。在浮动汇率制下，汇率风险由金融机构和企业自行承担，这就要求必须赋予金融机构和企业管控汇率风险的途径和手段，并允许资本的跨境流动。而资本的跨境流动和外汇市场上的频繁交易同时也导致了各种货币间汇率波动的加剧，银行经营外汇业务所面临着的风险不断上升。在此期间，富兰克林国民银行、赫斯塔特银行等金融机构利用汇率变动进行外汇投机交易，但因不当的汇率风险管理造成巨额损失并破产。

富兰克林国民银行（Franklin National Bank）曾是美国前二十大银行。该行拥有长岛零售银行、纽约批发银行两家附属机构和伦敦分行。其中在伦敦的海外分行从伦敦资金市场上融入头寸并以小幅上浮利率水平在欧洲货币市场贷出。1970 年，该行在海外的投资比重开始上升。由于对市场判断失误，1974 年 5 月，该行宣布在外汇投机交易中出现巨额损失。同时由于盲目业务扩张，该行出现大量不良贷款。相关消息的披露导致富兰克林银行出现了严重的股东抽逃资金和资不抵债现象，同年 10 月，有着 50 余年历史的富兰克林国民银行宣布破产。

赫斯塔特银行（Herstatt Bank）曾是德国一家规模较大的银行。1973 年的经济衰退降低了银行的利润，赫斯塔特银行试图通过外汇投机提高收益率并且暂时获得了成功。随着布雷顿森林体系的解体，汇率开始急剧波动，外汇投机交易的风险迅速放大。由于对市场判断失误，在一年多的时间里，赫斯塔特银行损失惨重。1974 年 6 月，赫斯塔特银行在遭受 4.5 亿美元的外汇和其他损失之后宣告破产。赫斯塔特银行倒闭后，8 000 美元以下的小额存款储户获得了德国银行业协会的全额赔付，德国的其他银行、相关外国银行以及其他债权人仅得到 45% ~65% 的部分赔付。德国境内为数众多的与之有业务联系的银行遭遇挤兑，其中相当一部分小银行被迫倒闭。同时，引起国际支付系统秩序混乱，赫斯塔特风险①由此得名。这一事件引起了国际上对跨国银行汇率风险和赫斯塔特风险的关注，并成为推动巴塞尔委员会成立的重要原因之一。

（三）全球系统性金融风险日趋上升

20 世纪 50 ~70 年代，在布雷顿森林体系和各国金融监管当局的严格监管下，全球金融市场运行较为平稳，金融风险主要表现为信用风险。进入 70 年代后，全球范围的系统性金融风险日趋上升。

首先，全球金融市场发生了一系列重要变化。一是全球金融市场的波动日趋加剧。以 1973 年布雷顿森林体系解体为标志，全球固定价格体系逐步转变为市场价格体系，导致各类市场（外汇市场、货币市场、商品市场）价格的波动性加剧。在避险和投机的双重动机下，金融创新不断涌现，市场主体交易速度与交易量空前增加，进一步加剧了全球金融市场的波动性和复杂性。二是跨境资本流动愈发频繁。布雷顿森林体系解体后，全球跨境资本流动规模大幅上升。异常的跨境资本流动可能造成一国汇率、利率和股票价格的异常波动，从而引发区域性金融风险。

其次，跨国银行的迅速发展也加大了全球金融体系的系统性风险。由于跨国银行的母子公司之间、跨国银行与东道国银行之间形成了错

---

①　在外汇交易中，由于时区之间的差异以及各国结算系统运行的时间不同，银行有时需要在其收到对方支付的货币之前先向对方支付相应的货币。当对手方在支付相应的货币前破产或遭受其他变故时，银行承受着可能导致极大损失的风险，即赫斯塔特风险。

综复杂的资金借贷、外汇交易、交易结算以及相互持股等资金关系，一家机构出现危机，可能引发连带效应，导致多家机构出现危机，甚至引发区域性金融动荡。德国赫斯塔特银行倒闭所引发的危机便是最早的例证之一。

最后，金融管制不断放松。20 世纪 70 年代以前，西方国家金融监管以稳健和安全为主要理念。70 年代后，新古典主义和供给学派兴起并开始成为影响政府和业界的主流理论。各国政府中开始强调市场导向，并开始逐步放松金融市场管制。在这一过程中，利率市场化和金融脱媒的快速发展使传统银行体系风险上升，并以银行危机的形式表现出来；复杂金融衍生产品交易规模的迅速扩大也使金融风险在投资银行体系开始积聚。以美国银行业为例，进入 80 年代后，破产和接受援助的银行由每年十家左右快速上升到数百家（见图 1.1）。

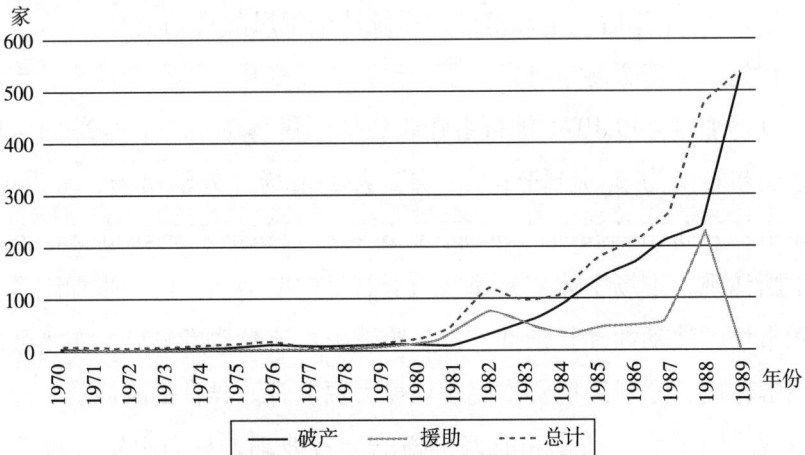

数据来源：美国联邦存款保险公司（Federal Deposit Insurance Corporation）。

图 1.1 20 世纪 70 ~ 80 年代美国银行破产情况统计

整体而言，20 世纪 70 年代后，国际金融市场的复杂程度不断加深，国际银行体系面临的市场风险不断上升。同时，风险的突发性和隐蔽性的特点也逐渐显现。

二、巴塞尔委员会的成立

在金融自由化背景下，面对不断上升的金融风险，各国的金融监管由于受到主权的限制，无法对跨国金融机构和跨境资本实施有效监管。因此，西方国家开始寻求构建跨国的监管合作与协调机制。20 世纪 70 年代初，在欧共体层面的金融监管合作机制率先建立。为促进银行监管相关信息的交流，并就具体监管问题进行合作，比利时、法国、德国等六国于 1972 年 6 月成立了非正式的联络小组（The Groupe de Contact），先后就跨国银行监管、银行资产负债表的披露、欧洲货币市场交易对银行的影响等问题进行讨论。在美国富兰克林国民银行和德国赫斯塔特银行倒闭后，为加强对跨国银行的信息交流并加强监管协调，G10 于 1975 年 2 月成立了巴塞尔委员会。

专栏　六国联络小组

为探讨跨国银行的国际监督和管理问题，比利时、法国、德国、意大利、卢森堡、荷兰六个国家于 1972 年成立了联络小组（The Groupe de Contact）。联络小组由六国监管当局的中层管理者组成，欧盟委员会、挪威、列支敦士登和冰岛派观察员参加。

1972 年 6 月至 1975 年 2 月，联络小组在各成员国轮流召开了七次会议，就跨国银行监管、银行大额风险敞口、银行资产负债表的披露、欧洲货币市场交易对银行的影响等问题先后进行讨论。

联络小组的关注焦点和运作方式体现出以下特点：一是在出现银行危机后，小组须对危机的教训进行反思。二是小组的讨论是非官方的，而且不会产生最终决议。三是小组会就成员国代表以金融监管为主题的论文进行讨论。联络小组的以上特点均在巴塞尔委员会早期的运作中得以显现。

1974 年 6 月，德国赫斯塔特银行因在欧洲货币市场的外汇投机中出现巨亏而倒闭。同年 9 月，G10 在瑞士巴塞尔召开会议，商讨如何应对大型银行面临倒闭的局面，并最终决定由各国央行为因参与欧洲货币市场交易而倒闭的银行充当"最后贷款人"。但各国央行也认为应当加强本国金融监管和国际监管合作，以避免或减少道德风险。

1975 年 2 月，G10 在英格兰银行的提议下成立了"银行监督管理委员会"（The Committee on Banking Regulations and Supervisory Practice），后改名为巴塞尔委员会。在建立初始，巴塞尔委员会的成员为 G10 成员国银行监管部门和中央银行的代表，第一任主席由英格兰银行的执行董事 George Blunden 担任，常设秘书处设在国际清算银行。委员会一般每年召开四次例会。

巴塞尔委员会成立时的最初目标是加强国际监管合作，确保在境外设立的跨国银行分支机构得到有效监管。其第一任主席 George Blunden 曾指出，国际合作的基本目的是保证所有外资银行都不能逃避监管（Charles Goodhart，2011）。为此，巴塞尔委员会主要从以下方面开展工作：一是在认为有必要的领域内建立最低监管标准；二是完善监管技术，增强跨国银行监管的有效性；三是加强各国监管部门之间的信息交流（Charles Goodhart，2011）。巴塞尔委员会的成立为各国银行监管当局的交流与合作提供了重要平台，开辟了银行监管国际合作的新局面。

巴塞尔委员会发布的各类监管文件大致分为两类，最低标准和最佳实践。这些文件不具备法律效力。委员会虽鼓励各成员国采用共同的监管方式和标准，但并不强求成员国在监管技术上的一致性。它通过制定广泛的监管标准和指导原则，提倡最佳监管做法，以鼓励各国根据本国自身情况，通过制定国内法或采取其他措施，对监管标准和指导原则加以实施。

需要注意的是，巴塞尔委员会并非国际清算银行的下设机构。国际清算银行和巴塞尔委员会完全是独立的两个机构，但两者之间的确存在着极为密切的联系。国际清算银行是由多个国家的央行成员组成的国际组织，资金实力雄厚，长期为巴塞尔委员会提供秘书处服务。国际清算银行不参加巴塞尔委员会的各类会议，对巴塞尔委员会的决策过程及监管标准的制定也不施加影响。但其提供的全面支持扩大了巴塞尔委员会的影响，巩固了巴塞尔委员会作为银行监管国际标准制定者的地位。

三、《巴塞尔协定》的出台

巴塞尔委员会成立后，面临的首要问题就是跨国银行监管问题。从1950 年起，美元自美国本土大量外流，在美国之外形成欧洲美元市场，并且带动许多国家的货币在本国之外开展借贷，形成了伦敦、巴黎、卢森堡、开曼群岛等境外金融中心。由于境外存贷业务的利率、期限等不受管制，并享有税收优惠，许多国家的银行纷纷进入上述各地，开设分支机构，经营跨国银行业务。在跨国银行蓬勃发展的同时，其面临的各类风险也不断显现。但任何一个国家的监管当局都无法对金融机构的跨境活动实施完全有效的监管，监管的地域性与机构的国际化存在矛盾。就母国而言，由于跨国银行境外分支机构的业务在他国进行，受主权的限制，母国监管机构不能对跨国银行在他国的经营活动有效地进行监管。就东道国而言，东道国监管机构虽然能依法对跨国银行在其境内的分支机构行使监管权，但无法对跨国银行的整体运营状况进行监管。

1975 年 9 月，针对跨国银行监管的问题，巴塞尔委员会发布首份文件《对银行境外机构监管的报告》（*Report to the Governors on the Supervision of Bank's Foreign Establishments*），后被称为《巴塞尔协定》（*The Concordat*）。该报告明确了跨国银行的境外机构包括境外分支机构、境外附属机构、境外合资银行等，并要求对跨国银行境外机构的流动性、清偿能力、外汇头寸等进行监管。协议主要内容包括：一是任何银行的境外机构都不能逃避监督。母国和东道国共同承担跨国银行的监管职责。二是东道国和母国监管责任的分担。境外分行的流动性主要由母国监管机构负责监管，东道国监管机构对境外附属机构、境外合资银行的流动性负有监管责任。境外分行的清偿力主要由母国监管机构负责监管，境外附属机构和境外合资银行的清偿力的监管主要由东道国负责监管。三是监管机构之间的合作。母国和东道国监管当局之间应加强信息共享。允许母国监管机构直接检查境外附属和分支机构，或者由东道国当局代为检查。

《巴塞尔协定》出台后，巴塞尔委员会继续致力于跨国银行监管问题的研究，并对跨国银行监管的国际规则进行了以下补充和修订。

一是发布文件《银行的并表》。1978年10月，巴塞尔委员会发布《银行的并表》（*Consolidation of Banks' Balance Sheets*）。该文件要求各国监管机构将跨国银行的母行、境内外分支机构、附属机构作为一个整体，从并表角度综合监管其资本充足性、流动性、清偿力、外汇头寸、信贷集中度和面临的风险等。

二是发布《银行境外机构监管原则》。1982年，意大利阿姆伯西诺银行（Banco Ambrosiano）倒闭，意大利央行宣布对该银行在卢森堡分行的债务不予处理，引起了跨国银行监管和危机处理方面的争议。这一事件发生后，1983年5月，巴塞尔委员会发布《银行境外机构监管原则》（*Principles for the Supervision of Bank's Foreign Establishments*）。该原则对1975年《巴塞尔协定》加以细化，明确了对银行境外分支机构的监管应从清偿力、流动性、外汇业务三个方面进行，并规定了对银行境外机构监管的两项基本原则：第一，任何跨国银行的境外机构都不得逃避监管。这些境外机构包括境外分行、境外附属机构、境外合资银行，以及跨国银行母行的控股公司。第二，这种监管应当是充分的。如果母国监管当局对其境外银行监管不充分，东道国可以禁止这些银行在其境内开展经营活动，或者自行加强对这些银行的监管。具体而言，在清偿力监管方面，该原则明确规定境外分行清偿力的监管由母国监管机构负责；境外附属机构的清偿力监管是母国和东道国监管机构的共同责任；境外合资银行清偿力的监管主要由东道国负责，如果银行占多数股权，则清偿力的监管由该银行母国和东道国共同负责。流动性监管方面，境外分行、境外附属机构的流动性主要由东道国监管机构监管；境外合资银行的流动性由该银行注册登记国的监管机构负责监管。外汇业务应由母国和东道国监管机构共同监管。

专栏　意大利阿姆伯西诺银行倒闭事件

阿姆伯西诺银行（Banco Ambrosiano）曾是意大利最大的私人银行。1982年，受到拉美债务危机的影响，该银行拉美附属机构发放的境外贷款难以及时偿还，不良贷款余额大幅上升，并导致银行出现巨额亏损。为了避免大的银行危机，1982年6月，在意大利监管当局的授意下，该国7家银行共同向该银行提供了一揽子救助，包括必要的流动性支持。但由于对救助规模的需求超出预期，8月意大利政府最终决定对阿姆伯西诺银行进行强制清算。该行母行的净负债达5.4亿美元，包括境外附属机构在内的整个银行集团的净负债超过14亿美元。

为了保护境内存款人利益，根据意大利监管当局的安排，阿姆伯西诺银行母行的业务被转入一个新成立的银行实体，即新阿姆伯西诺银行（Nuovo Banco Ambrosiano），这家新银行的资本由救助财团认购。但意大利监管当局拒绝向阿姆伯西诺银行境外附属机构的债权人提供同样的保护，这一处理措施引发了广泛的国际争议。

这场争议的焦点之一是阿姆伯西诺银行设在卢森堡的附属机构——阿姆伯西诺控股公司。在阿姆伯西诺银行破产时，该附属公司共欠下 88 家欧洲银行的 4.5 亿美元的贷款。意大利政府认为意大利中央银行没有支持境外附属机构的义务，因为这些附属机构不在意大利中央银行的监管之下，也不在意大利法律的管辖范围之内。卢森堡监管当局也不愿对阿姆伯西诺控股公司的问题承担责任，因为它是作为一个控股公司而不是作为一个银行注册的。卢森堡银行委员会认为意大利当局应当对阿姆伯西诺控股公司的存款人提供保护。

阿姆伯西诺银行倒闭事件反映了国际银行业监管中存在的明显漏洞，即对于境外附属机构，母国和东道国监管当局均不愿意承担监管责任。这一事件的爆发促使巴塞尔委员会和各国金融监管当局加强了对跨国银行监管的合作与协调。

三是发布文件《银行监管机构间信息交流》。1990 年 4 月，巴塞尔委员会发布《银行监管机构间信息交流》（*Information Flows between Banking Supervisory Authorities*），作为《银行国外机构监管原则》的补充，旨在加强各国银行监管当局之间的审慎监管信息交流。

四是发布《跨国银行集团及其跨境机构监管的最低标准》。1992 年 7 月，针对国际商业信贷银行（BCCI）倒闭给国际银行业监管带来的教训，巴塞尔委员会发布了《跨国银行集团及其境外机构监管的最低标准》（*Minimum Standards for the Supervision of International Banking Groups and Their Cross – Border Establishments*）。该文件规定了跨国银行监管的四项原则：第一，所有跨国银行都必须受到母国监管当局的并表监管。第二，跨国银行在境外设立附属机构和分支机构前必须得到母国和东道国监管当局的同意。第三，东道国监管当局有权向银行集团母国监管当局收集有关该银行集团境外分支机构的信息。第四，如果东道国监管者认为以上三条标准不能得到满足，可以对跨国银行在当地机构的运营采取限制或禁止措施。

专栏　国际商业信贷银行倒闭事件

国际商业信贷银行（BCCI）是一家跨国银行集团。该集团的控股公司为国际商业信贷银行控股公司（BCCI Holdings），注册地在卢森堡。两个主要子公司 BCCI. S. A 和 BCCI Overseas 分别注册于卢森堡和开曼群岛。

BCCI 母公司及主要子公司均在卢森堡注册成立，从成立地标准看，对 BCCI 承担并表监管责任的国家应为卢森堡。但实际上，BCCI 98% 以上的业务均在卢森堡之外进行，其主营业所和管理中心已迁往开曼群岛等离岸金融中心。依据主营业地或管理中心标准，应由开曼群岛等主营业地承担母国并表监管责任。这使得对 BCCI 的并表监管难以确定：卢森堡认为，对于一个 98% 以上的活动处于其管辖范围之外，并且其他国家监管当局不承担母国并表监管责任的银行集团，由卢森堡进行充分的并表监管是不可能的。而作为主营业地和管理中心的其他国家，或因本身离岸金融中心的地位而缺乏并表监管的积极性（如开曼群岛），或因缺乏作为母国的有效依据而难以取得其他国家的配合与支持，致使始终未能有一个确定的国家履行母国义务对 BCCI 实行并表监管。

自 1972 年成立以来，BCCI 利用复杂的结构和监管的缺位，一直从事商业性欺诈行为并行贿各国政要，为国际犯罪集团提供金融服务。1991 年初，BCCI 在美国的业务被美国监管当局禁止，同年 12 月，该行宣布倒闭。它在世界 70 多个国家和地区的分行被勒令停业，并引发了一些地区性的金融风波。如 BCCI 倒闭后，在我国香港地区，首先是道亨银行、港基国际银行等有外资背景的中小型银行遭遇挤兑，随后市场恐慌情绪波及渣打银行、花旗银行等。在香港政府、汇丰银行、中银集团发表支持被挤兑银行的声明并动用外汇基金救助的情况下，风波才得以平息。

　　上述涉及跨国银行监管的国际监管标准体现了跨国银行监管中的并表监管原则，即母国监管机构应对银行集团的境外附属和分支机构实行并表监管，并与东道国监管机构在以下四个方面进行监管协调与合作：一是信息交流。为有效进行并表监管，母国监管机构有权获得跨国银行所有境外机构的经营管理信息，在某些情况下甚至包括关于存款人、投资人的信息，除非东道国监管机构有足够的理由怀疑母国监管机构将把这些信息用于非监管目的。如果母国监管机构认为境外机构的经营、管理、内部控制等出现问题须及时通报给东道国监管机构。二是现场检查。母国监管机构有权对跨国银行的境外机构进行现场检查。东道国监管机构要为母国监管机构对当地银行境外机构的现场检查提供便利和支持，必要时可以跟随母国监管机构共同检查，除非东道国有足够的理由怀疑母国监管机构的现场检查并不是出于监管目的。三是保证没有银行境外机构处于监管真空。在市场准入方面，母国和东道国监管机构要事先沟通情况、达成共识，以保证任何银行必须获得牌照才能开展业务。只有在落实了母国并表监管和东道国有效监管的前提下，东道国才可以考虑发放跨国银行在本国经营的牌照。四是风险监管。虽然母国监管机构应当对银行集团的所有业务和风险进行监测和管理，负责监管所有境外机构的清偿力。但对于某些风险，如流动性风险和市场风险，东道国的监管也至关重要。尤其是当东道国对跨境资本流动实行管制的情况下，完全靠母国监管机构对流动性风险和市场风险进行并表监管是不审慎的。综上所述，在成立早期，巴塞尔委员会将跨境银行监管问题作为核心关注，并开始构建跨国银行监管的政策框架。

第二节　巴塞尔 I 的诞生

　　进入 20 世纪 80 年代以后，在金融自由化和金融全球化的推动下，金融业变革加快，国际银行业竞争也日趋激烈，日本等国的银行国际竞争力显著增强。在这一时期，有两个问题日益显现并引起了各国监管当局和巴塞尔委员会的密切关注：一是银行业面临的各类风险不断增加；二是各国银行之间的不公平竞争日趋严重。为了消除这种不公平竞争，降低银行经营风险日益增大给国际银行业带来的不稳定性，提高银行承受风险的能力，巴塞尔委员会于 1988 年发布《关于统一国际银行资本计量和资本标准的协议》（*International Convergence of Capital Measurement and Capital Standards*），即巴塞尔 I。

一、巴塞尔 I 出台的背景

20 世纪 80 年代，受到拉美债务危机的影响，跨国银行的信用风险不断累积；表外业务的快速增长也使得银行面临的市场风险和流动性风险增大。同时，由于各国银行监管当局所制定的资本标准以及资本所涵盖的内容各不相同，导致了各国银行间的竞争有失公平。

（一）拉美债务危机暴露出国际银行资本不足

20 世纪 70 年代，为刺激本国经济发展，拉美国家开始以举借外债的方式发展本国经济，并从欧美银行获得了巨额贷款。70 年代拉美经济出现"新机遇"，墨西哥发现了巨型坎塔雷尔（Cantarell）油田，其他拉美国家本身也拥有丰富的矿产资源。为了加速发展本国经济，加大投资规模，加快资本积累，这些国家普遍借用外资以在短期内实现现代化。与此同时，70 年代欧美国家经济陷入滞胀，欧美地区的低利率使各国资本流向包括拉美在内的其他地区，以追求高额回报。布雷顿森林体系的瓦解、各国对资本管制的放松和浮动汇率制度的建立也为大规模跨境资本流动创造了条件。

但 1978 年后，为抑制国内通货膨胀，美国持续提高美元利率，并拉动美元强劲升值。对于担负巨额美元外债的拉美国家来说，美元利率、汇率上升使这些国家的偿债负担越来越重。与此同时，主要的出口产品价格下跌,如国际石油、铁矿石等大宗商品价格的下跌,使拉美国家偿债能力恶化。1982 年,墨西哥、阿根廷、巴西爆发了债务危机。随着拉美债务危机的爆发,美国各大银行对发展中国家的贷款无法及时收回,不良贷款余额逐渐增加。在这一轮危机中,美国银行业损失较大。美国纽约化学银行倒闭,花旗集团、摩根大通和美国银行依靠大规模救助、重组和并购才免于破产。到 1990 年,世界前十大银行中已经没有一家美资银行。

拉美危机中,美国政府对本国银行进行救助,包括向发生危机的跨国银行注资,并帮助国际货币基金组织(IMF)重组债务国家经济。1983 年初,里根政府向美国国会寻求增加对大型银行和 IMF 的资金支持,但美国国会对美国银行业长期以来从事高风险业务感到不满,坚持要求大型商业银行付出代价以分担美国纳税人的负担,即必须提高资本充足率。拉美债务危机对国际银行业的冲击,使各国开始意识到应当要求银行具备充足的资本以抵御可能面临的风险。

(二)国际银行业的不平衡竞争加剧

20 世纪 80 年代,西方各国银行监管机构出于对本国银行经营安全的考虑,都对本国银行的资本充足率作出了相应的规定。但是,由于各个国家经济金融环境的差异,对资本定义的规定有所差异,资本充足率的要求也不一致。如该时期日本一些大型银行的资本充足率就普遍低于美国银行,而且资本定义更为宽松。由于监管资本要求不同,处于宽松监管环境的银行可以借此优势赚取超额利润,而处于严厉监管环境中的银行的发展则相对放缓。在这一时期,欧美银行的国际竞争力开始下降,而日本银行的资产规模显著扩张。到 1985 年,在全球资产规模最大的前十家银行中,日本银行已占据 5 家,欧洲、美国分别只有 3 家和 2 家。

表1.2　　　　　**1985 年全球银行资产规模最大的 10 家银行排名**　单位：亿美元

排名	1	2	3	4	5	6	7	8	9	10
银行名称	花旗银行	第一劝业银行	富士银行	美洲银行	三菱银行	住友银行	巴黎国民银行	三和银行	农业信贷银行	里昂信贷银行
国家	美国	日本	日本	美国	日本	日本	法国	日本	法国	法国
资产	1 427	1 191	1 151	1 137	1 107	1 076	990	965	924	905

资料来源：Terry Baker（2006）：How to Measure a Giant, The Banker 2 January 2006.

欧美银行家们认为，偏低的资本充足率要求使得日本银行无视经营风险、在国际市场上迅速扩张，一旦风险转化成为损失，则可能给国际金融体系带来灾难。因此，部分欧美国家强烈希望推行统一的国际银行业资本监管标准，使各国银行的资本充足水平大体保持一致，并限制日本等国的跨国银行在国际市场的过度扩张。

（三）表外业务快速增长

在金融创新中，银行开发的一些新业务并不在资产负债表中出现，但能影响银行当期损益，故称为表外业务。20 世纪 80 年代，西方各国商业银行的表外业务迅速增长。据统计，1982—1983 年瑞士主要银行表外业务收益占其总利润的 50% 以上。1981—1985 年美国 25 家最大银行表外业务由 1 万亿美元扩大到 1.5 万亿美元，规模增长了 50%（B. 柯罗廖夫，1989）。各国银行表外业务蓬勃发展的原因在于：一是汇率与利率变动较快，使银行面临的市场风险加剧。为降低风险，银行必须寻求新的有效保值技术和策略，许多旨在转移风险的新工具应运而生（如期货、期权、互换、远期利率合约、信用证、票据发行便利等）。二是银行危机的多次发生，促使各国监管机构对商业银行的资本管理要求趋于严格，主要体现在对银行的资本充足率要求更高，这也促使银行开展更多表外业务，以减轻补充资本的压力。三是由于银行业竞争加剧，客户不再是被动地接受银行的传统业务，而是主动要求其提供快捷、便利、有效的表外服务项目，这种需求促使银行向业务多样化转型。四是 20 世纪 80 年代初金融自由化改革背景下，许多国家逐步放松外汇、利率的管制，并开始允许商业银行从事投资银行业务，这促进了商业银行表外业务的发展。

专栏　表外业务的主要类型

20 世纪 70 年代以来，随着金融自由化的不断发展，银行表外业务的品种日益多样化。根据巴塞尔委员会的分类方法，可以将这些业务大致分为以下四类。第一类是银行提供的各类担保，包括票据承兑、跟单信用证、备用信用证、贷款偿还担保等。第二类是贷款或投资的承诺业务，在这类业务中，有的属于可撤销承诺，如信用卡透支额度；有的则属于不可撤销承诺，如循环贷款承诺、回售与回购协议、票据发行便利、循环包销便利等。第三类是外汇买卖与投资业务。这些业务大都是外汇市场近年来发展起来的新业务，主要有互换、远期合约与期权、远期利率协议等。第四类是利用银行的人力与技术设备等资源为客户提供中介与服务。这类业务种类较多，主要有代客户进行现金管理、咨询业务（包括金融投资咨询和经济信息服务）、信托业务（如退休基金信托）、代理业务（如保险代理和税务代理）、保管箱业务等。

表外业务在转移风险和增加利润的同时，也给商业银行带来了新的风险。一些由表外业务形成的或有债权，如担保、票据发行便利、循环包销便利等业务，一旦市场条件发生变化，便可能会转为银行的风险资产。许多新金融工具只是起到转移风险的功能，并不能消除风险。此外，不少银行大规模发展表外业务的目的是规避资本监管，从而使大量金融风险匿藏于银行资产负债表之外，这也逐渐引起各国银行监管部门的重视。

二、《巴塞尔 I 》的制定与实施

　　为增强银行的风险抵御能力，并保证国际银行业竞争的公平性，部分西方国家开始推动资本充足率国际监管标准的制定。国际清算银行的经济学家于 1984 年初向巴塞尔委员会提出以自有资本作为分子，以风险资产作为分母的资本充足率要求。但这一要求中对资本的认定并未被所有成员国所接受。1984 年 5 月，美国第八大银行大陆伊利诺伊银行（Continental Illinois Bank and Trust）的倒闭，使美国金融监管机构认识到既有监管方式的不足，因而其采用了 1980 年起便在英国实施的、与国际清算银行经济学家提出的资本充足率要求类似的监管标准。但为了避免仅将标准运用于本国银行而损害其国际竞争力，美国寻求将这一标准国际化，希望 G10 成员国的银行，特别是日本的银行，能接受同样的标准。

　　由于当时不同国家银行监管制度各不相同，计算资本充足率的方法和资本构成也不同，要达成国际统一的资本充足率标准非常困难。1986 年 7 月，美国首先与英国商议，希望两国共同努力在巴塞尔委员会推动资本充足率一致化的方案。这一方案得到英格兰银行的同意，因为伦敦是重要的欧洲美元市场，有为数众多的外国银行在伦敦设立分行，经营国际银行业务。英国监管机构希望能够提高这些银行的资本充足率，以避免其倒闭。1987 年 1 月，两国共同宣布达成《银行资本充足率协议》（*The US/UK Agreed Proposal on Primary Capital and Capital Adequacy Assessment*）。该协议规定核心资本占风险加权资产的比率不得低于 4%，核心资本与附属资本之和与风险加权资产的比率不得低于 8%。

　　由于纽约和伦敦是世界两大金融市场，如果英美以外的外国银行想要在当地成立分行或开展业务，就不得不接受英美的监管标准。这促使巴塞尔委员会成员国于 1987 年下半年正式展开有关统一国际银行业资本充足率的协商。1987 年 12 月，巴塞尔委员会发表了《关于统一国际银行业资本充足率的国际监管条例的提议》，并向 G10 成员国的银行广泛征求意见。1988 年 7 月，G10 通过了由巴塞尔委员会制定的巴塞尔 I。

巴塞尔 I 并不是美英联合协议草案的版本，而是对各国要求的折中方案，在很多指标上允许各国自行在规定范围内作出调整，决定适用对象，若有需要各国还可规定更高的资本充足率，以符合本国的金融监管政策。自 1988 年巴塞尔 I 发布以来，该协议不仅在 G10 成员国，而且在其他国家的跨国银行也逐步得以实施。1993 年 9 月，G10 的全体成员发表声明，重申凡是涉及实质性跨国业务的银行，都必须满足巴塞尔 I 规定的最低资本充足率要求。

三、巴塞尔 I 的主要内容

1988 年 7 月，巴塞尔委员会公布了巴塞尔 I，并要求于 1993 年 1 月起逐步实施。巴塞尔 I 主要针对信用风险，建立了一套国际通用的、覆盖表内外风险的资本充足率标准，旨在强化国际银行体系的稳定性，并消除因各国资本充足率要求不同而产生的不公平竞争。

（一）资本定义

巴塞尔 I 将银行资本分为核心资本和附属资本两部分。核心资本也称一级资本，主要包括实收资本（或普通股）、公开储备（包括股票发行溢价、资本公积、盈余公积、留存利润），核心资本应占资本总额的50%以上。附属资本也称二级资本，主要包括未公开储备、资产重估储备、一般准备金、混合资本工具和长期次级债务。各国可根据各自的会计制度和监管规则自行规定附属资本成分。

巴塞尔委员会认为，核心资本是银行资本中最重要的组成部分，具有以下特点：一是核心资本的价值相对稳定；二是其资本组成部分对各国银行来说基本相同；三是核心资本是判断银行资本充足率的基础，并对银行的盈利能力和竞争能力影响极大。附属资本不完全具备核心资本的特征。协议对附属资本作出了相应的限制：一是附属资本不得超过核心资本总额，即附属资本占资本总额的比重不得超过 50%；二是附属资本中长期次级债务最多不得超过核心资本的 50%；三是一般准备金的数额最多不能超过风险加权资产的 1.25%。

（二）最低资本充足率要求

巴塞尔 I 要求从 1993 年起，所有从事国际业务的银行的资本与风险加权资产的比率不得低于 8%，其中核心资本与风险加权资产的比率不得低于 4%。据此，资本充足率的计算公式为

$$资本充足率 = （核心资本 + 附属资本）/ 风险加权资产 \times 100\%$$

$$(1-1)$$

$$核心资本充足率 = 核心资本 / 风险加权资产 \times 100\% \qquad (1-2)$$

巴塞尔 I 规定资本充足率最低标准不得低于 8%，这是多种因素协调和权衡的结果。第一，在拉美债务危机的影响下，发达国家银行资本金水平继续下降，确定这一指标的目的之一是为了阻止发达国家银行资本充足水平不断下降的趋势。第二，该指标的确定考虑了当时发达国家商业银行的承受能力，力求在较短的时间内使各国能够共同实现 8% 的资本充足目标。第三，该指标是在金融发展和市场波动中国际银行业初步摸索出的经验标准。总之，8% 的最低资本充足率要求是西方发达国家为维护金融稳定、促进公平竞争，根据当时主要国际银行的承受能力所制定的统一国际标准。

（三）风险计量

巴塞尔 I 根据风险程度的不同，对商业银行的主要资产类型规定了相应的风险权重，并使用风险加权的方法来计量资本充足率。风险加权资产总额等于表内风险加权资产与表外风险加权资产之和。

（1）表内风险加权资产。巴塞尔 I 将商业银行表内资产划分为五大类，并相应确定了五档风险权重 0、10%、20%、50%、100%（见

表1.3），以计算表内风险加权资产。计算公式如下：

$$表内风险加权资产 = \sum（表内资产 \times 风险权重） \qquad (1-3)$$

表1.3 表内资产的风险权重

资产类型	风险权重
现金、对本国中央银行的债权、由其他 OECD①国家（或中央银行）主权担保的债权等	0
对公共部门实体的债权	0，10%，20% 或 50%
由多国发展银行担保的债权、由 OECD 国家的金融机构提供担保的债权、由 OECD 国家的公共部门、非 OECD 国家中央银行、银行担保不超过一年的债权、在途现金等	20%
有完全资产担保的房地产按揭或个人零售贷款等	50%
其他（如对非公共部门的企业的债权、对非 OECD 国家、银行的超过一年的债权等）	100%

注：①经济合作与发展组织（Organization for Economic Co-operation and Development），简称经合组织（OECD），是由 34 个市场经济国家组成的政府间国际经济组织，旨在共同应对全球化带来的经济、社会和政府治理等方面的挑战，并把握全球化带来的机遇。成立于 1961 年，目前成员国总数 34 个，总部设在巴黎。

（2）表外风险加权资产。巴塞尔 I 对不同表外项目规定了相应的信用转换系数。信用转换系数是衡量表外项目转换为表内资产的可能性指标（见表1.4）。银行用信用转换系数将表外项目转换为表内项目，再根据表内项目的风险权重计算出风险加权资产。计算公式如下：

$$表外风险加权资产 = \sum（表外项目资产 \times 信用风险转换系数 \times$$
$$表内项目的风险权重） \qquad (1-4)$$

表 1.4　　　　　　　　　　巴塞尔 I 规定的信用风险转换系数

工具	信用风险转换系数
直接信用替代，如一般债务担保（包括为贷款和证券提供财务担保的备用信用证）和承兑（包括具有承兑性质的背书） 信用风险仍在银行的销售与回购协议以及有追索权的资产销售 远期资产买入、远期对远期存款（forward deposit）和部分缴付的股票与证券①	100%
与交易相关的或有项目（如履约保函、投标保函、认购权证和为某些特别交易而开出的备用信用证） 票据发行便利和循环认购便利 原始期限超过 1 年的承诺（如正式的备用信用安排和信贷额度）	50%
与贸易相关的短期自偿性或有项目（如以相应货运单抵押的跟单信用证）	20%
原始期限在一年及一年以内的承诺，或可随时无条件撤销的承诺	0

注：①这些项目的权重取决于资产的类型，而不是交易对方的类型。逆回购（即买入返售协议——其中银行是资产的接受者）将依照其经济性质被视为抵押贷款。因此，其风险可以按照交易对方的风险计量。当获得的临时性资产是一种享有优惠风险权重的证券时，它应被视为抵押品，其风险权重也相应降低。

　　对于表外业务的监管，巴塞尔委员会强调应关注以下几点：一是许多表外金融创新的动机是规避监管，表外业务的监管套利应引起监管者的特别关注。二是表外业务相关的大多数风险与表内业务的风险基本上没什么不同，因此表外业务风险不应与表内业务风险分割开进行分析，而是应被视为银行总体风险的一个内在组成部分。三是要认识到部分表外业务具有为表内业务提供保值的作用，监管者应关注表外业务对银行经营的正面价值。

四、对巴塞尔 I 的修订

　　随着银行业竞争的日趋激烈和金融创新的蓬勃发展，银行经营的国内、国际环境发生了巨大变化，规避监管的情况也不断出现。面对银行业出现的诸多新情况、新问题，巴塞尔委员会对巴塞尔 I 进行了多次补充和修订。

　　一是对准备金规定的调整。1991 年 11 月，在认识到准备金对银行经营的重要性后，巴塞尔委员会发布《关于巴塞尔Ⅰ一般准备/贷款损失准备的修订》（*Amendment of the Basel capital accord in respect of the inclusion of general provisions/general loan – loss reserves in capital*）更为详细地定义了可计入银行资本的一般准备，将用于弥补未来不确定损失的准备金计入附属资本，而将那些用于弥补已确认损失的准备金排除在资本之外。

　　二是对 OECD 成员国资产风险权重的调整。1994 年 7 月，在认识到除了非 OECD 成员国存在国别风险之外，OECD 成员国同样也存在国别风险后，巴塞尔委员会发布《对巴塞尔Ⅰ的修订》（*Amendment to the Capital Accord of July* 1988）更正了巴塞尔Ⅰ中对所有 OECD 成员国均确定零主权风险权重这一简单化的计量方法，重新规定对 OECD 成员国资产适用不同的风险权重。

　　三是对表外业务规定的调整和对市场风险计提资本。20 世纪 90 年代，随着金融衍生产品品种及其交易规模的迅猛增长，银行业越来越多地开展了衍生品交易，面临的市场风险加大。鉴于这一情况，巴塞尔委员会在 1995 年 4 月对银行一些表外业务的风险权重进行了调整，并于 1996 年 1 月公布《关于市场风险资本的补充规定》（*Amendment to the Capital Accord to incorporate market risks*）。该补充规定提出，市场风险是因市场价格波动而导致表内外头寸损失的风险，银行要对市场风险计提资本；允许银行采用内部模型法，但应同时满足相应的定性与定量标准。该补充规定还要求：银行应设置独立的风险控制部门，定期进行事后监督分析，以检查模型的准确性；交易限额与敞口限额应与风险测定系统相衔接；银行应有定期的压力测试程序，制定完整的内部政策、控制程序和风险管理的系统文件；银行应设置内部审计制度，定期评价风险测定系统和控制部门的情况。

五、巴塞尔 I 的意义

巴塞尔 I 的提出对国际银行监管具有划时代的意义。巴塞尔 I 将资本充足率监管作为银行监管的核心内容，强调银行应当维持充足的资本水平，提高风险抵御能力，有利于增强国际银行体系的稳定性。同时，巴塞尔 I 首次提出了具体化的、统一的国际银行监管标准，是国际银行监管合作历史上的里程碑。巴塞尔委员会开始越来越多地将职责重心向国际银行监管标准制定的方向转移，成为国际银行监管框架构建的主体和主要推动者。巴塞尔 I 提出后，被越来越多国家采用，成为银行监管的重要标准之一，也有利于提高全球银行业监管的一致性和可比性，促进国际银行业公平竞争。

第二章　相信市场的力量：巴塞尔Ⅱ

进入 20 世纪 90 年代，西方发达国家纷纷进行了以放松金融管制为特征的金融自由化改革。在金融自由化改革的推动下，金融全球化的程度不断加深，金融机构日益庞大，金融机构和金融体系的结构更加复杂。这些金融体系的变化对巴塞尔监管框架风险覆盖的全面性以及风险计量的精确性都提出了更高的要求。巴塞尔Ⅰ已经无法满足这些要求，巴塞尔委员会于 1998 年启动了第二版巴塞尔协议（以下简称巴塞尔Ⅱ）的前期准备和讨论工作，并于 2004 年正式出台。巴塞尔Ⅱ顺应了金融体系不断上升的复杂性、提升了监管的风险敏感性、完善了监管框架，并试图通过市场约束和金融机构本身的风险管理来提高监管有效性，这代表了国际金融监管的最新理念和发展趋势，但也同时带来了顺周期性、监管套利等问题，这些问题在随后发生的国际金融危机中受到了批评。

第一节　20 世纪 90 年代的金融自由化

20 世纪 90 年代以来，以欧美为代表的西方发达国家进行了一场以放松管制为特征的金融自由化改革，主要体现在：一是金融资产价格管制的放开。表现为利率自由化、汇率自由化、废除证券交易中的固定佣金，让金融资产价格重新回到市场调控的轨道，以及在汇率自由化前提下资本市场的相互开放，从而带来的资本跨境流动和全球金融一体化趋势。二是货币政策调控方式的改变。在经历了通胀危机频发的年代之后，各国央行开始逐渐将控制通胀作为央行调控的首要目标，在货币政策调控方式上，也逐渐从以货币稳定增长规则为基础的控制货币供应数量手段，过渡到以泰勒规则①为基础的调控实际利率的价格手段。三是金融机构业务领域的相互融合。金融机构出现业务多样化、机构综合化的趋势，产品和金融交易也呈现多样化和复杂化的特征。四是金融监管的放松和金融创新的蓬勃发展。

一、全球金融体系的结构性变化

1997 年 12 月 12 日，世界贸易组织（WTO）在瑞士日内瓦达成了全球金融服务协议，该协议进一步规范了市场准入和最惠国待遇等问题，成员国将取消或减少对外国金融机构的准入限制，从而大大推动了金融服务贸易全球化进程。在金融自由化和全球化浪潮的推动下，全球金融体系发生了结构性的变化，对金融监管规则的制定提出了更高的要求。

（一）全球跨境资本流动规模持续扩大，全球金融一体化程度不断加深

浮动的汇率制度为西方各国之间开放资本项目提供了可能性。20世纪 90 年代以来，国际资本流动的数量和速度大大提高，在资本流动的带动下，依托 IT 技术的支持，西方国家的金融机构纷纷加快了全球化的进程，全球经济一体化的程度不断加深。

从国际资本流动的总量来看，图 2.1 显示，20 世纪 90 年代以来，国际资本流动增长迅速，主要资本流动发生在发达国家之间，但发达国家向发展中国家的流入也在不断增加；从资本流入占各国 GDP 的比重来看，发达国家占比最高。据统计，国际资本市场融资与外国直接投资总额由 1986 年的 2.8 万亿美元增加到 1998 年的 13.8 万亿美元，增加了 3.9 倍。1984 年到 1998 年的 15 年间，国际资本市场融资累计额的年

---

① 泰勒规则是由斯坦福大学的约翰·泰勒于 1993 年根据美国货币政策的实际经验而确定的一种短期利率调整的规则，是常用的简单货币政策规则之一。泰勒规则指货币当局在执行货币政策时应根据通货膨胀率和总产出的实际值与目标值之间的差距来调节短期利率。

平均增长率为 12.34%，外国直接投资的年平均增长率为 13.53%，同期，全球 GDP 的年平均增长率为 3.37%，国际贸易的年平均增长率为 6.34%，国际资本流动的增长速度远远高于 GDP 和国际贸易的增速（卢香山，2000）。

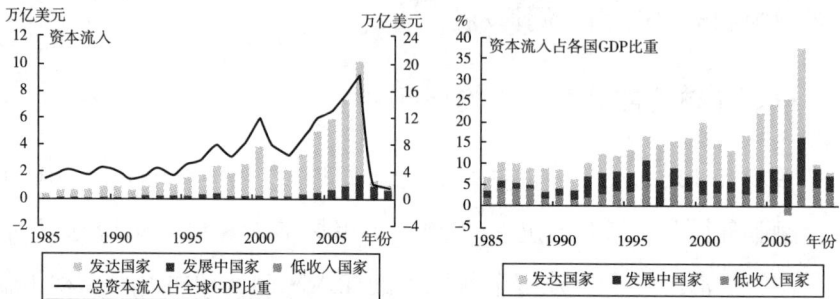

数据来源：国际货币基金组织（2010）相关资料。

图 2.1　跨境资本流入的总体情况及占 GDP 的比重

从国际资本流动的形式来看，20 世纪 90 年代后的资本流动已经从传统的国际信贷投资转向商业票据、债券融资、资本市场和货币市场工具等国际证券投资。从 1985—1998 年国际资本流动的结构性变化来看，国际信贷投资占国际资本流动总额的比例由 1985 年的 54% 下降到 1998 年的 40%，而同期国际证券投资由 20.8% 上升到 30%。商业银行的传统借贷在资本流动中的主导地位下降，融资者大量转向国际债券市场，获取低成本、高流动的资金来源，越来越多的商业银行也开始逐步开发银行信贷之外的业务品种，更多转向证券融资。如图 2.2 所示，从 20 世纪 90 年代末至 21 世纪初，不论是发达国家还是发展中国家，其他投资和间接投资①占总资本流入的比例不断上升，直接投资②的占比日益

---

① 间接投资是指发生在国际资本市场中的投资活动，包括国际信贷投资和国际证券投资。前者是指一国政府、银行或者国际金融组织向第三国政府、银行、自然人或法人提供信贷资金；后者是指以购买国外股票和其他有价证券为内容，以实现货币增值为目标而进行的投资活动。

② 直接投资是指一国的自然人、法人或其他经济组织单独或共同出资，在其他国家的境内创立新企业，或增加资本扩展原有企业，或收购现有企业，并且拥有有效管理控制权的投资行为。它以控制经营管理权为核心，以获取利润为目的，是与外商间接投资相对应的一种国际投资基本形式。

减少，特别是 21 世纪之后，发展中国家出现其他投资和间接投资迅速上涨的情况。

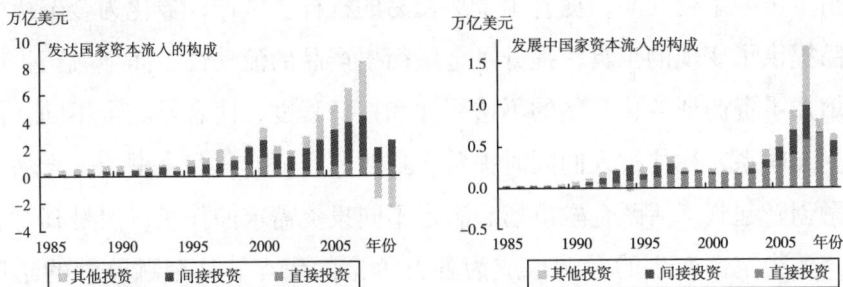

数据来源：国际货币基金组织（2010）相关资料。

图 2.2　跨境资本流入的构成情况

从不同国别的资本流动情况来看，20 世纪 90 年代后期，美国始终是资本净流入的国家，而欧洲和日本多为资本净流出国。根据国际货币基金组织（IMF）的报告数据，2000 年美国吸引了全球 64% 的资本输出，这一比例在 1999 年时为 60%，而在 1992—1997 年前，该数据平均仅为 35%。2000 年，美国的净资本流入已经超过 4 000 亿美元。

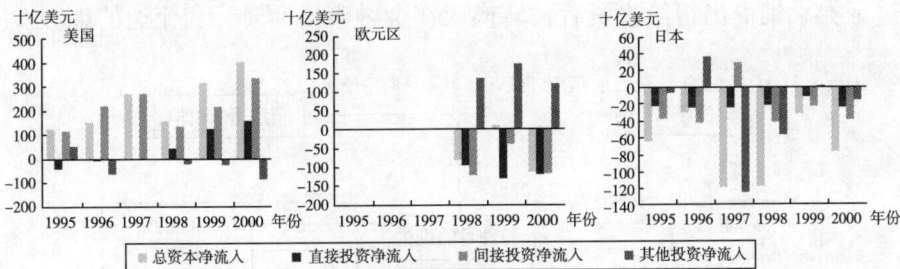

数据来源：国际货币基金组织（2001）相关资料。

图 2.3　各主要国家跨境资本流入情况

（二）金融创新层出不穷，金融产品及金融结构急剧复杂化

在金融自由化的浪潮下，金融创新产品层出不穷，其中以资产证券化和金融衍生产品最具代表性。资产证券化产品基于不具有流动性的

资产，通过打包、风险隔离和信用增级等环节，将其转变为具有流动性的、分层收益的证券化产品。金融衍生产品基于标的资产，通过合约设计衍生出一系列交易，提升了金融交易的杠杆。资产证券化为金融衍生产品提供了变现的工具，提升了金融衍生产品的流动性，而金融衍生产品增加了资产证券化产品的不透明性和杠杆程度，两者虽完全不同，但又相互联系，往往被人们同时提及。虽然资产证券化和金融衍生产品等金融创新起到了活跃金融市场、满足不同投资需求的作用，但是其对金融体系稳定性产生的影响也成为各方争论的焦点。从金融监管的角度来看，资产证券化和金融衍生产品等金融创新加大了金融产品的复杂性、不透明性和杠杆化程度，对金融监管的有效性带来了挑战。

资产证券化是指将具有可预见现金流的同质化资产打包，以证券形式在金融市场上发售的结构性融资活动。根据证券化打包基础资产的不同，资产证券化可以分为信贷资产证券化、应收账款证券化、不动产证券化和债券组合证券化等。资产证券化的具体运作流程主要包括：首先发起人将缺乏流动性但能产生可预见的、稳定的现金流的资产，通过特殊目的机构组合打包，并以购买的组合资产作为担保发行证券，经过证券承销商出售给投资者，转换成在金融市场上转让和流通的证券。

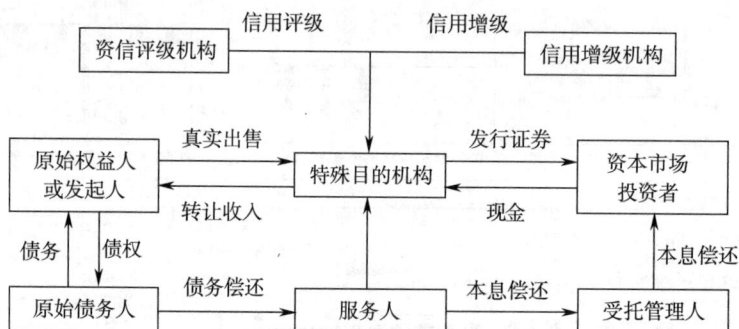

图 2.4　资产证券化的一般流程

资产证券化最早出现于 20 世纪 70 年代的美国住房抵押贷款市场，

起初是为了解决银行流动性不足的问题并满足投资者的多样化投资偏好，然而 20 世纪 80 年代储贷危机爆发后，资产证券化逐步从增强资产流动性的金融创新变成了转移信用风险的重要工具。继抵押贷款支持证券（MBS）之后，资产证券化产品凭借独有的优越性和应用的广泛性，迅速向全球扩展，有力地推动了金融经济的发展，成为金融领域的重大创新之一，但也为后来的金融危机埋下了隐患。根据美国证券行业和金融市场协会（SIFMA）的数据，美国的抵押贷款支持证券和资产支持证券（ABS）市场从 20 世纪 90 年代开始蓬勃发展，虽然中间有所波动，但整体规模仍然呈上升趋势。

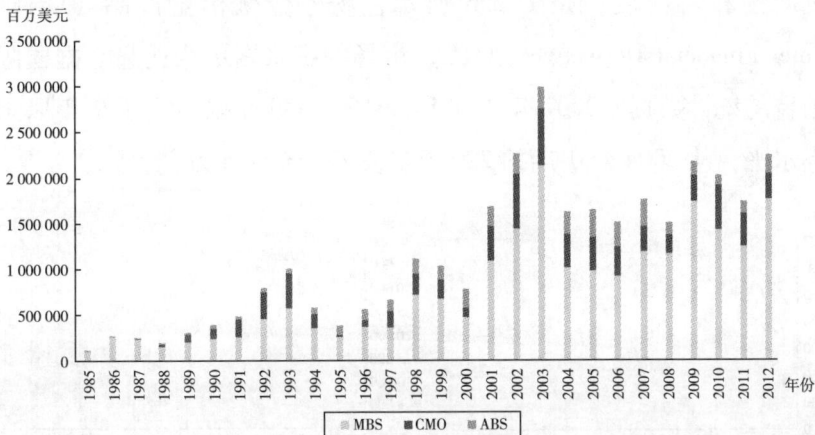

数据来源：美国证券行业和金融市场协会相关资料。

图 2.5　美国资产证券化市场的发行数量

相比较资产证券化而言，金融衍生产品并不是 20 世纪后半叶才产生的创新工具。金融衍生产品是指以货币、债券、股票等传统金融产品为基础，以杠杆性的信用交易为特征的金融产品，金融衍生产品根据产品形态，可以分为远期、期货、期权和互换四大类。在西方金融市场中，金融衍生产品几乎是与基础产品相伴相生的，已拥有几百年的历史，但在金融危机中起到推波助澜作用的信用衍生产品却是 21 世纪初的产物。

　　20 世纪 90 年代是衍生产品初步发展的时代，1998 年，全球衍生产品的名义本金已经超过 70 万亿美元，市值已经超过 2.5 万亿美元，而此时信用衍生产品还未崭露头角。从 20 世纪 90 年代至 21 世纪金融危机爆发前，全球场内金融衍生产品市场维持了长达 10 年的上升态势，其中金融期货和期权增长较快。国际清算银行（Bank for International Settlements，BIS）的资料统计，金融期货和金融期权的名义本金分别在 2007 年第二、第三季度达到历史最高峰，分别为 31.7 万亿美元和 64.5 万亿美元。相比较场内的金融衍生产品来说，场外衍生产品更具有创新性和自由度。如图 2.6 所示，场外金融衍生产品（Over the Counter Financial Derivatives，OTC）市场的扩张则更为明显。据国际清算银行的统计数据，2007 年上半年，OTC 市场涨幅达到了 9 年以来的最高水平，从 2004 年中期的 220 万亿美元升至 516 万亿美元。

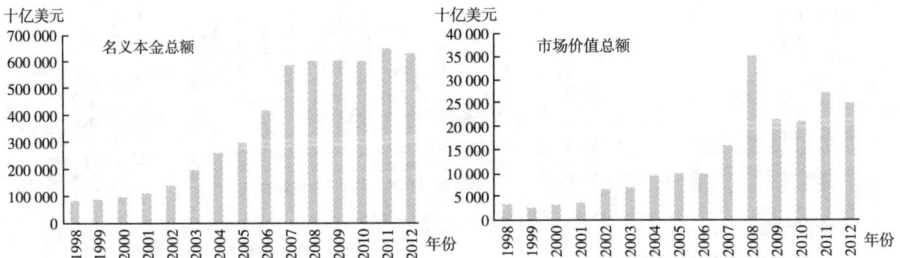

数据来源：国际清算银行相关资料。

图 2.6　全球场外衍生产品市场的总额

　　在金融衍生产品中，增长最快的交易种类为信用衍生产品。信用违约互换（Credit Default Swap，CDS）作为信用衍生产品中最重要的一种，由于其向第三方转移贷款违约风险的特性，其广泛地被用作投机和套利工具，从 2003 年开始呈现出爆发式增长的态势。根据国际互换和衍生产品交易协会（International Swaps and Derivatives Association，IS-DA）的历史统计数据，如图 2.7 所示，从 2001 年上半年到 2007 年下半年，全球信用违约互换相关产品市场在 7 年时间内膨胀了 98 倍，未清偿余额达到了 62 万亿美元，甚至超出了 2007 年全球 GDP 的规模。

十亿美元

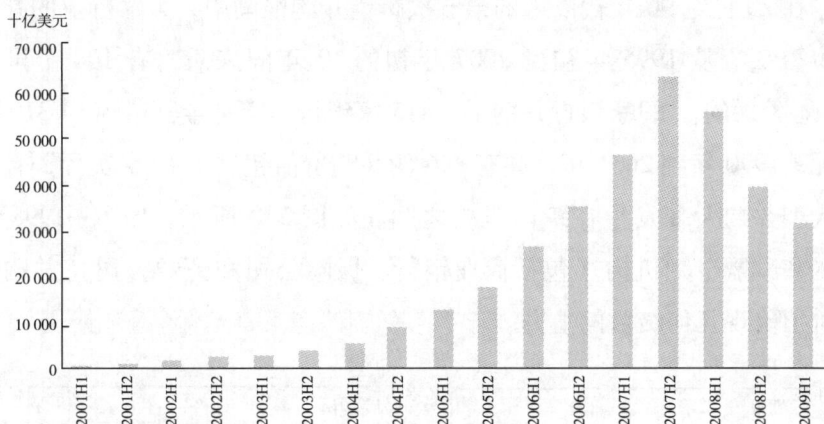

数据来源：国际掉期与衍生产品协会（ISDA）相关资料。

图 2.7　全球 CDS 及相关产品未清偿余额

金融衍生产品的发展大大满足了投资者规避风险的要求，也在金融经济活动中发挥了提供流动性和价格发现等重要作用，但同时放大了金融体系的杠杆，为金融机构提供了投机套利、规避监管的创新手段，增加了金融体系的系统性风险。金融衍生产品在本质上是跨越基础性产品、跨越机构、跨越国界的，这就导致了金融体系内部关联性上升，其衍生于金融产品的特性加大了金融产品的复杂性和不透明性，带来金融体系系统性风险的同时，增加了金融监管的难度。

（三）金融业并购风起云涌，大型国际金融集团成为金融市场的主导力量

国际金融市场一体化程度的加深，金融创新的层出不穷，都加剧了金融业的竞争。同时，金融自由化背景下离岸金融市场的发展、交易电子化的兴起、资金流动数量和速度的增加，导致金融机构面临的风险日益增加。为了有效防范风险，在竞争中占据主动，金融机构理性地选择了兼并和收购的模式以更好地追求规模效应，提高金融机构的资金实

力、降低经营成本、加强产品创新、实现多元化经营，提升金融机构的
竞争力。

　　在20世纪90年代以来的第五次跨境并购浪潮中，金融行业的并购
独占鳌头。从1995年初到2007年初的12年间来看，有104个国家
（或地区）的1 189家银行并购了2 415家银行，交易金额达到14 310亿
美元。1990年到2001年，共有246例并购价值超过了10亿美元，且这
些大型并购大多发生在跨国机构之间。如图2.8所示，1986—1998年
美国和欧盟金融机构（包括商业银行、保险公司和证券公司）并购的
总价值呈现几何级数的上升。

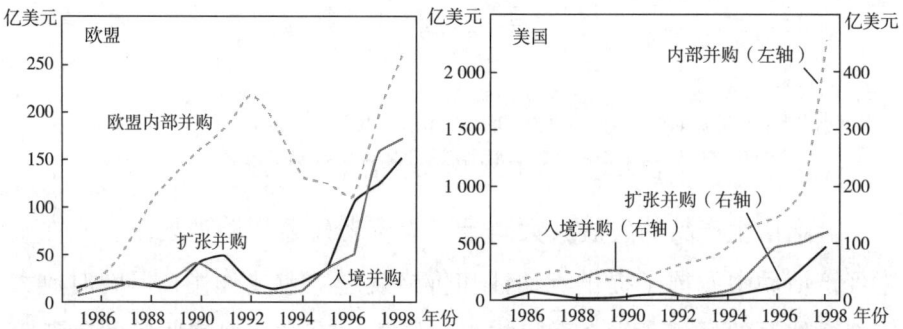

注：图中数据取自两年滑动平均。左（右）图中内部并购指欧盟（美国）金融机构对欧盟
（美国）金融机构的并购，扩张并购指欧盟（美国）金融机构对欧盟（美国）境外金融机构的并
购，入境并购是指欧盟（美国）境外金融机构对欧盟（美国）金融机构的并购。

　　数据来源：Securities Data Company，Berger 等（2000）。

图2.8　欧美金融机构的海内外并购总额

　　金融并购，导致金融机构的规模不断扩大，"大而不能倒"机构的
产生加大了金融体系的道德风险，给金融监管带来了新的挑战。20世
纪90年代的并购，造就了一大批金融巨头。例如，1996年4月三菱银
行与东京银行合并成立东京三菱银行，总资产达69.8万亿日元，成为
了当时日本最大的银行。占据瑞士金融资产半壁江山以上的两家金融
集团正是分别于1993年和1997年通过兼并收购诞生，其中瑞士信贷集

团由瑞士信贷银行收购瑞士人民银行而来，而瑞士联合银行则由瑞士联合银行和瑞士银行合并形成，合并后的瑞士联合银行集团总资产达到1万亿瑞士法郎，成为当时欧洲最大的银行和全球第四大银行。1998年美国银行和国民银行合并形成新的美国银行，成为一家横跨美国东西海岸的巨大银行，在美国二十一个州有近4 500家分行，总资产超过5 700亿美元。1998年4月，花旗银行兼并旅行者集团，并购后总资产近7 000亿美元。1998年12月，德意志银行收购美国信孚银行，总资产达8 650亿美元，成为当时全球资产规模最大的银行。2001年，日本三和银行、东海银行和旭日银行合并，合并后总资产达106万亿日元，成为当时日本第二、全球第三大银行。这些金融机构规模庞大，在一定程度上具有不可替代性，且其倒闭可能对金融体系带来巨大的损失，甚至引发其他一系列金融机构的倒闭和市场信心的崩溃，对宏观经济造成严重的危害。正是由于其可能产生的巨大负外部性，当其面临倒闭或经营困难时，为了防止系统性风险的爆发，政府不得不对其进行救助，但救助的同时也将带来道德风险的问题。道德风险来源于金融机构对政府救助的预期，当形成被救助的预期后，金融机构可能会追逐过高的风险以获取更高的收益，而不必承担可能存在损失，这将极大地损害金融体系的稳定。因此，如何在减少大型金融机构负外部性的同时，防范大型金融机构的道德风险，是金融监管亟待解决的问题。

金融并购提升了市场集中度，大型金融机构对金融市场的控制能力逐渐增强，对金融监管的游说能力不容忽视。金融并购带来的影响之一便是市场集中度的上升，大型金融集团的垄断程度加深，市场话语权增强。根据 Mishkin（1998）的统计，20世纪50~80年代，美国商业银行数量稳定在13 000家至15 000家，同期储蓄机构的数量保持在3 000家至5 000家，1980—1997年，商业银行数量从14 400家左右下降至9 200家左右，储蓄机构数量从4 300家下降到2 000家左右。根据纽联储2000年8月报告，从资产的集中度变化来看，20世纪初美国前

10 家银行的资产额占全部银行资产总额的 26%，而这一比例在 20 世纪末已经上升至 45%，20 世纪初美国前 50 家银行的资产额占全部银行资产总额的 55%，在这一比例到 20 世纪末已经上升至 68%。从负债的集中度变化来看，20 世纪初美国前 10 家银行持有的储蓄占全部银行持有储蓄总额的 17%，而这一比例在 20 世纪末已经上升至 34%，20 世纪初美国前 50 家银行持有的储蓄占全部银行持有储蓄总额的 48%，而这一比例在 20 世纪末已经上升至 58%（刘积余，2001）。市场高度集中的环境下，几家大型国际金融集团的简单合谋便可以实现对市场的影响或控制，在这种情况下，大型国际金融集团不论是在日常经营中，还是在监管游说中都享有较大的话语权，政府部门和商业集团人员之间可以相互任职这一"旋转门"的存在也为监管游说提供了可能和便利。在这一背景下，金融机构运用其市场影响力和政治能力继续推行金融自由化，西方国家金融监管的理念、方式和手段开始逐渐发生变化。

二、全球自由化对监管形成的挑战

金融自由化的进程对国际金融监管规则提出了新的要求。伴随着金融自由化进程的深入，各种金融业态进一步融合，新业务品种不断涌现，金融衍生产品的数量和复杂程度不断上升，国际资本监管框架也面临着新的挑战。

金融全球化推动全球银行业监管规则走向一致化，对巴塞尔 I 的前沿性、可比性和适应性提出了更高的要求。巴塞尔 I 向全球银行监管者提出了资本监管的理念，为银行监管乃至金融监管领域带来了一场革命。全球金融一体化进程的加快，要求各国监管当局相互协作，打造一个相对公平的国际金融环境，这在一定程度上推动了巴塞尔 I 逐步成为全球银行监管乃至金融监管的国际规则。然而，为有效地在全球范围内推进巴塞尔 I 的监管方式和监管理念，一是需要确保巴塞尔 I 始终处在监管理念的最前沿，并在危机后引领国际金融监管改革的潮流，使之自然而然地成为各国银行监管者主动遵循或效仿的国际规则；二是需要提高巴塞尔Ⅰ在不同国家之间的可比性，降低巴塞尔Ⅰ在实施中由于法律体系、会计准则等不同可能存在的不一致性；三是需要保证巴塞尔Ⅰ的适用范围更为广泛，在充分考虑欧美金融市场和银行体系的同时，考虑发展中国家的特色，不断增强巴塞尔Ⅰ的适用性，扩大巴塞尔Ⅰ的适用范围。

银行体系风险状况的复杂多变及银行风险管理能力的差异，对巴塞尔Ⅰ的灵活性和风险敏感性提出了更高的要求。巴塞尔Ⅰ是"一刀切"的监管框架（one – size – fits – all framework），未体现银行风险管理能力的差异。在银行业务较为单一、风险管理能力相差不多的时期，该框架能够较好地发挥作用。随着混业经营的逐步放开，金融机构之间的业务融合不断上升，各类金融机构呈现出经营业务多样化、地域范围广泛化、组织机构全能化、金融工具复杂化的特征。然而随着银行风险状况的日益复杂、风险管理能力差距的不断扩大，对所有银行使用简单划一的监管框架既不公平，也不利于监管有效性的提高。

金融创新的不断发展导致金融风险的种类和特征不断增加，对国际资本监管框架所覆盖风险的全面性提出了更高的要求。巴塞尔Ⅰ下的风险加权资产仅包含信用风险加权资产，这一安排适用于当时银行业务单一的状况和风险简单的特征。然而，随着金融创新的不断发展，银行经营的业务也从传统银行业务，扩展到资产管理、投资银行、对冲基金和私募基金等非传统银行类业务。面对金融创新和金融风险的多样化，监管覆盖的业务范围和关注重点逐渐从表内业务扩大到表外业务，从传统银行业务扩大到各类金融创新业务。一方面，银行开始大量进行金融衍生产品和资产证券化等金融创新产品的交易，使金融市场的波动对银行的影响越来越显著，银行面临越来越大的市场风险敞口。另一方面，伴随着金融产品复杂性的不断增加、IT技术的进步带来金融交易频率和速度的不断提升，银行面临的操作风险也显著增加。20

世纪 90 年代，信用风险以外的多种风险也导致了全球银行业中多起银行倒闭和巨额亏损事件，其中不乏大型银行。特别是亚洲金融危机的爆发和危机的蔓延所引发的金融动荡，使金融监管当局和国际银行业迫切地感到巴塞尔 Ⅰ 下仅包含信用风险的安排已经无法适应当时的金融环境。

金融产品的多样化为监管套利创造了空间，这就要求巴塞尔 Ⅰ 下资本监管框架的范围进一步扩大，内容进一步细化。资产证券化和金融衍生产品等金融创新产品具有与传统金融产品不一样的风险特征，运用传统风险计量方法计算出的风险敞口无法覆盖这些金融创新在高杠杆下可能带来的损失。在这些金融创新的作用下，金融市场呈现出一种金融自我创新和自我循环的状态，这种独立于经济运行的自我膨胀应当受到严格限制和约束。然而，基于传统的信贷、债券业务构建的巴塞尔 Ⅰ 监管框架难以覆盖当时的金融创新，这些金融创新不仅为金融机构规避资本监管创造了可能，也加大了金融体系的复杂性和关联性，极大地提升了金融体系的系统性风险。因此，从防止金融监管套利和防范系统性风险的角度，有必要将资产证券化和金融衍生产品等金融创新工具纳入巴塞尔 Ⅰ 的监管框架下。

金融产品的复杂性对巴塞尔 Ⅰ 风险计量的精确性提出了更高的要求。巴塞尔 Ⅰ 下的风险识别架构是粗线条的，适用于业务模式简单、金融产品相似的传统银行业。但是随着金融产品的多样化和复杂化，银行业务模式也逐渐呈现较大的差异，银行面临的风险差异也日益增加，这就为风险度量的精确性提出了要求，这一粗线条的风险识别架构逐渐暴露出缺点：第一，巴塞尔 Ⅰ 仅根据信贷资产的类别对信用风险进行区分，同一类别的信贷资产计提相同的资本。这就造成违约概率较高的小微企业和违约概率较低的大公司适用相同的资本要求，这在一定程度上造成了不公平，也逆向激励银行选择在实际中风险较高、收益较高的中小企业发放贷款；第二，巴塞尔 Ⅰ 并未考虑银行对信用风险的转移和缓释，这就导致进行了风险缓释的贷款与未进行风险缓释的贷款应计提相同的资本，形成逆向激励；第三，巴塞尔 Ⅰ 设置的风险权重是离散的，不同类别资产之间风险权重的差异较大，这不仅不符合银行真实面临的风险状况，也为银行进行资本套利留下了空间。

金融交易和金融产品的不断复杂化对信息披露的及时性、完整性和透明度都提出了更高的要求。金融市场的效率依赖于信息的及时、准确与全面性，不论是资产证券化，还是金融衍生产品都降低了金融工具的透明度复杂的金融工变得很难让投资者充分看清其存在的风险，一旦市场发生变化，投资者的信心便会变得极为脆弱，从而加剧市场的动荡。从维护金融稳定的角度来看，加强银行等市场主体的信息披露成为了让市场机制有效发挥作用的前提条件。

三、西方监管理念的变化

20 世纪 30 年代的大萧条之后，凯恩斯经济学占据了西方经济思想的主流。西方国家的政策制定者们普遍认为，"市场失灵"（market failure）造成了金融市场乃至宏观经济的不稳定，需要政府和监管部门进行积极主动的干预，以维护金融体系的稳定和宏观经济的平稳增长。当时，西方国家的金融机构在业务范围、产品定价和经营地域等各方面都受到了严格的管制。然而，西方国家在经历了 20 世纪 70 年代长达 10 年的"滞胀"之后，学术界和政策制定者们开始质疑政府管制在宏观经济管理中的作用，认为"政府失灵"（government failure）是阻碍经济发展的主要问题。新古典主义经济学（neo - classical economics）开始成为西方经济思想的主流，其核心主张就是尽可能地取消管制，最大程度地发挥市场机制在经济中的调节作用，以提高经济中资源配置的效率。

许多新古典主义经济学家的研究以金融市场为主要对象。20 世纪 80 年代以来，在金融领域，国际学术界逐步形成了金融学学科化的一场运动，涌现出保罗·萨缪尔森、莫顿·米勒、哈里·马柯维茨、威廉·夏普、尤金·法玛、费希尔·布莱克、罗伯特·莫顿和迈伦·斯科尔斯等一批杰出的经济学家，其中大多后来都获得了诺贝尔经济学奖。在这场金融学运动中的核心主张是"有效市场假说"（Efficient Market Hypothesis），由尤金·法玛提出的该假说认为，在有效市场中，存在着大量理性的、追求利益最大化的投资者，他们之间的竞争将导致在任何时候，市场价格都已经充分反映了发生的和尚未发生，但市场预期会发生的事情，在这样的市场中，政府对市场不具有有效的调控作用。虽然经济学家们同时指出，强势有效市场假说所基于的假设在现实世界中不会真实存在，但是基于该假说构建的强势有效市场理论依然成为了放松金融管制的主要理论依据。而其中对金融市场的定量研究，包括金融资产估值的计算方法等数理方法的提出为金融衍生产品等金融创新奠定了基础。

　　新古典主义的主张得到了西方经济政策制定者们的大力支持。对他们来说，"有效市场假说"逐渐变成无须佐证的事实。同时，纽约华尔街和伦敦金融城的金融机构也以其强大的政治影响力和游说能力，极力宣传金融市场的有效性，推行金融自由化。以美国为例，从20世纪80年代开始，在大萧条时代形成的对金融体系的严格监管逐步被放松或废除。1980年《存款机构放松管制和货币控制法》取消对存款利率和某些贷款利率的限制、1982年《高恩—圣杰曼存款机构法》扩大存款机构的资金来源和业务范围，以及1989年《金融机构改革、复兴与促进法》对存款机构的结构调整，为90年代金融自由化大幕的拉开奠定了基础。1994年底《跨州银行法》获准颁布，消除了对跨州银行的限制，使美国银行可以自1997年6月1日起通过收购、兼并和新建三种方式跨州设立分行，开展全方位的跨州银行业务。该法案加速了美国金融业的融合，从而出现了更多的经营全国性业务的大型银行，对20世纪90年代以来美国银行业的并购活动也起到了推波助澜的作用。

　　20世纪80年代末，美联储开始允许商业银行在一定范围内从事证券业务。起初，美联储规定商业银行从证券业务中获得的利润不超过总利润的 10%，1996 年决定把这一限制提高到 25%。1998 年，花旗银行与旅行家集团的合并成为《格拉斯—斯蒂格尔法案》最终被废止的催化剂。此次兼并使得商业银行、保险和证券业务在同一公司并存，并将这个新金融实体与现行法律的冲突问题搬上了台面。经过大力游说，国会最终在 1999 年底通过了《金融服务现代化法案》，将《格拉斯—斯蒂格尔法案》彻底废除。1999 年《金融服务现代化法案》的通过，打破了金融业分业经营的界限，允许建立新的金融控股公司从事全面金融业务。2004 年，美国证券交易委员会（SEC）同意对五大投资银行经济业务负债率豁免，这使得其杠杆率大幅提升至 20~25 倍甚至更高，远高于受到严格监管的商业银行。

西方国家的金融监管迎来了以放松管制和提倡金融自由化为特征的新时代。对于金融市场上涌现出的一系列金融创新，西方金融监管者认为是市场机制满足金融需求的结果，有利于价值创造和风险管理，持欢迎和支持的态度。对于这些创新可能带来的风险，他们认为完全可以通过金融市场的风险定价和自律管理来解决。因此，20 世纪末 21 世纪初的金融自由化见证了包括次级住房按揭贷款、信用衍生产品等在内的大量金融创新产品的蓬勃发展，为 2008 年爆发的金融危机埋下了隐患。在格林斯潘领导下的美联储，很少对金融市场进行干预和监管。1994 年国会通过了《住房所有权及权益保护法案》（*Home Owner and Equity Protection Act*），旨在打击欺诈性贷款行为。美联储本可根据这一法案对后来引发"次贷危机"的次级房地产抵押贷款进行监管，但格林斯潘却没有这么做，后来他对该做法进行辩解："我们很难介入和查清金融机构是如何运作抵押贷款的，不可能在不破坏次级贷款市场有效性的前提下发现任何有价值的信息。"当时，美国财政部前部长劳伦斯·萨默斯也是金融自由化的极力倡导者。面对金融自由化过程中产生的五花八门的金融创新，他采取了完全支持的态度："喷气式飞机使空中旅行变得更加舒适，更加高效，也更加安全，尽管发明喷气式飞机之后发生的事故更加惊人，事故率也一度增长。同样，现代全球金融市场本身有着巨大潜力，能给我们带来利益，尽管其带来的一些意外也更惊人。我们对于喷气式飞机的正确反应是，建造更长的跑道，加强空中交通控制以及更好地训练飞行员，而不是阻止快速旅行。因此，我们对于金融创新的正确反应应当是确保有一个安全体系，这样既能实现利益，又不必扼杀变化。"（约翰逊，2013）

20 世纪 90 年代，时任美国商品期货交易委员会主席布鲁克斯利·波恩女士曾对衍生产品，尤其是场外衍生产品表示忧虑，并提议应该加强场外衍生产品的监管。然而在自由主义的监管理念盛行的背景下，该提议激起了多方的强烈反对。其中，时任财政部副部长劳伦斯·萨默斯也在反对之列，根据波恩助手迈克尔·格林伯格的回忆，萨默斯当时在电话中说道："我的办公室坐着 13 位银行家，他们说，如果你执行这个提议，就会造成第二次世界大战以来最为严重的金融危机。"时任美联储主席艾伦·格林斯潘表示，"衍生产品一直是十分有用的工具，它们将风险从不应当承担的人身上转移到愿意承担也有能力承担的人身上……场外衍生产品市场的迅速发展，正是因为市场发觉它们十分有用"。对于衍生产品的监管问题，格林斯潘也持反对态度，"我们必须仔细考虑政府是否需要监管衍生产品及市场，金融机构之间的场外交易，根本没有必要运用《商品交易法》——私营市场的自我管理足以高效地实现公共政策的目标"。1999 年，美国总统金融市场工作小组建议联邦监管机构豁免对衍生产品的监管，这条建议同时被纳入了《商品期货现代化法案》。

金融市场的发展和监管理念的转变同时导致了西方金融监管方式的变化。英国从 21 世纪初开始逐步从规则监管模式①转向了原则监管

---

① 规则监管模式（rule–based supervision），是指金融监管机构通过各种具体的规则为监管对象设定明确的权利义务并以此保障各种金融业务运营的监管模式。

模式①，这与其推崇自由、善于自律，多以"习惯法"约束的历史密不可分，然而更多是其金融监管为适应金融体系的创新和复杂性，以应对日新月异的市场环境，提高监管的灵活性。21 世纪初，英国金融服务局（FSA）是对英国金融业实行全面监管的独立监管机构。英国金融服务局坚持以风险为本的原则监管，在英国金融服务局的监管法律体系中，指导性意见多、管理性条款少；原则性陈述多、具体指标性要求少。监管活动中，除违规行为外，监管人员的监管指导意见也多是原则性的。相比较规则监管，原则监管被认为具有一系列的优越性。一是原则性监管具有较强的稳定性、适应性和前瞻性，有利于提高监管的有效性。虽然原则监管的精确性稍弱，但是其适应外部环境变化的能力较强，具有较好的持续性。因而，在金融创新和跨境交易不断增加、金融环境瞬息万变的背景下，选择原则性监管更有利于监管人员进行灵活监管。二是原则性监管有利于践行监管目标的精神实质，防止监管套利的发生。规则监管下较为明确的监管规则易于带来监管的盲点，为监管套利留下空间，会使规则的实施效果大打折扣，也会在一定程度上背离规则设计的初衷，无法准确贯彻监管目标的精神实质。三是原则性监管有利于鼓励金融创新的发展，提升金融市场的竞争力。然而，原则监管说易行难，在实践中也暴露出实施难度大、放任银行从事高风险经营活动等问题，最终并未能抵挡住金融危机的步伐。

第二节　巴塞尔 Ⅱ 的主要特征

金融自由化和全球化进程的加快、金融体系复杂性的不断提升以及金融监管理念的变化，共同推动国际资本监管框架巴塞尔 Ⅰ 向巴塞尔 Ⅱ 的更新换代。为了适应金融机构和金融体系的变化，巴塞尔委员会

---

① 原则监管模式（principle – based supervision）是指在监管规范体系中，原则占据主导地位并作为主要的监管依据，规则的作用在于进一步明确原则的具体要求。

于世纪更迭之际启动了巴塞尔Ⅱ的修订工作。1999年6月，巴塞尔委员会发布了对1988年巴塞尔资本协议进行修订的第一次征求意见稿，随后又分别于2001年6月和2003年4月推出了第二次征求意见稿和第三次征求意见稿，期间还在全球范围内进行了三次定量测算，最终在2004年6月，G10的央行行长一致通过《资本计量和资本标准的国际协议：修订框架》（*International Convergence of Capital Measurement and Capital Standards*），即巴塞尔Ⅱ。

巴塞尔Ⅱ是金融自由化理论在金融监管领域的应用，是对激励相容监管理念的践行，体现了金融监管对风险敏感性、规则灵活性和约束多样性的追求。在巴塞尔Ⅲ中，市场约束和银行自身的风险管理能力被放到了更重要的位置。巴塞尔Ⅰ仅给出了国际统一的监管标准，但是缺乏灵活性和多样性，巴塞尔Ⅱ对巴塞尔Ⅰ提出的最低资本要求进行补充和完善，并将其作为巴塞尔Ⅱ框架下的第一支柱，此外增加了第二支柱监督检查和第三支柱市场约束，共同对银行风险进行监管。相比较巴塞尔Ⅰ，巴塞尔Ⅱ的特征主要体现在以下四个方面：从框架设计上看，巴塞尔Ⅱ将巴塞尔Ⅰ的资本监管拓展至资本监管、监督管理、市场约束三大支柱监管，力图实现激励相容；从监管范围上看，巴塞尔Ⅰ仅涵盖了信用风险，随后补充了市场风险，巴塞尔Ⅱ则明确将市场风险和操作风险等纳入，建立了全面风险管理的框架雏形；从管理理念上看，巴塞尔Ⅱ将巴塞尔Ⅰ中规定的统一风险权重拓展至由银行自身模型计量的风险权重，旨在推动银行主动进行风险管理；从计量方法上看，巴塞尔Ⅱ选择了更为复杂和个性化的模型，以适应银行风险敞口日益复杂的特征。

一、最低资本要求

巴塞尔Ⅱ的第一支柱是最低资本要求，巴塞尔Ⅱ对资本充足率的定义进行了修订和完善，同时延续了巴塞尔Ⅰ规定的最低资本充足率为8%的要求。

　　从资本充足率的分子来看，巴塞尔Ⅰ将资本分为一级资本（核心资本）和二级资本（附属资本），其中二级资本规模不得超过一级资本的100%。巴塞尔委员会1996年发布的《关于市场风险资本的补充规定》引入了只能用于防范市场风险的三级资本的概念。巴塞尔Ⅱ基本延续了巴塞尔Ⅰ的资本定义框架，但根据实施中反映的问题对一些具体规定进行了完善，如基于内部评级法的引入，增加了内部评级法框架下可计入二级资本的一般准备的规定①；根据金融市场的发展，在资本扣减项中增加了由于资产证券化风险敞口增加的普通股溢价等。

　　从资本充足率的分母来看，巴塞尔Ⅰ仅关注了信用风险，这也是银行面临的最传统和最主要的风险。巴塞尔Ⅱ确立了以信用风险、市场风险和操作风险三大风险为基础的风险计量框架。具体来说，巴塞尔Ⅰ定义下的资本充足率分母仅包含根据各类资产对应权重加总计算所得的信用风险加权资产，而在巴塞尔Ⅱ定义下的资本充足率的分母，不仅引入信用缓释，还明确了资产证券化的信用风险加权资产计算方法，引入针对证券融资交易和信用衍生产品的交易对手信用风险。同时，除信用风险加权资产外，分母还包含了操作风险和交易账户下的市场风险资本所对应的风险加权资产。

　　巴塞尔Ⅱ提升了信用风险计量的风险敏感性。巴塞尔Ⅰ对信用风险加权资产的计量，只是根据资产种类的粗线条划分和监管当局对各类资产明确的风险权重进行计算，没有考虑同类资产不同信用等级的差异，很难准确地反映银行资产面临的真实的风险状况。巴塞尔Ⅱ在巴塞尔Ⅰ的基础上，将资产证券化和交易对手信用风险纳入了信用风险的框架，同时对权重法的完善以及内部评级法的引入提升了信用风险计量的风险敏感性。

---

　　① 巴塞尔Ⅱ规定，银行一般准备超过预期损失的部分可以计入二级资本，但不得超过信用风险加权资产的0.6%。

市场风险在巴塞尔 I 后被提出，并纳入巴塞尔 II 的框架。随着资产证券化、金融衍生产品等金融创新产品的推陈出新，债券业务、外汇业务以及各类非传统银行业务的逐步开展，金融机构面临的市场风险越来越大。在这样的背景下，巴塞尔委员会将市场风险纳入了巴塞尔 II 的框架，对由于市场风险而带来的损失实现资本计提。

操作风险是巴塞尔 II 框架引入的三大风险之一。对于进行日常交易和业务活动的金融机构来说，操作风险与生俱来。大型国际金融机构作为综合化金融服务机构能够越来越娴熟地使用风险缓释技术，以减少信用风险和市场风险敞口，但因交易的复杂化增加了操作风险。随着现代商业银行提供的业务覆盖面越来越广，银行各业务环节所要求操作技术的复杂性不断增加，操作风险显著上升。因此，巴塞尔委员会将操作风险纳入国际资本监管框架，要求银行针对操作风险计提资本。

通过引入内部模型，引导监管资本向经济资本靠拢，巴塞尔 II 提高了资本监管的风险敏感性。巴塞尔 I 为全球银行业设定了统一的风险计量模型，而巴塞尔 II 允许风险管理水平较高的银行在获得监管当局同意后，采用银行的内部模型评估相关风险，并据此计提监管资本。内部模型是基于银行自身积累的历史数据所构建的，相比较监管当局确定的风险权重，其得出的风险权重具有较强的风险敏感性。理论上来说，在这样一个资本监管框架下，风险管理水平较高的银行面临较低的监管资本要求，而风险管理水平较低的银行监管资本要求较高，有利于实现激励相容。巴塞尔 II 将最低资本要求与风险管理水平挂钩，旨在实现奖优罚劣，从节约资本的角度激励银行不断提升自身的风险管理水平。

二、监督检查

巴塞尔 II 的第二支柱是监督检查。第二支柱是从监管者的角度对银行风险管理体系的外部监督，要求各国监管当局应结合各国银行业的实际风险对银行进行监管，旨在提高银行监管的灵活性和全面性，同时强化了各国监管当局的职责。

第二支柱从风险覆盖和外部审查的角度对第一支柱形成有效的补充。一方面，第二支柱拓展了风险覆盖范围，将第一支柱未能覆盖的风险，如集中度风险、银行账户利率风险等，纳入了资本充足评估框架；另一方面，对第一支柱由于风险敏感性提高而带来的模型风险和监管套利，通过第二支柱予以纠正和完善。此外，对于第一支柱下最低资本要求不足以抵御其面临的风险的银行，监管者可以通过第二支柱要求银行维持高于最低资本要求的资本。

第二支柱的提出，建立了监管者与银行有效的对话机制，提高了巴塞尔Ⅱ的灵活性。在第二支柱下，监管当局应与银行保证持续地对话和交流，以确保监管当局能够进行有效的监督并在必要时采取措施。监管机构对银行的评估可采取现场检查、非现场监管及与银行管理部门座谈等手段来实现。

三、市场纪律

巴塞尔Ⅱ的第三支柱是市场纪律。巴塞尔Ⅱ要求银行应披露资本、风险敞口、风险评估程序以及银行资本充足率等重要信息，第三支柱对信息披露的要求不仅包括披露频率、披露的载体和地点等，还包括各监管指标具体的披露模板和内容。

第三支柱是第一支柱和第二支柱有效实施的保障。通过有效的信息披露，有利于缓解投资者和被投资机构之间的信息不对称性；有利于强化对银行的约束，防止其通过复杂的计量模型实施监管套利；有利于加强对监管机构的约束，防止监管宽容。

第三支柱体现了激励相容的监管理念。巴塞尔Ⅱ强调以市场的力量来约束银行，认为市场约束具有能使银行有效而合理地分配资金和控制风险的能力。一般来讲，稳健的、经营良好的银行可以以更为有利的价格和条件在市场上获得资金，而风险程度高的银行必须支付更高的风险溢价、提供额外的担保或采取其他安全措施来获得资金，从而在市场中处于不利地位。通过外部约束实现奖优罚劣，使风险管理能力较好、资本充足水平较高的银行获取较高投资者信赖，同时对风险管理能力较差、资本充足水平较低银行形成压力。这种市场奖惩机制可以促使银行保持充足的资本水平，推动银行和金融体系的稳定发展。

四、巴塞尔Ⅱ的意义

巴塞尔Ⅱ是对巴塞尔Ⅰ的创新和补充。面对金融自由化的挑战，巴塞尔委员会顺应了市场的要求，创新地提出资本监管、监督检查和市场纪律三大支柱，希望依赖市场自身的力量管理市场。巴塞尔Ⅱ的推出，是国际银行监管理念的又一次飞跃，在提高风险敏感性的同时实现了监管的激励相容，但同时也引发了国际银行监管者的争论，过度依赖市场的监管理念加剧了监管套利，内部风险模型的引入加大了监管的复杂性、提高了监管的成本、降低了监管的有效性。国际金融危机表明，以巴塞尔Ⅱ为代表的国际银行监管框架仍有待完善，有必要进一步改进达到维护全球金融稳定的目标。

第三章　国际金融危机和
巴塞尔Ⅲ的出台

巴塞尔Ⅱ是资本监管的一个里程碑，它不仅在巴塞尔Ⅰ的基础上根据全球金融市场的变化进行了一系列有益的改革和创新，而且体现了金融自由化过程中，金融监管者希望通过市场约束和金融机构自身的风险管理来进行有效监管的理念。然而，对市场机制的过度依赖在2008年爆发的国际金融危机中受到了强烈的质疑和批评。金融危机的爆发拉开了国际金融监管改革的序幕。作为国际金融监管改革的核心内容之一，巴塞尔委员会发布的巴塞尔Ⅲ对银行提出了更高的资本要求，引入了杠杆率和流动性风险监管指标，体现了微观审慎与宏观审慎有机结合的监管思路，对国际银行业监管框架进行了改良。

第一节　2008年爆发的国际金融危机

2008年，以美国次贷危机为导火索，在全球范围内爆发了国际金融危机，紧密关联的各大金融市场迅速将风险传播到全球金融体系的各个角落，并在恶性循环中不断扩大。全球金融体系一度被推向崩溃的边缘，实体经济受到重创。各国政府被迫出台大规模救市和经济刺激措施，并加强合作和政策协调。

2008年爆发的国际金融危机是20世纪30年代大萧条以来最严重的全球性危机，可谓"百年不遇"。然而，危机的形成并不是偶然的，全球金融监管者对危机的成因以及其暴露出的问题进行了深刻的反思。

一、百年不遇的国际金融危机

21 世纪初，在利率长期处于低位、流动性宽松、房价持续攀升以及金融监管缺失的大背景下，美国次级房屋抵押贷款快速发展，并通过资产证券化和信用衍生品等各类金融创新产品将风险分散到全球金融体系。2007 年，美国房价开始下跌，次级房屋抵押贷款违约不断增加，风险通过多种金融创新产品传染到各类金融机构，信用风险、市场风险、流动性风险相互交织，形成恶性循环。原本信用良好、资本充足、流动性充裕的银行曝出巨额亏损，几乎在一夜之间被推到了破产的边缘。破产狂潮不仅席卷美国大型银行、保险公司和养老基金，欧洲银行业也岌岌可危，按照时任美国财政部部长亨利·保尔森在回忆录中的说法，美欧金融体系处于全面崩溃的"峭壁边缘"。

2008 年 9 月 15 日，美国第四大投行雷曼兄弟控股公司宣布申请破产保护，导致纽约股市创下"9·11"以来的最大单日跌幅，并成为新一轮不断放大和蔓延的流动性危机的导火索。随着该公司的崩溃，资产负债表的不确定性导致银行间的交易对手信用风险急剧上升，各金融机构之间的信贷往来突然中断，继而引发了流动性危机和挤兑，伦敦银行间拆借利率（LIBOR）和隔夜指数掉期利率飙升。国际金融市场陷入恐慌，金融机构间的"信心"和"信任"严重缺失，3 个月 LIBOR 与美国国债息差由 100 个基点上升到超过 400 个基点，银行间市场一度冻结。

流动性危机还蔓延到了信用风险最低、流动性最好的市场——货币市场。9 月 16 日，美国最大的货币市场共同基金之一 Reserve Primary Fund 由于购买了雷曼的商业票据而跌破了每股 1 元的净值，投资者开始大批撤离，一周内抽逃资金近 900 亿美元。货币市场共同基金是商业票据市场的主要投资者，而商业票据市场又是金融机构、大型企业的主要流动性来源，如果货币市场共同基金崩盘，美国金融体系将陷入更大

的恐慌和危机之中。因此，美联储被迫于 10 月 25 日宣布斥资 5 400 亿
美元收购货币市场共同基金资产。

为尽快稳定金融市场，各国政府和央行纷纷采取前所未有的大规
模救市措施。美国政府推出 7 000 亿美元救市计划；美联储和欧洲央行
等五个全球主要中央银行宣布，联手向市场注入"无限量"流动性；
德国、法国和英国等欧洲国家政府也出台了大规模救市举措，共计约
1.8 万亿美元。种种救市措施在一定程度上缓解了银行间市场的流动性
紧张，3 个月 LIBOR 与美国国债息差从前期 457 个基点的高点逐步
回落。

此次国际金融危机不仅将全球金融市场推到崩溃的边缘，而且对
全球实体经济造成重创。危机发源地美国于 2008 年陷入衰退，2009 年
经济增速更进一步下滑至 -3.5%，所有产业部门的需求在 2008 年 9 月
后都出现下跌。消费者对未来缺乏信心，推迟耐用品和奢侈品的购买，
导致零售额大幅下降。汽车产业受到的打击尤其巨大，产能利用率下降
到历史最低水平（不足 40%），克莱斯勒公司和通用汽车公司于 2009
年年中申请破产，美国财政部再次被迫进行救助。美国的总债务在危机
前约为国内生产总值的 62%，到 2010 年已接近 94%，这在很大程度上
反映了危机救助的成本之大和税收收入的显著下降。

美国的经济衰退很快向其他发达国家蔓延，并波及发展中国家，引
发了对经济萧条的普遍担心。从以下统计数字可以看出此次危机的严
重程度：2009 年，全球总产出下降了 1.9%；其中，高收入国家下降了
3.4%，日本、英国和欧元区分别下降 5.5%、4.9% 和 4.4%；新兴市
场经济体的 GDP 增速下降到约 0.5%，金砖五国中，除中国表现一枝独
秀以外，俄罗斯、巴西和南非均陷入经济衰退，其中俄罗斯衰退幅度高
达 7.8%。此外，2009 年世界贸易额比 2008 年下降了近 50%，全球失
业人数剧增，在危机前失业水平原本就比较高的西班牙和希腊，失业率
超过 15%。

　　金融危机的跨境蔓延和实体经济的大幅下滑引发各国政府的高度关注和联手行动。2009 年 G20 华盛顿峰会发表联合宣言，强调在世界经济和国际金融市场面临严重挑战之际，与会国家决心加强合作，努力恢复全球增长，实现世界金融体系的必要改革。

　　然而，危机远未结束，在美国市场信心稍有恢复之后，欧洲陷入主权债务危机。先是冰岛，随后是以希腊为首的"欧猪五国"，其中包括欧元区第三大经济体意大利和第四大经济体西班牙，后来甚至欧元区第二大经济体、世界第五大经济体法国的主权信用评级都被大幅调低。在应对欧债危机"三驾马车"——欧盟委员会、欧洲央行和国际货币基金组织的共同努力下，欧债危机没有进一步恶化，但何时才能彻底走出危机阴影仍不明朗。

　　此外，美国、欧元区和日本在危机后都使用了超宽松货币政策，引发了全球性的资产价格膨胀和新兴市场国家的资本流入及输入型通胀。未来，美联储等全球主要央行逐步退出量化宽松政策有可能引发资产泡沫破裂和新兴市场国家短期内大量资本流出，全球经济金融体系能否平稳回归常态还存在不确定性。

二、危机暴露出的问题

　　此次国际金融危机爆发后，国际组织、各国金融监管机构均对市场至上的治理理念以及金融监管中存在的问题进行了深刻反思。

　　第一，市场至上的治理理念存在缺陷。危机前，由于相信市场具有自我修复特性、金融机构具有自我约束能力，再加上金融机构的积极游说，政策制定者将"有效市场假说"奉为不争的事实，监管者放松了对市场和机构的监管，从而造成了监管缺失和风险积累。此次国际金融危机的爆发宣告了市场原教旨主义的破产，引发了对市场与监管定位的反思。美国联邦储备委员会前主席格林斯潘长期以来主张市场的自我监督优于政府监管，然而，他的观点在危机后也有所转变，承认监管不力是导致金融危机的一个重要原因①。他在 2008 年 10 月的国会听证上说："我之前错误地认为银行等市场主体出于自身利益能最好地保护股东的利益。现在，这些机构自我监督能力的缺失让我感到震惊和难以置信。"格林斯潘的继任者伯南克也指出："金融危机暴露了美国监管部门在确保金融体系稳定、保护消费者权益等方面存在的漏洞。"②

　　第二，对威胁金融体系稳定的系统性风险重视不足。危机前，金融监管的对象主要是单家金融机构，即以微观审慎监管为主，忽视了应对系统性金融风险的宏观审慎监管。伯南克在危机后提出，美国应建立一家由相关金融监管机构组成的监督委员会，负责监测威胁整个金融体系稳定的风险、发现监管真空并协调金融监管机构对潜在系统性风险的反应③，而且所有联邦金融监管机构都应当将考虑金融系统的风险作为其监管职责的一部分。《特纳报告》（*The Turner Review*）④ 也指出，各国金融监管体系应具备理顺经济周期的能力，防止高峰和低谷的差距过大，并需警惕来自宏观层面的金融风险。

　　第三，存在严重的"大而不能倒"的道德风险。"大而不能倒"是指一家金融机构具有系统重要性，如任其倒闭将引发系统性危机，因此在其濒临倒闭时政府无法让市场机制发挥作用、任凭其破产，而只能进行救助。"大而不能倒"的机构倾向于过度承担风险以获取高收益，而在经营失败后则由政府埋单，从而存在严重的道德风险。这一点在此次危机中表现得尤为突出，欧美多家金融巨头都因经营管理不善而又不能倒闭得到了政府的大额救助，给政府在短期内造成了巨大的财政负担。危机后，国际社会达成共识，应当加强对系统重要性金融机构的监

---

① 参见《格林斯潘呼吁加强金融监管以防未来危机》，http：//news. xinhuanet. com/world/2010 - 03/20/content _ 13208834. htm，最后访问日期 2014 年 12 月 17 日。

② 参见《伯南克认为监管不力是金融危机重要诱因》，http：//news. xinhuanet. com/world/2012 - 03/23/c _ 122870364. htm，最后访问日期 2014 年 12 月 17 日。

③ 2010 年，美国成立了金融稳定监督委员会（Financial Stability Oversight Council，FSOC）。

④ 2009 年 3 月，英国金融服务管理局（FSA）发布了危机后第一份反思过往并为未来金融监管勾画蓝图的、以时任英国金融服务管理局主席特纳勋爵命名的《特纳报告》。

管，建立有效的处置机制，降低其道德风险及倒闭造成的负面冲击，减少纳税人负担并维护市场公平竞争。

第四，金融机构风险抵御能力不足，公司治理不善。此次危机暴露出金融机构资本数量和质量不足、风险管理水平与所承担的风险不匹配等问题。伯南克指出，美国的制度依赖于市场纪律的约束和金融机构的风险管理，但是，"无论是市场纪律约束还是风险管理都没能有效地遏制风险并维护金融体系的稳定"①。《特纳报告》也提出，银行体系应具备更多更高质量的资本以及更强的流动性风险管理。此外，许多金融机构特别是大型金融机构缺乏有效的公司治理和稳健的薪酬机制，出现过度冒险、投机甚至欺诈等机会主义行为，造成系统性风险过度积累。由美国金融危机调查委员会撰写的《金融危机调查报告》指出："我们在许多具有系统重要性金融机构的公司治理和风险管理上存在严重失误，这些失误是导致此次危机的重要原因之一。"

第五，影子银行风险失控。进入 21 世纪以来，大量游离于银行监管体系之外的信用中介由于缺乏监管而快速发展，日益成为西方金融体系中重要的参与主体，被称为"影子银行"。2008 年，美国的影子银行（以"其他金融机构"保守估计）已经占到全部金融机构资产的33%，英国为 22%，欧元区为 27%②。影子银行在发挥一定积极作用的同时，也给金融体系和实体经济带来了巨大风险：一是过度杠杆化放大风险。影子银行是金融体系过度杠杆化的重要推动力量，且其业务活动具有明显的顺周期性。此次危机表明，在经济上行周期，影子银行通过回购、资产证券化等手段提高了金融体系的杠杆化程度；在经济下行时

---

① 参见《美联储主席伯南克 2008 年 7 月 8 日的演讲》，http：//business. sohu. com/20080712/ n258100622. shtml，最后访问日期 2014 年 12 月 17 日。

② 参见 Global Shadow Banking Monitoring Report 2012，http：//www. financialstabilityboard. org/ 2012/11/r _121118c/，最后访问日期 2015 年 1 月 6 日。

期，为应对资产价格下跌，影子银行往往通过出售资产来偿还债务，主动收缩资产负债表。而机构投资者同时大规模出售资产可能引发市场动荡，并造成金融机构尚未出售的资产账面价值再度下降，导致资产价格循环下跌，最终发展成系统性危机。二是期限严重错配造成流动性不足。影子银行的负债主要是从市场获得的短期融资，其资产方则多是期限较长的资产。随着回购市场的高速发展，影子银行的资产从流动性较高的国债等逐步转变为流动性较差的资产。由于影子银行体系存在较为严重的期限错配，一旦市场出现不稳定因素，如市场预期逆转而出现资金抽逃，那么投资银行、对冲基金和私募基金等机构就会面临类似商业银行的"挤兑"局面，此时影子银行无法将其长期资产立即变现，很可能出现流动性严重不足，进而引发流动性危机。三是关联性过高加速风险传递。通过业务往来、股权投资等方式，影子银行体系和传统的商业银行体系高度关联。传统商业银行往往对影子银行体系维持很高的风险敞口，导致影子银行的问题会很快传染到商业银行。四是低透明度和高复杂性掩盖风险。由于很多证券化产品透明度不足且过于复杂，甚至机构投资者都不了解其定价机制，而是根据产品的信用评级进行投资决策，导致评级较高的证券化产品引发投资者追捧；然而，实践证明，评级本身并不可靠，这种追捧往往导致风险累积，加剧了市场脆弱性。此外，影子银行的风险管理存在缺陷，往往既没有意识到隐藏的风险，也没有采取有效的措施控制风险。

第六，对场外金融衍生产品交易缺乏监管。2000 年，美国国会颁布法律，解除了对场外交易金融衍生产品的管制。随后，场外交易金融衍生产品规模迅速膨胀，危机前其名义本金高达 673 万亿美元，是全球GDP 的 10 倍以上。由于缺乏监管，场外金融衍生产品交易存在杠杆率过高、透明度低、资本和抵押品不足、过度投机等诸多问题，并在危机前助推房地产泡沫形成，在危机后加剧市场恐慌。

第二节　全球金融改革

国际金融危机爆发后，国际组织和各国金融监管机构对金融自由化过程中的金融理论与监管实践进行了深刻反思，推动了金融治理体系改革，致力于增强金融机构风险抵御能力，解决"大而不能倒"道德风险，治理影子银行体系，改革衍生产品市场等，这将对今后相当长一段时间内的全球金融发展和监管实践产生深远影响。

一、金融治理体系改革

2008 年爆发的国际金融危机暴露了金融监管领域的诸多漏洞，改革国际金融组织乃至全球经济金融治理结构的呼声不断高涨。受危机的影响，国际经济金融治理框架发生重大调整，新兴市场国家话语权增强，地位和作用得到了提升。

（一）金融稳定理事会的成立

危机爆发后，由发达国家和新兴市场国家共同参与的二十国集团（G20）[①]取代了作为发达国家俱乐部的七国集团（G7）[②]，成为全球经济政策协调与合作的主要平台，形成了 G20 主导下的新国际金融治理模式。在该治理模式中，金融稳定理事会成为国际金融监管改革的主要承担者。

金融稳定理事会（Financial Stability Board，FSB）的前身是金融稳定论坛（Financial Stability Forum，FSF）。金融稳定论坛由 G7 在亚洲金

[①]　G20 的建立最初由美国等七个工业化国家的财政部部长于 1999 年 6 月在德国科隆提出的，目的是防止类似亚洲金融风暴的重演，促进国际金融和货币体系的稳定。G20 会议早期只是由各国财长或各国中央银行行长参加，自 2008 年由美国引发的全球金融危机使金融体系成为全球的焦点，开始举行二十国集团首脑会议，扩大各个国家的发言权。G20 的成员包括：美国、日本、德国、法国、英国、意大利、加拿大、俄罗斯、欧盟、澳大利亚、中国、南非、阿根廷、巴西、印度、印度尼西亚、墨西哥、沙特阿拉伯、土耳其和韩国。

[②]　七国集团成员国包括美国、日本、德国、英国、法国、加拿大及意大利。

融危机后于 1999 年 4 月成立，成员包括这七个国家的中央银行或金融监管部门、国际金融组织以及国际标准制定机构等。论坛的主要任务是评估影响全球金融稳定的问题和缺陷，确定和监督为解决这些问题而采取的必要行动，促进成员国内主管金融稳定事务的当局间的合作与信息交换等。

2008 年 11 月，G20 领导人华盛顿峰会宣布对国际金融体系进行改革，其中包括扩容金融稳定论坛，吸纳更多新兴市场国家。2009 年 4 月，G20 领导人伦敦峰会决定将金融稳定论坛改组为金融稳定理事会，在全面继承和发展金融稳定论坛的职责和权力的同时，完善组织架构和相关制度安排。在金融稳定论坛的基础上，金融稳定理事会的成员经济体扩大到包括 G20 在内的 24 个国家和地区，以及国际清算银行、国际货币基金组织、世界银行、经合组织、巴塞尔委员会等 12 个国际经济金融组织，代表性更加广泛，旨在维护和促进全球金融稳定等方面发挥更大作用。

金融稳定理事会以全体会议（the Plenary）为最高决策机构，负责审议批准理事会的报告、准则、指引、组织架构和人事安排等。全体会议下设指导委员会、理事会主席和秘书处。指导委员会致力于在大会闭会期间监督和指导金融稳定理事会的工作进程，理事会主席负责召开和主持全体会议与指导委员会的会议，秘书处负责日常工作。金融稳定理事会每年至少举行两次全体会议和四次指导委员会会议。

金融稳定理事会的主要职能包括：一是评估全球金融体系的脆弱性，确定需要采取的应对行动并监督其实施；二是促进负责金融稳定的政府机构之间的合作和信息交换；三是监测市场发展并评估其对监管政策的影响；四是就满足监管标准的最佳做法提出建议并实施监测；五是对国际标准制定机构的政策制定工作进行协调，确保其工作及时并集中于优先事项；六是为监管联席会议制定指导原则并为建立监管联席会议提供支持；七是支持制定和完善跨境危机管理应急计划；八是与国际货币基金组织合作实施早期预警机制；九是通过实施情况监督、同行评估和披露督促成员国实施国际标准、政策建议和国际协议；十是其他成员国确定的任务。

（二）巴塞尔委员会的改组

2009 年 3 月，巴塞尔委员会决定吸收澳大利亚、巴西、中国、印度、韩国、墨西哥和俄罗斯为该组织的新成员。巴塞尔委员会时任主席 Nout Wellink 表示，这一举措是顺应 G20 领导人改革国际标准制定机构的呼声，"将有助于加大巴塞尔委员会在全球的宣传力度，提高巴塞尔委员会各项标准的接受程度"。

2009 年 6 月，巴塞尔委员会又邀请 G20 中的非巴塞尔委员会成员、新加坡以及中国香港加入委员会。新加入巴塞尔委员会的 G20 成员国包括阿根廷、印度尼西亚、沙特阿拉伯、南非和土耳其。至此，巴塞尔委员会的成员扩展到世界上 27 个主要国家和地区，包括阿根廷、澳大利亚、比利时、巴西、加拿大、中国、中国香港、法国、德国、印度、印度尼西亚、意大利、日本、韩国、卢森堡、墨西哥、荷兰、俄罗斯、沙特阿拉伯、新加坡、南非、西班牙、瑞典、瑞士、英国、美国和土耳其。扩招新成员有助于巴塞尔委员会提高其执行核心使命的能力，加强全球监管标准的制定工作，在国际金融体系中更有效地实行必要的改革。

随着这一系列国际经济金融治理架构的调整，世界主要国家和地区均已成为金融稳定理事会和巴塞尔委员会的正式成员。

二、增强金融机构的风险抵御能力

金融机构的风险抵御能力不足、风险管理和公司治理水平与所承担的风险不匹配是此次危机暴露出的主要问题之一，此次全球金融监管改革为增强金融机构的风险抵御能力主要做了三方面工作：一是对金融机构提出了更高的资本和流动性要求；二是着力增强金融机构风险管理的有效性；三是完善金融机构公司治理和薪酬管理。

（一）更高的资本和流动性要求①

2010 年 12 月，巴塞尔委员会发布了《巴塞尔Ⅲ：更具稳健性的银行和银行体系的全球监管框架》、《巴塞尔Ⅲ：流动性风险计量、标准和监测和国际框架》等一系列文件，提出了一揽子国际银行监管框架改革方案，即巴塞尔Ⅲ。巴塞尔Ⅲ对金融机构提出了更高的资本监管要求，并首次推出了全球统一的流动性风险监管标准。

在资本监管要求方面，巴塞尔Ⅲ大幅提高了资本的质量与数量要求，扩大了资本覆盖风险的范围，引入了杠杆率作为新的资本监管指标，增强了监管资本的损失吸收能力，还从宏观审慎视角增加了逆周期资本（countercyclical capital buffer）和系统重要性附加资本要求（capital surcharge）以防范系统性风险。

在流动性风险监管要求方面，巴塞尔Ⅲ首次推出了全球统一的流动性风险定量监管指标，即流动性覆盖率（Liquidity Coverage Ratio，LCR）和净稳定资金比例（Net Stable Funding Ratio，NSFR），以增强单家银行以及银行体系抵御流动性风险的能力。

（二）增强风险管理的有效性

此次国际金融危机以来，巴塞尔委员会发布了一系列与风险管理相关的监管原则、指引和稳健做法，主要包括：2008 年 9 月，发布了《流动性风险管理和监管的稳健原则》，从定性方面提出了加强流动性风险管理和审慎监管的建议；2009 年 4 月，发布了《评估银行金融工具公允价值的监管指引》，为银行和监管机构加强金融工具的估值提供了指引；2009 年 5 月，发布了《稳健压力测试实践及监管指引》，建立了银行压力测试的一整套原则，涵盖压力测试的稳健治理、设计和实施；2009 年 7 月，巴塞尔委员会大幅强化了第二支柱框架，要求商业

---

① 相关内容将在本章第三节和本书第二部分中进行详细介绍，此处仅作概括性介绍。

银行建立集团层面的风险治理架构、加强对各类表外风险的管理、重视对各类集中度风险的管理等；2010 年发布了《加强公司治理的指导原则》和《薪酬原则和标准的评估方法》等，推动商业银行提升风险治理有效性和风险管理能力；2010 年 12 月，发布了《操作风险管理和监管的良好做法》，明确了监管机构对操作风险的监管职责，提出了银行操作风险管理的 11 条原则。

（三）公司治理及薪酬管理

国际金融危机促使金融监管当局对金融机构公司治理和薪酬管理进行了深刻反思，并在此基础上提出了改进的思路和措施。其中，金融稳定理事会于 2009 年公布的《稳健薪酬实践原则》及其《执行标准》和巴塞尔委员会于 2010 年发布的《加强公司治理的指导原则》提出了金融机构公司治理和薪酬管理的改革方案。

薪酬管理方面，主要是建立与风险承担相匹配的薪酬机制，解决薪酬当期支付与风险延期暴露的问题。《稳健薪酬实践原则》及其《执行标准》已上升为全球统一标准，明确了金融机构的董事会对薪酬机制的最终责任；强调薪酬机制应与风险承担情况相匹配；对延期支付安排提出了具体要求；要求高级管理层 50% 以上的可变薪酬以股权或与股权相关的金融工具发放，以建立长期的激励安排。

《加强公司治理的指导原则》提出了银行实现稳健公司治理的 14 条原则，明确了银行业监管机构对银行公司治理的监管责任，并阐释了其他利益相关者和市场参与者、法律框架对于强化银行公司治理的作用。一是突出董事会的全面与首要责任及履职要求。巴塞尔委员会第一次提出董事会负有一家金融机构的全面责任，并应形成有效的激励约束机制，确保董事按照忠于职守和尽心看管的原则积极履职。二是突出董事的尽责履职能力。进一步加强董事资格审查，确保董事会整体能够充分理解金融机构所从事的各类金融活动；通过培训保持董事的持续履职能力；要求董事投入足够的时间和精力履行职责。三是对董事会及成员的履职评价与问责。包括定期邀请外部机构进行评估并公布评估结果，对外部评估的程序、机构和人员做出了详细规定，增加独立董事评价董事会主席履职表现的职责等。此外，还明确了董事会对有效实施风险管控负有最终责任，强调发挥机构投资者等股东的外部监督作用，强化监管当局对金融机构公司治理的干预和纠正权力。

在《加强公司治理的指导原则》基础上，巴塞尔委员会于 2014 年 10 月发布了修订后的《银行公司治理原则》（征求意见稿），在全球公开征求意见。此次所作的修订主要有：一是强化对银行风险治理的要求，尤其是充实了对风险偏好、风险策略和风险文化的监管要求。二是进一步强化董事会职责，要求董事会在制定银行总体战略、监督风险管理和内控体系有效运行方面发挥更大的作用；董事个人要符合相关资质条件，积极跟踪了解银行业的最新发展变化，并确保有足够的时间履行职责；除执行董事之外，董事会成员中要有足够的非执行和独立董事等。三是增加了关于监管者职责的原则，要求监管者不仅要评估银行的公司治理结构，还要评估其"治理有效性"，以及选任董事和高管人员的程序；监管者要与银行董事会和高管有效互动，并具备相应的监管手段发现和解决银行治理中存在的问题。四是强化对薪酬体系和信息披露的要求，强调董事会应加强对薪酬体系设计和运作的监督，薪酬水平的确定应当符合银行的长期稳健经营和发展要求，并按照所承担的风险进行调整。

三、解决"大而不能倒"的道德风险

国际社会吸取本次国际金融危机的教训，将解决金融机构"大而不能倒"的问题列入监管改革的重要议程，具体内容主要有以下方面。

（一）系统重要性金融机构的定义和识别

系统重要性金融机构（systemically important financial institutions, SIFIs）是指在金融市场中居于重要地位、承担关键功能，其倒闭可能给金融体系造成损害并对实体经济产生严重负面影响的金融机构。识别系统重要性金融机构是后续工作的基础。2011 年 11 月，巴塞尔委员会发布《全球系统重要性银行：评估方法和额外损失吸收能力要求》，提出了定量与定性相结合的全球系统重要性银行评估方法，从规模、关联度、可替代性、复杂性和全球活跃程度 5 个维度、运用 12 个指标评估银行的全球系统重要性。巴塞尔委员会每年测算银行的全球系统重要性分值，超过门槛值的银行将自动成为全球系统重要性银行。金融稳定理事会于每年 11 月公布全球系统重要性银行名单、所属组别和所适用的附加资本要求。

同时，根据金融稳定理事会的要求，2013 年 7 月，国际保险监督官协会发布《全球系统重要性保险机构：初步评估方法》。全球系统重要性保险机构的评估方法从规模、关联度、可替代性、非传统非保险业务和国际活跃程度 5 个维度采用 20 个指标评估保险机构的全球系统重要性，在评估时同样采用定量与定性相结合的方法，但不再采取平均权重，而是将上述 5 个维度权重分别设定为 5%、40%、5%、45% 和5%。权重的设定反映了国际保险监督官协会对保险机构与系统性风险关系的看法，即其认为保险机构对系统性风险的主要贡献来源于非传统非保险业务和关联度。在指标法之外，国际保险监督官协会采用保险与金融稳定评估方法（IFS 评估方法）作为交叉验证方法，该方法将保险公司的业务进一步划分为传统保险业务、半传统保险业务、非传统保险业务和非保险业务，根据不同业务领域的重要性采用不同的风险权重评估保险公司的系统重要性。评估结果作为定性监管判断的参考。

在银行、保险以外的其他金融机构方面，目前金融稳定理事会正会同国际证监会组织研究制定证券公司、财务公司和对冲基金等金融机构的全球系统重要性评估方法。2014 年 1 月，金融稳定理事会和国际证监会组织联合发布《非银行、非保险全球系统重要性金融机构评估方法》（征求意见稿），向全球征求意见。该征求意见稿提出拟借鉴全球系统重要性银行评估方法，从规模、关联度、可替代性、复杂性和全球活跃程度 5 个维度评估非银行、非保险（NBNI）金融机构的全球系统重要性。考虑到非银行、非保险金融机构种类众多，金融稳定理事会和国际证监会组织将根据各类机构的特殊情况选取相关评估指标。

（二）更高损失吸收能力要求

《全球系统重要性银行：评估方法和额外损失吸收能力要求》明确了全球系统重要性银行附加资本要求，即根据全球系统重要性评估结果，将全球系统重要性银行划分为 4 组，对每个组别的银行分别提出 1%～2.5% 的附加资本要求，并在第一组之上设立空组，进入空组的银行附加资本要求为 3.5%。附加资本要求必须由核心一级资本来满足，从 2016 年开始逐步实施，2019 年起全面实施。此项安排一方面提升系统重要性银行的损失吸收能力，另一方面抑制其进一步提高系统重要性的动机。

在保险机构方面，国际保险监督官协会 2013 年 7 月发布的《全球系统重要性保险机构：政策措施》提出，国际保险监督官协会将分两步制定全球系统重要性保险机构的更高损失吸收能力要求：第一步，考虑到目前还没有全球统一的保险机构资本标准，国际保险监督官协会将首先于 2014 年底前制定基础性资本要求（backstop capital requirement），该要求将适用于保险集团，包括其非保险附属机构；第二步，在此基础上，国际保险监督官协会将于 2015 年底前明确对全球系统重要性保险机构的更高损失吸收能力要求，于 2019 年开始实施。该更高损失吸收能力要求将主要针对保险机构开展的非传统保险业务和非保险业务。当非传统、非保险业务由独立的附属机构承担时，更高损失吸收能力要求仅适用于该附属机构；当非传统、非保险业务无法与保险集团的其他业务分离时，更高损失吸收能力要求将适用于整个保险集团。在确定更高损失吸收能力要求时将通过考虑该保险机构的关联度评估结果，相对提高更高损失吸收能力要求。

（三）提高监管强度

2010 年 11 月，金融稳定理事会发布《系统重要性金融机构监管强度和有效性》政策报告，从监管治理、监管方式和技术以及监管协调等方面提出了强化系统重要性金融机构监管的 32 条建议。金融稳定理事会建议各国金融监管机构应当有清晰、有效的授权，具备充分的监管独立性并配备充足的监管资源，监管机构还应当具有足够的监管权力使其能够有效履行职责，尤其是能够及时、有效地采取监管纠正措施。同时，各国金融监管机构应拓展监管范围，提高监管深度，改进监管技术，包括开展宏观审慎监测、宏观压力测试、横向比较分析（horizontal review），提高风险评估水平。此外，还应加强各监管部门之间的监管协调和各国监管机构的跨境协调，提高监管有效性。

金融稳定理事会同时建议，巴塞尔委员会、国际保险监督官协会和国际证监会组织应当根据金融稳定理事会的建议，对核心监管原则进行修改。根据金融稳定理事会的要求，巴塞尔委员会等国际组织已经完成了对相关领域核心监管原则的修订，其中，修订后的证券业核心监管原则《证券监管的目标和原则》已于 2010 年发布；保险业核心监管原则《保险核心原则：标准、指引和评估方法》于 2011 年 10 月①发布；修订后的银行业核心监管原则《有效银行监管的核心原则》于 2012 年 9 月发布。修订的核心原则将作为国际货币基金组织和世界银行定期开展的金融部门评估规划（FSAP）评估各国金融监管有效性的依据。金融稳定理事会特别提出，对于有全球系统重要性金融机构的国家，其评估标准应当更高。在此基础上，针对保险领域缺少全球统一的监管标准的情形，国际保险监督官协会制定了针对国际活跃保险集团的监管框架。

（四）建立有效的恢复和处置机制

建立有效的恢复和处置机制是解决"大而不能倒"问题的核心，

---

① 此后，保险业核心监管原则又有两次修订，分别为 2012 年 10 月和 2013 年 10 月。

以使系统重要性金融机构由不能倒变成可以有序倒闭。2011年11月，金融稳定理事会发布《金融机构有效处置框架的关键要素》，要求各国完善本国处置制度，明确相关部门的处置职责、工具和权力，使其能够有序处置倒闭的金融机构。具体要求包括：一是成立危机管理工作组并签订跨境处置合作协议。全球系统重要性银行母国监管当局应当会同东道国监管当局建立针对每家银行的危机管理工作组，负责评估其可处置性并审议恢复和处置计划。二是对全球系统重要性金融机构的可处置性进行评估。母国监管当局负责牵头对已制定的处置策略的可行性和可靠性进行评价。对于处置难度大的机构，监管机构将根据评估结果责令金融机构调整组织架构和业务程序，甚至对机构实施分拆。三是制订恢复和处置计划。要求系统重要性金融机构订立生前遗嘱，包括出现清偿性危机时的恢复安排和恢复失败后的处置安排，并要获得监管部门的认可，防止其倒闭可能给国际金融体系造成的负面冲击。四是完善系统重要性金融机构处置框架。金融稳定理事会负责制定处置框架评估方法论，将其作为国际货币基金组织和世界银行金融部门评估规划（FSAP）中国际标准执行评估工作的组成部分。

四、治理影子银行

（一）影子银行的定义

2011年4月，金融稳定理事会发布题为《影子银行：范围界定》研究报告，对影子银行体系的定义和范围进行了讨论。该报告指出，一方面，监管当局应全面认识那些完全或部分游离于银行监管体系之外的信用中介机构，并全面监控其授信情况；另一方面，监管当局应重点关注非银行信用中介最可能产生风险的因素：一是系统性风险问题，涉及期限或流动性转换、信用风险转移及杠杆化等因素；二是监管套利问题，即影子银行活动被用于规避监管或削弱监管的有效性。金融稳定理事会认为，影子银行体系应定义为"游离于银行监管体系之外，可能引发系统性风险和监管套利等问题，包括各类相关机构和业务活动在内的信用中介体系"。金融稳定理事会对于影子银行体系的界定，已经被国际社会广泛接受。

（二）金融稳定理事会对影子银行监管的总体思路

2011 年 10 月，金融稳定理事会发布《加强影子银行监管的指导原则》，提出了影子银行风险监控的七项基本原则。一是监控范围方面，应合理制定监控范围，全面掌握影子银行体系及其对整个金融体系的影响。二是监控程序方面，应确定影子银行体系监控框架并定期进行持续风险评估。三是数据及信息方面，监管当局应有权收集所有必需的数据信息并确定监管报告口径，同时借助市场信息数据，从宏观（系统）层面和微观（机构、业务活动）层面综合判断，收集频率应确保能够实现有效风险监控。四是市场创新或变化趋势方面，应保持监控的灵活性，能够捕获可能产生新风险的市场创新或变化趋势。五是监管套利方面，监管当局应关注因监管政策变动导致影子银行规模扩大的趋势。六是本国市场情况方面，影子银行监控框架应充分考虑本国金融市场结构、监管框架及国际关联度。七是信息交换方面，应加强境内外监管机构定期信息交换，便于准确评估影子银行体系风险影响及风险跨境传染溢出情况。

2013 年 8 月，金融稳定理事会发布《加强影子银行监管》的报告，提出了影子银行的监管政策框架。这一政策框架包括三个要素：一是评估。金融稳定理事会提出，应当根据实质重于形式的原则，评估和划分影子银行。金融稳定理事会按照经济功能将影子银行分为五类：有发生挤兑可能性的集合投资管理、基于短期融资的贷款准备、基于短期融资或客户资产担保融资的市场中介、担保和促进信用创造的业务、证券化信用中介和金融机构融资。二是政策工具。根据不同类别影子银行的特点、其所在的市场结构和导致的金融风险的严重程度采用不同的政策工具。三是信息共享，包括增强不同国家监管当局的信息共享，分享各类影子银行的状况及其监管工具的相关信息。

（三）金融稳定理事会对影子银行的监管重点

金融稳定理事会对影子银行的监管主要包括降低银行和影子银行机构的风险关联以及货币市场基金的挤兑风险，加强对资产证券化的监管并控制证券融资融券交易风险。

降低银行和影子银行机构的风险关联。国际金融危机表明，商业银行和影子银行之间存在千丝万缕的联系，商业银行和影子银行之间的风险敞口值得关注。根据金融稳定理事会的要求，巴塞尔委员会就防止影子银行对商业银行的风险传染问题进行研究并提出政策建议。针对该问题，巴塞尔委员会开展了以下三个方面的工作：一是明确银行投资基金的资本要求。2013 年 12 月，巴塞尔委员会发布《银行投资基金的资本要求》政策文件，要求银行投资基金原则上应采用穿透法，即根据基金的基础资产计提资本。[①] 二是限制银行对包括影子银行机构在内的单一交易对手的大额风险敞口。2014 年 4 月，巴塞尔委员会发布《大额风险敞口计量和控制的监管框架》，提出了对包括基金、证券化机构和其他金融工具的大额风险敞口要求，并要求将银行账户和交易账户的所有表内外敞口包括在内，加强对影子银行机构大额风险敞口的监管。三是修订并表监管规则，确保所有银行活动，包括与影子银行之间的活动都被恰当地纳入审慎监管范围。巴塞尔委员会成立了并表监管工作组负责推进该项工作，目前正在进行中。

降低货币市场基金的挤兑风险。货币市场基金提供了一种类存款工具，尤其是在短期内可按票面价值赎回的情况下，货币市场基金具有明显的准存款特征。因此，金融稳定理事会认为货币市场基金也存在受到投资者挤兑的风险。这在本次国际金融危机中表现得尤为突出，在 2008 年 9 月雷曼倒闭后的一周内，美国货币市场基金被赎回了 14%。

---

① 当无法采用穿透法时，应当根据基金可投资的资产适用的最高风险权重或采用 1 250% 的风险权重。

由于货币市场基金是机构投资者短期资金的主要来源，发挥着将社会零散资金聚集并转化为短期批发资金的功能，一旦货币市场基金出现问题，整个影子银行体系乃至整个金融体系都可能无法运转。2012 年10 月，经金融稳定理事会审议通过，国际证监会组织发布了《货币市场基金的监管政策建议》的报告，对加强货币市场基金监管提出了建议，包括在可能情况下，要求所有使用摊余成本法的货币市场基金改用盯市法计算基金份额价值，以降低挤兑的可能性；若由于市场需求等原因无法进行转换，则应满足与银行相类似的资本、流动性等审慎监管要求，以防发生挤兑。

加强对资产证券化的监管。针对本次金融危机中资产证券化暴露出来的问题，巴塞尔委员会修订了资产证券化风险敞口计量规则，提高了资产证券化产品的资本要求。2012 年11 月，国际证监会组织在对危机后主要国家资产证券化监管政策改革调查的基础上，发布了《资产证券化监管的全球发展》报告，总结了相关国家在增强资产证券化透明度、标准化和风险留存方面的监管要求，并就促进不同国家改革措施的协调统一提出了政策建议。

控制证券融资交易风险。本次金融危机中，证券融资交易成为系统性风险的重要来源之一。金融稳定理事会指出，尽管证券融资交易是金融机构的重要融资方式，但也可能成为非银行机构放大杠杆和加剧资产期限错配的工具。在金融危机期间，作为证券融资交易标的，当证券发生实质性损失时，市场大幅收紧并导致了资产的甩卖，表明证券融资交易具有明显的顺周期性。2013 年8 月，金融稳定理事会发布《控制证券借贷和回购交易中的影子银行风险的政策框架》报告，提出了加强证券融资交易监管的政策建议，包括提高市场透明度、加强对证券融资交易的监管和改善市场架构等。2014 年10 月，金融稳定理事会发布《非中央清算证券融资交易折扣率的监管政策》，明确了非中央清算的证券融资交易抵扣率的最低标准。

五、衍生产品市场改革

危机之后，在金融稳定理事会的推动下，场外衍生产品市场改革取得初步成果，主要改革举措包括：一是清算集中化。各类衍生产品交易均应通过中央交易对手（Central Counter Party，CCP）清算。中央交易对手应建立违约基金，以降低交易对手信用风险；未通过中央交易对手清算的衍生产品交易将面临更高的资本和保证金要求。二是柜台交易市场信息收集制度。所有通过柜台交易的衍生产品合约均应报告给指定的交易信息库（trade repositories）。三是标准化和集中交易。衍生产品交易应尽量使用标准化合约，所有标准化合约应全部在交易所或电子交易平台上进行交易。通过强化这些基础设施建设，有利于解决衍生产品市场严重的信息不对称问题，提高场外衍生产品市场的透明度，有效控制交易对手信用风险。

第三节　巴塞尔Ⅲ协议的主要内容

基于此次国际金融危机的教训，巴塞尔委员会对现行国际银行监管规则进行了重大修改和完善，于2010年12月16日正式发布了巴塞尔Ⅲ。巴塞尔Ⅲ体现了微观审慎监管与宏观审慎监管有机结合的监管新思维，按照资本数量和质量同步提高、资本监管和流动性风险监管并重、资本充足率与杠杆率并行、长期影响与短期效应统筹兼顾的总体要求，确立了全球银行业监管标准与规则的新框架。

一、更高的资本要求

资本监管在巴塞尔银行监管框架中长期占据主导地位，也是本轮国际银行业监管改革的核心内容之一。尽管巴塞尔Ⅱ在资本监管制度上实现了重大突破和创新，但其过度依赖银行自身风险管理和市场约束的理念在危机中受到广泛质疑，同时，许多有益的监管创新在实践中并未达到预期目标。在反思和总结国际金融危机教训的基础上，新的资本监管框架不仅大幅提高了资本的数量和质量要求，增强了单体银行机构吸收损失、抵御风险和自我恢复的能力，而且从宏观审慎视角增加了系统重要性附加资本和逆周期资本要求，以防范银行体系的系统性风险。

（一）提高监管资本的损失吸收能力

巴塞尔委员会确定了监管资本工具改革的核心要素。一是恢复普通股（含留存收益）在监管资本中的主导地位；二是对普通股、其他一级资本工具和二级资本工具建立严格的标准，以提高各类资本工具的损失吸收能力，并取消了巴塞尔Ⅱ中引入的三级资本的概念；三是引入严格、统一的普通股资本扣减项目，确保普通股资本质量。上述要素旨在强调资本无论在持续经营阶段（Going Concern）还是在破产清算阶段（Gone Concern），都需要具备足够的损失吸收能力。

（二）扩大资本覆盖风险的范围

此次国际金融危机表明，巴塞尔Ⅱ框架下的资产证券化风险敞口和场外衍生产品交易等的风险权重方法难以充分反映这些业务的内在风险。为此，巴塞尔委员会调整了风险加权方法以扩大风险覆盖范围。一是大幅提高证券化产品（特别是再资产证券化）的风险权重；二是大幅提高交易业务的资本要求，包括增加压力在险价值（压力 VaR）、新增风险资本要求等；三是大幅提高对场外衍生产品交易和证券融资业务的交易对手信用风险的资本要求。巴塞尔委员会定量影响测算结果表明，风险加权方法的修订导致国际活跃银行资本要求平均上升 20%。

（三）提高资本充足率监管标准

根据自下而上的定量影响测算和自上而下的监管标准校准的结果，巴塞尔委员会确定了三个最低资本充足率监管标准，普通股充足率为

4.5%，一级资本充足率为6%，总资本充足率为8%。

为缓解银行体系的顺周期效应，打破银行体系与实体经济之间的正反馈循环，巴塞尔委员会还建立了两个超额资本要求：一是要求银行建立储备资本（capital conservation buffer），用于吸收严重经济和金融衰退给银行体系带来的损失。储备资本全部由普通股构成，最低要求为2.5%。二是建立与信贷过快增长挂钩的逆周期资本，以此降低金融部门的顺周期性。在经济过热时期可以对银行业实施最高2.5%的逆周期资本要求，以使其在信贷高速扩张时期积累充足的经济资源，用于经济下行时期吸收损失；在经济低迷时期，可以降低甚至取消逆周期资本，保持信贷跨周期供给平稳。新标准实施后，如不考虑逆周期资本，商业银行的普通股、一级资本和总资本充足率应分别达到7%、8.5%和10.5%。

二、建立全球统一的流动性风险定量监管标准

此次国际金融危机爆发前的几年中，全球金融市场较低的利率水平以及金融交易技术的创新，增强了资本市场活力，银行融资流动性和资产流动性同时增加，对金融市场流动性的依赖性明显增强。此次危机暴露出欧美大型银行过度依赖批发型融资来源的内在脆弱性。

为增强单家银行以及银行体系抵御流动性风险的能力，巴塞尔委员会于2010年12月发布了《巴塞尔Ⅲ：流动性风险计量、标准和监测的国际框架》（即巴塞尔Ⅲ流动性风险监管标准），首次推出全球统一的流动性风险定量监管指标，即流动性覆盖率和净稳定资金比例。两个指标彼此独立又相互补充。流动性覆盖率旨在确保商业银行具有充足的合格优质流动性资产，能够在规定的流动性压力情景下，通过变现这些资产满足未来至少30天的流动性需求。净稳定资金比例旨在引导商业银行减少资金运用与资金来源的期限错配，增加长期稳定资金来源，满足表内外各类业务对稳定资金的需求，提高长期应对流动性风险的

能力。

　　考虑到巴塞尔Ⅲ流动性风险监管标准对于金融市场、信贷投放、经济增长，以及不同规模、经营模式（如以零售或批发业务为主）的银行可能带来的影响，从 2011 年开始巴塞尔委员会对 2010 年巴塞尔Ⅲ文本中的两个指标每半年进行一次定量影响测算，并结合测算结果对指标具体定义进行了修订。2013 年 1 月，巴塞尔委员会出台了最终定稿的流动性覆盖率监管标准，并从 2015 年开始逐步实施。2014 年 10 月，巴塞尔委员会发布了净稳定资金比例的最终文本，计划于 2018 年开始实施。

三、引入杠杆率监管标准

　　2009 年 4 月召开的 G20 伦敦峰会提出，各国金融监管当局应当引入一个更为简单的指标，衡量金融体系杠杆化程度，并要求巴塞尔委员会等国际标准制定机构负责设计该监管指标。根据 G20 的要求，巴塞尔委员会成立了杠杆率工作组，推进杠杆率国际监管标准的研究制定工作。2010 年 12 月，经过一年多的研究，巴塞尔Ⅲ在原有的风险加权资本充足率之外，引入了较为简单、相对透明、与风险脱钩的杠杆率监管指标作为资本充足率要求的补充，以更好地控制银行及银行体系的杠杆程度，增强银行体系吸收损失的能力。自 2011 年初按照 3% 的标准开始监测杠杆率指标的变化，2013 年初开始进入过渡期，并将进一步讨论是否于 2018 年将其纳入第一支柱框架。

　　巴塞尔Ⅲ发布后，部分国家提出，由于会计准则和监管制度的差异，导致在杠杆率实施中存在困难，并可能影响全球实施的一致性。因此，根据巴塞尔委员会的要求，杠杆率工作组对巴塞尔Ⅲ中有关杠杆率的内容进行了修订。2014 年 1 月，《巴塞尔Ⅲ杠杆率框架和披露要求》正式发布，杠杆率成为重要的资本监管指标。

四、巴塞尔Ⅲ的意义

巴塞尔Ⅲ是对巴塞尔Ⅰ和巴塞尔Ⅱ的传承和完善。巴塞尔Ⅲ不是对巴塞尔Ⅰ和巴塞尔Ⅱ的全盘否定，它既传承了巴塞尔Ⅰ提出的以资本充足率为核心的监管理念，又沿用了巴塞尔Ⅱ提出的资本监管、监督检查和市场纪律的三大支柱，并在此基础上进行丰富和完善。历经全球金融危机的反思后，巴塞尔委员会意识到过度依赖市场力量并不可行，需要对原有的监管框架进行修订和补充。一方面，巴塞尔委员会在提高了资本水平和资本质量要求的基础上，提出了杠杆率指标作为资本充足率指标的补充，在加强资本监管的同时，提出了流动性监管的要求；另一方面，从宏观审慎监管的视角提出防范金融体系的系统性风险的监管工具，包括储备资本缓冲、逆周期资本、系统重要性机构附加资本要求等。此外，巴塞尔委员会正在就资本定义和风险计量方法进行改进，并提出了大额风险敞口等新的监管指标。当前，巴塞尔委员会仍在持续进行监管理念上的反思，把握复杂模型在风险计量中运用的程度，寻求简单性、可行性和风险敏感性的平衡。

第二部分

国际银行监管框架的基本内容

经过多年的发展，国际银行监管框架已经形成了以资本和流动性监管为核心，兼顾微观审慎监管和宏观审慎监管，覆盖银行监管各项要素的监管规则体系。本部分对国际银行监管框架中的核心内容进行了简要介绍。资本监管是国际银行监管框架的核心，从巴塞尔I到巴塞尔II，再到巴塞尔III，资本监管框架已经形成了最低资本充足率要求、监督检查和市场纪律为三大支柱的监管体系，三大支柱紧密联系、相互强化，共同支持监管目标的实现（第四章）。在第一支柱下，巴塞尔委员会明确了资本充足率的并表范围，对监管资本的定义作出了详细的规定，并以风险计量为基础提出了风险加权资产的计算方法。风险加权资产主要覆盖了信用风险、市场风险和操作风险。在计量信用风险、市场风险和操作风险时，巴塞尔委员会提供了包括标准法和内部评级法（或内部模型法）在内的多种可选方法（第五章）。在资本充足率之外，巴塞尔III引入了相对简单、透明和不具有风险敏感性的杠杆率监管要求，作为资本充足率的补充。杠杆率兼具宏观审慎和微观审慎功效，在确保银行持有充足资本水平的同时，有利于控制系统性风险（第六章）。

在强化资本监管的同时，巴塞尔III首次推出了全球统一的流动性监管标准——流动性覆盖率和净稳定资金比例，并进一步强化流动性定性监管要求，构建了巴塞尔流动性监管框架（第七章）。与此同时，巴塞尔III首次引入了宏观审慎监管的理念，提出了储备资本、逆周期资本、前瞻性拨备、贷款成数和压力测试等宏观审慎监管工具；宏观审慎监管政策的另一重要组成部分是系统重要性银行监管政策框架，主要要素包括更高损失吸收能力、强化监管和有效处置机制等（第八章）。国际银行监管框架的另一基石是有效银行监管的核心原则。从1997年起，巴塞尔委员会先后推出了三版的《有效银行监管的核心原则》，明确了银行监管的基本要素，已经成为评估各国银行监管有效性的标杆，对于推动全球银行监管水平的提高发挥了重要作用（第九章）。

第四章 资本监管（一）：基本框架

巴塞尔Ⅱ提出了由最低资本要求、监督检查和信息披露三大支柱构成的资本监管框架。三大支柱资本监管框架的提出，适应了金融自由化背景下日益复杂和多样化的金融体系的内在需要，同时对商业银行的风险管理、内部控制和信息披露等提出了更高的要求。

20世纪90年代以来，在金融自由化和金融创新的推动下，金融机构的公司治理架构、风险管理能力和业务复杂程度都出现了分化，根据简单、统一的风险权重计算的最低资本要求已经难以实现对银行的有效监管。内部模型的引入将银行的最低资本要求与其风险管理能力挂钩，提升了第一支柱最低资本要求的风险敏感性，实现了银行监管的激励相容，但同时增加了银行监管套利的可能。这就要求，在最低资本要求基础上，赋予监管当局监督检查权，并结合市场约束机制共同实现有效监管。一方面，在第二支柱下建立监管当局的监督检查机制，全面评估银行风险状况和管理能力，评价银行资本的充足性；另一方面，在第三支柱下对银行提出统一的信息披露要求，通过加强对银行的市场约束，实现对第一支柱和第二支柱的补充，增强资本监管的有效性。

最低资本要求、监督检查和信息披露三大支柱形成了相互强化、紧密联系的监管框架，共同支持监管目标的实现，任何一个支柱不能很好地落实，巴塞尔Ⅱ都难以真正有效实施。在这样一个激励相容的监管框架下，监管这只"看得见的手"不再只是市场机制的替代，而是以强化金融机构的微观管理为手段，激励和推动银行提高风险管理水平，共同实现银行体系的稳定和高效运行。

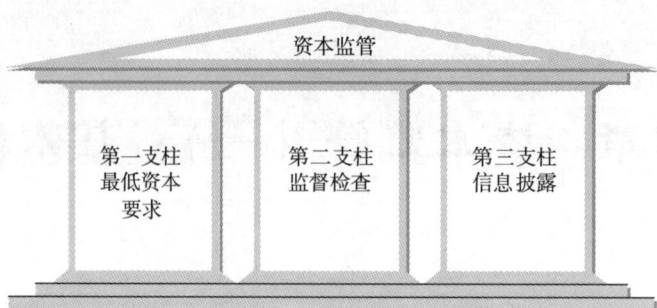

图 4.1　巴塞尔 II 的三大支柱

第一节　最低资本要求

资本监管是银行监管的核心要素。资本既是保证银行正常经营的基本条件，也是银行吸收损失的主要来源，对于保护存款人和其他银行客户的利益、维护银行体系的稳定具有至关重要的作用。资本监管的目标是要求银行在准确计量风险的前提下，维持充足的资本，以有效抵御其可能面临的损失。在巴塞尔资本框架下，最低资本要求主要是针对资本充足率指标提出的监管要求，巴塞尔 III 提出的杠杆率指标形成了对资本充足率的重要补充。

一、资本充足率的计量

资本充足率是监管资本与风险加权资产的比值，反映的是银行资本吸收损失的能力。资本充足率越高的银行，吸收损失的能力也越强。

（一）监管资本

资本充足率的分子是监管资本，即银行持有的符合监管当局要求的资本。随着监管要求的提升和监管当局对资本吸收损失能力认识的加深，监管资本的定义和范围经历了一个逐步变化的过程。

巴塞尔 I 将商业银行的监管资本分为核心资本和附属资本两大类。

核心资本也称一级资本，是银行资本中最重要的部分，主要包括实收资本（或普通股）和公开储备（股票发行溢价、资本公积、盈余公积、留存利润）；附属资本也称二级资本，主要包括未公开储备、重估储备（物业和股票的重估增值，计入资本时要打折扣）、一般准备、混合债务资本工具、长期次级债。巴塞尔I要求，核心资本在监管资本中的占比应至少达到50%。

巴塞尔II在巴塞尔I提出的一级资本和二级资本的基础上，延续了1996年《关于市场风险资本的补充规定》提出的三级资本的概念，允许短期次级债作为三级资本抵御市场风险。考虑到资本覆盖的是非预期损失，而一般准备金覆盖的是预期损失，因此在内部评级法框架下不再将一般准备金全额计入二级资本，仅将其超额计提的部分计入资本。

巴塞尔III对巴塞尔II定义的监管资本进行了较大的调整。2007年爆发的国际金融危机表明，巴塞尔II框架下允许银行计入监管资本的大量的创新资本工具并不具有损失吸收能力。资本定义的不一致、资本结构的过于复杂，严重影响了银行对损失的有效吸收。在巴塞尔III对监管资本的定义中，考虑到普通股在各类资本中具有最强的损失吸收能力，强调银行资本应主要由普通股构成，将其作为核心一级资本；针对短期次级债吸收损失能力差的特点，取消了用于满足市场风险要求的三级资本；对核心一级资本、其他一级资本和二级资本的合格标准提出了明确的要求，形成新的监管资本层级。

一级资本（Tier 1）是银行在持续经营的条件下吸收损失的资本，主要包括核心一级资本（Common Equity Tier 1，CET 1）和其他一级资本（Additional Tier 1）。巴塞尔III监管资本的定义不再采用巴塞尔I和巴塞尔II中的列示法，而是提出了一系列标准，满足相应标准的资本工具方可计入相应层级的监管资本。其中，核心一级资本具有最强的损失吸收能力，由满足相应标准的普通股、留存收益、资本公积和满足条件的少数股东权益等共同构成，其标准主要包括：受偿顺序排在最后，本金具有永久性、除非在清算状况下否则永远不被偿付等。其他一级资本是不包括在核心一级资本中的、满足其他一级资本标准的资本工具，其标准主要包括：受偿顺序列在存款人、一般债权人和次级债务之后，不得由发行人及其关联方提供抵押或保证，没有到期日、利率跳升机制及其他赎回机制，不包含任何阻碍资本补充特征条款等。

二级资本（Tier 2）仅能够在银行破产清算条件下吸收损失，其目的是在银行破产的情况下保障存款人和债权人的利益，指未包含在一级资本中的满足二级资本标准的工具，其标准主要包括：受偿顺序在存款人和一般债权人之后，不得由发行人及其关联方提供抵押或担保，原始期限不低于5年，不具有信用敏感性等。在银行无法自主经营的条件下，可以通过将二级资本转换为普通股等机制吸收损失。

监管资本是从风险控制的角度出发的资本定义，在多数情况下其计算来源于相关会计科目，但是由于监管与会计的目标不同、范围不同和关注点不同，巴塞尔委员会对相关会计科目进行了监管调整，使监管资本的定义更加审慎。

（二）风险加权资产

资本充足率的分母是风险加权资产，由银行持有的各类资产乘以相应的风险权重后加总得出，衡量的是银行面临的总风险敞口。风险权重是衡量该类资产风险大小的系数，风险权重越高，意味着该类资产的风险越大，根据该风险权重计算出的风险加权资产就越大，所需的资本就越多。

风险加权资产覆盖的风险种类经历了一个不断拓展的过程。巴塞尔 I 只涵盖信用风险，1996年《关于市场风险资本的补充规定》引入了市场风险，巴塞尔 II 则进一步增加了操作风险。从目前第一支柱资本充足率指标覆盖的风险类别来看，风险加权资产等于信用风险加权资产、市场风险加权资产和操作风险加权资产之和。其中，信用风险加权资产根据相关公式直接计算得出，而市场风险加权资产和操作风险加

权资产则分别由市场风险资本要求和操作风险资本要求乘以 12.5（8%
的倒数，1/8% = 12.5）得出。

　　风险加权资产的风险敏感性也在不断提升。在风险加权资产的计
算中，巴塞尔Ⅰ仅根据资产类别、性质以及债务主体的不同，将表内资
产项目分为 0、10%、20%、50% 和 100% 五个风险权重等级，形成了
信用风险标准法。巴塞尔Ⅱ在巴塞尔Ⅰ提出的标准法基础上，引入了信
用风险内部评级法。在标准法中，增加了 150% 的风险权重等级；在内
部评级法中，风险权重由违约概率、违约损失率和有效期限等与风险相
关的参数计算得出，风险权重从离散值变成了连续值，实现了风险敏感
性的提高。

　　（三）最低资本充足率要求

　　从巴塞尔Ⅰ到巴塞尔Ⅲ，虽然资本充足率的分子——监管资本的定义
一直在变化，资本充足率的分母——风险加权资产所覆盖的风险种类和
风险权重的计算方法也一直在变化，但是总资本充足率 8% 的要求始终没
有变化。在总资本充足率 8% 的基础上，巴塞尔Ⅲ对以核心一级资本为分
子的核心一级资本充足率提出了 4.5% 的最低要求，对以一级资本为分子
的一级资本充足率提出了 6% 的最低要求，对以上不同层级资本充足率的
最低要求从 2013 年 1 月 1 日起逐步实施，2015 年 1 月 1 日达标①。

表 4.1　　　　　　　　　　　最低资本要求及其过渡期安排

实施时间	2013 年	2014 年	2015 年	2016 年	2017 年	2018 年	2019 年
核心一级资本充足率	3.5%	4.0%	4.5%				
一级资本充足率	4.5%	5.5%	6.0%				
总资本充足率	8.0%						

　　注：所有的具体日期均为当年的 1 月 1 日，底纹为灰色的年份表示相关指标实施的过渡期。

---

　　① 2013 年 1 月 1 日，银行的核心一级资本充足率应当从原先的 2% 提高到 3.5%，一级资本充足
率应当从原先 4% 提高到 4.5%；2014 年 1 月 1 日，核心一级资本充足率应当达到 4%，一级资本充足
率应当达到 5.5%；2015 年 1 月 1 日，核心一级资本充足率应当达到 4.5%，一级资本充足率应当达到
6%。

二、并表范围

面对组织结构日益复杂、业务范围和类别不断拓展、业务经营日趋综合化的金融集团，巴塞尔协议（包括巴塞尔Ⅱ、巴塞尔Ⅱ.5 和巴塞尔Ⅲ）有必要明确资本监管框架的适用范围，在银行集团层面实施并表监管，既是资本监管的重要前提，也是防止监管套利的客观要求。

专栏 会计并表与监管并表

并表，即合并报表。从会计的角度看，合并报表是指用于综合反映以产权纽带关系而构成的企业集团某一期间或地点整体财务状况、经营成果和资金流转情况的会计报表，其并表的范围取决于该集团适用的会计准则。从监管的角度看，合并报表是为了全面反映监管指标适用范围内的指标整体状况，服务于审慎监管的目标，其并表的范围取决于监管当局关注的风险所覆盖的范围。两种合并报表的目的完全不同，会计并表力图公允、客观地反映企业集团的经营财务状况，关注的是母公司的控制力，而监管并表从审慎监管的角度出发更多关注的是风险在关联银行之间的传递，因此监管并表范围与会计并表范围通常有所不同。在监管并表的实践中，通常从会计报表的相应科目出发，进行相应地调整。

会计并表范围是指根据相关会计准则要求纳入合并报表的机构范围。目前国际上最具影响力的两套会计准则分别为国际会计准则（IFRS）和美国通用会计准则（US GAAP），两者对于会计并表范围的规定基本一致。但是国际会计准则在并表范围的规定中并未区分传统实体和结构化实体，而美国通用会计准则和日本通用会计准则（Japanese GAAP）均对结构化实体给出了特殊安排。2011 年 5 月，国际会计准则理事会（IASB）发布 IFRS10 替代 IAS27，修订了国际会计准则关于合并和单独财务报表的规定。根据 IFRS10 的规定，并表范围是母公司控制的所有子公司，子公司是指由母公司控制的个体。对于控制的定义主要包括三种情况：拥有主导被投资企业经营决策的权力；通过参与被投资企业经营，承担或有权取得被投资企业的经营回报；能够通过实施相关权力，影响被投资企业的投资者回报。该并表范围的要求与美国通用会计准则和日本通用会计准则对传统实体的并表要求基本一致，但是在美国通用会计准则下，结构化实体是否包含在会计并表范围内取决于其在重要决策行为中的控制力及其承担损失的责任和分享利润的权利；日本通用会计准则要求，除满足特殊标准外，所有的结构化实体必须包含在并表范围内。

监管并表范围是指根据监管当局的审慎要求纳入合并监管报表的机构范围。根据现行的巴塞尔协议监管框架，监管并表口径即指资本充足率指标的并表范围。

（一）监管并表范围

资本充足率的并表范围同时适用于分子和分母的计算。在巴塞尔 I 中，巴塞尔委员会就已经明确资本监管应在并表层面实施，即资本监管应适用于包括其从事银行和金融业务的附属机构在内的银行集团。然而伴随着银行控股公司、金融控股公司等银行集团或金融集团的产生，仅关注银行层面的资本监管可能存在逃避资本约束的监管套利。因此，巴塞尔 II 重新定义了巴塞尔协议的适用范围，将监管范围扩大到银行集团内部不同层次的银行、银行集团以及银行集团的控股公司，要求银行集团的并表口径应该最大可能地涵盖其从事的所有银行业务和其他相关金融业务，但是不包括保险子公司。也就是说，对于银行已经多数持股或控制的银行、证券公司①和其他金融企业②通常都应该包含在

---

① 证券公司是指从事与银行业务受到一样监管的或被视为银行业务的证券业务的企业。
② 其他金融企业包括从事融资租赁、信用卡发行、资产组合管理、投资咨询、托管和保管以及其他类似于银行业相关业务的企业。

巴塞尔协议的监管并表范围中。

如图4.2所示，巴塞尔协议适用于如图4.2中（1）所示的银行控股公司，以及如图4.2中（2）～（4）所示的以银行业务为主的银行控股公司的附属机构。

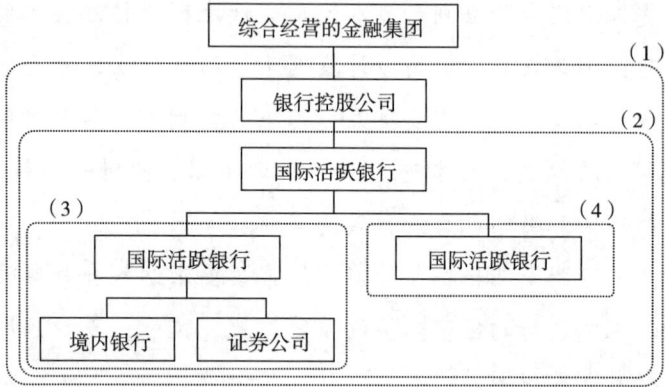

图4.2　巴塞尔协议资本监管的适用范围

（二）少数股东权益的处理

当银行并表子公司发行的普通股由第三方持有时，这部分股东权益即是银行集团的少数股东权益①。由于该部分股东权益由与银行集团无关的第三方持有，当银行集团面临经营危机时，是否能够充分运用该部分股东权益吸收损失存在较多的不确定性，因此巴塞尔协议只允许少数股东权益的一部分计入银行集团的监管资本，并根据第三方持有资本工具的层级不同，巴塞尔协议给出了不同的处理方法。

（三）对监管并表范围以外的机构的投资

由于会计并表范围和监管并表范围的差异，对于不在银行集团监管并表范围内的其他银行、保险公司和其他金融机构（以下统称被投

---

① 金融集团AB的母公司A，持有子公司B的90%的股份，子公司B其余10%的股份由另一家与金融集团AB无关联关系的公司D持有。那么，公司D持有的子公司B的10%的股份即为金融集团AB的少数股东权益，只能部分计入金融集团AB的核心一级资本。

资金融机构）的资本投资①不应全部视为该银行集团所持有的合格资本工具。因此，在监管资本的计算中，巴塞尔Ⅲ根据该类投资占被投资金融机构普通股股本的比例对其进行分类，并根据该分类对其计入资本的方式进行了特殊的监管调整。

专栏　对监管并表范围以外机构投资的处理

对于不足被投资金融机构普通股股本 10% 的该类资本投资，若投资总额超过银行核心一级资本的 10% 则应采用"对应扣除法"从监管资本中扣除，即该部分的资本投资应按照相应的比例从银行发行的对应层级的资本工具中扣除，低于该门槛的投资可以不扣除，但需按照风险权重计算风险加权资产。

对于超过被投资金融机构普通股股本 10% 的该类资本投资，或被投资机构为银行的附属机构但不在监管并表范围内时，该类资本投资中的非普通股部分同样采用"对应扣除法"扣除，而普通股部分则采用"门槛扣除法"扣除。"门槛扣除法"是指以下三项可有限计入核心一级资本，但每项不得超过计入核心一级资本的 10% 且三项总和不得超过核心一级资本的 15%：一是上述对被投资金融机构的大额投资，二是抵押贷款服务权利，三是源于时间性差异的递延税资产。对于计入部分按照 250% 的风险权重计算风险加权资产。

作为银行附属机构的工商企业在会计并表范围内，但不在监管并表范围内。对工商企业的大额投资不能作为金融集团的监管资本，需要扣除。巴塞尔Ⅱ要求，对工商企业的投资应当从监管资本中扣除，其中50% 从一级资本中扣除，其余 50% 从二级资本中扣除。巴塞尔Ⅲ要求，对工商企业的投资不得扣除，而是按照 1 250% 的风险权重计算风险加

---

① 既同时包括直接、间接和混合式投资，也同时包括银行账户和交易账户投资。

权资产。

三、监管资本的定义

根据计算方式和内涵的不同，可以将商业银行的资本分为以下三类：会计资本、经济资本和监管资本。会计资本是客观存在于资产负债表上的账面价值，经济资本和监管资本与风险挂钩，是分别从银行视角和监管当局的视角出发对银行抵御风险所需资本的判断。会计资本为监管资本的计算提供了标尺和基础，经济资本为监管资本的充足与否提供了对照。

（一）监管资本、会计资本与经济资本

会计资本，也称账面资本或权益资本，是指根据适用的会计准则直接反映在银行资产负债表上的资本，等于资产负债表中的总资产减去总负债，即银行的所有者权益。根据国际会计准则，银行资本主要包括股本、资本公积金、未分配利润、准备金等。从会计记账的角度来看，所有者权益取决于资产和负债的账面价值，与市场价值具有一定程度的偏差，无法准确及时地反映银行可吸收损失的真实资源。

经济资本，也称为风险资本，是指在给定的风险容忍程度（置信度水平）下，一定的期限（时间）内，为了弥补银行的非预期损失所需的资本。经济资本与银行实际承担的风险之间存在直接对应的关系。与会计资本和监管资本不同，经济资本并不是真实的银行资本，而只是银行在风险管理中所需要的资本或应该有的资本，是银行资本管理和风险管理的重要工具，需要的数额与银行的风险容忍度和期限假设密切相关。经济资本管理目前已广泛被用于现代商业银行的经营管理中，从风险管理的角度实施对银行资源的有效配置。

监管资本，作为资本充足率的分子，是指银行持有的符合监管当局要求的资本；从满足最低资本要求的角度看，监管资本也指为了满足监管要求银行所必须持有的合格资本数量。会计资本关注的是账面价值，而监管资本与银行的风险相关，是从监管要求的角度为了保证充分吸收损失所需持有的合格资本。

（二）资本扣减项：从会计资本到监管资本

监管资本的计量是以会计资本为出发点的。会计资本与监管资本的不同，不仅仅体现在会计并表范围和监管并表范围的差异上。由于监管资本是从吸收损失的角度进行定义的，因此即使某资本工具在会计科目上属于所有者权益的范围，但如果其无法有效吸收损失，同样无法计入监管资本。因此，需要对相应会计科目进行监管调整，对会计资本进行扣减后得到监管资本。

对于资本的监管调整，巴塞尔Ⅲ比巴塞尔Ⅰ和巴塞尔Ⅱ的要求都更为严格。巴塞尔Ⅰ和巴塞尔Ⅱ的框架中规定的扣除项主要包括：商誉、对非并表银行与财务附属公司的投资、对其他银行和金融机构的资本投资等。在巴塞尔Ⅰ和巴塞尔Ⅱ中，均采用50:50的扣减比例，即分别从一级资本和二级资本扣减50%。巴塞尔Ⅲ中对监管资本调整采用了较为严格的扣减方法，除特殊情况外，巴塞尔Ⅲ要求全部从核心一级资本中扣除。

要求全部从核心一级资本中扣除的调整项主要包括：商誉及其他无形资产，递延所得税资产，与未按照公允价值计价项目相关的现金流套期储备，预期损失准备金的缺口，与资产证券化销售相关的收益，自身信用风险变化导致的金融负债公允价值变化带来的累积收益和损失，资产负债表中的固定收益类养老金资产以及直接或间接持有的本行股票。

表 4.2 应当从核心一级资本中扣除的主要监管调整项

扣除项	扣除说明
商誉及其他无形资产	在危机或压力情景下，该类资产可能会迅速减少为零
递延税资产	该类资产过于依赖银行未来盈利能力，往往会在危机时期突然被核销

续表

扣除项	扣除说明
现金流套期储备	该类资产可能并未反映被套期项目未来现金流量公允价值的变化，从而由于人为因素造成普通股波动
预期损失准备金缺口	用于吸收非预期损失的资本，应首先保证预期损失能够被充分吸收，即不存在预期损失准备金缺口
与资产证券化销售相关的收益	具有较大不确定性
自身信用风险变化导致的金融负债公允价值变化带来的累积收益和损失	
所持有本银行的股票（库存股票）	避免重复计算

对于各层级监管资本的调整，巴塞尔委员会给出了过渡期安排，即从 2014 年起在对应层级的监管资本中扣除 20%，每年递增 20%，至 2017 年底 100% 扣除。

此外，对于部分巴塞尔 II 中按照 50∶50 比例扣减的监管调整项，巴塞尔 III 中要求按照 1 250% 的风险权重计算风险加权资产，这些项目主要包括：某些资产证券化风险敞口、按照违约概率或违约损失率方法计算的股权风险敞口、非货银同步交收①和非货款同步交收②中非支付或交收的部分等。

四、资本缓冲及附加要求

虽然资本定义的不断严格、风险加权资产覆盖的风险范围不断扩大，已经提高了监管资本的要求，但是资本监管导致的顺周期性、"大而不能倒"金融机构存在的道德风险等问题并未得到有效解决。为了缓解资本监管的顺周期性和系统重要性金融机构带来的负外部性，巴塞尔委员会在最低资本要求的基础上提出了资本缓冲及附加要求，主

---

① 货银同步交收（Delivery – versus – payment，DvP），是指在该交易下某物品的交付与为该物品而作的付款同时间发生。

② 货款同步交收（Payment – versus – payment，PvP），是指本币与外币支付清算系统之间实现同步交收。

要包括储备资本、逆周期资本和系统重要性附加资本要求（图4.3）。其中，逆周期资本和系统重要性附加资本要求主要是从宏观审慎的视角提出的。

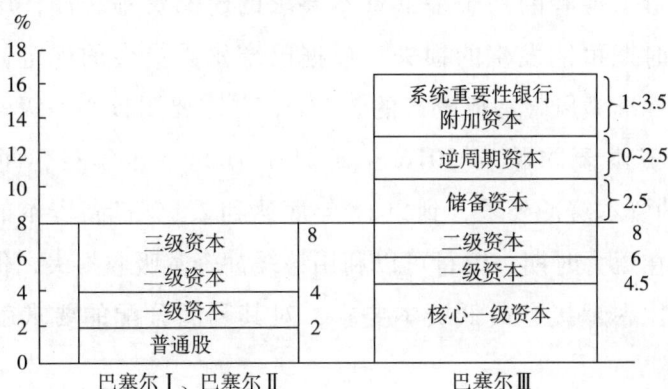

图4.3　最低资本要求、资本缓冲及附加要求

资本缓冲及附加要求建立在最低资本要求之上，应由核心一级资本来满足。除压力时期或经济状况较差等特殊时期外，银行应满足资本缓冲及附加要求。银行持有的核心一级资本，应先用于满足最低资本要求然后才能将超额部分用于满足资本缓冲及附加要求。

资本缓冲及附加要求与最低资本要求的区别在于没有达到规定标准时监管机构采取的后续措施不同。对于未达到资本缓冲要求的银行，监管机构并不对正常的业务活动进行干预，仅通过限制普通股分红与股份回购、限制员工奖金的发放等措施限制银行的利润分配。但是，对于未能满足最低资本要求的银行，除了限制红利分配外，监管当局还可以采取的监管措施主要有：下发监管意见书；要求银行在接到监管意见书的两个月内，制订切实可行的资本补充计划；要求银行限制资产增长速度；要求银行降低风险资产的规模；要求银行限制固定资产购置；要求银行限制分配红利和其他收入；限制银行增设新机构、开办新业务；要求银行调整高级管理人员；依法对银行实行接管或者促成机构重组，直至予以撤销等。

（一）储备资本

储备资本（Capital conservation buffer）是指银行根据监管要求在非压力情形下持有的高于最低资本要求的超额资本缓冲，用于抵御经济下行时期可能发生的损失。根据巴塞尔委员会的规定，储备资本的最低标准为风险加权资产的 2.5%，并需要用核心一级资本来满足。储备资本要求将自 2016 年 1 月 1 日起逐步实行，每年递增0.625% 的资本缓冲要求，到 2018 年底达到 2.5% 储备资本的最低标准。虽然在压力时期，银行可以利用该缓冲资本吸收损失，但银行的监管资本比率越接近最低资本要求，对其利润分配的要求就将越严格。

表4.3   储备资本的过渡期安排

实施时间	2013 年	2014 年	2015 年	2016 年	2017 年	2018 年	2019 年
储备资本				0.625%	1.25%	1.875%	2.5%
核心一级资本 + 储备资本	3.5%	4.0%	4.5%	5.125%	5.75%	6.375%	7.0%
总资本 + 储备资本		8.0%		8.625%	9.25%	9.875%	10.5%

注：所有的具体日期均为当年的 1 月 1 日，底纹为灰色的年份表示相关指标实施的过渡期。

（二）逆周期资本

逆周期资本是与表征系统性风险的特定变量挂钩的、随时间变化的资本缓冲要求，是在储备资本基础上对资本缓冲的扩展。根据巴塞尔委员会的规定，逆周期资本要求为 0 ~ 2.5%，各国监管当局可以基于对系统性风险积累程度的判断，在该范围内确定对本国银行业的逆周期资本要求。在各家银行对逆周期资本要求的实施方面，应从集团层面保证该资本缓冲的实施，对于国际活跃银行应充分反映信贷风险敞口的地理分布，对于不同国家或地区监管当局制定的逆周期资本要求均予以充分体现。与储备资本的过渡期安排类似，逆周期资本要求将自2016 年 1 月 1 日起逐步实行，每年递增 0.625% 的逆周期资本要求，到

2018 年底达到 2.5% 逆周期资本的上限标准。各国也可以根据情况选择实施更高的逆周期资本要求。

（三）系统重要性银行附加资本要求

为解决"大而不能倒"问题，加强对系统重要性银行的监管，提高其风险抵御能力的同时降低其倒闭的外部冲击，巴塞尔委员会提出，应当要求系统重要性银行具有更高的损失吸收能力。对于巴塞尔委员会评估确定的全球系统重要性银行，其附加资本要求为 1% ~ 3.5%，由核心一级资本来满足。全球系统重要性银行的附加资本要求从 2016 年开始逐步实施，至 2019 年起全面实施。对于国内系统重要性银行巴塞尔委员会也提出了原则性要求，由各国监管者根据相关原则，对国内系统重要性银行进行评估并提出附加资本要求。

第二节　监督检查

第二支柱从监督检查的角度对第一支柱形成补充。在巴塞尔 II 的框架中，第二支柱要求银行应具有内部资本充足评估程序，同时对银行董事会和管理层在该程序中的责任提出了明确的要求；第二支柱要求监管当局应承担对该程序进行评价和监督的职能，在银行和监管当局之间形成有效的对话机制，以便在发现问题时及时、果断地采取措施；第二支柱同时赋予监管当局相应的监管手段，对不满足要求的银行采取措施，实施监管。在巴塞尔 II.5 的框架中，巴塞尔委员会进一步强化了第二支柱下对风险管理和资本评估程序的要求。

根据巴塞尔 II，第二支柱主要覆盖以下三个领域的风险：一是第一支柱涉及但没有完全覆盖的风险，如集中度风险等；二是第一支柱没有涉及的风险，如银行账户利率风险、战略风险等；三是外部因素，如经济周期效应等。同时，第二支柱将对第一支柱中的内部模型法等高级方法进行评估，判断根据这些高级方法计算的资本是否与之风险水平相匹配，是否满足信息披露的相关要求等。第二支柱强调，银行抵御风险的能力不仅与资本数量有关，还与风险管理、内部控制等程序的执行力度和有效性密切相关。在保证最低资本要求的同时，应要求银行提高内部风险管理水平。

一、第二支柱的目标及四大原则

作为第一支柱的补充，第二支柱主要有以下两个目标：一是保证银行拥有充足的资本以应对其面临的各类风险；二是鼓励银行开发并运用更好的风险管理技术监测和管理风险，改进和提高风险管理水平。为实现上述目标，巴塞尔委员会提出了监督检查应当遵循的四大原则。

原则一　资本评估程序：银行应当建立程序，评估与其当前风险状况相适应的总体资本需求，同时制定维持资本水平的战略。银行应拥有充分的证据证明其总体资本需求符合银行当前的风险状况和经营环境。银行管理层在评估资本充足状况时，应当充分考虑银行目前所处的经济周期，进行严格的压力测试，并对可能对银行产生不利影响的事件或市场环境进行识别。银行管理层应对确保银行拥有足够的资本抵御各类风险承担主要责任。

原则二　监管者的责任及手段：监管当局应检查和评价银行的内部资本评估情况和战略，以及其监测并确保资本充足率达标的能力。若对检查结果不满意，监管当局应采取适当的监管措施。监管当局应定期对银行资本评估程序、风险敞口、资本充足水平和资本质量进行检查，并判断银行内部资本评估程序的有效性。检查的重点应放在银行风险管理和控制的质量上，但是不应以监管职能代替银行的管理职能。定期检查可结合采用现场检查、非现场监管、监管谈话、外审会谈及定期报告等方法。

原则三　最低资本要求：监管当局应鼓励银行保持高于最低监管

要求的资本水平，并要求银行有能力持有超过最低要求的资本。第一支柱的资本要求中有一部分资本缓冲用于应对影响整体银行业的不确定因素，与之类似，第二支柱的资本要求也应包含单个银行的不确定因素。

原则四　对资本充足问题早干预、早介入：为了防止银行的资本水平降至其防范风险所需的最低要求之下，监管当局应尽早介入并采取措施，如果银行未能保持或补充资本，在第二支柱下监管当局应要求其迅速采取补救措施。

二、银行内部资本充足评估程序

根据原则一，银行应当具有一整套评估资本是否充足，并确保其维持一定资本水平的程序。巴塞尔委员会认为，该程序应当包括以下五个要素：董事会和高级管理层的职责、健全的资本评估、风险的全面评估、监测与报告体系以及内控机制。

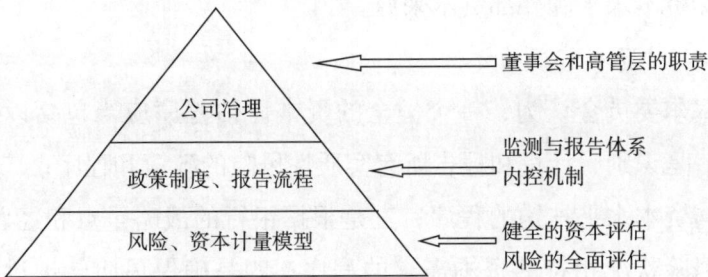

图4.4　内部资本评估程序的基本框架

（一）董事会和高管层的职责

董事会是银行重要的决策和管理机构，负责银行的重大决策，对银行股东大会负责并报告工作。高级管理层由董事会聘任，执行董事会的决策，负责银行的日常经营，受董事会监督。巴塞尔委员会认为，在一套健全的风险管理程序中，董事会和高级管理层都应当承担相应的职责。

　　董事会应主要负责风险偏好的制定和对银行高级管理层的监督。一方面，董事会有责任确定银行对风险的承受能力；另一方面，董事会应确保管理层建立了评估各类风险的框架，开发了将资本需求与风险挂钩的体系，制定了监测内部合规状况的流程方法。董事会应实施有力的内部控制，制定书面政策和流程，确保管理层在银行内部有效地落实这些政策流程。

　　高管层应承担制定风险管理流程的主要工作。高级管理层应负责把握银行所承担的风险的性质和程度，了解资本充足程度与风险之间的关系，并确保风险管理流程的规范性、复杂性与其风险状况和经营计划相适应。

　　董事会和高管层都应将资本规划视为能否实现银行战略目标的关键要素。银行应从其战略目标出发，对当前和未来的资本需求进行分析。在银行的资本战略中，应清楚地阐明银行资本需求、预计资本使用、目标资本水平和外部资本来源。

　　(二) 对资本需求的评估

　　巴塞尔委员会认为，一个健全的资本评估程序应当包括以下基本要素：一是识别、计量和报告所有实质性风险的政策和程序；二是将风险水平与资本水平挂钩的程序；三是根据银行的战略重点和经营计划，设定与风险状况相符的资本需求的程序；四是确保风险管理过程的内部控制、检查和审计程序的完整性。

　　(三) 对风险的全面评估

　　银行的资本评估程序应覆盖银行面临的所有实质性风险。巴塞尔委员会坦言，虽然并非所有风险都可精确计量，但评估和计量风险的方法应不断改进。巴塞尔委员会指出，不管银行使用哪种计量体系，也无论其复杂程度如何，银行管理层都应确保系统的有效性和完整性。此外，银行管理层应该特别关注数据质量和模型使用的各种假设，因为这些因素直接决定了计量系统的质量和可靠性。巴塞尔委员会要求，银行的资本评估程序不仅应包含第一支柱覆盖的信用风险、市场风险和操作风险等，还应包括第二支柱下的集中度风险、银行账户利率风险、流动性风险和战略风险等。

在信用风险方面，信用风险的度量方法较为丰富，其资本评估程序的要求也较为复杂。对于复杂程度较高的银行来说，应至少覆盖以下四个领域：风险评级系统、资产组合分析/加总、资产证券化/复杂的信用衍生产品、大额风险敞口和集中度风险。对于风险评级来说，应能够对所有信用风险敞口进行识别和计量，并作为该银行信用风险和资本充足率总体分析的组成部分。风险评级系统应对所有资产提供详细的评级，而不仅仅是对有问题的资产进行评级。此外，在评估信用风险对应的资本充足率时，应包括对贷款损失准备的评估。

在操作风险方面，考虑到操作风险可能为银行带来重大损失，巴塞尔委员会认为应将操作风险与其他重大银行业风险一样进行严格管理。银行应开发操作风险的管理框架，并将其作为评价资本充足与否的重要因素。操作风险的管理框架应根据操作风险管理的政策规定，覆盖银行对操作风险的偏好和承受能力、操作风险转移的程度和方式，以及银行识别、评估、监测和控制操作风险的相关制度等。

在市场风险方面，巴塞尔委员会对市场风险评估方法做出了较为明确的规定，要求银行通过在险价值（VaR）模型或标准法对市场风险进行评估。同时，巴塞尔委员会强调银行应进行压力测试，以评估用于支持交易业务的资本是否充足。

在银行账户利率风险方面，巴塞尔委员会并未将其放入第一支柱的资本要求中，而是将其作为第二支柱风险。巴塞尔委员会要求，在计量银行账户利率风险时，应考虑银行所有的实质性利率风险敞口，并考虑所有相关的重定价和期限数据。此外，利率风险的计量体系还应包括文档完备的假设和技术工作。

在流动性风险方面，巴塞尔Ⅱ的框架中，流动性风险也是第二支柱的重点。在第二支柱中，巴塞尔委员会要求每家银行都必须建立能够有效计量、监测和控制流动性风险的系统。银行应根据流动性资产状况和市场的流动性状况评估本行的资本充足率。金融危机后，人们意识到即使是资本充足的银行仍可能由于流动性短缺面临危机，因此在巴塞尔Ⅲ中流动性风险监管被提升至与资本监管同等重要的地位。本书第七章将对巴塞尔Ⅲ中的流动性风险监管框架进行详细介绍。

此外，对于声誉风险和战略风险等其他难以计量的风险，巴塞尔委员会鼓励银行进一步开发识别、监测和管理这些风险的技术。

（四）监测与报告

第二支柱要求，银行应建立一套完善的监测与报告系统，实现对风险敞口的充分监测和报告，包括银行风险状况的变化对资本需求的影响评估。关于银行风险状况和资本需求的报告应定期上报给银行的高级管理层或董事会，报告应确保高级管理层能够对银行实质性风险的水平和发展趋势及其对资本水平的影响做出评价，能够对资本评估程序中关键假设的敏感度和合理性做出评价，能够确保银行持有充足的资本以抵御各类风险，并达到既定的资本充足率目标，同时能够根据银行报告的风险状况，评估未来的资本需求，并对银行的战略规划做出必要调整。

（五）内控机制

银行的内控机制是资本评估程序的基础。对资本评估程序的有效控制包括独立的检查、内部审计和外部审计。银行董事会负责确保管理层建立评估各类风险的系统，开发将风险与银行资本水平挂钩的系统，制定监测内部政策合规性的方法。董事会应定期核查内部控制系统能否充分保证银行有序、审慎地开展业务。银行应定期对其风险管理程序进行检查，以确保其完整性、准确性和合理性。检查范围包括：银行资本评估程序对应于业务的性质、范围和复杂程度的合理性；对大额风险敞口和风险集中度的识别；银行评估程序所用参数的准确性和完整性；银行评估过程中所使用的情景的合理性和有效性；压力测试及对相关假设及参数的分析。

三、监管流程

（一）监管者的责任及手段

第二支柱的原则二对监管者的责任和手段提出了原则性的要求。主要包括对银行风险评估充足性的检查、资本充足率的评估、内控环境的评估、最低标准合规性的检查以及监管当局的手段等内容。

一是风险评估充足性的检查。监管当局应评估银行的目标和程序是否涵盖了银行面临的所有实质性风险，审查银行内部资本充足评估程序所使用的风险计量方法是否完善，以及这些计量方法在制定限额、绩效考核和在总体上判断和控制风险中的运用。此外，监管当局还应审查银行敏感性分析和压力测试的结果，以及这些结果与资本规划的关系。

二是资本充足率的评估。监管当局应检查银行的评估程序，以确定：银行选择的目标资本水平是否全面并且考虑了当前的经营环境；高级管理层对资本水平是否进行了适当的监测和检查；银行的资本构成是否与银行业务的性质和规模相适应。此外，监管当局还应检查银行在确定资本水平时，是否充分考虑了意外事件的影响。这种分析应包括多项外部条件和情境变化。银行采用的复杂技术和压力测试也应适应银行的业务活动。

三是控制环境的评估。监管当局应检查银行管理信息报告和系统的质量、业务风险和业务数据汇总的方式，以及管理层对突发风险和各类变化的处理情况。在所有情况下，单个银行的资本水平应根据该行的风险状况、风险管理程序及内控的有效性来确定，同时也要考虑诸如经济周期和宏观经济环境等外部因素的影响。

　　四是最低标准合规性的监督检查。有关使用符合资本监管目标的某些内部方法、信用风险缓释技术和资产证券化手段，银行必须满足包括风险管理标准和披露在内的相关要求，特别是银行应当披露计算最低资本的内部方法。监管当局必须确保银行自始至终满足这些条件，并将此类检查作为监管当局检查程序的一部分。

　　特别地，巴塞尔委员会认为，检查银行最低标准和合格要求是原则二下监管当局检查程序的一部分。在制定最低标准时，巴塞尔委员会已经考虑了银行业的现行做法，希望这些最低标准为监管当局提供基准指标，而这些基准指标的设立与银行风险管理的目标是趋同的。

　　五是监管当局的手段。完成上述检查程序后，如果监管当局对银行风险评估和资本分配的结果不满意，就应采取原则三和原则四明确的一系列措施。

　　（二）最低资本要求

　　监管当局一般都应要求或鼓励银行在经营过程中持有的资本高于第一支柱资本标准的要求，其原因主要包括以下五点：一是因为第一支柱并未覆盖单个银行或整个经济面临的各类风险，例如，集中度风险、剩余风险等。二是由于银行业务和规模可能随着不同风险的变化而变化，从而引起资本充足率的波动。三是由于资本成本较高，很难在短时间内尤其是在市场状况较差时迅速完成资本补充。四是因为资本要求较为严格，如果降到最低资本要求以下，可能触及法律或导致监管当局采取较为严厉的监管措施，因此需要将资本维持在高于最低要求的基础上。五是为获得更高的信用评级。如果仅按照第一支柱最低要求计提资本，银行仅可获得较低的信用评级，然而出于竞争的考虑，银行希望获得更高的信用评级，就可能持有高于最低要求的资本。

　　在实践中，监管当局可以采用多种手段确保银行保持充足的资本水平，例如可将高于最低要求的资本充足率作为采取监管行为的触发比率，或根据银行的资本充足情况对满足最低资本要求的银行进行分类，以区别不同银行的资本水平，采取不同的监管方式。

（三）对资本充足问题早干预、早介入

如果监管当局认为银行未达到上述监管原则中规定的要求，就应考虑采取多种备选措施。监管当局有权针对银行当前的经营环境和风险状况决定使用相应的监管措施，这些措施包括：加强对银行的监督、限制银行支付红利、要求银行制订和实施适当的资本补充计划、要求银行立即追加资本等。

对于计提的资本未能充分覆盖非预期损失的银行，例如未能充分涵盖市场或行业的特殊情况，监管当局可要求其提高最低资本水平。事实上，提高资本要求并非解决问题的根本性措施，优化风险管理流程、完善内控程序等方法才能切实提升银行的风险管理能力，然而这些措施实施起来需要花费的时间较长。所以，提高资本要求只能作为一项阶段性措施。但同时，还应要求银行采取一些根本性措施以改善状况，一旦这些根本性措施得到落实，其有效性也得到了监管当局认可，便可以取消提高资本的阶段性措施。

四、第二支柱与第一支柱的关系

第二支柱从监督检查的角度对第一支柱形成补充，也是对资本监管框架的完善。

（一）对第一支柱的有效补充

银行账户利率风险。在巴塞尔Ⅱ的框架下，由于各国在银行账户利率风险的监督和管理方面存在较大差异，因此巴塞尔委员会将银行账户利率风险纳入第二支柱中实施监管。根据巴塞尔Ⅱ的规定，银行内部资本评估体系作为度量银行账户利率风险的主要工具，监管当局将根据内部模型计算出的经济资本对其予以监督。目前，巴塞尔委员会正在就是否将银行账户利率风险转移至第一支柱进行讨论，这是由于，一方面，银行账户与交易账户利率风险资本计提方式的差异带来了银行监管套利的可能性，银行出于资本节约的目的，具有将交易账户项目转移至银行账户的内在动力；另一方面，由于各国银行账户利率风险资本计提的不统一，影响了各国之间的可比性。

监管的透明度和问责制。第二支柱的存在赋予了银行监管当局较大的自由裁量权，提供了银行与监管当局之间的对话机制，但这也为监管者的监管宽容带来了空间。为了避免由于监管宽容带来的不公平，损害监管的有效性，应该提升监管的透明度和问责制。一方面，巴塞尔委员会要求监管当局将检查内部资本充足评估程序的标准予以披露，如果监管当局提出了更高的目标资本要求或触发比例要求，也应同时将设定该比例考虑的因素进行公开。另一方面，当监管当局向一家银行提出高于最低资本要求的标准时，应该向银行解释何种风险导致了该情况，并明确需要采取的补救措施。

加强跨境交流与合作。巴塞尔协议作为全球统一的监管标准，其主要目标之一就是防止不同国家之间的监管不一致带来的监管套利。有效落实巴塞尔协议的重点之一在于加强跨境的监管交流与合作。巴塞尔委员会明确，母国监管当局应负责银行集团在并表基础上实施巴塞尔协议，东道国监管当局负责监管当地的经营实体。对于国际活跃银行的海外附属机构而言，可以采用与母行相同的方法计算资本充足率，以减少母国和东道国的监管差异。

（二）对信用风险计量和管理的完善

信用风险方面，第二支柱分别从内部评级法的压力测试、违约定义、剩余风险、贷款集中度风险和交易对手信用风险五个方面对第一支柱的相关要求予以完善。

压力测试。对于运用内部评级法的银行，监管当局应当对其压力测试结果进行检查，并要求其达到压力测试所需要的资本水平。

专栏 压力测试

压力测试是一种以定量分析为主的风险分析方法，通过测算银行在遇到假定的小概率事件等极端不利情况下可能发生的损失，分析这些损失对银行盈利能力和资本金带来的负面影响，进而对单家银行、银行集团和银行体系的脆弱性做出评估和判断，并采取必要措施。假设下图为银行发生损失的频率图，在巴塞尔协议的框架下，其中的预期损失应由损失准备覆盖，非预期损失由资本覆盖，尾部损失应由压力测试计算的结果来进行判断。

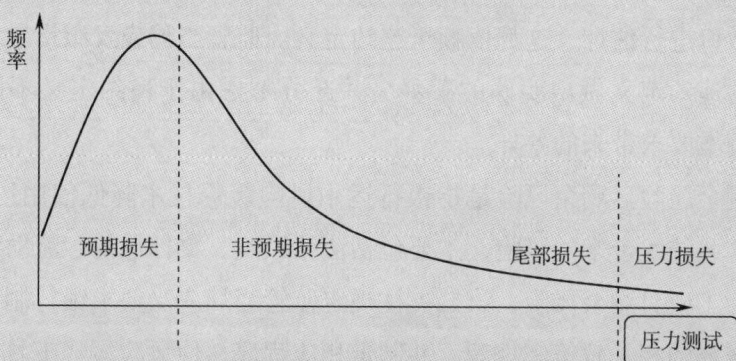

2009 年巴塞尔委员会发布了《稳健的压力测试实践和监管原则》，分别从银行压力测试的运用及其与风险治理的结合、压力测试的方法和情景选择以及需要关注的特殊领域等方面对压力测试提出了原则要求。

压力测试包括敏感性测试和情景测试等具体方法。敏感性测试旨在测量单个重要风险因素或少数几项关系密切的因素由于假设变动对银行风险敞口和银行承受风险能力的影响。情景测试是分析多个风险因素同时发生假设变动以及某些极端不利事件发生对银行风险敞口和银行承受风险能力的影响。

压力测试一般包括以下步骤和程序：确定风险因素，设计压力情景，选择假设条件，确定测试程序，定期进行测试，对测试结果进行分析，通过压力测试确定潜在风险点和脆弱环节，将结果按照内部流程进行报告，采取应急处理措施和其他相关改进措施，向监管当局报告等。

压力测试通常包括银行的信用风险、市场风险、流动性风险和操作风险等方面内容。在压力测试中，还应考虑不同风险之间的相互作用和共同影响。

违约定义。在使用内部评级法时，需要对违约概率、违约损失率和风险敞口进行估计，这都依赖于违约定义。监管当局应发布指导文件对本国的违约定义做出明确的解释，并充分考虑由于违约定义不同而对银行资本要求带来的差异。

剩余风险。剩余风险是指银行运用风险缓释技术降低信用风险时，由于这些技术带来的风险，主要包括法律风险、文档风险、流动性风险等。为了应对剩余风险，第二支柱规定监管当局应当要求银行制定信用风险缓释的相关政策和规程，并制定相应程序，使风险缓释工具能够用于降低资本水平。

集中度风险。集中度风险是指任何有可能给银行造成巨大亏损从而危及其正常经营的单一风险敞口或风险敞口组合。由于贷款是大多数银行的重要业务，巴塞尔Ⅱ认为信用风险集中是集中度风险的主要表现形式，但第一支柱对信用风险的资本要求并没有涵盖贷款集中度风险。因此，巴塞尔委员会在第二支柱下要求银行应拥有管理贷款集中度的框架，包含贷款集中度的定义、风险集中度和相关限额的计算方法，并定期对其主要的信用风险集中度进行压力测试，以监测这类风险敞口在市场环境恶化时对银行正常经营的冲击。监管当局则应当对银行评估贷款集中度的程序、管理水平、压力测试结果和资本要求进行监督。然而，巴塞尔Ⅱ并未明确提出集中度风险的监管上限以及监管报告的门槛等量化指标。2010 年巴塞尔委员会发布的巴塞尔Ⅲ中，仍然将集中度风险的监管放在了第二支柱中，并且从信贷集中风险扩大到所有具有潜在集中风险的因素，但并没有形成硬性约束。2014 年 4 月，巴塞尔委员会已颁布了大额风险敞口相关监管要求，并将其并入第一支柱。

交易对手信用风险。巴塞尔Ⅱ将交易对手信用风险视为一种信用风险，在第二支柱下对银行管理交易对手信用风险的流程和相关要求进行了明确，对监管当局的监督职能提出了相应的要求。在巴塞尔Ⅱ.5 和巴塞尔Ⅲ的框架下，对交易对手信用风险的计算方法进一步得到了完善。

（三）对资产证券化风险敞口的计量和管理

资产证券化，作为一种特殊的风险转移工具，在巴塞尔资本框架下受到关注，特别是对其资本计提的充分与否，是第二支柱关注的重点问题。在巴塞尔Ⅱ的第二支柱中，巴塞尔委员会分别从风险转移的实质性、隐性支持、剩余风险、赎回条款和提前摊还等因素对特定资产证券化的监管资本提出了要求。国际金融危机后，巴塞尔委员会对资产证券化资本计提框架进行了完善，提高了资产证券化资本计提的风险敏感性。

第三节　信息披露

在很长一段时间内，银行的治理和监管都是基于"信息不对称"的背景展开的。巴塞尔委员会对第三支柱市场纪律的引入，从根本上改变了银行与监管者以及其他市场参与者这种信息不对称的地位，通过要求银行披露可靠和及时的信息，使市场参与者能够通过公开信息对银行进行全面的评估，形成市场压力，促使银行有效配置资源，实现稳健经营。

一、信息披露的目的及意义

信息披露是银行和社会公众全面沟通信息的桥梁。银行所公开披露的信息，是投资者投资决策的主要依据，有助于通过投资者的监督对银行形成约束。在信息披露中，应当遵循真实、全面、及时、充分的原则。

（一）不同的视角

作为公众公司的银行，只有像其他公司一样，建立起现代公司治理结构、理顺委托—代理关系、确立内部制衡和约束机制，才能真正建立资产和资本的良性配比关系，在接受市场约束的同时赢得投资者的信任。

市场纪律的驱动力来自市场参与者针对银行经营和风险状况所做出的行为反应，这些市场参与者主要包括股东、贷款人、存款人及交易对手等。从银行股东来看，银行大股东可以通过公司治理机制约束或更换经营者，迫使经营者按照股东的利益来经营管理，也可以通过增持或减持银行股权，以表达对银行经营行为的奖励或惩罚。从银行贷款人或债权人来看，当银行违约时，他们的利益将受损甚至难以收回，因此他们对银行的风险非常敏感，特别是次级债券持有人具有较高的风险敏感性。债权人可以通过一级市场对银行发行新债券、发行新产品形成阻力，或者通过二级市场抛售银行发行的金融工具，导致其价格下跌或流动性下降，从而对银行的风险管理行为产生约束。从银行存款人来看，当意识到银行风险增大时，存款人将立即行使对存款的请求权，当存款人行为一致时，就产生了挤兑，挤兑将威胁银行的正常经营，可谓最为强烈的市场制裁力量。从银行交易对手来看，银行的交易对手包括其他银行类金融机构，保险公司、证券公司、基金公司、信托公司等非银行类金融机构，还包括境外金融机构等。交易对手可能根据银行的风险状况改变与银行的交易策略和交易条件（包括授信限额、抵押品要求等），影响银行的盈利能力。正是这些市场参与者的行为反应组合形成了引导银行行为的约束力，对第一支柱和第二支柱形成了有效的补充。

（二）第三支柱的目标

第三支柱市场纪律，是对第一支柱最低资本要求和第二支柱监督检查的补充。第三支柱是在信息披露中增加风险视角，要求银行向市场提供关于银行资本结构、风险状况、风险评估程序和清偿能力等相关信息，增强信息的可比性以加强市场对银行经营和风险承担行为的了解和约束。

市场纪律会对银行的经营以及商誉产生极大的影响。资本充足状况和风险控制能力及控制记录良好的银行，能以更优惠的价格和条件从市场上获取资源，而风险程度偏高的银行，则往往要支付更高的风险溢价，提供额外的担保或其他保全措施。

（三）披露与保护商业秘密之间的平衡

信息披露要求充分考虑了银行对专有信息和保密信息的需要。银行作为商业主体，与其他银行之间存在竞争关系。不恰当的信息披露，可能导致一些商业秘密或特有信息外泄，削弱银行在行业中的竞争地位。一般情况下，在第三支柱的要求中已经充分考虑了银行保护专有信息和保密信息的需要。但是也存在一些例外，如果银行认为某些在第三支柱中要求披露的信息可能涉及银行的专有信息或保密信息，影响银行的竞争力，可不披露具体的项目，但必须解释未能对外披露的事实和原因。

二、第三支柱与第一、第二支柱之间的关系

在巴塞尔Ⅱ的框架下，第一支柱最低资本要求是巴塞尔Ⅱ的核心，第二支柱是对第一支柱的补充和完善，第三支柱又是对第一支柱和第二支柱的补充。如果将第一支柱和第二支柱看作是从银行和监管者的角度对银行风险管理提出的要求，那么第三支柱就是从市场的角度对

银行风险管理的要求。对于第一支柱和第二支柱完成较好、资本较为充足、资本评估程序完备、风险管理能力较高的银行，第三支柱形成的约束为正向激励；而对于第一支柱和第二支柱有所缺陷、资本计提不足、资本评估程序不完备、风险管理能力较差的银行，第三支柱形成的约束将促使银行尽快提高风险管理能力，计提充足资本，完善资本评估程序。

从第一支柱和第三支柱的关系来看，第三支柱中信息披露的要求是运用第一支柱下内部评级法等高级方法的前提条件。第一支柱下允许银行运用内部模型计算所需的监管资本，这些内部模型是银行根据内部数据和风险管理能力建立的，存在较大的监管套利的可能，只有通过充分的信息披露，公布其参数及模型设计，才会减少监管套利的可能。因此，第三支柱下提出的关于违约概率、违约损失率和风险敞口的披露要求是运用这些方法计算监管资本的前提条件。

从第二支柱和第三支柱的关系来看，银行的信息披露既应该与第二支柱下所要求的内部风险评估和管理程序相一致，又应该遵循第三支柱给出的统一的披露要求。原则上，信息披露应基于银行内部向董事会和高管层报告的信息体系，然而，基于各个银行内部的信息披露可能由于各自模型、风险状况的不同带来不可比和不一致性。因此，需要通过第三支柱进行统一的信息披露要求，加强各银行之间的可比性和一致性。

三、第三支柱下的披露内容要求

根据巴塞尔Ⅱ第三支柱的要求，银行应披露资本、风险敞口、风险评估程序以及银行资本充足率等重要信息。此次国际金融危机后，巴塞尔Ⅱ.5提出了更高的信息披露要求，巴塞尔Ⅲ也进一步将信息披露细化至每个指标中，除资本定义外，对杠杆率、流动性等指标都有相应的信息披露要求。

巴塞尔Ⅱ规定了第三支柱整体的披露要求。在披露频率上，一般要求每半年披露一次，但是对于银行风险管理目标和政策、报告体系等一般性概述的定性披露仅要求每年披露一次，大型国际活跃银行①应按季度披露关键的资本充足率指标及其组成部分。在披露的载体和地点上，对于同属于会计和监管部门要求披露的信息，应解释会计披露信息与监管要求的披露之间的差异；对于仅属于监管部门要求披露的信息，则可以通过公开的网页或监管当局公开发布的监管报告进行信息披露。在巴塞尔Ⅱ.5和巴塞尔Ⅲ对各个指标信息披露要求的修订中，大部分与之保持了一致，但也根据不同指标的特征对部分要求进行了有针对性的修订和更新。

表4.4　　　　　　　　第三支柱规定的披露频率及披露内容

披露频率	披露内容
季度	一级资本充足率、总资本充足率及其构成要素①
	风险敞口等快速变化的信息
半年度	并表范围、资本及其结构、资本充足状况、风险敞口及风险评估
年度	银行风险管理目标和政策、报告体系等一般性概述的定性披露
	薪酬

注：①大型国际活跃银行和其他重要银行（以及重要银行附属机构）。

（一）监管并表范围

根据巴塞尔Ⅱ的要求，第三支柱适用于巴塞尔Ⅱ中最高层次的监管并表范围，即图4.2中（1）所标示的银行控股集团。除非银行控股集团认为集团的附属机构有必要披露相关信息，否则无须进行单独披露。

巴塞尔Ⅱ中要求从定性和定量两个方面披露监管并表的适用范围。在定性披露中，要求披露母公司的名称、集团内各附属机构，并分别从

---

① 虽然巴塞尔Ⅱ提高了大型国际活跃银行的信息披露频率，但是巴塞尔Ⅱ并未对大型国际活跃银行进行准确的定义，只是在定量测算中，巴塞尔委员会将一级资本在30亿欧元以上的银行视为大型国际活跃银行。

会计并表和监管并表的角度对各实体进行介绍，说明集团内资金或监管资本转移的限制和主要障碍等。在定量披露中，要求披露：并表集团资本中包含的保险子公司的盈余资本总额、进行了扣除处理的所有未并表子公司的名称及其所有资本缺口、母公司对保险公司的股权投资总额以及该保险公司的概况等。

（二）监管资本及其结构

此次国际金融危机中，银行投资者和市场参与者无法通过银行的信息披露有效地判断资本的结构及其吸收损失的能力，从而加剧了信息不对称带来的市场波动，这些教训对监管资本的信息披露提出了更高的要求。2012年6月，巴塞尔委员会对巴塞尔Ⅲ中资本定义的信息披露单独出台文件提出了要求。

与巴塞尔Ⅱ规定的披露频率有所不同，监管资本的披露频率要求与发布财务报表的频率一致，相关信息可以披露在财务报表中，也可以直接披露在公开的网站或监管报告中。同时，历史信息也应同时可以被公众查阅。监管资本的披露要求主要包括通用的披露模板及过渡期模板、会计并表与监管并表的比较信息、资本工具的概况以及其他信息等。

在2018年1月1日过渡期结束后，监管资本的披露内容主要包括：监管调整前的核心一级资本、核心一级资本的监管调整、监管调整前的其他一级资本、监管调整后的其他一级资本、监管调整前的二级资本、监管调整后二级资本、资本比例及资本缓冲、本国监管的调整、门槛值以下的扣减、二级资本中储备的适用上限等，还包含在2018年1月1日至2022年1月1日之间适用的逐步退出的资本工具。为了便于银行在过渡期内进行有效的信息披露，与过渡期中资本工具合格标准的规则文本保持一致，巴塞尔委员会还同时提出了过渡期的监管资本披露模板。

由于监管并表和会计并表的范围不同，而监管并表是从会计并表中调整而来，为了便于将根据监管并表合并的报表与根据会计并表合并的报表进行比较并保持内在一致性，巴塞尔委员会同时提出了调节要求，即要求银行按照以下三个步骤进行披露：第一步，对于会计并表和监管并表口径不同的银行，要求披露根据监管并表口径合并的财务报表，同时披露在会计并表范围内但不在监管并表范围内以及在监管并表范围内但不在会计并表范围内的实体，对于同时在会计并表和监管并表范围内，但是在不同并表口径下并表方法不同的实体，也应对不同的并表方法予以披露；第二步，将监管报表的项目展开，并展示用于计算监管资本的各子项目，同时明确各子项目在会计报表中对应的项目；第三步，将第二步中披露的各子项目与第一步中披露的资产负债项目进行对应和匹配。由于各国会计准则、监管资本的定义都会有所差异，因此该步骤的表格可以根据各国的情况有所调整。

在巴塞尔Ⅱ中就已提出了对资本工具概况的披露要求，但在实施中缺乏一致性，为信息分析和监测带来了困难。为了保证一致性和可比性，巴塞尔委员会明确了具体的模板，主要包括资本工具的发行人、发行日、原始到期日、派息方式、是否可转等信息。

（三）资本充足状况

根据巴塞尔Ⅱ第三支柱的规定，银行应披露资本充足状况，主要包括定量披露和定性披露两个部分。其中，定性披露主要是对银行评估当前和未来自身资本充足状况的方法进行简要评述。定量披露主要包括五个部分：一是信用风险的资本要求，包括标准法或简单标准法下的每个资产组合、内部评级法（包括初级法和高级法）下的每个资产组合、资产证券化风险敞口；二是内部评级法下股权投资的资本要求，包括市值法和PD/LGD方法计算的股权投资；三是市场风险的资本要求；四是操作风险的资本要求；五是总资本充足率和一级资本充足率。

（四）风险敞口及风险评估

银行所面临的风险以及银行识别、度量、监测和控制这些风险的技术，都是市场参与者对银行进行评估的重要因素。巴塞尔 II 的披露要求包括信用风险、市场风险、银行账户利率风险和股权风险、操作风险等，同时包括信用风险缓释和资产证券化的信息披露。对于每类风险，巴塞尔委员会要求充分披露风险管理的目标和政策，包括策略和过程、相关风险管理职能的组织架构、风险报告或度量体系的范围和特点、套利或缓释风险的政策以及监测套利和缓释过程有效性的策略和过程。

在信用风险的披露方面，主要包括针对银行的整体信用风险敞口、标准法和 IRB 监管权重法下资产组合的披露、内部评级法下资产组合的披露、标准法和内评法下信用风险缓释的披露、交易对手信用风险的风险敞口披露、标准法和内评法下资产证券化敞口的披露等。在市场风险的披露方面，主要包括使用标准法的市场风险披露、使用内部模型法的市场风险披露等。此外，还包括操作风险的定性披露、银行账户的股权投资披露、银行账户的利率风险披露等。

（五）薪酬

危机中，金融机构的薪酬制度引发了社会的广泛关注。金融机构高管的薪酬直接取决于当前机构的盈利状况，这就导致高管决策更看重短期收益，过分追逐高风险高盈利的业务，而对长期风险关注较少。此外，在此次国际金融危机期间，高额的薪酬发放也对投资者和债权人的利益产生了较大影响。金融危机爆发后，金融稳定理事会加强了对金融机构薪酬制度的关注，并于 2009 年 4 月发布了《关于稳健的薪酬制度的原则》，原则中对薪酬制度的披露做出了明确的要求。为了保证全球披露的可比性，巴塞尔委员会根据金融稳定理事会的建议，制定了薪酬的信息披露要求，并将其正式纳入巴塞尔协议第三支柱。

在薪酬的信息披露范围上，依据银行的风险特征可以部分或全部豁免披露薪酬，其依据的主要原则在于该信息是不重要的、特殊的，或是保密的。在薪酬的披露频率上，巴塞尔委员会要求至少每年披露一次，相关信息应在信息可获取后以最短的时间披露。为了具有可比性和连续性，巴塞尔委员会要求将历史信息也一并披露。

薪酬披露的具体要求主要包括定性信息和定量信息两个部分。其中，定性信息包括：薪酬发放对象、薪酬制定过程的设计和结构、薪酬制定中可能面临的风险、银行将薪酬水平和短期内表现挂钩的方式、银行根据长期表现对薪酬进行调整的方式、其他形式的可变薪酬以及采用这些形式的合理性等。定量信息包括：该财务年度内薪酬发放对象召开会议的次数和发放的金额、获得可变薪酬的员工数量、获得各类奖金的员工数量和总额、各类别递延薪酬的数量及总和、薪酬的结构和各类薪酬的数量等。

本章介绍了由最低资本要求、监督检查和信息披露三大支柱构成的资本监管框架。三大支柱由巴塞尔 II 提出，被沿用至巴塞尔 III 中。第一支柱明确了对商业银行量化的最低资本要求；第二支柱则要求银行建立内部资本充足评估程序，进一步拓展了第一支柱对风险计量和资本的要求，提高风险覆盖面，同时通过建立监督检查程序，确保银行持有充足的资本，能够有效覆盖银行面临的主要风险；第三支柱强化了信息披露要求，通过提高透明度加强对银行的市场约束。三大支柱相互补充、相互作用和相互强化，从不同维度推进监管目标的实现。巴塞尔 III 在三大支柱的框架下进一步明确了银行风险计量的各项要求，并通过资本监管和流动性监管的相互补充，宏观审慎监管和微观审慎监管的相互配合，提高了银行监管的有效性。

第五章 资本监管（二）：风险计量

风险计量是资本监管的基础，只有准确计量风险才能确定合理的资本要求。风险计量主要涉及两个方面：一是确定银行在各种业务中所面临的各类别风险敞口，即风险资产的金额；二是估计各风险敞口的风险程度，即风险权重。将所有风险敞口的金额以对应的风险权重加权汇总，即可得到银行面临的总的风险敞口，即风险加权资产。在风险计量基础上，按照一定比例计提的资本，即为监管资本要求。

为了保证银行之间风险计量及资本要求的可比性，巴塞尔资本监管框架规定了风险计量的统一方法，对各种风险敞口适用的风险权重和需要计提的监管资本比例做出了统一规定。同时，考虑到各国银行业的特殊性及银行之间的差异性，巴塞尔资本监管框架也保留了部分各国监管当局可以自由裁量的规定，以及达到一定条件的银行可以采用自身开发模型计量风险的规定。目前，巴塞尔资本监管框架第一支柱下规定银行需要计量信用风险、市场风险和操作风险，并计提相应的监管资本。

巴塞尔资本监管框架在信用风险、市场风险和操作风险计量方面，提供了多种可选方法，这些方法大体可分为两类：标准法和内部评级法（或内部模型法，以下简称内评法或内模法）。标准法中，风险敞口的划分和其适用的风险权重，由监管当局根据巴塞尔资本监管框架规定，银行只需按照规定计算风险敞口并适用风险权重，即可得到需要计提的监管资本。标准法具有逻辑简单、实施成本低的优点；但其对风险敞口的划分只能是粗线条的，比如将信用风险敞口按照债权主体划分为

```
                              ┌─ 对主权及中央银行的债权
                              ├─ 对银行的债权 ─┬─ 方案1：按照国家评级
                              │                └─ 方案2：按照银行评级
                              ├─ 对非中央政府的公共部门实体的债权
                              ├─ 对多边开发银行的债权
                              ├─ 对证券公司的债权
                      风险    ├─ 对公司的债权
                      敞口 ───┼─ 对监管零售资产的债权
                      划分    ├─ 以居民房产抵押的债权
                              ├─ 逾期贷款
                              ├─ 以商业房地产抵押的债权
                              ├─ 高风险债权
                              ├─ 其他资产
                              └─ 表外项目
            标准
            法
                              ┌─ 抵质押 ─┬─ 简单方法
                      风险    │          └─ 综合法
                      缓释 ───┼─ 净额结算
                              ├─ 保证
                              └─ 信用衍生产品

            内部              ┌─ 公司、主权和银行敞口 ─┬─ 初级IRB法
            评级              │                        └─ 高级IRB法
            法                ├─ 零售敞口
                      风险    ├─ 股权敞口 ─┬─ 市场法
                      敞口 ───┤            └─ 违约概率/违约损失率法
                      划分    └─ 应收账款敞口 ─┬─ 零售应收账款
                                               └─ 公司应收账款

            资产证券化 ─┬─ 标准法
                        └─ 内部评级法

信用
风险                                                ┌─ 现期风险暴露法
                              ┌─ 违约风险资本要求 ───┼─ 标准法
            交易对手信用风险 ─┤                      └─ 内部模型法
                              └─ 信用估值调整资本要求 ─┬─ 标准法
                                                       └─ 高级方法
```

最低
资本
要求

```
市场    ┌─ 标准法
风险    └─ 内部模型法

操作    ┌─ 基本指标法
风险 ───┼─ 标准法
        └─ 高级计量法
```

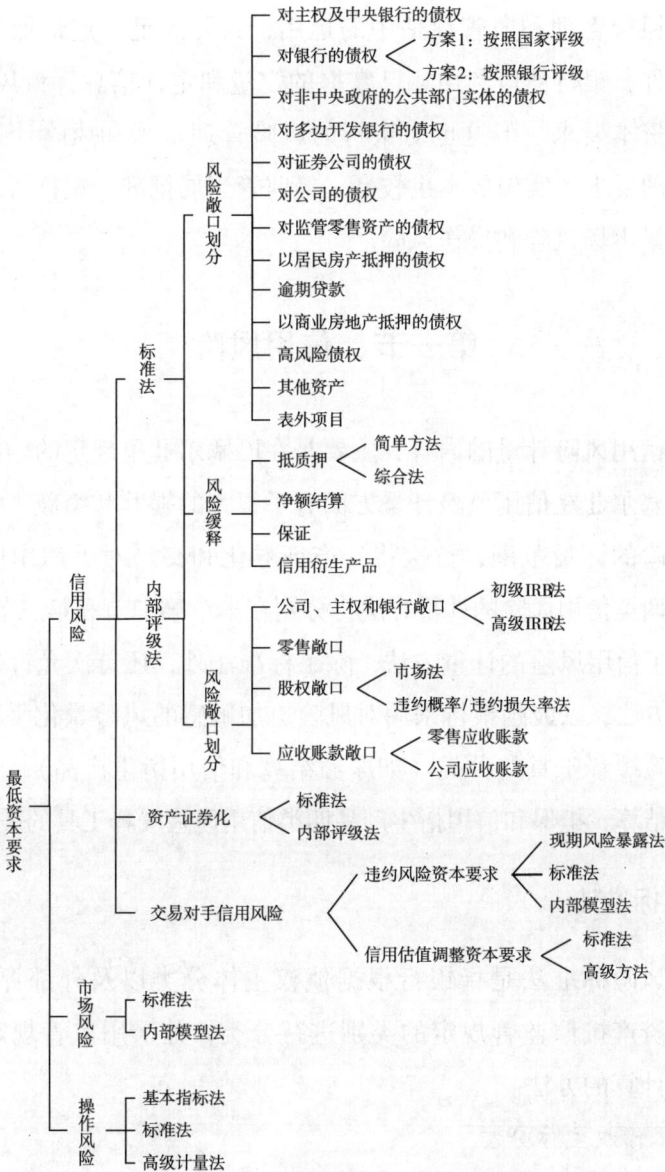

图 5.1 巴塞尔资本监管风险计量框架

主权、银行同业、公司等类别，因而可能存在由于风险敞口划分和风险权重设定不够科学导致的风险敏感度不高等问题。信用风险内评法充

分体现了巴塞尔Ⅱ改进资本计量风险敏感性的要求，鼓励新的风险管理技术在银行管理和监管评估中的运用，只要满足一定最低条件和信息披露条件，银行便可利用自己掌握的定量和定性信息计量风险敞口，进而计算资本要求。但这也对银行的风险管理水平和风险计量技术提出了较高的要求，实施成本也较高。经监管当局批准，银行可以自行开发模型计量市场风险和操作风险。

第一节　信用风险

关于信用风险计量的内容，主要是在巴塞尔Ⅱ里规定的。相比巴塞尔Ⅰ，巴塞尔Ⅱ在信用风险计量方面有了很大的提升和突破，一是扩大了信用风险的计量范围，首次将资产证券化和交易对手信用风险纳入计量。这两类信用风险的计量方法将分别在本章第二节和第三节中介绍。二是增加了信用风险的计量方法，除了标准法外，还首次允许银行使用内部评级方法，以鼓励银行采用对风险更加敏感的风险量化手段。三是增加了风险缓释工具的种类（如净额结算和信用衍生产品），明确了抵押、净额结算、担保和信用衍生产品四类信用风险缓释工具的缓释作用。

一、标准法

信用风险标准法是指银行根据债权主体分类以及外部评级结果，将表内外资产按照监管规定的类别进行分类，并采用监管规定的风险权重加权计算的方法。

（一）债权主体分类

标准法根据借款人的不同性质将银行的债权划分为主权、非中央政府公共部门、多边开发银行、银行、证券公司、公司、监管零售资产、居民房产抵押、商业房地产抵押、逾期贷款以及高风险的债权等类别。

对主权及其中央银行的债权：对主权国家及其中央银行的债权适用的风险权重，根据其外部信用评级的不同，最低为零，最高为150%（详见表5.1）。

表5.1　　　　　　　　对主权国家及其中央银行债权的风险权重

信用评级	AAA 级至 AA－级	A＋级至 A－级	BBB＋级 至 BBB－级	BB＋级至 B－级	B－级以下	未评级
风险权重	0	20%	50%	100%	150%	100%

同时，巴塞尔委员会规定，对于银行持有的所在注册国或者中央银行以本币计价并且以本币作为资金来源的债权，各国可以自行确定对其给予较低的风险权重。这是因为如果债权的币种和负债的币种相一致，一国政府和中央银行可以通过增加货币发行量的方式来偿还，一般不会出现信用风险。但如果是用外币计价的债权，因为资金来源和资金使用的币种不同，一国政府和中央银行可能面临无力偿还的风险。此外，对国际清算银行、国际货币基金组织以及欧洲中央银行等超主权机构的债权可以给予零的风险权重。

对银行的债权：对银行的债权规定了两个方案，各国可对银行任选其中一个方案（详见表5.2）。

表5.2　　　　　　　　　　对银行债权的风险权重

方案一：

银行所在注册国 主权评级	AAA 级 至 AA－级	A＋级 至 A－级	BBB＋级 至 BBB－级	BB＋级 至 B－级	B－级以下	未评级
银行债权风险权重	20%	50%	100%	100%	150%	100%

方案二：

银行评级	AAA 级至 AA－级	A＋级 至 A－级	BBB＋级 至 BBB－级	BB＋级 至 B－级	B－级以下	未评级
银行债权风险权重	20%	50%	50%	100%	150%	50%
银行短期债权风险权重	20%	20%	20%	50%	150%	20%

方案一是以银行所在注册国的主权评级为基础确定风险权重。对在评级为 AAA 级至 BBB－级国家注册的银行债权的风险权重，比同级别主权国家及其中央银行债权的风险权重均相差一个档次；对在评级为 BB＋级至 B－级国家注册的银行债权实质上相当于在未评级国家注册的银行债权，风险权重均为100%。方案二是以银行自身的外部评级为基础确定风险权重，对未评级银行债权的风险权重为50%；同时，对于原始期限在 3 个月以下的银行短期债权给予优惠权重，但不可低于20%。

对非中央政府的公共部门实体的债权：对国内公共部门实体债权的风险权重由各国自行确定，可从对银行债权风险权重的两个方案中选择一个；选择第二个方案时，不可对短期债权给予优惠权重。

对多边开发银行的债权：采用对银行债权的第二个方案，即根据多边开发银行的外部评级结果来确定风险权重，但对短期债权不可给予优惠权重。但是对信用评级较高且满足巴塞尔委员会规定的资格标准的多边开发银行可以给予零的风险权重。巴塞尔委员会对于符合标准的多边开发银行采取逐个认定的程序，目前适用零风险权重的多边开发银行包括世界银行集团、亚洲开发银行、非洲开发银行、泛美开发银行、伊斯兰开发银行等。

对证券公司的债权：如果证券公司及其子公司被纳入并表资本监管的范畴内，那么对证券公司的债权可以按照对银行债权来处理，否则，按照对公司的债权处理。

对公司的债权①：如表 5.3 所示，对公司债权的风险权重按外部评级的结果来计算。

表5.3　　　　　　　　　　　对公司债权的风险权重

信用评级	AAA 级 至 AA－级	A＋级 至 A－级	BBB＋级 至 BBB－级	BB＋级 至 B－级	B－级以下	未评级
风险权重	20%	50%	100%	100%	150%	100%

---

① 这里的公司包括保险公司。

各国也可以自行规定，允许银行对公司债权不根据外部评级适用风险权重，而是统一将风险权重设定为100%。需要注意的是，监管当局必须确保银行能够自始至终地采用同一方法确定风险权重，要么完全采用外部评级，要么完全不采用，不能选择性地使用对银行自己有利的评级结果而在不同方法中游走。银行在将对公司债权全部采用100%风险权重时需要得到监管当局的批准。

专栏　合格的外部评级机构

对各债权主体根据外部评级设定风险权重时，应采用合格外部评级机构的评级结果。巴塞尔资本框架规定，合格的外部评级机构必须全面满足以下六条标准。

客观性：信用评级的方法必须是严格的、系统的，并且可根据历史数据进行某种形式的检验；此外，必须定期审查评级，并根据财务状况变化予以更新。外部评级机构应当建立适用不同市场主体特征的评级方法，包括严格的返回检验，评级方法的使用时间至少1年，最好是3年以上。

独立性：外部评级机构应该是独立的，不会因为政治或经济上的压力而改变评级。即使评级机构的董事会构成或股东结构中出现利益冲突，评级过程也应尽可能不受影响。

国际通用性和透明度：凡是有合理要求的国内和国外机构，都应当按同等的条件得到评级。此外，外部评级机构所采用的基本评级方法应该对外公开。

披露：外部评级机构应披露以下信息：评级方法，包括违约的定义、评级的时间跨度及各级别的实际违约概率；评级迁移的可能性。

资源：外部评级机构应有足够的资源，确保提供高质量的评级结果。这些资源包括：外部评级机构与被评级机构的高级管理层和操作层面人员保持实质性的经常联系，以便提高评级结果的价值。评级方法还应该将定性分析和定量分析相结合。

可信度：外部评级机构的评级结果应当被市场参与者广泛认可和使用；外部评级机构不要求具备对多个国家的公司进行评级的能力；外部评级机构应当建立防止机密信息被不当使用的内部程序。

对监管零售资产的债权：如果债权满足以下4条标准，可视为零售资产并归为监管零售资产，分别是对象标准（零售资产风险敞口必须是对一人、几人或一家小企业的）、产品标准（零售资产风险敞口采取循环信贷和信贷额度、个人定期贷款和租赁以及小企业授信便利和承诺）、分散化标准（监管当局可设定对单一客户的总风险敞口不可超过总零售资产总额的0.2%）以及额度标准（单个风险敞口金额最大不超过100万欧元）。除逾期贷款外，零售资产的风险敞口给予75%的风险权重。

以居民房产抵押的债权：对完全由借款人占有或将要占有或出租的住房抵押的贷款，给予35%的优惠风险权重。但是监管当局应确保该项优惠风险权重严格限定适用于住房抵押贷款。

以商业房地产抵押的债权：许多国家的经验表明，商业房地产贷款一直是造成银行业不良资产的重要原因，因此，原则上给予商业房地产抵押贷款100%的风险权重。但对于满足审慎贷款条件、损失额较低的商业房地产抵押贷款可以给予50%的优惠权重。

逾期贷款：逾期90天以上的贷款未担保部分，在扣减专项准备金后，风险权重见表5.4：

表5.4　　　　　　　　　　　　对逾期贷款的风险权重

逾期分类	专项准备计提金额	风险权重
逾期超过90天的合格的住房抵押贷款	＜贷款余额的20%	100%
	≥贷款余额的20%	50%

续表

逾期分类	专项准备计提金额	风险权重
普通逾期	＜贷款余额的20%	150%
	≥贷款余额的20%	100%
	≥贷款余额的50%	100%或50%（自由裁量）

注：①若本国（地区）监管当局允许，可采用50%。

②对于非合格抵质押品全额担保的逾期贷款，若专项储备计提金额占贷款余额比例大于15%，则可采用100%的风险权重。

高风险的债权：评级在 BB＋级至 BB－级之间的证券化头寸，风险权重为350%。部分评级过低的债权和专项准备计提严重不足的逾期贷款应适用150%的权重。各国监管当局可以决定，对于风险投资和对非上市公司的股权投资，应采用150%或更高的风险权重，以反映较高风险。

其他资产：除资产证券化以外的其他以上没有提及的资产，风险权重均为100%。正处于清收过程中的现金项目，风险权重为20%。

表外项目：风险权重是对风险敞口有关的信用风险做出的估算，它们不能直接用于表外项目，因为这些表外风险敞口所面临风险的金额不一定等于银行账户中所列示的名义金额。因此，在赋予表外项目风险权重之前，需要使用信用转换系数（credit conversion factor，CCF）将它们转换为等值的表内资产。巴塞尔Ⅱ标准法下规定的信用转换系数包括0、20%、50%和100%四档，信用转换系数代表了表外项目转换为表内敞口的可能性（详见表5.5）。

表5.5　　　　　各类表外项目适用的信用转换系数

信用转换系数	表外项目	常见产品
100%	直接信用替代、信用风险仍在银行的资产销售	银行承兑汇票、融资性保函、资产回购协议、有追索权的资产销售等
50%	原始期限超过一年的承诺以及与交易相关的或有项目	非融资性保函、票据发行便利和循环认购便利
20%	原始期限不超过一年以及与货物贸易相关的短期自偿性信用证	以相应的货运单为抵押的跟单信用证
0	可随时无条件撤销的承诺①	信用卡的未使用额度

注：①可随时无条件撤销的承诺是指银行在任何时候无须事先通知，就可无条件取消承诺，或者由于借款人的信用状况恶化，承诺可有效地自动取消。

（二）从巴塞尔Ⅰ到巴塞尔Ⅱ风险权重的变化

巴塞尔Ⅱ信用风险标准法在 1988 年出台的巴塞尔Ⅰ的基础上做了重大改进，体现了巴塞尔委员会提高风险计量方法风险敏感性的指导思想。巴塞尔Ⅱ标准法与巴塞尔Ⅰ标准法的不同主要体现在以下几个方面。

一是引入外部评级作为风险权重的基准。巴塞尔Ⅰ框架下按照借债人是否 OECD 国家的简单"一刀切"做法，在全球金融一体化程度加深背景下，受到了很多诟病。按外部评级的结果来判断风险权重，不仅仅是技术上的进步，能够更好地区分不同资质的企业等级，同时体现了更多的公平性和合理性。巴塞尔Ⅰ风险评估技术过于简单，监管资本要求与商业银行风险状况以及风险管理能力脱节，一定程度上扭曲了商业银行的激励机制，导致商业银行过度承担风险。比如，巴塞尔Ⅰ对所有企业适用 100% 的风险权重，在一定程度上助长了银行的道德风险，形成了逆向激励。

二是增加了 150% 的高风险权重，进一步提高银行资产的风险敏感度，体现资产的多样化。巴塞尔Ⅱ首次增加了高风险 150% 的风险权重，这一权重主要适用于评级在 B－级以下的主权、公共部门实体、银行和证券公司、评级在 BB－级以下的企业债权以及专项准备计提比例不足贷款余额 20% 的逾期贷款等。

三是降低了零售资产的风险权重，从 100% 下降至 75%。巴塞尔Ⅱ设定了零售资产的定义，在满足对象、产品、分散化以及额度标准条件后，可以将这些满足条件的资产适用 75% 的风险权重。这相比巴塞尔Ⅰ对私人部门债权 100% 风险权重的做法有了很大的改进，一方面反映了零售资产可以更好地分散风险的实践经验；另一方面也反映了部分国家更有力地支持中小企业发展的意图。

四是降低了居民房产抵押贷款的风险权重，从 50% 下降至 35%。这主要反映了危机前居民房产抵押贷款低违约、低损失的风险特征，同时在一定程度上也反映了部分国家支持房地产业发展的政策倾向。

五是缩短了银行债权优惠权重的时间期限，从以剩余期限一年为分界线缩短至以原始期限 3 个月为分界线。巴塞尔 I 规定对 OECD 以外国家注册银行剩余期限在 1 年期内的债权适用 20% 的风险权重，而剩余期限在 1 年期以上的债权适用 100% 的风险权重。但在巴塞尔 II 框架下，只有对短期的银行同业债权才能给予优惠权重（底线是 20%），这里的短期是指原始期限在 3 个月以下的债权，并且监管当局应确保，这 3 个月的期限不含展期的债权。巴塞尔 I 对一年以内的债权给予较低的风险权重客观上起到了激励银行发放短期贷款的作用，有研究表明，1998 年东南亚金融危机的发生与这些国家短期外债大量增加不无关系，为此，巴塞尔 II 对此进行了修订。

六是区分不同类型的多边开发银行，最低适用零的风险权重。在巴塞尔 II 中，对经巴塞尔委员会审定的符合资格标准的多边开发银行适用零的风险标准，而不再按照巴塞尔 I 对所有多边开发银行采用 20% 风险权重的做法，既体现了风险敏感性，也更为公平合理。

七是增加了逾期贷款的类别，并将逾期贷款的风险权重与准备金的提取比例挂钩，有利于提高银行计提拨备的积极性。例如，巴塞尔 II 规定当对逾期 90 天以上的贷款计提的专项准备金等于或大于逾期贷款余额的 50% 时，监管当局可自行规定风险权重降至 50%。

八是对原始期限在一年以内的承诺的信用转换系数由零提高至 20%。巴塞尔 I 规定原始期限在 1 年及以内的承诺或可随时无条件取消的承诺的信用转换系数为零，但在巴塞尔 II 下，上调原始期限在 1 年及以内的承诺的信用转换系数至 20%，对于可随时无条件取消的承诺则维持零的信用转换系数。

案例：同一债权在巴塞尔Ⅰ与巴塞尔Ⅱ下的计算结果比较

假设华尔街银行正在选择对两家公司中的一家发放100万元贷款，甲公司是一家总部位于底特律的制造企业（外部评级是AAA），乙公司是一家位于纽约的房地产企业（未评级）。

如果按照巴塞尔Ⅰ框架计算，甲和乙两家公司适用的风险权重都是100%，那么对甲和乙两家公司的风险加权资产＝100万元×100%风险权重＝100万元，对甲和乙公司的风险加权资产是相同的，因此两笔贷款的监管资本要求也相同。

如果按照巴塞尔Ⅱ框架计算，甲公司的外部评级是AAA，对甲公司的风险权重是20%；而乙公司没有外部评级，适用100%的风险权重。因此，这笔贷款如果放给甲公司，其风险加权资产＝100万元×20%风险权重＝20万元，而如果放给乙公司，其风险加权资产＝100万元×100%风险权重＝100万元，风险加权资产相差5倍，因此对监管资本的要求也相差5倍。如果单从节约资本的角度考虑，华尔街银行很有可能选择对甲公司发放贷款。

二、内部评级法

金融监管与金融机构创新一直是沿着创新—监管—再创新—再监管的螺旋式发展的路径演变着。1988年巴塞尔Ⅰ的风险计量框架存在诸多缺陷。首先，监管资本不一定代表了银行应对非预期损失的真实能力。比如，银行贷款损失准备中存在的缺口可能会掩盖银行净经济价值的下降。其次，风险加权资产不能代表对实际风险的准确估计。巴塞尔Ⅰ忽视了不同金融工具信用风险的重要差别，如运用对冲、组合管理等多样化的风险管理手段等。更重要的是巴塞尔Ⅰ忽视了银行风险管理质量之间的区别（戴维·琼斯，1998）。在20世纪90年代，实际经济

风险的多样化和巴塞尔 I 风险计量的"一刀切"方法之间的差异造成
监管套利盛行。再加上很多大银行已经建立了量化信用风险的高级复
杂方法，这些复杂方法被广泛应用于风险定价、风险调整后的经济效益
评估以及风险集中度限额等风险管理活动中。1996 年巴塞尔委员会发
布了《关于市场风险资本的补充规定》，允许商业银行使用内部模型法
计提市场风险资本，为信用风险模型计提监管资本奠定了实践基础。巴
塞尔 II 引入了信用风险内部评级法（*internal ratings – based approach*，
IRB 法）。该方法允许银行使用自己的数据评级结果估计信用风险关键
要素，对交易对手或金融业务的信用风险进行精确计量和等级划分，并
以此确定和配置监管资本。

　　为了更好地理解内部评级法与监管资本之间的关系，必须介绍内
部评级法中几个损失分布的概念。信用风险不服从正态分布，其损失分
布是偏态的，有一条"厚尾"。这表示，相对于市场风险而言，信用风

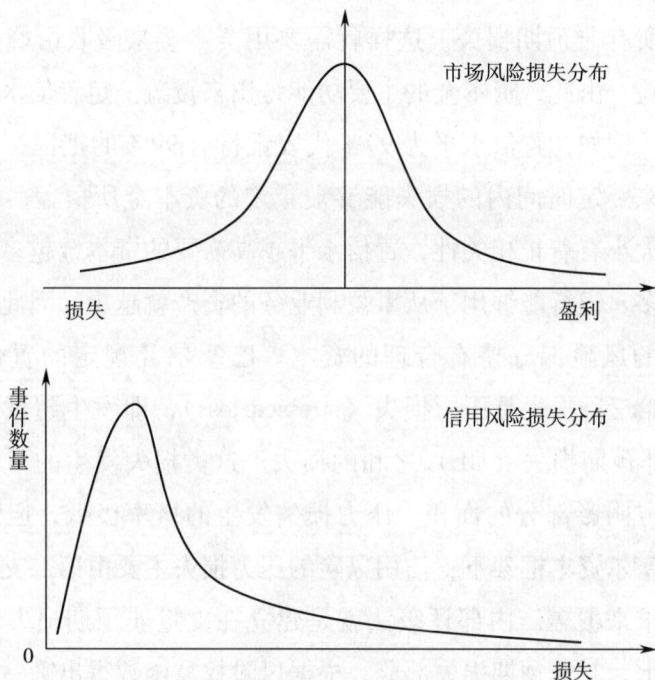

图 5.2　市场风险和信用风险的损失分布

险的各个风险敞口之间的联系更加不稳定（即风险敞口之间的相关性较低）。信用风险敞口可以通过多样化的方式来减少，但对冲往往不能同时消除所有的信用风险，因此信用风险导致的损失通常更难估算。

损失的三种类型。银行作为经营风险的机构，其风险和收益是并存的，总会出现一些借款人发生偿付问题。随着时间的积累，根据此类事件发生的次数以及由此而造成的损失程度，我们可以得出一个关于信用风险的损失分布，根据历史数据和经验判断，银行可以合理地预期其信贷损失的平均水平。这类损失被称为预期损失（expected loss，EL）。商业银行将预期损失视为其业务开展的成本要素之一，并作为计提减值准备金的依据。超出预期水平的损失通常被称为非预期损失（unexpected loss，UL），即银行清楚它们会不时地发生，但不能提前知道其发生时间或严重程度。对信用风险敞口所要求的利率（其中包括风险价差）可能会覆盖部分非预期损失，但市场不会支持一个足够高的价格来覆盖所有非预期损失。这样就需要用资本金来吸收由峰值损失所造成的风险。由此，资本金的主要功能是用来覆盖一定置信水平下的非预期损失。例如，置信水平为99%代表银行有99%的把握，目前资产组合在未来一定时间内的损失能够被一定的资本金所覆盖。置信水平和资本金大小有着正相关性，置信水平越高需要的资本金越多；但持有的资本越多，银行能够用于从事盈利业务的资产就越少，因此银行需要根据自己的风险偏好持有合理的资本。巴塞尔Ⅱ规定的置信区间是99.9%。第三种损失是压力损失（stressed loss），即发生超过预期损失（EL）与非预期损失（UL）之和的损失，这类损失发生的可能性等于曲线右下方阴影部分的面积。压力损失发生的概率极低，但影响非常大。在巴塞尔资本框架下，信用风险的压力损失主要由第二支柱对监管资本的要求来覆盖。内部评级法就是建立在度量非预期损失和预期损失的基础上，对非预期损失部分，根据风险权重函数得出第一支柱下的监管资本要求。

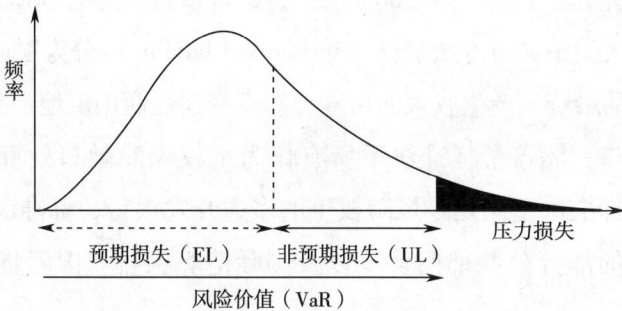

图 5.3　损失的三种类型

内部评级法与监管资本的挂钩是通过风险权重函数实现的。商业银行的管理者关心的问题是银行的资产质量水平，在哪些行业、客户、地区、产品可能发生损失，这些损失是否计提了足额的拨备，如果存在缺口，对盈利和资本的影响等。这些问题实际上可以用风险构成要素来描述，包括违约概率（PD）、违约损失率（LGD）、违约风险敞口（EAD）以及有效期限（M）。风险权重函数就是按照模型的假设通过一定的数学公式将这些风险构成要素组合起来，计算对各类风险敞口的资本要求，最终将所有敞口对应的资本要求加总得到总的资本要求。

（一）风险敞口分类

与标准法一样，内部评级法的使用也是建立在对表内外风险敞口的界定基础上，使用不同的风险权重函数对不同资产计算资本要求，最后加总得出总的监管资本要求。按照内部评级法的要求，银行必须将银行账户划分为具有不同潜在风险特征的五大资产类别，分别是公司、主权、银行、零售和股权[①]。

公司敞口：通常指对公司、合伙人企业以及独资企业的债权。对中小企业的贷款原则上也是公司风险敞口的一部分，但是如果满足特定的条件（贷款按照零售贷款敞口进行管理，银行集团对某家中小企业

---

① 在公司和零售敞口中，对于满足条件的应收账款可做特殊处理。

借款人的整体风险敞口小于100万欧元），可以按照零售风险敞口处理。在公司敞口大类中又将专业贷款（specialised lending）分为项目融资、物品融资、商品融资、产生收入的房地产和高变动性商用房地产五个子类。

主权敞口：涵盖了标准法下所有作为主权风险敞口处理的国家和中央银行，标准法下满足零风险权重的多边开发银行，标准法下确定作为主权处理的部分公共部门实体以及国际清算银行，国际货币基金组织等。

银行敞口：对银行和证券公司的债权，也包括对国内公共部门实体的债权以及在标准法下不满足零风险权重的多边开发银行。

零售敞口：如果满足借款人是个人或单笔贷款金额比较小，并且银行对贷款作为贷款池的一部分进行管理，那么就可以作为零售风险敞口处理。同时，如果银行在并表口径上对一个企业借款人的贷款总额不足100万欧元，并且作为零售贷款来管理，那么这样的小企业贷款可以视同为零售风险敞口。对零售大类细分为居民住房抵押贷款、合格的循环零售贷款以及其他零售贷款三个子类。

股权敞口：如果一项金融工具满足以下三个条件，即被认为是股权敞口：一是它是不可赎回的，即投资资金的回收只能通过出售投资、出售投资权益或发行人被清算时才能实现；二是它不体现为发行人的债务；三是它代表的是对发行人资产或收入的剩余索取权。

（二）内部评级法的分类：初级法和高级法

针对公司、主权和银行敞口，内部评级法又区分为初级 IRB 法（foundation IRB approach）和高级 IRB 法（advanced IRB approach）。这两种方法采用的风险权重函数相同。初级 IRB 法下银行只估计违约概率，其他的风险要素采用监管当局的估计值，而高级 IRB 法需要银行在满足最低标准的前提下自己估计所有的风险参数，包括违约概率、违约损失率、违约风险敞口和有效期限。初级 IRB 法和高级 IRB 法除了风险构成要素的评估程度不同以外，还有其他的差异，例如评级维度、风险缓释方法以及观察期等方面的监管要求，高级 IRB 法的要求更为严格，但赋予银行更大的模型计量自由度。

（三）风险构成要素

违约概率（probability of default，PD）：违约概率是指借款人未来一定时期内不能按合同要求偿还贷款本息或履行相关义务的可能性。巴塞尔 II 中认定的违约是当下列一项或多项事件发生时，相关的债务人即被视作违约：一是银行认定，除非采取变现抵质押品等措施，债务人可能无法全额偿还对银行的债务。二是债务人对银行的实质性信贷债务逾期 90 天以上。若债务人违反了规定的透支限额或者重新核定的透支限额小于目前的余额，各项透支将视为逾期。

对各资产类别而言，违约概率均是借款人内部评级一年期违约概率，只是巴塞尔委员会对公司、银行和零售敞口设定了最低违约概率（0.03%），以减少模型风险并保证风险计量的审慎性。对于主权敞口，违约概率可以为零。

专栏　关于违约概率的几个特点

违约概率与不良贷款率的比较

贷款五级分类是对债务人和债项两个因素综合考虑的结果，而巴塞尔 II 给出的违约定义特别针对债务人或账户而言，要求对公司债务人按客户层面确定违约，对零售债务人按账户层面确定违约。如果一个公司债务人的一笔授信违约，所有的其他授信都被认为是违约。但如果一个客户的信用卡违约，不用将该客户的按揭贷款按违约处理。违约的债权对应的五级分类结果不一定是不良贷款，因为五级分类可以考虑抵押物的价值，如果一个违约债权的抵押物比较充分，这笔贷款可能被银行列为关注类贷款。因此，在逻辑关系上，违约的贷款不一定属于不良贷款，不一定计提减值准备。

长期平均违约概率的加权方式

按照巴塞尔Ⅱ规定，用于计算监管资本的违约概率应该是长期平均违约率，这个长期是指5年以上的观察期。计算长期平均PD，用违约加权和时间加权方式结果迥异。巴塞尔Ⅱ用的是违约加权平均PD，这是为了平抑业务在不同时间段尤其是不同经济发展阶段的不均衡，例如，在经济衰退期，即使客户群和风险管理水平没有发生大的变化，PD也会明显上升。按照违约加权计算长期平均PD，充分考虑了经济衰退的影响。

违约损失率（loss given default，LGD）：是指借款人或者交易对手违约后债项的损失程度，即在违约时发生损失的部分在整个风险敞口中所占的百分比。违约损失率需要考虑抵押品的情况。一笔风险敞口的违约损失率代表由于借款人违约引起的经济损失。

初级IRB法的银行不用自己估计违约损失率，而使用监管给定的LGD，对非认可的担保物所担保的公司、主权和银行的优先级债权，违约损失率是45%，次级债权的违约损失率是75%。巴塞尔Ⅱ强调，高级IRB法银行需要自己估计违约损失率，违约损失率必须反映经济衰退状况，如有必要还应使用衰退期违约损失率。违约损失率不能小于按违约加权后的长期平均损失率，而这一平均损失率是根据同类贷款数据源中所有观测到的所有违约贷款得出的平均经济损失计算出来的。

违约风险敞口（exposure at default，EAD）：是指借款人在违约时的预期风险敞口规模。包括实际已提取的表内头寸和银行对表外已承诺但借款人未取金额的估算。对借款人未来提取金额的可能性使用信用转换系数（CCF）来表示，因此估算违约风险敞口的核心就是对CCF的测算。

初级IRB的银行表外项目适用的信用转换系数基本与标准法相同，除了承诺、票据发行便利以及循环认购工具的信用转换系数调整为

75%以外。采用高级IRB法的银行必须建立估算表外项目违约风险敞口的程序，必须测定每笔表外项目采用的违约风险敞口估计值。对于本轮经济周期内违约风险敞口估计值呈不稳定的贷款，如果经济低迷时期的违约风险敞口比长期的平均数更保守，银行必须使用经济低迷时期的违约风险敞口。

有效期限（maturity，M）：在其他所有因素不变的情况下，贷款剩余期限越长，借款人信用质量就越有可能恶化，借款人也越有可能在到期日前违约。零售敞口不用考虑有效期限，只有公司、银行和主权敞口需要评估有效期限。

采用初级IRB法的银行，除回购类型交易有效期限是6个月外，公司敞口的有效期限是2.5年。采用高级IRB法的银行按照不同方法来计算剩余有效期限。M的下限是1年，上限是5年。此外，各国监管当局可以自行决定，某些短期贷款可以不受1年期底线的限制，这些短期贷款包括回购交易、短期自我清偿的贸易等。

（四）风险权重函数

风险权重函数的实质就是通过一个特定信用风险模型，将在一定置信度下的非预期损失转换为监管资本要求的过程。一个特定敞口的信用风险及资本要求取决于诸如违约概率（PD）、相关性（R）、违约损失率（LGD）、违约风险敞口（EAD）、有效期限（M）等风险要素。对于不同的资产类别，风险权重函数是不同的。比如，公司、主权和银行敞口的风险权重函数如下：

$$K = \frac{\left[LGD \times N\left(\frac{G(PD)}{\sqrt{1-R}} + \sqrt{\frac{R}{1-R}} \times G(0.999) \right) - PD \times LGD \right] \times \left(1 + (M - 2.5) \times b \right)}{1 - 1.5 \times b}$$

$$(5-1)$$

公式（5-1）显示，资本要求K实际上是由参数PD、LGD、EAD、M、R以及b确定的。其中，前四个参数就是刚刚提过的风险构成要素；R是资产相关性；b是期限调整因子，反映了风险对于期限长度的敏感性，公司、主权、银行敞口的期限调整因子 $b =$ [0.11852 − 0.05478 × ln（*PD*）]^2。期限对风险权重的影响取决于违约概率 *PD* 的大小，并且与违约概率呈反方向变化，对同一违约概率，期限越长，期限调整的权重也越大。

（五）对银行内部模型的要求

银行用内部模型估计违约概率等风险因素，进而计算资本要求，必须满足一定的条件和要求，包括总体要求和各项具体要求。其中，总体要求规定模型必须输入数量适中的解释变量且有良好的预测能力，不会有明显的偏差，应有能力评估模型局限性，持续改进模型表现；具体要求包括治理要求、数据要求、模型验证要求、程序要求、压力测试要求、专家判断要求和日常应用要求。

专栏　内部评级法对数据的要求

银行为了从监管当局获得采用较高级风险量化方法的资格，就必须达到更高的技术和制度标准。这种制度安排迫使银行在追求具有资本激励的高级计量方法的过程中全面提高风险管理水平。作为监管批准银行使用内部评级法的条件之一，巴塞尔委员会规定，银行必须具备充足的、高质量的统计数据。

决定内部评级法对风险计量准确性的根本要素之一就是使用的数据，必须有充分、完整周期的统计数据才能确保风险计量的质量。历史数据涉及三个方面：数据数量、质量以及可获得性。银行历史数据的数量涉及两个问题：一是银行必须采集来自各方面的关于债务人和债项的有关数据；二是收集数据的周期必须足够长，能够涵盖完整的经济周期。为了获取有意义的损失分布，内部评级法的要求是，违约概率必须是某一评级等级内的债务人一年内实际违约率的长期平均值。这一数据的估算必须基于至少5年的观察期。巴塞尔Ⅱ要求对公司、主权和银行敞口估计违约损失率的数据观察期至少涵盖一个完整的经济周期，数据来源的观察期不应少于 7 年。测算零售敞口违约损失率的最短数据观察期为 5 年。

即使满足了数据时间的长度，数据的质量高低对内部评级法也至关重要。内部评级体系的一个重要前提条件是银行能够在某一评级类别内，准确并且一致的对风险进行区分。银行必须确保数据的一致性及同质性。银行的内部评级体系必须能够评定和区分不同债务人的风险敞口以及对同一债务人的具有不同特征的多笔风险敞口。这需要一套稳健、高效的历史数据采集、存储和使用流程。

三、风险缓释

信用风险缓释技术（credit risk mitigation techniques，CRMT）主要用于降低信用风险。有些风险缓释工具已经被使用很长时间，得到了充分发展（如担保）。随着金融市场的发展，新的缓释工具不断产生，如近年来发展迅速的信用衍生产品。商业银行之所以热衷于运用风险缓释技术，是因为该技术的运用不仅能够降低信用风险，还能够减少监管资本的占用。

巴塞尔委员会鼓励银行运用合格信用风险缓释工具，并按照风险缓释的程度获得资本减让。银行若能够合理评估缓释技术的作用，对其进行有效管理，那么允许其使用的合格缓释工具的种类和范围都可以相应有所扩大。在标准法和初级 IRB 法下，监管当局认可的信用风险缓释工具主要包括抵押（含质押，下同）、净额结算、保证和信用衍生产品。

（一）抵押

抵押，是指借款人向贷款人提供的一种特殊财产，以确保借贷的偿还。在借款人发生违约的情况下，贷款人可以使用抵押物来抵消借款人所应归还的本金和利息。合格抵押品必须满足以下要求：财产或权利符合相关法律要求；权属清晰；流动性强，能够合理估计市场价格；与借款人无相关性；托管方满足要求；收益可实施性；优先留置权；定期检查；具备相应信息系统等。

表5.6　　　　　　　　　巴塞尔协议中认可的合格抵押品

标准法	内部评级法
存款	存款
黄金	黄金
满足一定条件的债券、股票、可转换债券和共同基金	满足一定条件的债券、股票、可转换债券和共同基金
	应收账款
	商用房地产
	居住用房地产
	其他

在标准法下，巴塞尔委员会接受的抵押品范围较小，仅仅包括金融资产等少数抵押品。巴塞尔资本协议规定合格的抵押品包括：存款、黄金以及满足一定条件的债券、股票、可转换债券和共同基金。

在内部评级法下，合格抵押品的范围得到进一步扩大，除了标准法认可的合格金融抵押品外，还包括应收账款、商用房地产、居住用房地产及其他。

专栏　抵押品的计量方法

巴塞尔委员会对于使用合格抵押品来计算风险加权资产规定了两种不同方法，即简单法和综合法。对于银行账户，银行可以选择两种方法中的任意一种，但是不能同时选用两种方法；对于交易账户，银行只能选择综合法。对于使用标准法计量信用风险的银行，可以选择两种方法中的任意一种；而对于使用内部评级法计量信用风险的银行则只能选用综合法。

简单法是指使用抵押品的风险权重替代其所覆盖的风险敞口的风险权重，即在计算风险加权资产时，对于抵押品覆盖的风险敞口，采用抵押品所对应的风险权重，而对于抵押品未覆盖的风险敞口，则仍然采用原交易对手所对应的风险权重。在简单法下，巴塞尔Ⅱ对于抵押品的风险权重设置了底线，除了少数特例以外，所有抵押品的风险权重不得低于20%。根据简单法的要求，抵押品必须至少覆盖风险敞口的整个期限，必须盯市估值，且必须至少按6个月的频率进行评估。如果抵押品的剩余期限不足1年，或是存在期限错配（即抵押品的剩余期限小于风险敞口的期限）的情况，简单法则不承认该抵押品的风险缓释作用。

综合法则更加全面地考虑抵押品对风险敞口的风险缓释作用，在计算风险加权资产时，使用不同的折扣系数（haircut）对交易对手的风险敞口和抵押品的价值进行调整。如果风险敞口和抵押品的币种不同，还要考虑未来汇率的变动而调低抵押品的价值。该方法能够将市场的波动考虑进来，任何一方面价值的波动最终都可能影响风险敞口和抵押品的调整价值。如果考虑市场波动后，风险敞口的调整值仍大于抵押品的调整值，那么在计算风险加权资产的时候，银行将两者之差乘以交易对手对应的风险权重即为风险加权资产。

（二）净额结算

净额结算，是指银行使用交易对手的存款对该交易对手的借款进行扣减。

在标准法下，若满足以下条件：在有完善法律基础确保净扣协议履行的国家，无论交易对手是无力偿还还是破产，均可实施；在任何情况下，能确定统一交易对手在净扣协议下的资产和负债金额；对后续风险进行持续监测和控制；在净头寸的基础上监测和控制相关的风险敞口。那么，商业银行可将贷款和存款的净头寸作为计算风险加权资产的基础，即将资产（贷款）视为风险敞口，将负债（存款）视为抵押品，若存在币种错配的情况，则仍需进行调整。

在内部评级法下，合格净额结算包括从属于有效净额结算协议的表内净额结算、从属于净额结算主协议的回购交易净额结算、从属于有效净额结算协议的场外衍生产品净额结算。

（三）保证

保证，是指银行通过使用第三方的信用担保来降低信用风险，该保证必须是直接的、明确的、无条件和不可撤销的，并且在管理程序等方面必须满足监管当局规定的最低操作要求。

在标准法下，对于合格保证人的范围有着严格的限制，主要包括：主权（包括国际清算银行、国际货币基金组织、欧洲中央银行等）、公共部门、银行（包括多边开发银行）和风险权重比交易对手低的证券公司，评级为 A－级及以上的其他实体。对于保证人的风险权重确定，仅当保证人的风险权重低于交易对手风险权重的时候才能起到缓释作用，受保护部分的风险敞口取保证人的风险权重，未受保护部分风险敞口取对应交易对象的风险权重。

在 IRB 初级法下，保证的缓释作用体现在违约概率和违约损失率两方面。合格保证人范围和标准法的规定基本一致。按照初级法的规定，以保证进行信用风险缓释的，要使用监管当局规定的违约损失率。对于合格保证，风险敞口中受保护部分的违约概率可直接采用保证人的违约概率，但如果银行认为不能够采用完全替代法，则可采用保证人评级和债务人评级之间的某一个评级的违约概率。在 IRB 高级法下，银行可以通过调整违约概率或违约损失率的估计值来反映保证的风险缓释作用，对于违约概率和违约损失率的调整标准，银行必须能够明确地、详细地予以规定。

（四）信用衍生产品

信用衍生产品，是指银行通过购买信用衍生产品来降低信用风险。

巴塞尔Ⅱ首次将信用衍生产品纳入合格缓释工具范围，但是仅仅认可信用违约互换（credit default swaps，CDS）和总收益互换（total returns swaps）两种信用衍生产品，对于其他信用衍生产品不予承认。

在标准法下，对于合格信用保护提供者的资格认定标准及风险权重与合格保证人的要求一致，但如果该项衍生产品具有合格的外部评级，可适用外部评级所对应的风险权重。在内部评级法下，对信用衍生品覆盖的风险暴露部分采用保证提供方所适用的违约概率，并采用标准违约损失率。在高级内部评级法下，可以通过调整违约概率或违约损失率的估计值来反映信用衍生品的信用风险缓释作用。

第二节　资产证券化信用风险计量

资产证券化①（securitization）业务兴起于 20 世纪 70 年代，从 20 世纪 90 年代直到 21 世纪初，资产证券化业务规模持续快速增长。据统计，2006 年全球资产证券化发行总量达到近 5 万亿美元。为防范证券化业务快速发展带来的风险，监管者需要确保银行对持有的证券化风险敞口持有足够的资本。2004 年巴塞尔委员会发布的巴塞尔Ⅱ中，首次在三大支柱下对资产证券化提出监管要求，其中第一支柱的"资产证券化框架"明确了对证券化风险敞口的最低资本要求，第二支柱中阐述了对证券化活动进行监督检查的指导原则，第三支柱则要求银行对证券化活动进行充分的信息披露。

然而，肇始于 2007 年的国际金融危机中，资产证券化起到了重要的推波助澜作用，暴露出资产证券化业务模式存在的严重缺陷。2009 年，全球资产证券化发行数量大幅下跌到不到 1 万亿美元，减少了约 80%。巴塞尔委员会在危机发生后反思认为，巴塞尔Ⅱ对证券化产品的

---

①　为叙述简洁目的，本节中将无区别地使用"证券化"和"资产证券化"两个概念完全相同的提法，其英文原意均为"securitization"。

资本计量要求过低，并且未能充分覆盖证券化产品的各类风险，对系统性风险的考虑也不足。为完善证券化监管框架，2009 年发布的巴塞尔Ⅱ.5 增加了对银行参与再资产证券化（resecuritization）过程的监管要求，同时细化完善了原有资产证券化监管框架；2010 年发布的巴塞尔Ⅲ则对证券化框架下的监管资本的扣减处理进行了调整。由此，形成了现行的资产证券化资本监管框架。为进一步简化资本计量方法，增加风险敏感度，减少对外部评级的依赖，2012 年以来，巴塞尔委员会对现行资产证券化框架启动了修订程序，并于 2014 年 12 月发布了《证券化修订框架》，拟于 2018 年开始实施。

一、合格资产证券化的界定

在一个基本的资产证券化结构中，发起人（originator）按照资金需求和风险水平选择风险敞口建立金融资产池，并以此为基础，通过特殊目的机构（special purpose vehicle，SPV）向投资者发行债务证券，证券收益的支付源自资产池收益形成的现金流量。发行人以此获得流动性并实现风险转移；投资者则通过购买债务证券为发起人提供流动性、承担风险并获得投资收益。实践中，形成银行证券化资产池的风险敞口主要包括贷款（住宅抵押贷款和信用卡贷款等）、承诺、公司债券、股权类证券、非上市股权投资以及再资产证券化中的资产支持型证券和住房抵押贷款支持型证券等。

（一）资产证券化的类型

从各国实践来看，根据证券化风险转移的方式，银行参与的资产证券化过程大致归属于两种类型。

一种是传统型证券化（traditional securitization）。发起银行将资产池出售给特殊目的机构以转移信用风险。资产池一旦出售，在法律上即与发起行隔离，即使发起行被破产接管或进入清算程序，其中的资产也不能作为发起行的资产用来清偿债务；而在出售资产的同时，发起行也将资产中的信用风险转移给特殊目的机构并与之脱离。由于资产和风险均被出售给了其他实体，因此传统型证券化也被称为"真实销售"（true sale）证券化。

除发起行、特殊目的的机构和投资者外，传统型证券化中还有其他参与者共同促进证券化过程的顺利进行。这些参与者根据是否承担信用风险，又可以分为两大类：一类是不承担信用风险，而只提供融资服务的参与者，主要为服务商、受托人和合格外部评级机构（eligible external assessment institution，ECAI）。服务商负责资产证券化完成后投资者相关事宜的管理，主要是向债务人收取资产收益，并通过受托人支付给投资者，发行人有时会保留服务商角色以维持客户关系，但此时它们是代表特殊目的机构而不是自身来收取这些款项。同时，对于投资者来说，基础资产池的信用风险状况难以获知，为帮助投资者决策，需要合格外部评级机构对资产池的质量状况进行评估并给出相应信用评级①。

另一类参与者则由于参与证券化过程而承担一定风险，主要包括提供信用增级（credit enhancement）和提供流动性便利（liquidity support）的参与者，这两种角色大多由发起行担任，但也可能是第三方机构。信用增级者对资产池中的风险敞口承担一定损失责任，当资产池中基础资产信用质量恶化或违约造成损失时，信用增级者可采取特定的手段吸收损失。发起人经常扮演信用增级者的角色，以降低转移给投资者的信用风险，提升债务证券的信用评级，吸引投资者购买证券。另一方面，资产池中基础资产产生收益的时间点往往与需要向投资者支付收益的时间点不一致，流动性便利就是为克服这种时间错配而设计的，当资产池收益不能及时支付债务证券收益时，可动用流动性便利措施，

---

① 由于外部评级对于指导投资者形成投资决策具有重要作用，为防止滥用评级造成误导，资产证券化框架对外部信用评估过程和外部评级机构提出了一定的操作标准要求，只有符合这些要求的评级机构才能成为"合格外部评级机构"，银行才可以参照其给出的评级进行相应的监管资本计量。参见 "International Convergence of Capital Measurement and Capital Standards: A Revised Framework" 第 565 段。

保证投资者按时得到投资收益。

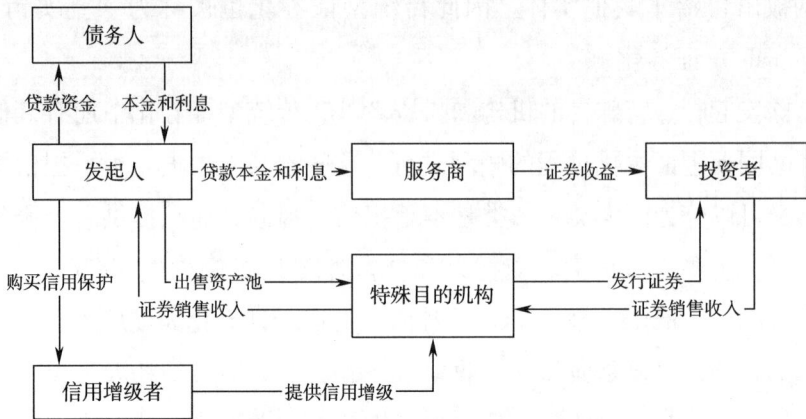

图5.4　传统型资产证券化过程流程图

　　另一种证券化是合成型证券化（synthetic securitization）。一些国家的法律要求，只有在所有债务人都被告知的情况下，才能够转移贷款资产所有权，这一要求使以转移资产所有权为特征的传统型证券化难以实施。为克服这一困难，借助担保和信用衍生产品等信用风险缓释技术，合成型证券化能够在不转移任何资产所有权的情况下，向投资者转移风险敞口。合成型证券化中，发起行使用信用衍生产品，通过特殊目的机构向投资者购买对资产池①信用风险的保护。在未发生违约损失时，发起行定期向投资者支付一定的利息并在到期日偿付全部本金；当发生违约损失时，则由投资者弥补违约损失，仅能获得部分本金偿付甚至无偿付。发起行使用的信用衍生产品种类很多，主要为信用联系票据（credit linked notes，CLNs）和信用违约互换（CDS），分别形成"资金来源预置型"（funded）和"资金来源非预置型"（unfunded）合成型资产证券化。

_____

　　①　合成型证券化中，发起行选择风险敞口组成"名义参考池"（notional preference pool）作为支付投资收益的参考。名义参考池类似于传统型证券化下的资产池，但不必转让所有权。

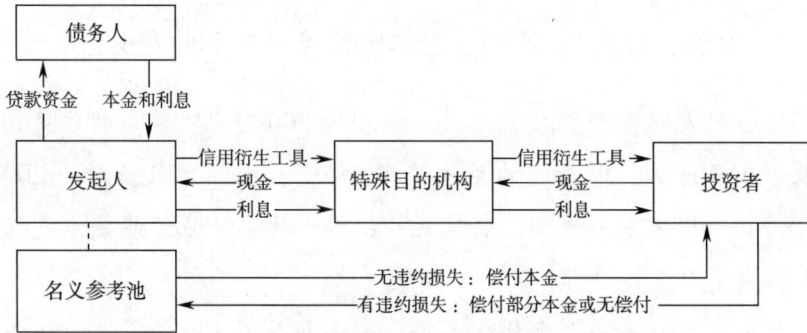

图5.5　合成型资产证券化过程流程图

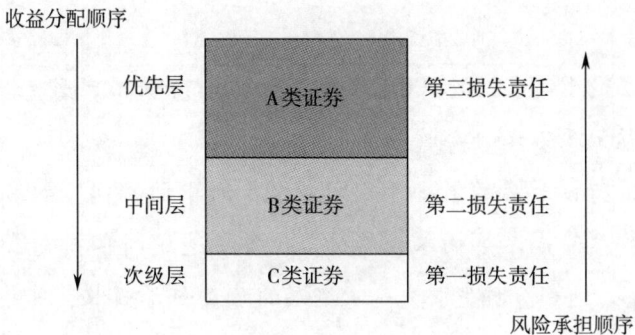

图5.6　资产证券化优先层/次级层结构示意图

（二）资产证券化的优先层/次级层结构

资产证券化框架要求，证券化过程中发行的债务证券至少应包含两个层级（tranche），各层级对应不同的信用风险和现金收益，形成"优先层/次级层结构"（senior/subordinated structure）。从风险分布来看，各层级反映不同程度的信用风险：次级层最先承担损失，处于"第一损失责任"，但其收益最高；优先层最后承担损失，因而最安全，但收益也最低。从收益分配顺序看，各层级遵循"瀑布原则"（water-fall principle），按照一定顺序分配收益：优先层首先获得收益，次级层最后获得收益并首先承担损失。据此，投资者获取收益的状况取决于资产池的表现和购买证券的层级。

案例：优先层/次级层结构的风险分布和收益分配

M 银行发起资产证券化过程，以 50 个 200 万元人民币的住房按揭贷款形成资产池，资产池的年收益率为 5%，因此年收益额为 200 × 5% × 50 = 500 万元人民币。特殊目的机构以该资产池为基础，发行三个层级的资产支持证券：

优先层的 A 类证券 7 000 万元，票面年收益率 3.5%，预期年收益 245 万元；

中间层的 B 类证券 2 000 万元，年收益率 6.5%，预期年收益 130 万元；

次级层的 C 类证券 1 000 万元，获取剩余收益，若未发生损失，预期年收益 125 万元，年收益率 12.5%。

假设发行证券后的第一年期间，资产池中的按揭贷款有 3 个变为不良贷款，尽管尚不影响本金偿付，但每年造成利息损失 200 × 5% × 3 = 30 万元。这部分损失首先由次级层的 C 类证券吸收，其年实际收益为 125 - 30 = 95 万元，实际收益率则为 9.5%，低于预期收益 3 个百分点。而由于损失未超过次级层的预期收益，因此全部由 C 类证券吸收，优先层的 A 类证券和中间层的 B 类证券仍然可以获得全额预期收益。

（三）合格资产证券化的范围界定

资产证券化框架对合格证券化的界定涵盖了上述两方面内容。一是证券化过程可以是传统型的、合成型的或者兼具两种类型共同特点的，在确定证券化风险敞口的监管资本时，必须以其经济内涵为依据，而不能只看其法律形式。二是证券化过程需要具有优先层/次级层结构，这包括两个要点：其一，证券化至少包括两个代表不同程度信用风险和收益分配顺序的层级；其二，投资者的收益取决于资产池中风险敞口的表现。

二、资产证券化风险敞口

（一）资产证券化风险敞口的界定

资产证券化的重要特征是将银行在信用中介过程中的单一角色，分解为一系列专业功能和相对应的专门角色。银行可能涉及其中多个角色并承担相应风险，包括发起人、投资者、信用增级者和提供流动性便利者等。无论银行处于何种角色，如果在资产证券化过程面临风险，其风险敞口就称作"资产证券化风险敞口"（securitization exposure）。

在传统型证券化中，一方面，发起人出售资产池后即与其相隔离，信用风险通过特殊目的机构转移给投资者，投资者面临的证券化风险敞口就表现为持有的债务证券。另一方面，作为发起人的银行在出售资产池后，又往往以其他角色重新持有风险敞口，以促进证券化过程顺利进行，如信用增级、流动性便利和提前摊还等。当银行（特别是作为发起人）为证券化资产提供信用增级时，相应承担一定的损失责任，证券化风险敞口表现为其提供的信用增级；如果信用增级以保证或信用证形式提供，相应的风险敞口则具有表外性质。当银行为证券化过程提供流动性便利以保证投资者收益按时支付时，由于需要提供预付资金并在未来获得偿还，银行也面临一定的信用风险，其证券化风险敞口表现为其所提供的流动性便利，具有表外性质。

在合成型证券化中，证券化风险敞口则包括利率或货币互换、信用衍生产品和信用风险缓释框架下的分层级抵补及储备账户（例如被发起行记为资产的现金抵押账户等）。

专栏 信用增级

信用增级的作用是由信用增级提供者保留或承担部分证券化风险，在实质上向其他参与者提供某种程度的损失保护，从而改变风险转移状况。由于存在优先层/次级层结构，任何合格证券化过程实质上都包含内嵌的信用增级，次级层债务证券的投资者承担第一责任损失，其实就是向较高层级的证券投资者提供信用增级。除此之外，证券化中的信用增级还包含外部信用增级和结构化信用增级两大类。

外部信用增级由发起人或第三方提供，主要形式包括：

● 追索责任，即信用增级提供者保证在资产池风险敞口的损失达到一定水平时，承担第一责任损失；

● 信用证、担保、信用衍生产品或其他安排；

● 提供抵押品并允许其吸收损失；

● 资产池保险及担保债券。

结构化信用增级则包含在证券化交易结构中，主要形式包括：

● 超额担保，即出售给特殊目的机构的资产池价值高于向投资者发行的债务证券价值；

● 超额息差，即保留部分资产池风险敞口产生的现金流，存入息差账户中备用，以抵消信用损失；

● 现金担保账户，即在证券化开始时，通过银行贷款筹集资金，筹集的现金由委托人持有，在所有投资者均获得偿付后再进行偿还。

专栏　合格流动性便利

流动性便利的目的是克服资产池收益获取与债务证券收益支付的时间错配问题。当资产池收益不能及时弥补投资者收益支出时，流动性便利的提供者以提供预付资金的形式，保证投资者按时获得投资收益。预付资金需要以将来收到的资产池收益或者发起行提供的信用增级进行偿还，在此过程中提供预付资金流动性的银行面临信用风险，其风险敞口具有表外性质。

流动性便利与信用增级的区别在于其提供的只是预付资金，目的仅为弥补时间错配形成的支付缺口，预付资金最终将得到偿付，而不是用于吸收基础资产质量下降或违约形成的损失，换句话说，流动性便利必须在资产池信用质量良好的情况下才能动用。巴塞尔资产证券化框架对流动性便利措施提出操作要求，以防止银行以流动性便利之名提供信用增级，规避监管资本要求。"合格流动性便利"需要符合以下操作要求：

一是必须以文本形式明确界定流动性资金预付的动用条件，将预付资金规模严格限制在资产池收益或发起行信用增级能够偿付的范围内。在文本中规定流动性便利不能覆盖任何由资产池中风险敞口产生的损失，也不得设定诸如定期或连续性动用等必然动用的条款。

二是在流动性便利措施实施前，必须先进行资产质量测试，防止预付资金被用于覆盖违约引起的信用风险敞口。如果流动性便利支持的风险敞口有外部评级，则其评级必须在投资级以上。

三是当所有可用的信用增级手段均被用尽后，不得再使用流动性便利措施，因为其已经失去了所有可能的偿付来源。

四是对流动性便利的偿付，必须优先于其他所有票据持有者的任何利息支付，也不得被延期或放弃。

（二）信用风险转移及确认

证券化过程中，资产池包含的信用风险总量没有发生变化，但其在不同参与主体之间的分配状况却可能由于信用风险的转移而发生变化。从风险防范的角度讲，任何面临证券化风险敞口的参与主体，都应当持有相应的监管资本以覆盖风险。如果绝大部分信用风险被对冲（通过衍生产品等）或转移（通过信用增级、流动性便利、提前摊还等）给第三方，那么第三方就承担了被对冲或转移的风险，发起行由于减少了风险敞口的头寸，可能有权降低持有的监管资本，而接受风险转移的银行则必须相应计提监管资本；而如果监管当局认为风险转移不充分或者不存在，则应否决因证券化过程引发的监管资本减持。因此，确认信用风险转移状况，确定银行风险敞口，确保银行持有覆盖风险敞口的监管资本，便成为监管关注的核心内容。

资产证券化框架对于证券化过程是否导致实质性的信用风险转移，提出了进行确认的操作要求，只有当银行满足所有这些操作要求时，才能确认为实现了实质性风险转移，可以不对证券化风险敞口计提资本。同时适用于两种类型证券化的操作要求，一是必须满足向第三方转移信用风险的实质性；二是需要满足有关清收式赎回①（clear - up calls）的特定条件。

对于传统型证券化，还需满足以下要求：一是对已经转移的风险敞口没有控制，包括实际的或间接的控制；二是发行的证券不是出让人的债务；三是受让人必须是特殊目的机构，且投资者可以不受限制地对享有的权益进行质押或者交换；四是没有不当削弱或否定风险转移的契约型条款。

对于合成型证券化，则还需满足以下要求：一是信用风险缓释必须满足信用风险缓释框架的全部操作要求才能得到确认；二是抵押品必须由信用风险缓释框架中简单法或综合法认可才能得到确认为合格抵押品；三是只有风险权重低于交易对手的主权实体、公共部门实体、银行、证券公司以及外部评级在 A - 级及以上或内部评级相当于 A - 级及以上的实体才能确认为合格担保人，其提供的信用保护才能够得到确认；四是不允许存在削弱或否定风险转移的契约性条款；五是必须得到确认合同执行效力的律师意见。

（三）再资产证券化风险敞口

鉴于再资产证券化（resecuritization）的爆发式增长和对金融危机

---

① 清收式赎回权是指允许在证券化风险敞口未被全部偿还的情况下，召回证券化风险敞口的一种选择权。

的助推作用，巴塞尔Ⅱ.5对再资产证券化进行了明确的界定，提出了详细的资本要求。再资产证券化是指资产池中至少一种基础资产为证券化风险敞口的证券化。按照发起的先后顺序，再资产证券化风险敞口主要包括以下类型：

资产支持证券型担保债务凭证（asset – backed securities collateralized debt obligation，ABS CDO），是指以资产支持证券作为基础资产发起的再证券化[①]。基础资产中的资产支持证券主要为住宅抵押贷款支持型证券（residential mortgage – backed security，RMBS）和商业抵押贷款支持型证券（commercial mortgage – backed security，CMBS）。

复合型担保债务凭证（synthetic CDO），是指以担保债务凭证的某些层级（主要是处于中间的层级），或者担保债务凭证某些层级与其他资产支持证券的组合为基础资产发起的再证券化。

优先层再证券化（resecuritization of senior securitization exposures），是指以某些证券化风险敞口的优先层为基础资产发起的再证券化。基础资产主要为 RMBS 和 CMBS 的优先层（又称为 re – remics）。

再资产证券化同样也是证券化，其主要目的同样为实现资产转换和转移风险。但由于结构更为复杂，再证券化还能实现以下两个特殊的目的：一是提供高度杠杆化的证券以获取融资。对于持有非优先层级债务证券的投资者，再证券化能够将其持有的证券划分为不同层级，使较高层级能够再次以证券化方式获得融资，这主要是 ABS CDO 和 synthetic CDO 的实施目的。二是提供额外的信用增级。如果优先层债务证券已经或很有可能发生降级，说明起初设定的信用增级不足以弥补损失，此时可通过将优先级债务证券再次证券化，利用其较低层级向较高层级提供信用增级的方式补充信用增级，这主要是优先层再证券化的目的。

---

① 资产池中还可以包含其他基础资产，主要是非证券化的基础资产。

三、资产证券化资本计量

为覆盖证券化风险，巴塞尔资产证券化框架要求对银行在银行账户下持有的资产证券化风险敞口和再资产证券化风险敞口计提监管资本。与信用风险资本计量方法一致，资产证券化框架也对风险敞口提出了两种资本计量方法：标准法和内部评级法。

（一）标准法

如果银行对资产池中基础资产采用信用风险标准法计量资本要求，则必须在资产证券化框架下使用标准法。标准法下，证券化风险敞口的监管资本要求主要依赖敞口的外部评级状况确定，需按照以下步骤进行计算：

一是确定证券化和再证券化风险敞口的规模；

二是根据风险敞口的评级状况确认适用的风险权重；

三是将风险敞口数量乘以相应的风险权重，得到风险加权资产；

四是将风险加权资产乘以8%得到最低监管资本要求。

在计算过程中，需要按要求处理以下问题：

1. 表外风险敞口的处理

资产证券化过程中的表外风险敞口主要包括流动性便利和提前摊还等。在确定风险敞口规模时，应首先将表外风险敞口乘以相应信用转换系数（CCF）转化为等价表内风险敞口。除部分特定情况外，所有表外风险敞口都应使用100%的信用转换系数。

标准法下，符合条件的合格流动性便利，可以设定较低的信用转换系数，对于没有外部评级的流动性便利，其信用转换系数设为50%。而对于具有外部评级的流动性便利，其动用概率和违约敞口等信息已包含在评级中，因此仍然使用100%的信用转换系数。

2. 风险权重的设定

证券化和再证券化敞口风险权重的设定，基于风险敞口的外部评级状况。外部评级必须满足资产证券化框架的操作要求，并由监管部门确认的合格外部评级机构进行才能得到确认。

对于已评级的风险敞口，根据表5.7确定对应的风险权重。其中长期评级在 BB + 级到 BB - 级之间的，表中风险权重仅适用于作为投资者的银行，而不适用于作为发起人的银行；发起银行适用 1 250% 的风险权重。由于再资产证券化中债务证券的收益取决于证券化风险敞口的收益表现，因而再证券化风险敞口的风险权重要高于同等评级的证券化风险敞口风险权重。

表 5.7　　　　　　　　　标准法下信用评级与风险权重对应表

长期信用评级	证券化风险敞口	再证券化风险敞口
AAA 级到 AA - 级	20%	40%
A + 级到 A - 级	50%	100%
BBB + 级到 BBB - 级	100%	225%
BB + 级到 BB - 级	350%	650%
B + 级及以下或者未评级	1 250%	
短期信用评级	证券化风险敞口	再证券化风险敞口
A - 1/P - 1	20%	40%
A - 2/P - 2	50%	100%
A - 3/P - 3	100%	225%
其他评级或者未评级	1 250%	

对于未评级或者评级未被确认的风险敞口，适用 1 250% 的风险权重，但应区别以下例外情形：（1）对于优先层的风险敞口，如果能够确定资产池的平均风险权重，银行可以使用"穿透法"（look - through approach），以资产池平均风险权重作为风险敞口的风险权重；（2）对于符合操作要求的资产支持商业票据（asset - backed commercial paper, ABCP）计划形成的风险敞口，则比较 100% 与资产池中单个风险敞口对应的最高风险权重，取其较高者作为风险权重；（3）对于符合操作

要求的合格流动性便利，以资产池中单个风险敞口对应的最高风险权重作为其风险权重。

3. 信用风险缓释

银行作为投资人为证券化敞口提供的信用风险缓释，需要在标准法框架下进行确认。如果银行不是发起人，其对证券化风险敞口提供信用保护时，都必须如同投资人那样计算覆盖所有风险所需要的资本要求。当银行为未评级的风险敞口提供信用增级时，其对资本要求的计算，则必须如直接持有这些未评级风险敞口一样。

（二）内部评级法

获准对资产池中基础资产采用信用风险内部评级法的银行，必须对证券化风险敞口使用内部评级法。内部评级法下监管资本的计算主要有三种方法，需要依次根据不同条件使用：当证券化或再证券化风险敞口有外部评级或者即使无评级但能够推断出其评级时，银行必须使用评级基础法（ratings – based approach，RBA）；当外部或推断评级均无法得到时，银行则只能使用监管公式法（supervisory formula，SF）或者内部评估法（internal assessment approach，IAA），其中内部评估法只适用于银行（包括第三方银行）向资产支持商业票据计划发放的风险敞口。

1. 评级基础法

评级基础法下资本要求的计算步骤与标准法一致，基本方法是将证券化或再证券化风险敞口与相应风险权重相乘得到风险加权资产，风险加权资产再与8%相乘得到最低监管资本要求。但评级基础法下风险权重的设定更加详细和复杂。

风险权重的确定取决于三个因素，即风险敞口的外部评级或推断评级、风险敞口的层级和资产池的颗粒度（granularity）①。

---

① 再证券化的风险权重只与前两个因素有关。

因素一：风险敞口的外部评级或推断评级。与标准法类似，评级基础法根据风险敞口的评级设定相应的风险权重，但其对长期信用评级和风险权重的设定更为细化（见表5.8）。而对于未评级的风险敞口，需要首先参考具有外部评级的风险敞口推断其评级，如果能够得到推断评级，则仍然适用评级基础法。具有参考作用的风险敞口称为"参考资产证券化风险敞口"（reference securitization exposure），在选取时需满足一些必要的条件，以保证未评级风险敞口在各方面都优于参考资产证券化风险敞口，从而审慎地推断其评级。

因素二：风险敞口的层级。在优先层/次级层结构中，根据受偿顺序对风险敞口的层级进行了划分，具有最优先受偿权利的风险敞口处于优先层，其风险权重的确定规则区别于其他层级的风险敞口。

优先层的确认需遵循以下要求：在传统型证券化中，如果第一损失责任以上所有层级的风险敞口都有评级，则评级最高的为优先层；如果几个层级的评级相同，则受偿顺序最优先的为优先层。在合成型证券化中，"超优先"层级为优先层。对于资产支持商业票据计划，优先层则一般由受益于流动性支持的商业票据组成；但如果流动性便利的规模足以覆盖所有未偿付商业票据，它就可以视作覆盖了超过信用增级的所有损失，因此可确定为优先层。

再证券化风险敞口属于优先层需要满足两个条件：一是该风险敞口为优先层证券化风险敞口；二是所有基础资产均不是再证券化风险敞口。优先层再证券化风险敞口适用表5.8或表5.9第五列的风险权重，非优先层再证券化风险敞口适用第六列的风险权重。

因素三：资产池的颗粒度。资产池的颗粒度是指资产池中风险敞口的分散状况。颗粒度较低的资产池不具有分散性，适用表5.8或表5.9第四列的风险权重；颗粒度较高的资产池是分散的，若风险敞口属于优先层，适用表5.8或表5.9第二列的风险权重，否则适用第三列的风险权重。

表 5.8　　　　　评级基础法下长期信用评级与风险权重对应表

长期评级	证券化风险敞口			再证券化风险敞口	
外部评级/推断评级	优先层、资产池分散的风险权重	非优先层、资产池分散的风险权重	资产池不分散的风险权重	优先层风险权重	非优先层风险权重
AAA 级	7%	12%	20%	20%	30%
AA 级	8%	15%	25%	25%	40%
A + 级	10%	18%	35%	35%	50%
A 级	12%	20%		40%	65%
A − 级	20%	35%		60%	100%
BBB + 级	35%	50%		100%	150%
BBB 级	60%	75%		150%	225%
BBB − 级	100%			200%	350%
BB + 级	250%			300%	500%
BB 级	425%			500%	650%
BB − 级	650%			700%	850%
BB − 级以下或者未评级	1 250%				

表 5.9　　　　　评级基础法下短期信用评级与风险权重对应表

短期评级	证券化风险敞口			再证券化风险敞口	
外部评级/推断评级	优先层、资产池分散的风险权重	非优先层、资产池分散的风险权重	资产池不分散的风险权重	优先层风险权重	非优先层风险权重
A − 1/P − 1	7%	12%	20%	20%	30%
A − 2/P − 2	12%	20%	35%	40%	65%
A − 3/P − 3	60%	75%	75%	150%	225%
其他评级或者未评级	1 250%				

2. 监管公式法

当证券化风险敞口未评级或无法推断其评级时，需要使用监管公式法。监管公式法中，某层级证券化风险敞口的监管资本等于风险敞口与由监管公式计算得到的系数的乘积。该系数由"渐近单风险因子模型"（asymptotic single risk – factor model，ASFR Model）计算得到，以基础资产风险敞口及其在信用风险内部模型法下的监管资本要求为出发点，将该资本要求在不同证券化风险敞口头寸或者不同风险敞口层级中进行分配，并在此基础上加入"监管覆盖"（supervisory overrides）以保证监管资本要求能够覆盖所有证券化风险敞口。

3. 内部评估法

内部评估法仅适用于银行向资产支持商业票据计划发放的风险敞口，主要为流动性便利和信用增级。该方法允许银行对风险敞口的信用质量进行内部评估，前提是银行的内部评估程序满足设定的操作要求。内部评估所确定的信用级别体系，需要对应于某一合格外部评级机构的评级体系，以便相应确定风险权重。

4. 最大资本要求

资产证券化框架对证券化过程中包括优先层的所有头寸，均提出相应资本要求。当所有资本要求加总时，可能出现对证券化风险敞口的资本要求总额高于对证券化之前基础资产风险敞口的资本要求的情况，这将对银行资产证券化业务产生抑制作用。为此，证券化框架对使用内部评级法的银行设定了监管资本要求上限，即对证券化风险敞口所持有的监管资本要求，不超过基础资产证券化之前按照信用风险内部评级法所需持有的监管资本。

第三节 交易对手信用风险

交易对手信用风险指交易现金流结算前，交易对手可能出现的信用状况变化带来的风险。国际金融危机表明，交易对手信用风险特别是交易对手信用估值调整带来的损失，是危机影响迅速扩散的重要原因。

因此，对交易对手风险进行准确计量并进行有效管理，对于增强金融体系稳健性非常重要。巴塞尔Ⅱ提出，银行应计算银行账户和交易账户中未结算的证券、商品和外汇交易的交易对手信用风险敞口对应的风险加权资产，具体包括：场外衍生产品的交易对手信用风险，回购交易、证券借贷和保证金贷款交易等证券融资交易的交易对手信用风险，以及与中央交易对手交易形成的信用风险。

一、风险特征

交易对手信用风险不同于一般的贷款风险，具有以下几个特征：一是交易对手信用风险敞口具有不确定性。随着市场风险因素，如利率、汇率等的变化，交易合同价值是变化的，可以通过模拟等技术测算交易对手信用风险敞口的概率分布。二是信用的损失具有双向性。随着市场条件变化，交易的任何一方都可能出现损失，即交易对手信用风险敞口可能是正值也可能是负值，敞口为负值时，表现为银行的负债，则交易对手风险为零。三是错向风险更加复杂。错向风险（Wrong Way Risk）是指信用风险与市场风险相互影响、相互放大的风险。交易对手信用风险的错向风险包括一般错向风险和特定错向风险。一般错向风险指因交易对手违约概率与总体市场风险因素呈正相关关系而产生的风险；特定错向风险指由银行与特定交易对手的交易本身原因，而导致银行对该交易对手的风险敞口与该交易对手的违约概率呈正相关关系而产生的风险。

交易对手信用状况的变化通过两个途径对银行产生影响，一是交易对手违约直接带来的损失，二是虽未违约但由于交易对手信用等级下迁带来的估值损失。因此交易对手信用风险资本计提也包括两个方面：一是交易对手违约风险，二是交易对手信用估值调整（credit value adjustment，CVA）。按照巴塞尔Ⅲ规定，除了确定交易对手信用风险的违约风险资本要求外，银行还必须对场外衍生品交易对手信用风险的盯市损失风险计提资本，即根据 CVA 测算的资本要求。

对于交易账户上的回购类交易，所有交易账户上的工具都可以作为合格抵押品。对按银行账户规定不属于合格抵押品的工具应进行折扣，折扣的程度由监管当局规定。

交易对手信用风险的违约风险敞口的计量方法主要有现期风险暴露法（current exposure method，CEM）、标准法（standardized method，SM）和内部模型法（internal model method，IMM），将计算得出的每个交易对手违约风险敞口分别乘以适用的信用风险权重（根据信用风险标准法或内部评级法得出），然后进行相加，即得出交易对手风险加权资产。交易对手信用估值调整（CVA）计算方法分为标准法和高级法。违约风险资本和针对潜在盯市损失风险计提的信用估值调整风险资本计量所应用的方法必须相适应，资本加总也必须遵循相应的规范。采用中央清算的交易模式可减少风险敞口资本占用，但必须满足合格的中央交易对手等条件。

二、风险敞口计量方法

（一）现期风险暴露法

现期风险暴露法主要用于计算场外衍生品交易对手的风险敞口，具体计量方式为：首先计算衍生品金融工具市场价格，然后再加上潜在未来风险敞口作为衍生品信用风险的总风险敞口，并以此为基础计算风险加权资产和资本要求。银行采用现期风险暴露法计算场外衍生产品交易的违约风险敞口（EAD），具体包括两项内容：

一是按盯市价值计算的重置成本（replacement cost，RC）；

二是潜在未来风险敞口（potential future exposure，PFE），等于衍生产品的名义本金乘以相应的附加系数，附加系数由合约的期限和衍生产品类型（利率、汇率、股票、贵金属等）决定。

表 5.10　　　　　　　　　　信用衍生产品的附加系数

类型	参照资产	信用保护买方（%）	信用保护卖方（%）
总收益互换	合格参照资产①	5	5
	不合格参照资产	10	10
信用违约互换	合格参照资产	5	5②
	不合格参照资产	10	10

注：①合格参照资产与市场风险标准法计算特定风险时规定为"合格"的类别一致，包括公共部门实体和多边开发银行发行的债券以及其他合格债券等。

②信用违约互换的信用保护卖方只有在参照资产的发行人尚能履约但信用保护买方破产的情况下才需计算附加因子，且以信用保护买方尚未支付的费用为上限。

表 5.11　　　　　　　　　其他各类衍生产品的附加系数

剩余期限	利率（%）	汇率和黄金（%）	股权（%）	黄金以外的贵金属（%）	其他商品（%）
不超过 1 年	0	1.0	6.0	7.0	10.0
1 年以上，不超过 5 年	0.5	5.0	8.0	7.0	12.0
5 年以上	1.5	7.5	10.0	8.0	15.0

现期风险暴露法承认合格押品的风险缓释作用，可以在风险敞口中扣除（押品数额需要考虑市场波动），同时可以考虑合格的净额结算计算风险敞口。

综合考虑以上因素，交易对手信用风险资本要求计算公式如下：

$$交易对手信用风险资本要求 =（重置成本 + 潜在风险敞口 - 押品数额）\times 交易对手风险权重 \times 8\% \qquad (5-2)$$

（二）内部模型法

采用信用风险内部评级法或标准法的银行均可以采用内部模型法计量交易对手信用风险的风险敞口，但必须在模型验证管理体系、压力测试和错向风险识别和管理等方面满足巴塞尔委员会的相关要求。场外衍生产品和证券融资交易均可采用内部模型法计算交易对手信用风险。巴塞尔Ⅲ强化了银行采用内部模型法计量交易对手信用风险的管理要求。

增加压力测试要求。银行必须建立全面的交易对手信用风险压力测试程序。银行应使用多因子压力测试情景，多因子压力测试至少应包括以下情景：一是曾经发生的严重经济或市场事件；二是广泛的市场流动性严重收缩；三是大型金融中介清算头寸违约对市场的影响。压力下市场的变动不仅影响交易对手风险敞口，而且对交易对手的信用质量也造成影响。因子波动程度应与压力测试的目标保持一致：在评估清偿能力时，因子波动程度应充分反映历史上极端但可能发生的压力市场状况，而为实现对资产组合日常监控、对冲等目标，应考虑严重程度较弱但发生可能性更大的压力情景。

充分考虑错向风险。银行应从产品、地区、行业或其他与业务密切相关的角度监控一般错向风险。监控报告应定期提交高级管理层及董事会下设的委员会，向其汇报存在的错向风险及管理该风险所采取的应对措施。对于存在特定错向风险的交易对手，应确保对其采用更高的违约风险敞口计算值。

考虑抵押品风险。为控制重复使用抵押品带来的风险，巴塞尔Ⅲ对内部模型法下抵押品的处理提出要求。对使用内部模型法的银行，其流动性管理政策应同时考虑补充保证金要求而导致的流动性风险，如市场动荡时交易对手要求追加保证金，以及由于银行评级下调而需要补充保证金的情况等。银行必须设立抵押品管理部门，负责计算和追加保证金，管理保证金追加争议以及准确地按日报告保证金水平以及变化幅度，还须追踪（现金及非现金）抵押品重复使用的程度，同时需要追踪单个类型抵押物资产的集中度。银行必须确保重复使用抵押品不会损害其及时提交或归还保证抵押品的能力。

内部审计要求。按照巴塞尔Ⅲ的要求，银行必须通过内部审计程序定期对交易对手信用风险管理体系进行独立的评估。评估必须覆盖信贷业务、交易部门以及独立的交易对手信用风险控制部门的业务。内部审计评估应当定期进行，并应至少覆盖以下内容：交易对手信用风险管理架构；抵押品管理组织架构；抵押品和净额结算协议的相关规定是否准确反映在风险敞口计量中；内部模型数据来源的一致性、及时性和可靠性，包括这些数据来源的独立性；波动性和相关性假设的准确性和恰当性；估值的准确性；通过频繁的返回检验确认模型的准确性等。

三、中央交易对手

2007 年国际金融危机表明，规模庞大的场外衍生品交易在市场剧烈变化时经常会形成庞大的风险敞口，增加了金融体系内部的关联性和风险的隐蔽性。市场的波动正是通过这些产品交易形成的网络产生共振，从而引发系统性风险。国际金融危机后国际社会对建立集中清算制度安排、降低交易对手信用风险达成了普遍共识。2009 年 G20 集团领导人峰会强调了中央交易对手机制在防范场外衍生品信用风险、保证市场流动性方面的重要作用，并提出了实施要求，即所有标准化的场外衍生品在 2012 年底之前都要实现中央对手清算。2012 年在吸收国际金融危机教训基础上，国际支付结算体系委员会（CPSS）和国际证监会组织（IOSCO）技术委员会联合发表了《金融市场基础设施原则》，强化了对中央对手方清算机制（CCPs）的风险管理要求。为了减少违约导致的连锁反应，防范系统性风险，巴塞尔委员会利用制定新资本规则之机，积极推动场外衍生品交易向中央清算的转换，增加了中央清算衍生品交易可减少资本占用的规则。但中央对手方清算也带来了风险的集中，因此，中央交易对手必须进行严格的风险管理，否则不能被监管当局认可为合格的中央交易对手。

四、信用估值调整

由于交易对手违约风险并没有覆盖交易对手信用水平恶化（信用等级下迁）导致的盯市损失，即信用估值调整（CVA）风险。实践表明，与违约的损失相比，源于信用估值调整风险造成的损失通常更大。

交易对手信用估值调整计算可采用标准法和高级法。按照巴塞尔Ⅲ的要求，获准使用市场风险内部模型法，并对债券特定利率风险使用VaR 模型的银行可采用信用估值调整风险资本的高级法，而其他银行必须使用交易对手信用估值调整标准法。

交易对手信用估值调整标准法根据交易对手风险敞口、风险权重、有效期限，以及套期工具名义金额、有效期限和风险权重等风险参数并考虑风险的分散程度进行资本计量。

计量交易对手信用风险的高级法是通过使用银行的债券风险价值模型，模拟交易对手信用利差的变动对所有场外衍生品交易对手信用估值调整的影响。

五、存在的问题和改进思路

巴塞尔Ⅱ规定了交易对手信用风险计量的三种方法：现期风险暴露法、标准法和内部模型法。巴塞尔委员会认为，现期风险暴露法和标准法存在重大缺陷，主要包括：没有区分保证金交易和非保证金交易，风险敏感性不强；采用的变量（监管附加因子）没有反映压力情景下的价值波动；其规定的净额结算处理方法不能有效反映衍生产品头寸的经济关联等。2014 年 3 月，巴塞尔委员会发布了《交易对手信用风险标准法》，拟用新的交易对手信用风险标准法（SA – CCR）取代原标准法和现期风险暴露法，用于计量交易对手信用风险，将于 2017 年 1 月 1 日起正式实施。

根据新的 SA – CCR 方法，银行的交易对手信用风险敞口主要包括重置成本（RC）和潜在风险敞口（PFE）两个部分。重置成本的计算将区别保证金交易和非保证金交易，非保证金交易的敞口为衍生产品市值和商业银行为相关交易持有的抵押品的差额，保证金交易的敞口为商业银行依据衍生产品协议无须提交保证金的最大敞口额。潜在风険敞口根据衍生产品的有效名义本金和监管系数确定。在确定有效名义本金和监管系数时，将衍生产品分为利率、汇率、信用、股票和商品五种，根据每种衍生产品的特征进一步区分对冲组合，根据对冲组合最终决定可以抵消的金额。

专栏　交易对手信用风险标准法（SA－CCR）计算风险敞口的框架

非内部模型法下，风险敞口（EAD）分两个部分：一是重置成本（RC），二是潜在风险敞口（PFE）。

$EAD = \alpha \times (RC + PFE)$，$\alpha = 1.4$

重置成本的计算将区别保证金交易和非保证金交易，非保证金交易计算公式如下：

$RC = MAX (V - C; 0)$

V为衍生产品价值，可以考虑合格的净扣；

C为担保品净值，收到的非现金押品需要通过监管折扣系数减少，提交对手方的押品需要通过监管折扣系数增加。

对于保证金交易，重置成本为不触发保证金变动的最大风险敞口，计算方法是在非保证金交易计算公式下考虑"押品的最低门槛"、"最低提交押品数量"、"独立押品数量"因素，计算公式如下：

$RC = MAX (V - C; TH + MTA - NICA; 0)$，C为担保品净值，但包括变动保证金；$TH + MTA - NICA$ 表示未触发保证金调整的最大风险敞口，TH表示交易对手提供押品的最低门槛，MTA表示可转移给交易对手的押品最低数量，NICA表示独立的押品净值。

潜在风险敞口将根据衍生产品的有效名义本金和监管系数确定。在确定有效名义本金和监管系数时，拟将衍生产品分为利率、汇率、信用、股票和商品五种，根据每种衍生产品的特征进一步区分对冲组合（hedging set），根据对冲组合最终决定可以抵消的金额。

潜在风险敞口（PFE）分两部分：一是总的附加值 $\text{addon}^{\text{aggregate}}$；二是监管乘数（$multiplier$），为衍生产品价值（$V$）、担保品价值（$C$）和 $\text{addon}^{\text{aggregate}}$ 的函数。

$$PFE = \text{multiplier} \times \text{addon}^{\text{aggregate}}$$

$$multiplier = \min\left\{1; Floor + (1 - Floor) \times \exp\left(\frac{V - C}{2 \times (1 - Floor) \times \text{addon}^{\text{aggregate}}}\right)\right\}$$

multiplier 考虑了超额抵押情况。

Floor 为 5%。

$\text{addon}^{\text{aggregate}}$ 的计算分六步：一是对合约名义本金进行调整（期限调整）；二是对非线性产品进行监管 Delta 调整；三是经调整的风险头寸划分到不同的对冲集合中，允许符合规定的风险头寸对冲；四是通过监管因子将对冲集合的有效名义本金转换为有效预期正敞口，即单个对冲集合的附加值（add on）；五是加总不同对冲集合的附加值，对商品、股权和信用衍生产品的附加值按相关性进行调整；六是加总各类衍生产品的附加值。

第四节　市场风险

市场风险是指因利率、汇率、股票和商品的市场价格变动导致银行表内和表外业务发生损失的风险。在巴塞尔资本框架下，市场风险资本计量覆盖交易账户中的利率风险和股票风险，以及银行账户和交易账户中的汇率风险和商品风险。

根据巴塞尔 II 的定义，交易账户包括为交易目的或对冲交易账户中的风险而持有的金融工具和商品头寸。为交易目的而持有的头寸是指短期内转售，或从实际或预期的短期价格波动中获利，或锁定套利利润而持有的头寸，包括自营业务、做市业务和代客业务中持有的头寸。交易账户中的金融工具和商品头寸原则上在交易方面不受任何限制，能够完全对冲以规避风险，能够准确估值和进行积极的管理。银行必须有明确的政策和程序来决定哪些风险敞口应该纳入交易账户，同时确保这样的划分应考虑银行的风险管理能力和实践。这些政策和程序必须有完整的记录并且要定期接受内部审计。

交易账户的风险不同于银行账户，交易包括多头和空头。多大程度上承认多头和空头之间的风险对冲，是交易账户风险计量的关注点之一。此外，交易账户风险因素较多，既包括利率、汇率、股票、商品的价格及波动率风险因素，又包括金融工具发行方信用、交易对手信用等风险因素。

市场风险的计量方法包括标准法和内部模型法。巴塞尔Ⅱ提出了市场风险标准法的完整框架，分别计算利率、汇率、股票、商品和期权风险的资本要求，然后加总得到市场风险资本要求；巴塞尔Ⅱ.5对内部模型法提出了新要求，拓宽了资本计量的风险覆盖范围，增加了压力风险价值以及未被风险价值模型计量的违约和评级迁移风险等。市场风险资本要求计量框架如图5.7所示。

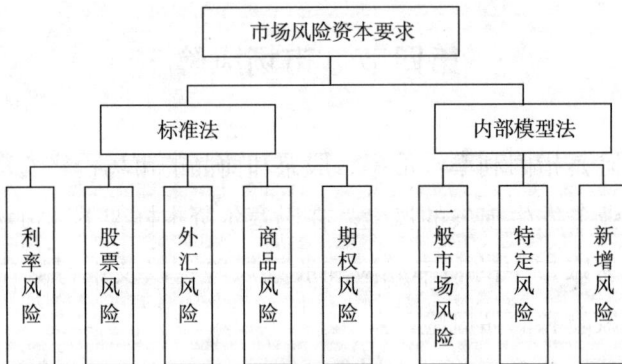

图5.7 市场风险资本要求的计量方法

一、标准法

（一）利率风险

利率风险指交易账户中债券或其他利率相关工具产生的市场风险，这类金融工具包括所有固定利率和浮动利率债券以及类似金融工具，如不可转换优先股、可转让存单和央行票据等。

利率风险资本要求分两个部分，一部分反映每种证券的"特定风险"（无论多头还是空头）；另一部分反映整个证券组合的利率风险，称为一般市场风险，计算该部分资本时，不同证券和工具的多空头可以在一定程度上冲销。

特定风险。特定风险资本要求的目的是抵御单一证券价格由于证券发行人的原因而出现不利波动的损失。计量特定风险时，只有相同证券的匹配头寸（包括衍生产品头寸）才可进行冲销；即使是同一发行人

表 5.12 　　　　各类证券特定市场风险的资本要求

类别	外部信用评级	特定风险资本要求
政府证券	AAA 级至 AA－级	0
	A＋级至 BBB－级	0.25%（剩余期限不超过 6 个月）
		1.00%（剩余期限在 6 个月以上至 24 个月，包括 24 个月）
		1.60%（剩余期限超过 24 个月）
	BB＋级至 B－级	8.00%
	B－级以下	12.00%
	未评级	8.00%
合格证券		0.25%（剩余期限不超过 6 个月）
		1.00%（剩余期限在 6 个月以上至 24 个月，包括 24 个月）
		1.60%（剩余期限超过 24 个月）
其他证券	与本框架标准法下的信用风险资本要求相似	
	如：	
	BB＋级至 B－级	8.00%
	B－级以下	12.00%
	未评级	8.00%

发行的不同证券也不能进行冲销，因为不同证券息票率、流动性、赎回条款的不同都会使价格在短期内发生偏离。

一般市场风险。一般市场风险资本要求是为了反映因市场利率变动而产生损失的风险。计量风险时有"到期日法"和"久期法"两种方法可供选择，采用"久期法"必须经监管当局核准。对于这两种方法，资本要求都等于以下四个部分之和：一是整个交易账户的净多头或净空头头寸资本要求；二是每时段中匹配头寸的垂直资本要求；三是不同时段间匹配头寸的横向资本要求；四是对期权头寸的净资本要求。一般市场风险资本要求的基本原理如下：根据巴塞尔 II 的规定，将金融产品到期日划分为多个时段和时区，同一时段或时区内到期的产品多空头可以部分对冲，不同时区到期的产品多空头也可以部分对冲，到期时间差异越大，多空头可以对冲的部分越小。在对利率衍生品的处理上利率一般市场风险的计量应包括交易账户上所有受利率变化影响的利率衍生品和表外金融工具（如远期利率协议、债券期货、利率互换、货币互换和远期外汇头寸等）。衍生品应转换为相应的基础工具头寸，并计算特定风险和一般市场风险资本要求。

匹配头寸允许冲销。发行人、息票率、币种和到期日完全相同的金融工具的一对相反头寸可以不计提一般市场风险资本；期货、远期及其相应基础工具的多空匹配头寸可以完全冲销，无须计算资本；若期货或远期由多种可交割金融工具组成，只有存在一种基础债券，使交割该债券对于持有空头的交易者最有利的情况下才能进行冲销；不同币种的头寸不允许冲销。

（二）股票风险

股票风险指交易账户上股票及股票衍生产品头寸的风险，包括市场行为类似股票的所有金融工具的多空头头寸，如普通股、类似股票的可转换证券和买卖股票的承诺等。同一股票的多空头可以按轧差后的净额计算。

特定风险和一般市场风险资本要求。同债券一样，股票的最低资本要求由两部分组成：一是对单个证券多头或空头头寸的特定风险资本要求；二是反映市场整体情况的一般市场风险资本要求。特定风险被定义为股票头寸总额（即所有股票多头和所有股票空头头寸之和），而一般市场风险被定为各股票市场多头头寸和空头头寸的差额（即银行在各股票市场持有的净头寸）。特定风险资本要求和一般市场风险资本要求均为8%。

指数相关头寸的特定风险资本要求。除了一般市场风险，对于由多样化股票组成的指数还应计提2%的特定风险资本要求，以覆盖执行风险等因素。

（三）外汇风险

外汇风险是指因持有外汇（包括黄金）及外汇衍生产品头寸而产生的风险。计算外汇风险资本要求需要两个步骤：首先是计算单币种头寸的风险敞口；其次是计算不同币种多空头头寸组合的风险敞口。

计算单币种风险敞口。银行单币种的净敞口头寸应为下列项目之和：一是即期净头寸，即以某币种计价的所有资产项目减去所有负债项目，包括应计利息；二是远期净头寸，即远期外汇交易下所有应收款减去应付款，包括未计入即期头寸的外汇期货及外汇互换的本金；三是肯定会被执行且不可撤销的保证及类似金融工具；四是尚未发生但已完全对冲的净未来收入/费用；五是根据不同国家的特殊会计处理方法，任何代表了外汇损益的其他项目。

计算总净敞口头寸。标准法下，银行应采用"短边法"（shorthand method）计算总净敞口头寸。计算时首先将各种货币和黄金净头寸的名义金额（或净现值）按即期汇率转换成报告币种。总净敞口头寸为下列项目之和：净多头头寸之和和净空头头寸之和中较大的一方，加上黄金净头寸（无论多头或空头）。外汇风险资本要求为以上总净敞口头寸的8%。

（四）商品风险

商品风险指因持有商品或商品衍生产品头寸而产生的风险，包括可在二级市场上交易的实物产品，如农产品、矿物（包括石油）以及贵金属，但不包括黄金，黄金被视为一种外币按外汇风险部分的规则处理。银行可采用"到期日阶梯法"或"简易法"计量商品风险，对于这两种方法，每种商品可按净头寸计算敞口头寸，不同种商品的头寸不能进行冲销。

商品风险的特征。商品价格风险通常比汇率和利率风险更复杂、波动性更大，商品市场也比外汇和利率市场缺乏流动性，因此供求关系的变化对商品价格及其波动性的影响更明显，这些特征会使有效对冲商品风险变得更加困难。对于即期或实物交易，由现货价格变动引起的方向性风险是最主要的风险。然而，采用远期之类的衍生品组合策略的银行还会面对一系列额外风险，这些风险可能比即期价格变动的风险要大得多，包括：基差风险（相似商品之间价格的关系随时间推移而发生变化的风险）；利率风险（持有远期头寸和期权的成本发生变化的风险）；远期缺口风险（远期价格由于利率变动以外的原因发生变化的风险）。

商品风险计量的到期日阶梯法。巴塞尔委员会要求，银行应针对每一种商品的风险敞口计提资本。为了反映一个时段内的远期缺口风险（有时被合称为曲度/价差风险），应对每个时段（分成七个时段）中的匹配多空头头寸计提资本，对于每个时段，匹配的多空头头寸合计应首先乘以商品的即期价格，再乘以该时段相应的价差率（价格风险系数，由巴塞尔Ⅱ给定）；相邻时段的头寸由近至远逐步进行轧差，对进一步对冲的时段中的净头寸计提额外0.6%的资本，每笔匹配头寸按上述价差率的要求计提资本要求；完成上述步骤后，得到银行最后的多头头寸或空头头寸，再对这部分头寸计提15%的资本。

商品风险计量的简易法。商品交易业务量很少的银行可以采用更简单的简易法计量商品风险资本要求。简易法下商品风险资本要求由以下两部分组成：一是方向性风险资本要求，为每种商品净多头或净空头头寸的15%；二是基差风险、利率风险和远期缺口风险资本要求，为每种商品总头寸（多头加上空头）的3%。

（五）期权风险

期权之外的普通衍生产品价值与其基础产品价值同步波动，即存在线性关系，因此，普通衍生产品可视为基础产品的多空头组合并据此计算市场风险。期权产品的价值与基础产品价值间并非线性关系，同时期权产品还有独特的风险因素，如波动率，因此期权的市场风险计量应采用特殊的方法。

标准法下有两种方法可用于计量期权风险：仅购买期权的银行可以使用简易法，同时购买和出售期权的银行则应采用中级方法（Delta+法或情景分析法）。银行期权交易量越大，越应采用更高级的方法。

简易法。在简易法下，期权及其基础工具的现金头寸或远期头寸都应单独计算一般市场风险和特定风险的资本要求，然后将计算出的资本要求加到相应风险类别（即利率相关金融工具、股票、外汇和商品）的资本要求中。对于持有现货多头和看跌期权多头或者现货空头和看涨期权多头的情况，资本要求为以基础证券的市值计算的特定风险和一般市场风险资本要求之和，减去期的内在价值，以零为下限。对于持有看涨期权多头或者看跌期权多头的情况，资本要求为以下二者较小者：一是以基础证券的市值计算的特定风险和一般市场风险资本要求之和；二是期权市值。

Delta+法。Delta+法使用敏感性参数或与期权相关的"希腊字母"计量市场风险和资本要求。在这种方法下，各期权的Delta等值头寸成为前面四种市场风险敞口头寸的一部分，要计提相应的一般市场风险资本，然后再单独对期权头寸的Gamma和Vega风险计提资本。

专栏　标准法中的希腊字母介绍

期权的价格会随着标的资产价格、波动率、利率等参数的变化而变化，在风险度量中经常使用一些被称为希腊字母的统计量来表示期权的价格变化风险。期权的风险指标所用的希腊字母有：Delta 值、Gamma 值、Theta 值、Vega 值、Rho 值等。银行风险管理中经常利用希腊字母的数值帮助建立期权对金融证券等资产的风险对冲策略。标准法的 Delta + 法中利用期权头寸的 Delta、Gamma 和 Vega 数值度量期权本身的风险。

Delta 值（δ）。Delta 又称对冲值，衡量标的资产价格变动对期权价格变动的影响程度，为期权价格变化量与资产价格变化量之比，是期权价格关于标的资产价格的一阶导数。

Gamma 值（γ）。Gamma 反映标的资产价格变动对 Delta 值变动的影响程度，为 Delta 变化量与标的资产价格变化量之比，是期权价格关于标的资产价格的二阶导数。

Vega 值（ν）。Vega 指期权价格变化对标的资产波动率（Volatility）变化的敏感性，衡量标的资产波动率变化对期权价格的影响，为期权价格变化量与标的资产波动率变化量之比。

情景分析法。情景分析法用模拟技术来计算由基础工具价格水平和波动率变动引起的期权组合的价值变动。根据这种方法，一般市场风险资本由引起最大损失的情景"网格"（即基础工具价格和其波动率变动的特定组合）决定。对于 Delta + 法和情景分析法，特定风险资本要求由期权 Delta 加权头寸乘以利率风险和股票风险部分规定的特定风险权重决定。

二、内部模型法

经监管当局批准，银行可以自行开发模型计量市场风险，从而克服标准法对风险不够敏感、对资产组合分散化的效果评估不足等缺陷。对于开展期权等复杂金融业务较多的银行，应逐步过渡到采用全面的内部模型计量资本。

对比市场风险资本计量标准法，内部模型法下市场风险资本计量除涵盖一般市场风险资本要求、特定市场风险资本要求外，还要计量新增风险资本要求（incremental risk charge，IRC）。其中一般市场风险和特定市场风险资本要求应同时计算一般 VaR 值与压力 VaR 值。新增风险资本要求反映未被风险价值模型计量的违约和评级迁移风险（default and migration risk）。巴塞尔委员会要求，银行如采用内部模型法计量特定市场风险资本要求，应同时使用内部模型计量新增风险资本要求，因此新增风险资本要求也可看作特定市场风险资本要求的一部分。

（一）VaR 模型

VaR 模型定义。在计算 VaR 值时，使用等同于 10 天价格变化的价格冲击，即最短"持有期限"为 10 个交易日。银行采用内部模型法，其市场风险资本要求为一般 VaR 值（99% 的置信区间）与压力 VaR 值之和。

专栏　VaR 方法介绍

在险价值（value at risk，VaR）是设定的置信水平和持有期限内预期的最大损失。VaR 的计算有四个关键参数：一是时间范围，即分析损失的时点，也是通常假设的持有时间，理想的情况是时间范围与组合清算所需的时间相一致，也可以先计算 1 天的 VaR 值，然后乘以 $\sqrt{T}$ 扩展为 T 天的 VaR 值；二是概率水平，其设定主要取决于风险管理者的选择，巴塞尔委员会要求，市场风险内部模型法中的一般市场风险使用99% 的置信区间；三是概率密度函数，通常假设为正态分布，但在实际尾部分布比较"厚"时，正态分布假设下计算的 VaR 常低估风险，即存在模型风险；四是同一资产组合内不同资产间的相关性，计算资产组合 VaR 时通常要假设相关系数。

VaR 的计算方法常用的有三种：一是参数正态模型，二是历史模拟模型，三是蒙特卡罗模拟模型。

参数正态模型假设收益率服从正态分布，以此为基础计算资产组合收益率的联合分布。历史模拟模型对市场因素的标准分布不做假定，由历史数据计算置信水平下的最大损失。这种方法理论简单、容易理解，但如果市场因素未来分布与历史分布差异较大，则计算结果可能误差较大。此外，历史模拟模型要求所有交易都要集中定价，计算量非常大，对 IT 系统和风险管理水平要求较高。蒙特卡罗模拟模型与历史模拟模型比较相似，只是资产收益率不是历史数据而是计算机模拟出来的。蒙特卡罗模拟模型所生成的大量情景有助于灵活应对各种情况，从而得出更可靠的结论，但这种方法需要良好的计算设备条件。

使用内部模型法的条件。银行使用模型计量资本要求时，必须采用下述最低标准。一是 VaR 值必须每日计算；二是为计算 VaR 值而选择的历史观测期（样本期）最短限于 1 年；三是银行必须每个月至少更新一次数据集，且只要市场价格发生重大变化，就要对其重新评估，如果监管当局认定价格波动性显著上升，也可以要求银行使用更短的观测期计算其 VaR 值；四是银行可以辨别各类风险类别之间的实证相关性；五是银行模型必须准确反映各项大的风险种类中与期权相关的特殊风险，银行模型必须体现期权头寸的非线性价格特征，银行应最终能对期权头寸或有期权特性的头寸应用 10 天价格冲击，每家银行的风险计量系统都必须有一组风险因子，以反映期权基础工具的利率、汇率和价格波动性。

压力 VaR。按照巴塞尔 Ⅱ.5 的要求，内部模型法下除计算一般

VaR 值外还应计算压力 VaR 值，即假设相关市场因素处于压力状态下，银行现有资产组合的 VaR 值。具体地说，压力 VaR 值是指以现有资产组合在连续 12 个月显著金融压力情景下的历史数据为基础，计算 10 天持有期、99% 单侧置信区间的 VaR 值。对于采用内部模型法的银行，其一般市场风险资本要求为一般 VaR 值与压力 VaR 值之和。压力 VaR 值的计算方法与一般 VaR 值相同，为"上一交易日压力 VaR 值（一般 VaR 值）"与"最近 60 个交易日压力 VaR 值（一般 VaR 值）的均值与乘数因子乘积"两者中的较大者，其中乘数因子至少为 3。

市场风险因子的设定。设定适当的市场风险因子集，即影响银行交易头寸价值的市场利率和价格，是银行内部市场风险计量系统的重要组成部分。市场风险计量系统中的风险因子应足以反映银行表内外交易头寸组合的内含风险。

压力测试要求。使用内部模型法计量市场风险资本要求的银行，必须有一套严格而全面的压力测试程序。压力测试用于识别可能对银行造成重大冲击的事件和影响。压力测试情景需涵盖一系列可能对交易组合产生重大损失或收益的，以及使该组合风险难以控制的因素。这些因素包括所有主要风险类型中的小概率事件。压力测试情景应反映此类事件对具有线性和非线性价格特征的头寸造成的影响，压力测试的结果应定期与高级管理层和董事会沟通。

模型的验证及返回检验要求。银行应当设定程序，确保内部模型由独立于开发过程之外的合格验证团队进行充分验证，验证应当在模型初始设计以及对模型有重大改变时进行，特别是当市场结构发生显著变化以及资产组合的构成改变可能导致模型的适用性明显下降时，验证还应定期进行。银行应比较每日的损益数据与内部模型产生的 VaR 值数据，进行返回检验，依据最近一年内突破次数确定市场风险资本计算的附加因子。

（二）特定风险

采用内部模型法计量特定市场风险资本要求的条件。内部模型法可用于计量利率风险和股票风险的特定市场风险资本要求，使用内部模型法应当满足以下具体要求：一是内部模型应包含所有引起价格风险的重要因素，可解释交易组合的历史价格变化，可反映集中度风险、与基础工具相关的基差风险及事件风险；二是银行模型必须保守地估计缺乏流动性的头寸和在真实的市场情景中价格不完全透明的头寸的风险；三是模型必须达到最低数据标准，采用代理变量数据仅在可用数据不充分或不能反映头寸或资产组合的真实波动性时使用。

模型的返回检验的特殊要求。银行用来验证特定风险估计的方法，应该对资产组合的各个子资产组合用每日数据进行独立的返回检验；银行应该确定资产组合各个组成部分的结构并且一直沿用，如变更则必须有充分理由并知会监管当局；银行应建立相关机制来分析在特定风险返回检验中发现的异常情况，必要时立即采取措施去修正模型。

计量新增风险的资本要求。商业银行如采用内部模型法计量特定市场风险资本要求，应同时使用内部模型计量新增风险资本要求。新增风险是指未被 VaR 模型计量的与利率类及股票类产品相关的违约和评级迁移风险。银行的新增风险模型应充分考虑产品或组合的流动性期限，即在压力市场条件下，以不影响市场价格为前提，平仓或完全对冲新增风险所需的期限。流动性期限不得低于 3 个月。银行的新增风险模型应充分考虑违约和评级迁移事件的相关性，但不得考虑新增风险与其他市场风险因素的对冲或分散化效应。

三、交易账户下对审慎估值的要求

当交易账户头寸的流动性较弱时，市场价格就难以准确反映头寸的真实价值，市场风险的计量也就缺少了可靠的基础，因此必须建立审慎的估值框架。按照巴塞尔 Ⅱ.5 的要求，审慎估值框架主要包括以下内容。

审慎估值系统和控制手段。银行必须建立并保持有效的交易账户估值系统和控制手段，以使管理层和监管当局相信估值过程是审慎和可靠的。具体要求包括：一是具有明文规定的估值政策和程序，包括估值过程涉及的各个部门的职责、市场信息来源以及对这些来源的审查、独立估值的频率、收盘价的时间选择、估值调整程序，不定期的检验程序；二是具有明确、独立于前台的报告路线，报告应最终送至一位负主要责任的董事会执行董事。

估值方法。交易账户的估值方法包括盯市估值和模型估值。采用盯市法对头寸估值应逐日进行，银行必须尽可能用盯市的方法估值，其好处是收盘价往往有独立的信息来源，并且很容易得到。当盯市存在困难时，银行可以根据模型估值，即从一些市场参数推算或计算出交易头寸的价值。根据模型估值要格外谨慎，尽可能使用被广泛认可的估值方法对特殊产品进行估值，风险管理部门应该认识到所使用模型的缺陷，估值模型应当受到定期审查，以确保其精确性。

除此之外，银行需要至少每月一次对市场价格或模型参数进行独立的价格验证，并建立进行估值调整或提取准备金的程序。考虑到银行在正常市场条件下卖出或对冲头寸可能无法满足 VaR 模型的 10 天持有期假设条件，因此银行应该为流动性较差的头寸进行估值调整或提取准备金，并对其恰当程度进行持续检查。此外，银行还应当考虑对集中的头寸和/或账龄长的头寸的收盘价进行估值调整或提取准备金。

第五节　操作风险

对于银行来说，操作风险并不是一个全新的概念，无论管理水平如何提升都难以完全消除操作风险。相反，在全球金融系统加速发展、信息技术取得革命性突破的背景下，随着金融市场的全球化、复杂化和网络化，金融服务范围不断扩大与金融产品日益丰富，操作风险的多样性和复杂性日益受到重视。国际资本监管框架中针对操作风险的风险计量和资本要求是在巴塞尔Ⅱ中规定的。

一、操作风险的定义

一般性的操作风险所造成的损失通常是频繁的，例如柜员操作失误、会计处理不当、设备短时故障、小额内部舞弊等造成的损失。这类操作风险的可预测性较高，通常可以通过内部控制等相关制度的完善来预防和降低。而诸如自然灾害、突发事件、大额内部舞弊、越权交易等造成的金融机构业务中断或其他严重状况的发生，可能会造成更为巨额的操作风险损失，甚至威胁到金融机构的存亡。这类风险既难以预测，也难以通过制度的完善来降低和消除。

专栏　操作风险的实例

操作风险的案例非常多，以下列举几个具有典型性的、造成巨额损失的实例。

1. 1994 年美国橘子郡破产（缺乏内部控制）

橘子郡位于美国加利福尼亚州南部，因盛产柑橘而得名，是加州最富有的地区之一，却于 1994 年 12 月不得不宣布财政破产。导致橘子郡政府破产的原因在于其财务投资主管 Robert Citron 认为自 1982 年利率从高位开始下降后，利率将会进入一个非常长期的向下调整阶段，所以他开始用通常所说的"借短投长"的投资策略进行操作，即将市政基金以及借入的短期资金投资于长期债券以获得盈利。同时，Citron 通过将已投资的长期债券进行抵押的方式进行资金借贷，将市政基金的杠杆率提高到了三倍以上的水平。而这些所有的操作都是由其一人决定的，无论是投资规模及投资杠杆的确定都没有得到内部控制的有效监督和制约。1994年初，联邦货币储备局开始提高利率，从最低点5%左右一直提高到将近8%的水平，一年中把利率提高将近300个基点，使投资者纷纷抛长期债券买入短期债券来回避利率上升的风险，这样导致了长期国债的价格大幅下降，同时短期借款的利息不断上升，造成橘子郡的投资基金产生高达17亿美元的巨额损失。

2. 1995年英国巴林银行事件和1995年日本大和银行纽约分行事件（大额内部舞弊）

巴林期货公司新加坡分公司的总经理Nick Leeson本来职责是在新加坡货币市场和大阪外汇市场上代巴林客户买卖衍生产品，并替巴林从事套利，这两种工作基本上没有太大的风险。因为代客操作的风险由客户自己承担，交易员只是赚取佣金，而套利行为也只赚取市场间的差价，只要对交易员设定限额就不会造成过大损失。但是，Leeson设立了秘密账户来掩盖由于其及下属员工的工作失误造成的交易损失。为了减小这些交易损失，Leeson不断地加大交易头寸。但是由于对日经指数的错误判断，这些交易造成巴林银行损失十多亿美元，超过了其8.6亿美元的总价值，最终导致该行被荷兰国际集团（ING）接管。

日本大和银行纽约分行执行副主席Toshinide Iguchi最初在其负责的交易活动中损失了几十万美元，为了掩盖这些损失，他开始卖出大和银行纽约分行保管账户上的美国国债，并通过伪造账目来进行掩饰。这些国债部分是大和银行为客户代为购买的，部分是该行自身的投资。为使卖出债券行为不被发现，Iguchi必须按时向客户支付被卖出债券的利息，Iguchi只能通过卖出更多的债券并伪造更多的账目来实现这一目的。至Iguchi公开承认自己的违法行为之时，他总计卖出了约3.77亿美元的客户投资债券以及7.33亿美元的本行投资债券，共计亏损大约11亿美元。

3. 2005年美国万事达卡国际集团事件（外部犯罪）

美国万事达信用卡国际公司2005年6月17日晚宣布，一名黑客高手利用与电脑病毒类似的脚本程序侵入了信用卡业务系统，获取了包括用户姓名、银行账户在内的大批用户资料，可能造成4 000多万用户的数据资料被窃。最先发现泄密的是万事达信用卡国际公司的安全专家。他们在追踪一系列盗用信用卡进行金融欺诈的案件时发现，漏洞都指向位于亚利桑那州的信用卡系统解决方案公司。这家公司专门替银行和商家处理信用卡和其他支付方式的业务，其客户包括万事达公司，以及维萨、美国运通等一些美国主要的信用卡公司。

4. 2001年纽约"9·11"恐怖袭击（突发事件）

2001年9月11日，美国遭遇恐怖主义袭击，确认死亡人数近6 000人，失踪者人数难以统计。世贸中心双塔及周围5幢建筑物倒塌，包括五角大楼在内的多幢建筑严重受损，4架民航班机被毁。据纽约市审计官员估计，"9·11"事件造成的建筑等财产直接损失达340亿美元，人员伤亡造成的损失110亿美元，灾区现场清理和抢救费为140亿美元。十年间，世贸双塔原来的所在地一直是一个大坑，被美国人称为"零度地带"。而为了这片"零度地带"的修复重建，美国政府集合了大批建筑精英，拿出了多种设计方案，才于2006年开始动工。然而，原本定于今年完工的新世贸大厦由于工程缓慢、费用超标，完工日期被一次次拖延至2015年，整个项目的预计花费也增加到了180亿美元。这些只是"9·11"事件造成的经济损失的九牛一毛。针对"9·11"事件，保险公司涉及的保险理赔数高达6万起，给出的损失金额在402亿美元左右。纽约曼哈顿岛是跨国金融公司的云集之处，据有关方面估计，"9·11"给他们带来的损失在100

亿美元以上。办公室设在世贸大楼上的公司损失更加惨重，他们的业务几近瘫痪，大量数据丢失，其中包括著名的国际信托银行、肯珀保险公司、帝国人寿保险公司、摩根士丹利金融公司、美国商品期货交易所等。同时，美国股民开始恐慌性抛售股票，导致股市暴跌。一周内，道琼斯指数、纳斯达克指数和标普指数分别下降14.3%、16.1%和11.6%，估计股票缩水1.4万亿美元。

　　巴塞尔 II 将操作风险明确定义为："操作风险是指由不完善或有问题的内部程序、人员及系统或外部事件所造成损失的风险。本定义包括法律风险，但不包括策略风险和声誉风险。"该定义基于操作风险发生的原因，并且将原因归结为四个因素：内部程序、人员、系统及外部事件。内部原因主要体现为内部程序、人员和系统的不适当，例如人为失误、内部舞弊、内部控制程序不完善、信息技术存在漏洞等，由内部原因造成的操作风险通常可以通过适当的内部管理措施来进行预防和减少。外部原因则有更多的不确定性，例如外部欺诈、盗窃、黑客攻击、恐怖袭击、自然灾害等，由外部原因造成的操作风险通常既难以预测又难以预防。同时，该定义明确操作风险包括法律风险，但不包括战略风险和声誉风险，即在第一支柱的风险资本要求中不必涵盖策略风险和声誉风险，这两类风险将在第二支柱中予以考虑。

　　对操作风险进行计量的关键是对操作风险损失进行合理的估计，操作风险所造成的损失可以分为直接损失和间接损失。直接损失是指直接源于相关事件的损失，而间接损失则是指为解决操作风险事件所需花费的代价和相关的机会成本，在第一支柱下是否应当涵盖操作风险的间接损失是各方争论的焦点。与上述战略风险和声誉风险的处理方式一样，巴塞尔委员会认为在计算第一支柱下的资本要求时，并不包括操作风险的间接损失，也不包括相关的系统性风险。出于监管目的，巴塞尔委员会对直接损失进行了更具体的规定，见表5.13。

表 5. 13 巴塞尔协议中有关直接损失的类型和定义

事件类型（level 1）	定义	事件类型（level 2）	事件实例（level 3）
内部错误	由于欺诈、挪用财产或规避管制、法律或公司政策这一类的行为所致的损失	未被授权活动	未报告的交易（故意隐瞒）
			未被授权的交易造成经济损失
			头寸估价错误（故意错报）
		盗窃和欺诈	欺诈/信用欺诈/不实存款
			盗窃/勒索/贪污/抢劫
			盗用资产
			恶意损毁资产
			伪造
			支票造假
			走私
			盗用账户/冒名顶替/其他
			税务违规/避税（恣意）
			贿赂/回扣
			内幕交易（不用本行账户）
外部欺诈	由于第三方的欺诈、挪用财产或规避法律行为所导致的损失	盗窃和欺诈	盗窃/抢劫
			伪造
			支票造假
		系统安全	黑客破坏
			盗窃信息造成资金损失
就业制度和工作场所安全事件	违反劳动合同法、就业、健康或安全方面的法规或协议，个人工伤赔付或者因歧视及差别待遇事件所导致的损失	劳资关系	薪酬，福利，劳动合同终止后的安排
			有组织的工会行动
		环境安全性	一般性责任（滑倒和坠落等）
			违反员工健康及安全规定
			劳方索偿
		歧视及差别待遇事件	所有涉及歧视的事件
客户、产品及商业活动	由于意外或疏忽而导致未对特定客户尽到专业责任（包括诚信责任和适当性要求），或是由于产品性质或设计缺陷所导致的损失	适当性、信息披露和诚信	违背受托人责任/违反制度
			适当性/披露问题（了解你的客户等）
			违规披露零售客户信息
			泄露隐私

事件类型（level 1）	定义	事件类型（level 2）	事件实例（level 3）
客户、产品及商业活动	由于意外或疏忽而导致未对特定客户尽到专业责任（包括诚信责任和适当性要求），或是由于产品性质或设计缺陷所导致的损失	适当性、信息披露和诚信	强制销售
			为多收手续费反复操作客户账户
			滥用机密信息
			贷款人责任
		不适当的商业或市场行为	反垄断
			不当交易/市场行为
			市场操纵
			内幕交易（使用本行账户）
			未被当局许可的活动
			洗钱
		产品缺陷	产品缺陷（未经许可等）
			模型误差
		客户选择、业务推广及风险敞口	未按照制度要求对客户进行调查
			超过客户风险敞口限额
		咨询活动	对于咨询活动的成果存在争议
实物资产损失	由于自然灾害或其他事件造成实物资产丢失或损害所导致的损失	灾害或其他事件	自然灾害损失
			外部原因造成的人为损失（恐怖主义、人为破坏）
业务中断及系统故障	由于业务中断及系统故障所导致的损失	系统	硬件
			软件
			通信
			使用中断
执行、交付和流程管理	由于与交易对手或供应商之间失败的交易处理或流程管理所导致的损失	交易认定、执行和维护	误传
			数据录入、维护或下载错误
			超过最后期限或未履行责任
			模型/系统误操作
			会计处理差错/主体归集错误
			未履行其他义务
			交割实物
			抵押品管理失误
			交易相关数据维护

续表

事件类型（level 1）	定义	事件类型（level 2）	事件实例（level 3）
执行、交付和流程管理	由于与交易对手或供应商之间失败的交易处理或流程管理所导致的损失	监测和报告	未能完成强制性的报告义务
			不准确的外部报告造成经济损失
		招揽客户和文件记录	客户许可/免责声明缺失
			法律文件缺失/不完整
		客户/企业客户账户管理	未经批准进入账户
			客户信息记录错误造成经济损失
			因疏忽导致客户资产损坏
		交易对手	与同业交易处理不当
			与同业交易对手方的争议
		外部销售商和供应商	外包
			与外部销售商的纠纷

二、操作风险的计量方法

巴塞尔II将操作风险纳入监管资本要求，银行可以根据基本指标法、标准法和高级计量法来计量操作风险。

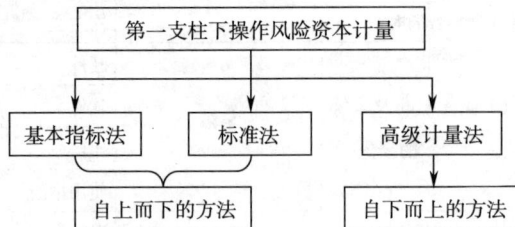

图5.8　操作风险资本计量

操作风险的计量方法中，基本指标法和标准法都属于"自上而下"的方法，所谓"自上而下"是指由监管机构根据其所收集行业风险资本数据，制定统一的资本计提标准。这类方法不必确认损失事件和损失原因，只是从一个外部宏观角度进行简单统一的计量。这两类方法均选用收入作为计量指标，较为易于操作，但是无法体现各个银行的特点。

高级计量法属于"自下而上"的方法，银行要利用内部的数据，通过模型来计量操作风险，再进行资本配置。高级计量法需要对银行内部事件进行识别，是从微观角度对操作风险进行计量，较为复杂，但是能够提高风险敏感度。"自下而上"的方法更能够说明银行的操作风险是如何形成的以及为什么要计量资本，但是需要银行内部拥有强大的数据库资料。

（一）基本指标法

基本指标法（the basic indicator approach，BIA）是操作风险计量方法中最为简单的一种方法，巴塞尔委员会使用总收入指标来衡量操作风险的暴露程度，其中总收入为净利息收入与净非利息收入之和。操作风险资本要求为商业银行前 3 年（总收入为正年度）的总收入平均值与某一固定比例（α）的乘积，目前 α 定为15%。

基本指标法是最易于执行的方法，无须商业银行开发高级模型，特别是在损失数据库不完备的时候是可选的过渡性办法，较为适用于中小规模银行采用。但是，由于该方法对商业银行的产品品种、业务结构等因素均未予以考虑，使操作风险计量结果缺乏风险敏感性。

（二）标准法

标准法分为一般标准法（the standardised approach，TSA）和替代标准法（the alternative standardised approach，ASA）。

1. 一般标准法

一般标准法以商业银行各业务条线的总收入为基础计量操作风险资本要求。

商业银行的业务划分为公司金融、交易和销售、零售银行、商业银行、支付和清算、代理服务、资产管理、零售经纪 8 个业务条线。各业务条线总收入乘以相应的操作风险资本系数（见表5.14），加总后得出操作风险资本要求。

表5.14 操作风险一般标准法下各业务条线的资本系数

业务条线	操作风险资本系数
零售银行、资产管理、零售经纪业务	12%
商业银行、代理服务业务	15%
公司金融、支付和清算、交易和销售	18%

2. 替代标准法

2004年6月，巴塞尔委员会建议可以采用替代标准法来计量操作风险，一旦商业银行获准采用替代标准法，则在没有监管当局允许的情况下，不得再使用一般标准法。

与一般标准法相比，替代标准法打破了单一使用收入指标的做法，而是将商业银行的业务区分为零售银行业务和商业银行业务。对于零售银行业务，使用总贷款代替总收入，乘以操作风险资本系数（12%）；对于商业银行业务，使用总贷款代替总收入，乘以操作风险资本系数（15%）；两类业务的资本系数均需进一步乘以0.035。总操作风险资本要求为零售银行业务资本要求、商业银行业务资本要求与其他业务资本要求之和。替代标准法的业务条线归类原则、对应系数和计算方法与标准法相同。

对除零售银行和商业银行以外的业务条线的监管资本，可以按照一般标准法计算，也可以用其他业务条线的总收入之和与18%的乘积代替。

标准法同样无须商业银行开发高级模型，风险敏感性较基本标准法有所提高，但是其没有考虑各个条线之间的相关关系，风险计量依然是粗线条的。

（三）高级计量法

操作风险高级计量法（advanced measurement approach，AMA）是指银行在符合定量和定性标准的情况下，通过内部操作风险计量系统计算监管资本要求。其中，定性标准包括较完善的操作风险管理流程、风险报告体系、计量系统的验证、内外部审计等；定量标准包括确保能够捕捉低频高损的尾部事件，能够按照巴塞尔委员会规定的7类损失事件和8个业务条线分别计量操作风险资本并具备合理加总能力等。根据巴塞尔Ⅱ的规定，使用高级计量法应获得监管当局的批准。

　　银行在建立操作风险内部计量系统时，必须考虑四项核心要素：内部损失数据、外部损失数据、情景分析以及业务经营环境和内部控制。其中，内部损失数据须有至少5年的观测期（如初次使用高级计量法，可使用3年的历史数据）。外部数据应包含实际损失金额数据、损失起因事件、涉及业务条线等信息，且银行必须对外部数据配合采用基于情景分析的专家判断，确定严重风险事件下的风险暴露水平。银行要对自身业务经营环境和内部控制因素进行分析，并在可能情况下，将这些因素转换成为模型中可计量的定量指标。在高级计量法下，也允许银行在计量操作风险时认可所投保的保险的风险缓释作用，并规定了保险的资格条件，但合格保险的缓释作用不超过操作风险总资本要求的20%。

　　本章根据巴塞尔资本监管框架的规定，从信用风险、市场风险和操作风险三个主要风险类别，分别介绍了银行风险计量和资本计提的主要原理和方法。巴塞尔资本框架的不断成熟和完善对于指导和监督银行提高风险管理水平和危机应对能力起到了积极的推动作用。作为资本监管的核心内容，巴塞尔委员会规定的风险和资本计量框架是适应银行风险日趋复杂的需要，也反映了20世纪70年代以来金融学科和风险管理技术的最新成果，有利于提高资本监管框架的风险敏感性，适应不同银行在风险和风险管理方面的差异。然而，2007年以来的国际金融危机表明，现有的资本监管框架有待完善。为此，巴塞尔委员会重新审视巴塞尔Ⅱ规定的资本监管框架体系，提出应当继续完善现行资本充足率计量规则，提高资本充足率指标的有效性；在追求风险敏感性的资本充足率框架之外，应当引入不具有风险敏感性的杠杆率作为资本充足率的补充；在资本监管之外，应当制定全球统一的流动性监管标准，加强流动性风险监管。

第六章 资本监管（三）：杠杆率

2007 年末，巴塞尔 II 刚刚开始实施，就爆发了美国次贷危机，并很快演变成为席卷全球的国际金融危机。危机中，处于暴风眼的大型金融机构资本严重不足，无法有效抵御其面临的损失，引发了国际社会对资本监管的全面反思。引入杠杆率（Leverage Ratio），弥补巴塞尔 II 的内在缺陷，提高资本监管的有效性，成为国际社会的共识。2009 年 3 月，巴塞尔委员会成立了杠杆率工作组，负责推进全球统一的杠杆率监管标准的研究设计工作。2010 年 12 月，巴塞尔委员会基于工作组的研究成果，正式发布了全球统一的杠杆率监管标准，将其作为巴塞尔 III 的重要组成部分。巴塞尔 III 发布之后，针对杠杆率实施中存在的问题，巴塞尔委员会启动了对杠杆率国际监管标准的修订工作。2014 年 1 月，《巴塞尔 III 杠杆率框架和披露要求》（以下简称杠杆率修订框架）正式发布，杠杆率成为资本监管的核心指标之一。

第一节 杠杆率的提出及意义

杠杆率并不是一个新的监管工具。在 1988 年巴塞尔 I 发布之前，美国、日本、加拿大等国监管当局都对本国银行提出了不同形式的杠杆率要求。这些杠杆率大都采取简单的股本比资产的形式①，不按风险对资产进行分类，即不具有风险敏感性。国际金融危机爆发后，国际社会

---

① 美国在采用杠杆率之前，使用资本/负债的比例来衡量资本的充足程度，评价资本对银行债权人的保护程度。卢森堡在采用资本充足率之前，也采用了类似的监管比例。

重拾对杠杆率的热情，寻求建立全球统一的杠杆率标准。

一、危机的教训

本次金融危机显示，危机前西方国家主要商业银行的资本充足率并不能真实反映其杠杆程度和资本充足状况。一方面，商业银行呈现出高资本充足率、低杠杆率的状况，商业银行的资本充足率和杠杆率出现了明显的偏离；另一方面，高资本充足率并不表明商业银行风险程度较低或有更强的风险抵御能力。危机中，一些国际大型银行在面临重大经营损失的情况下，资本严重不足，不得不由政府出面救助。

（一）高资本充足率，低杠杆率

图6.1显示了金融危机期间部分发达国家一级资本充足率、杠杆率和损失的总体情况，其中：杠杆率采用的是简单的股本对资产的比值，损失为相关国家银行因为危机遭受的总损失，包括账面损失、资产减计等。如图6.1所示，德国、瑞士等国家的一级资本充足率和杠杆率出现了很大幅度的偏离，其一级资本充足率都在9.5%以上，但是杠杆率低于2%，即杠杆倍数（即杠杆率的倒数）在50倍以上。从一级资本充足率和杠杆率与损失的关系看，杠杆率与损失具有较强的负相关性（杠杆率越高，损失占总资产的比例越低），而一级资本充足率与损失

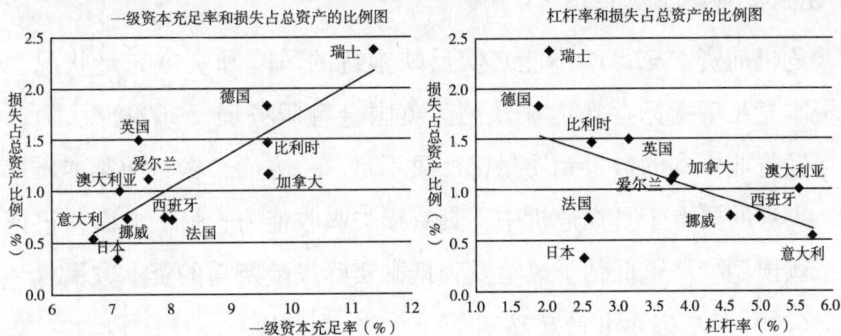

数据来源：Bloomberg, Worldscope, Thomson Reuters Datastream, OECD.

图6.1　杠杆率与资本充足率

的相关性较弱，甚至存在正相关（资本充足率越高，损失占总资产的比例也越高）。对德国、瑞士、比利时、英国等国家，高资本充足率与高损失同时并存，表明一级资本充足率基本不能反映其杠杆化程度。

危机过程中，高资本充足率不能反映银行真实的资本充足程度，引起了监管当局的广泛关注。在英国伦敦政治学院的一次演讲中，瑞士央行时任副行长 Hildebrand（2008）指出，尽管从资本充足率角度看，瑞士最大的两家银行瑞士联合银行和瑞士信贷资本非常充足，资本充足程度在国际大型银行中居于前列；但是，从杠杆率角度看，该两家银行的资本严重不足。据经济合作与发展组织（OECD）统计，危机中，该两家银行累计损失高达 723 亿美元，远高于其可用弥补损失的一级资本总额。表 6.1 是世界银行（2009）对瑞士联合银行、瑞士信贷和德意志银行杠杆率和一级资本充足率状况的研究。从表中可以看出，该三家国际大型银行的一级资本充足率都在 10% 以上，但其杠杆率（以股本对资产总额计算）均在 3% 以下。

表 6.1　　　　　3 家国际大型银行的一级资本充足率和杠杆率情况

	德意志银行	瑞士信贷	瑞士联合银行
杠杆率	2.8%	2.9%	2.6%
一级资本充足率	10.1%	13.1%	11.5%

数据来源：World Bank（2008 年 12 月底）。

危机前资本充足率不能真实反映银行的风险和资本充足状况，表明资本充足率指标存在内在缺陷。英国金融服务局（2009）认为，危机前银行业资本的数量和质量都严重不足。一方面，银行的资本质量下降，大量的资本工具在危机中不具有损失吸收能力；另一方面，银行过度依赖模型，严重低估了风险及为抵御实际风险所需的资本数量。

（二）对巴塞尔Ⅱ的反思

资本充足率指标的失效，引发了对巴塞尔Ⅱ的全面反思。巴塞尔Ⅱ制定过程中备受争议的资本定义有待完善、模型套利、顺周期性和监管框架过于复杂等问题重新浮上水面，成为巴塞尔委员会修订巴塞尔Ⅱ和制定巴塞尔Ⅲ的出发点。

1. 资本定义

在巴塞尔Ⅱ中，遗留了一个悬而未决的问题，即合格资本定义问题。1988 年，巴塞尔Ⅰ明确了监管资本的构成，提出监管资本由一级资本和二级资本构成，并以列举的方式明确哪些资本工具可以作为一级资本或二级资本。1996 年，巴塞尔委员会发布的《关于市场风险资本的补充规定》进一步提出了三级资本的概念。巴塞尔Ⅱ基本维持了原有的资本定义框架。但是，针对 20 世纪 90 年代资本工具创新的发展，巴塞尔委员会于 1998 年 10 月发布《纳入一级资本的合格资本工具》的通告（由于该次巴塞尔委员会会议在悉尼召开，通常称为《悉尼通告》），对创新资本工具是否可以纳入一级资本作出声明。通告限制创新性资本工具不得超过一级资本的 15%，同时强调普通股应当是银行资本的主要组成部分。2006 年，巴塞尔委员会在发布巴塞尔Ⅱ时，重申了《悉尼通告》的要求，并提出将把资本定义问题作为一个长期研究问题，待巴塞尔Ⅱ正式实施后再就是否修订资本定义作出决定。

危机表明，修改资本定义、确保监管资本有效吸收损失，已经迫在眉睫。2006 年巴塞尔Ⅱ发布以来，国际活跃银行监管资本呈现出资本构成日趋复杂、资本质量下降的特点。一方面，创新资本工具不断增多，成为银行补充资本的重要方式。据欧洲银行监管委员会的统计，截至 2006 年 12 月 31 日，欧盟境内的商业银行和投资银行发行的一级混合资本工具的规模达到 2 100 亿欧元，创新资本工具成为银行补充资本的重要方式。据英国金融服务局统计，1998—2007 年，英国银行业发行了约 1 000 亿英镑的一级混合资本工具，约占同期英国银行业募集的外部资本来源的 66%。另一方面，随着混合资本工具的规模不断扩大，种类也越来越多，其资本和债务特征的组合也越来越多样，各种类型资本的性质各不相同，影响了资本的内在统一性，同时，由于混合资本工具并不具备普通股的永久性特征和吸收损失的能力，银行资本的整体质量下降。实践表明，危机中银行的核心一级资本以外的其他资本构成没有起到吸收损失的作用。主要原因是，对于具有债务性质的混合资本工具，在危机当中银行并不能采取推迟或取消利息支付的措施，因为一旦银行采取这些措施，将向市场发出负面信号，影响商业银行在市场上对外融资和筹集资本的能力，甚至对银行的流动性造成负面影响。危机中，受市场波动影响，银行的交易账户出现严重损失，银行并没有如预期通过三级资本吸收损失，而是不得不增加股本来抵御风险，表明核心一级资本以外的其他工具并没有起到吸收损失的作用。修订后的资本定义应确保资本具有良好的损失吸收能力，成为国际社会的共识。

2. 模型套利问题

巴塞尔Ⅱ通过允许银行采用内部模型计算监管资本要求，提高了资本充足率的风险敏感性，但是也增加了银行监管套利的可能。从银行角度来说，银行追求利润最大化的特点使其存在降低资本要求的冲动。为降低资本要求，其可能通过调整模型参数、改变样本数据等方式实施监管套利。从监管当局角度来说，由于监管当局和银行存在信息不对称，监管当局无法通过外部监管来有效控制银行的逆向选择行为。模型套利使银行的资本要求大幅降低，影响了银行的风险抵御能力。英国金融服务局（2009）基于对英国银行业的调查结果分析了银行内部模型的缺陷，认为内部模型普遍存在参数估计不审慎，高估风险分散化效应等问题，导致通过其计算得出的银行资本要求往往较低。英国金融服务局的调查结果显示，英国主要银行采用内部模型计量的资本要求比标准法下的资本要求低30%～50%。

在模型套利之外，内部模型的广泛运用还使模型风险的问题日益突出。与模型套利通过人为地调整模型参数降低资本要求不同，模型风险指的是银行输入数据不准确或时间序列太短、模型设计存在缺陷、对尾部事件考虑不足以及模型运用出现偏差等因素造成的模型无法真实反映资产风险并由此给银行带来损失的风险。危机中，广泛在银行市场风险管理中运用的 VaR 模型受到了严厉的批评，其主要原因就是危机表明该模型严重低估了银行面临的风险，包括不能有效捕捉交易账户的信用风险和流动性风险、对尾部风险估计不足、捕捉基准风险不足等。从根本上说，模型是对现实的简化，这种简化可能与现实存在不一致，甚至相差甚远，从而带来了模型风险，即风险评估的风险（risks about risk assessment）。模型风险的存在，表明银行和监管当局在评估自身资本充足性时，应当充分考虑到模型本身评估风险不准确可能影响到对风险和资本要求的判断。在资本充足率之外，引入不具有风险敏感性的资本监管底线要求，成为提高资本监管有效性的一个可行选择。

3. 顺周期性问题

在提高风险敏感性的同时，相比于巴塞尔 I，巴塞尔 II 的顺周期性也明显加强。由于在巴塞尔 II 框架下，资本要求是违约概率（PD）、违约损失率（LGD）和违约损失风险敞口（EAD）的函数。这些参数随着经济周期的波动而波动，在经济上行时期，违约概率和违约损失率往往较低，以其计算得出的资本要求也相对较低，推动银行在经济上行周期的信贷扩张；在经济下行周期，违约概率和违约损失率往往较高，相应的资本要求也较高，加剧了银行信贷紧缩。资本要求与经济周期同向变动，在经济过热时期助长了经济泡沫，在经济下行周期则加大了经济下行压力。巴塞尔 II 的顺周期性可以从违约概率等参数的变化对资本要求的影响看出。例如，按照巴塞尔 II 的信用风险内部评级法公式，如果假定一笔 1 年期的贷款的违约损失率不变，恒定为 45%，违约概率从 1% 上升至 3%，将导致资本要求从 6.21% 上升至 9.32%，上升约 50%。资本要求相对于违约概率大幅度的变化将对金融机构和实体经济造成严重冲击，在经济下行周期，银行往往很难从市场获得融资，其将不得不大幅度收缩业务，从而形成信贷紧缩，对经济造成严重的负面影响。

　　巴塞尔Ⅱ的顺周期性使巴塞尔委员会考虑采取进一步措施缓解资本充足率的顺周期性。实际上，在制定巴塞尔Ⅱ的过程中，巴塞尔委员会就已经意识到巴塞尔Ⅱ框架存在的顺周期性，并考虑通过多种方法来缓解最低资本要求的顺周期性，这些方法包括使用长期数据估计违约概率、引入经济下行周期违约损失率，以及适当校准将损失估计参数转换为监管资本要求的风险权重函数等。巴塞尔委员会还进一步要求银行开展压力测试，通过考虑压力时期信用资产组合的风险迁移来缓解资本要求的顺周期性。巴塞尔Ⅱ.5和巴塞尔Ⅲ进一步强化了这些要求，例如在巴塞尔Ⅱ.5中，要求采用压力VaR计算市场风险资本要求，并要求银行加大压力测试力度，确保银行资本能够有效应对压力时期的损失。巴塞尔Ⅲ则提出，一些国家或地区监管当局提出的缓解最低资本要求顺周期性的方法，可以作为参考：一是欧洲银行监管委员会提出的在第二支柱下运用经济下行周期的违约概率代替上行周期的违约概率作为内部评级法的参数的方法；二是英国金融服务局提出的通过引入乘数（scalar），将银行违约概率模型输出值转变为跨周期估计值的方法。

　　4. 复杂性问题

　　巴塞尔Ⅱ在赋予银行对多种不同资本计量方法进行选择的同时，也进一步加大了资本监管框架的复杂性。复杂的资本监管框架既加大了银行理解和实施的难度，也给监管当局的监管工作带来了困难。在监督银行有效实施巴塞尔Ⅱ框架时，监管当局既要检查银行风险暴露的情况，又要对银行使用的高度复杂的模型进行评估，其中既包括对数据质量的评估，也包括对模型的适用性和科学性的评估，这都大幅度加大了监管当局的成本，并可能影响到监管的有效性。

二、杠杆率的引入及其功能

　　针对巴塞尔Ⅱ存在的问题，国际社会对资本监管框架进行了深入的反思。其中一个重要的建议就是在风险敏感的加权资本充足率之外，引入简单的、不具有风险敏感性的杠杆率作为资本充足率的补充。2009年以来，巴塞尔委员会积极推进了全球统一的杠杆率监管标准的研究，并于2010年正式引入杠杆率指标，作为巴塞尔Ⅲ改革的核心内容之一。

（一）杠杆率的设计及其修订

针对危机中发现的资本充足率指标存在的问题，2009年4月，G20伦敦峰会提出，巴塞尔委员会应当设计一个更为简单的指标加强对银行杠杆化程度的监测，作为以风险为基础的资本计量的补充。根据G20的要求，2009年3月，巴塞尔委员会成立了补充措施工作组（Supplementary Measures Working Group，后更名为杠杆率工作组），研究设计不以风险计量为基础的资本监管工具，作为资本充足率的补充。巴塞尔委员会提出，在设计杠杆率时应当遵循以下原则：一是杠杆率应当简单、透明，且一般不进行风险加权；二是杠杆率的分子应当是高质量的资本；三是杠杆率的分母应当同时覆盖表内资产和表外项目；四是杠杆率分母应当主要采用会计方法计量，并确保其全球一致性。经过历时一年半的研究，杠杆率工作组形成了杠杆率的基本设计方案并提交巴塞尔委员会审议。2010年7月，巴塞尔委员会决策委员会通过了该方案，并初步确定杠杆率的监管标准为3%。2010年9月，巴塞尔委员会决策委员会确定了包括杠杆率在内的资本和流动性监管标准的一揽子过渡期安排。2010年12月，巴塞尔Ⅲ正式发布，其第151段至第167段对杠杆率的目标、定义、计量方法和过渡期安排作出了规定，正式引入了简单、透明、不具有风险敏感性的杠杆率指标，作为资本充足率的补充。

巴塞尔Ⅲ发布后，一方面，由于各国会计准则存在差异，对杠杆率框架下衍生产品、证券融资交易等敞口的计量方法存在不同的理解，影响了全球实施的一致性；另一方面，部分国家监管当局认为，考虑到信用衍生产品的高风险特性，应当进一步严格信用衍生产品的杠杆率标准。同时，2012年6月以来，巴塞尔委员会对国际银行监管理念和资本监管框架进行了反思，提出监管框架应当进一步简化，提高规则的可比性和一致性。国际社会普遍认为，作为简单、透明的指标，杠杆率应当在国际银行监管框架中发挥更为重要的作用。为此，2012 年以来，巴塞尔委员会启动了杠杆率国际规则的修订工作。2013 年 6 月，巴塞尔委员会发布了杠杆率修订框架（征求意见稿），就修订后的杠杆率国际标准在全球征求意见。2014 年 1 月，经巴塞尔委员会决策委员会审议通过，修订后的杠杆率国际规则正式发布。

（二）杠杆率的功能

巴塞尔委员会认为，作为简单、透明、不具有风险敏感性的监管工具，杠杆率主要有两个方面的功能：一方面，杠杆率可以限制银行体系过度杠杆化，减少"去杠杆化"对金融体系和实体经济的损害；另一方面，杠杆率为以风险计量为基础的资本充足率提供了一个监管资本要求的底线（backstop）。

杠杆率是兼具宏观审慎和微观审慎功效的政策工具。在微观审慎层面，杠杆率对资本充足率形成有益补充，防止银行使用内部模型进行监管套利，确保银行体系维持一定水平的合格资本。由于银行内部风险管理模型的准确性和可靠性受制于模型参数和假设前提的合理性，采用不具有风险敏感性的杠杆率指标，也能够防止模型风险，弥补银行内部风险管理模型可能存在的缺陷。同时，通过为金融机构和金融体系设定资本下限，要求银行采用高质量的一级资本来满足，也有利于确保金融体系维持一定水平的合格资本，增强银行的损失吸收能力。在宏观审慎层面，杠杆率能够起到逆周期调节的作用，有利于防止金融机构资产负债表的过度扩张，控制金融体系杠杆化程度的非理性增长和系统性风险的增加。通过设定杠杆率限额，在经济上行周期，杠杆率的实施可以控制金融机构过度杠杆化；在经济下行周期，则可以减少金融机构"去杠杆化"带来的冲击，有利于降低金融体系的顺周期性。

将杠杆率作为资本充足率的补充，有利于弥补巴塞尔 II 的缺陷。杠杆率坚持以高质量的资本为其分子，与巴塞尔委员会改进资本定义，提高资本质量的改革方向一致，有利于防止资本构成的日益复杂带来的资本质量下降问题；杠杆率不以风险计量为基础的特点，使其不再依赖于评估风险的模型，有利于防止模型套利和模型风险；不以风险计量为基础的特点，在牺牲了风险敏感性的同时，也有利于缓解监管要求的顺周期性；杠杆率简单的特点，还可以防止巴塞尔Ⅱ框架下资本充足率规则日趋复杂带来的问题，在确保银行持有一定水平的合格资本的同时，减少银行实施和监管当局监督的成本。通过同时采用资本充足率和杠杆率作为资本监管工具，巴塞尔资本框架在维持了资本监管风险敏感性，激励银行改进风险管理的同时，可以防止由于风险判断失误带来的风险，确保银行体系具有充足的风险抵御能力。

1. 杠杆率的逆周期调节作用

本次国际金融危机表明，金融体系的顺周期性放大了金融体系和实体经济的波动，对金融稳定和实体经济发展存在严重的负面影响。国际社会已经达成共识，应当通过宏观审慎监管来管理时间维度的系统性风险，缓解金融体系的顺周期性。杠杆率作为兼具宏观审慎和微观审慎功效的工具，具有逆周期调节的作用。在其他条件不变的情况下，假定银行规模不变且未实施主动资产负债管理，基于资本充足率的资本要求随时间波动，存在顺周期性。在经济上行周期，由于交易对手的违约概率和损失率较低，内部模型法下的资本充足率要求较低；在经济下行周期，则正好相反，资本要求较高。但是，杠杆率的资本要求基本稳定，在经济上行周期，有利于防止银行资本水平下降，有效约束银行的资产规模扩张；在经济下行周期，则有利于防止过度去杠杆，维护银行体系的稳定。

2. 杠杆率和资本充足率的关系

巴塞尔Ⅲ规定，杠杆率的监管标准为3%，该监管要求仅作为监测要求，不作为强制性监管要求。巴塞尔委员会将在 2017 年考虑是否将

杠杆率纳入第一支柱要求，即将3%作为强制性监管标准。由于杠杆率
的分子与一级资本充足率的分子相同，将杠杆率与一级资本充足率相
比，最能体现二者之间的对比。图6.2反映了银行受到杠杆率和一级资
本充足率约束的情况。由于巴塞尔Ⅲ规定的一级资本充足率的最低要
求为6%，加上2.5%的储备资本要求后，一级资本充足率要求为
8.5%。图中横虚线表示的是杠杆率的监测要求，纵虚线表示的是一级
资本充足率（及储备资本）的监管要求，图中斜实线反映了杠杆率和
一级资本充足率的对比情况，斜实线下方的银行，杠杆率对其起主要约
束作用，即杠杆率要求的资本水平高于一级资本充足率要求的资本水
平；斜实线上方的银行则正好相反。

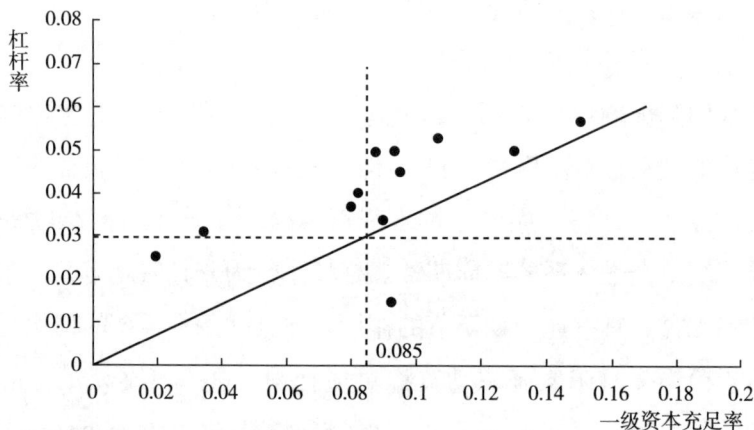

图6.2　杠杆率与资本充足率的关系

　　对于一家银行，是杠杆率还是一级资本充足率起主要约束作用，实
际上反映了该银行的风险加权资产相比于杠杆率敞口的状况①。如果一
家银行的风险加权资产相比于杠杆率敞口小于35.3%（3%/8.5%），
则即使其满足了8.5%的一级资本充足率要求，也不能满足3%的杠杆

---

　　① 由于两个指标分子相同，杠杆率/一级资本充足率=风险加权资产/杠杆率敞口，图6.2实
线以下的部分，该比率小于35.3%（3%/8.5%）。

率要求；反之，如果一家银行的风险加权资产相比于杠杆率敞口大于35.3%，则只要其满足了8.5%的一级资本充足率要求，便一定满足3%的杠杆率要求。一家银行的风险加权资产对杠杆率敞口的比例很低，可能是多种原因造成，一种原因是该银行主要从事低风险的业务，经风险加权后，银行的风险加权资产真实反映了其资产的风险状况；另一种原因可能是银行通过监管套利或由于模型风险等因素的影响，较低的风险加权资产没有真实反映其资产的风险状况。正是在后一种情况下，杠杆率对资本充足率起到了有益的补充作用①。

三、各国的实践

在巴塞尔委员会形成全球统一的杠杆率国际规则之前，一些国家，如美国和加拿大已经采用杠杆率作为资本监管的重要指标。危机爆发后，瑞士监管当局也引入了杠杆率指标，作为加强对大型银行监管的重要措施。考虑到各国监管规则的差异，巴塞尔委员会需要在这些国家监管实践的基础上，形成全球统一的杠杆率国际标准。在制定国际标准时，巴塞尔委员会还需要充分考虑各国会计准则的差异，以确保杠杆率标准全球实施的一致性。

（一）美国

美国监管当局从1982年开始引入杠杆率，作为评估银行资本充足状况的指标。1988年巴塞尔Ⅰ发布后，美国监管当局按照巴塞尔Ⅰ修改了本国的监管规则，将风险加权的资本充足率作为资本监管的主要指标，但同时维持将杠杆率作为资本监管的指标之一。美联储、货币监理署和联邦存款保险公司1989年发布的资本监管规则规定，杠杆率为一级资本和调整后的总资产（adjusted total assets）的比值。调整后的总

---

① 从该角度看，风险加权资产和杠杆率敞口的比值可以作为一个很好的分析工具，分析银行是否低估了其风险加权资产。如果两家银行的经营模式相同，其比值应当大体相当，如果二者存在较大差异，很可能比值低的银行低估了其风险。

资产为总资产减去应当从一级资本中扣除的无形资产和递延税项。美国监管当局规定，杠杆率的最低监管要求为 4%；骆驼评级（CAM-ELS）为 1 级且风险较为分散，资产质量、盈利、流动性和内控等良好的银行，杠杆率最低监管要求为 3%。美国监管当局同时采用有形资产比例指标，作为杠杆率的补充指标，用于确定一家银行是否资本严重不足。所谓有形资产比例是指有形股本对总资产的比值，其中，有形股本指的是一级资本和累积性永久优先股之和，扣减应当从一级资本中扣除的无形资产（允许计入一级资本的抵押贷款服务权除外）；总资产指的是表内总资产减去应当从有形股本中减去的无形资产。

　　美国监管当局根据银行的杠杆率和资本充足率状况将银行分为五类，针对不同类别的银行采取不同的监管措施。第一类银行为资本状况良好的银行（well capitalized banks），指资本充足率在 10% 以上、一级资本充足率和杠杆率在 6% 以上的银行，对第一类银行监管当局不需要采取监管措施。第二类银行为资本充足的银行（adequately capitalized banks），指资本充足率在 8% 以上、一级资本充足率和杠杆率在 4% 以上的银行（如果相关银行骆驼评级为 1 级，杠杆率在 3% 以上）。美国监管当局要求第二类银行不得在未经联邦存款保险公司同意的情况下吸收代理存款（brokered deposits）。第三类银行为资本不足的银行（undercapitalized banks），指资本充足率在 8% 以下、一级资本充足率在 4% 以下或杠杆率在 4% 以下的银行。美国监管当局要求资本不足的银行应当在资本水平低于相关要求的 45 日内制订资本恢复计划，并由其控股公司对银行按照资本恢复计划恢复资本水平提供保证。资本不足的银行除不能吸收代理存款外，监管当局还将对其采取限制资产增长、禁止其设立新的分支机构和开办新的业务、禁止其收购兼并其他机构等监管措施。第四类银行为资本实质性不足的银行（significantly undercapitalized banks），指资本充足率在 6% 以下、一级资本充足率在 3% 以下或杠杆率在 3% 以下的银行。对资本实质性不足的银行，美国监管当局将要求其通过出售股份或与其他机构合并等方式增加资本，对其采取限制与关联机构进行交易、限制其吸收存款的利率水平、限制资产增长、限制高风险业务等监管措施，并可能禁止其吸收代理行存款、禁止其对控股公司分红、要求银行更换董事和高级管理人员等。第五类银行为资本严重不足的银行（critically undercapitalized banks），指有形资本比例在 2% 以下的银行。对于资本严重不足的银行，如果银行在 90 天内不能恢复资本水平，监管当局将对其实施接管，指定联邦存款保险公司作为接管人，对其实施处置。

　　资本充足率和杠杆率的同时并存，提高了美国银行监管框架的有效性。例如，Hildebrand（2009）认为，危机表明，杠杆率对于保护美国银行业起到了良好作用。尤其是杠杆率确保银行持有一定数量的合格资本，使银行维持了一定的损失吸收能力，对于减少危机的负面影响发挥了积极作用。美联储副主席 Tarullo（2008）分析了巴塞尔 Ⅱ 实施前美国最大 10 家银行的资本充足率和杠杆率的情况，认为杠杆率发挥了资本底线的作用，即杠杆率的实施使即使在巴塞尔 Ⅱ 框架下银行资本水平大幅下降，银行仍然持有一定数量的资本，用于弥补损失。

　　（二）加拿大

　　加拿大监管当局从 1982 年起开始对银行实施杠杆率监管。加拿大的杠杆率没有采取资本/资产的比例形式，而是采用杠杆倍数的形式。1982—1991 年，杠杆倍数监管要求为不得高于 30 倍。1991 年，加拿大监管当局将该监管标准调整为不得高于 20 倍。但是，符合监管当局规定条件的银行，经监管当局批准可以采用更高的杠杆倍数，最高为 23 倍。这些条件包括：一是持有的合格资本满足最低资本要求和资本缓冲要求；二是维持有相当数量的总资本且主要在风险较低的领域运营；三是过去 4 个季度风险加权资产对资产①的比例低于

---

　　① 该资产的计算方法为表内外资产之和加上场外衍生产品风险敞口。在计算资产数额时，允许净额结算。

60%；四是具有良好的资本管理政策和程序；五是监管当局评价认为该机构运营正常；六是没有过度风险集中。相比于美国的杠杆率，除形式上采用倍数而不采用比例形式外，加拿大的杠杆倍数相应的资本和敞口的定义也与美国的杠杆率不同。加拿大的杠杆倍数中，资本为总监管资本，既包括一级资本，也包括二级资本；资产则既包括表内资产，也包括作为直接信用替代的表外项目，包括信用证和担保、与交易相关的或有债务、回购等，表外项目按照名义价值计入杠杆倍数的敞口总额。

Bordeleau 等（2009）分析了杠杆率在加拿大实施对银行业的影响，认为杠杆率的实施对于有效控制加拿大银行体系的杠杆程度发挥了重要作用。相比于没有杠杆率监管要求的英国、欧洲大陆国家，危机前加拿大银行业和主要银行的杠杆程度上升幅度明显较小。杠杆率的实施，被加拿大监管当局认为是加拿大银行在此次金融危机中受到冲击较小的重要原因。

（三）瑞士

2008 年 11 月，瑞士监管当局发布监管规定，对瑞士联合银行和瑞士信贷两家最大的银行提出杠杆率监管要求，从 2013 年起实施。作为"大而不能倒"监管政策的重要组成部分，瑞士监管当局规定，该两家银行应当同时满足资本充足率和杠杆率的相关要求。瑞士监管当局规定的杠杆率定义与美国基本相同，即分子为一级资本，分母为表内总资产。但是，为防止杠杆率的实施对本国信贷供给造成负面影响，银行在计算杠杆率分母时可以扣除其在瑞士国内的贷款。瑞士监管当局区分并表和法人机构层面提出了不同的杠杆率要求，对于并表银行集团，杠杆率应当达到 3% 以上；对于单个法人机构，杠杆率要求为 4%。瑞士监管当局同时提出，在经济上行周期，两家银行杠杆率水平应当高于上述最低监管要求，以达到逆周期调节的目的。

第二节 巴塞尔Ⅲ杠杆率

2010 年 12 月巴塞尔Ⅲ的发布，标志着杠杆率正式成为一项新的国际资本监管标准。这是巴塞尔委员会历时近两年努力的结果。依托巴塞尔委员会杠杆率工作组，巴塞尔委员会组织相关国家监管当局，对各国会计准则、监管标准以及杠杆率的各项要素进行了反复的研究和讨论，并先后组织了多轮的定量测算，研究确定了全球统一的杠杆率计量方法。2014 年 1 月，巴塞尔委员会针对实施中存在的问题，又进一步对杠杆率的计量方法进行了修订。修订后的杠杆率计量方法作为 2015 年各国国际活跃银行披露杠杆率情况的基础。根据巴塞尔Ⅲ发布时各国监管当局就杠杆率的实施时间表达成的共识，巴塞尔委员会还将在持续监管全球杠杆率情况的基础上，在 2017 年以前对杠杆率的定义和监管要求水平做进一步评估，并将根据评估结果确定是否从 2018 年 1 月 1 日起将杠杆率作为第一支柱监管要求，即作为强制性监管要求。

一、杠杆率的形式和分子

巴塞尔委员会 2014 年 1 月发布的杠杆率修订框架规定，巴塞尔Ⅲ杠杆率采用比例形式，即

$$杠杆率 = \frac{资本}{敞口} \tag{6-1}$$

其中，资本为巴塞尔Ⅲ框架下的一级资本净额，敞口（exposure）为调整后的表内外资产总额。

该规定统一了杠杆率的表达形式，即巴塞尔委员会没有采用加拿大的杠杆倍数表达方式，而是采用了美国的杠杆比率表达方式。该规定在 2010 年 12 月发布的巴塞尔Ⅲ中首次确立，并得到了延用。之所以采

用比例方式，其主要目的是保持和一级资本充足率等加权风险资本充足率指标的直接可比性。

在杠杆率的分子上，巴塞尔委员会选择了一级资本净额。考虑到巴塞尔Ⅲ框架下的一级资本及其扣减项从 2013 年起逐步实施，在过渡期内，杠杆率将采用过渡期内的一级资本定义，即在过渡期内，杠杆率的分子将和资本充足率的分子保持一致，直至 2018 年 1 月 1 日以后全面采用巴塞尔Ⅲ框架下的一级资本定义。之所以采用一级资本作为杠杆率的分子，主要是基于巴塞尔委员会设计杠杆率时提出的杠杆率的分子应当为高质量资本的原则。巴塞尔委员会认为，杠杆率采用的资本应当是维护银行正常经营的资本，而不应是倒闭情况下用于吸收损失的资本。但是，考虑到不同层次资本（包括二级资本）均有其功用，巴塞尔委员会表示，其将在过渡期内持续收集数据，评估采用核心一级资本和总监管资本作为杠杆率分子的影响。

二、杠杆率敞口的计量

本次危机中，表外业务成为金融机构损失的重要来源。巴塞尔委员会明确，杠杆率敞口应当全面覆盖表内和表外各项资产。考虑到衍生产品和证券融资交易（security financing transactions）既可能形成表内资产，也会在表外项目中体现，巴塞尔委员会将杠杆率敞口分为四个部分：表内资产、衍生产品、证券融资交易、表外项目，并对各个部分的敞口及其子项目提出了不同的计量方法。在计量杠杆率敞口时，巴塞尔委员会提出了以下原则：一是杠杆率敞口应主要采用会计方法计量，即主要根据会计准则确定相关敞口的大小；二是杠杆率敞口不应承认风险缓释。该两大原则是杠杆率简单、不以风险计量为基础两大特征在计量方法中的具体体现。主要采用会计方法，既有利于维持杠杆率的简单性，也易于为业界和利益相关者所理解。在各国会计准则趋同的背景下，还有利于保证银行间杠杆率的可比性①。不考虑风险缓释，是杠杆率不以风险计量为基础特性的必然要求，同时也有利于防止增加杠杆率计量复杂性的问题。巴塞尔委员会规定，根据主要采用会计方法的原则，在计量表内资产和非衍生产品资产时，可以按照会计准则的规定从敞口中扣除专项准备，进行相应的会计估值调整。根据不承认风险缓释的原则，各种抵质押品、担保和其他信用风险缓释（如购买信用违约互换）都不应从敞口中扣减，存款和贷款也不得相互轧抵。

（一）表内资产

在计量杠杆率敞口时，应当将所有表内资产纳入到敞口中。在计量表内资产时采用会计方法，即杠杆率敞口中的表内资产敞口将与会计报表保持一致。为保证杠杆率分子、分母的一致性，从一级资本中扣除的项目应当相应从杠杆率敞口中扣除。根据巴塞尔Ⅲ，应当按照相关规定从一级资本中扣除的项目包括商誉和其他无形资产、递延税资产、现金流套期储备、贷款损失准备缺口、资产证券化销售利得、银行自身信用风险变化导致其负债公允价值变化带来的未实现损益、确定受益的养老金资产净额、库藏股和商业银行之间通过协议相互持有的各级资本工具等。

（二）衍生产品

在巴塞尔资本监管框架中，衍生产品敞口的计量是一个难点。计量的困难来源于衍生产品风险暴露的不确定性和双边性：不确定性是指衍生产品的风险敞口随着市场价格而波动；双边性是指在交易过程中，交易金融工具的市值对于交易的一方来说既可能是正值，也可能是负值，因而交易的任何一方都存在损失的可能。

---

① 本次国际金融危机之后，国际社会积极推进了国际会计准则（IFRS）和美国通用会计准则（US GAAP）两大主要会计准则的趋同工作，但进展缓慢。两大会计准则对贷款损失准备计提和衍生产品净额结算的会计处理仍有较大的差异。

1. 主要会计和监管计量方法

在会计上，衍生产品资产的计量主要有两种方法：市值（market value）和名义本金（notional amount）。市值指的是按照公允价值会计计量的衍生产品合约的当期价值，即在特定时点的市场价值；名义本金指的是衍生产品合约的面值，即衍生产品基础资产的价值。一方面，名义本金不能反映交易对手方之间的风险敞口，也不能反映交易双方应当对对手方的支付义务，而是可能远远大于风险敞口值。以利率互换为例，交易的一方对另一方仅应支付根据互换利率计算的利息的差额，而不支付特定互换利率下的基础资产总额①。另一方面，市值也不能完全反映交易双方的风险敞口。市值仅是在特定时点下衍生产品的市场价值，但是在合约存续期间或终止的时候，由于衍生产品合约的价格随市场价格波动，在另一个时点，衍生产品合约的价值既可能更大，也可能更小。考虑到市值和名义本金都无法准确反映衍生产品的风险敞口，巴塞尔资本协议基于交易对手信用风险的计量方法，对衍生产品敞口的计量作出了规定。在巴塞尔Ⅱ中，衍生产品敞口有三种计量方法：现期风险暴露法、标准法和内部模型法。三种方法中，标准法由于过于复杂，银行基本不采用该方法，从而使现期风险暴露法成为内部模型法以外的唯一选择。

在市场实践中，金融机构缓释交易对手信用风险的常用方法主要有两种：一种方法是要求交易对手方提交保证金，包括初始保证金（initial margin）和可变保证金（variation margin）。初始保证金是金融机构根据交易对手的信用资质和可能开展的各种交易类型要求交易对手提交的保证金，用于弥补与交易对手交易可能带来的总体损失；可变保

① 假设A银行和B银行达成一项名义本金为100万美元的利率互换合约，A银行同意每年以10%的固定利率支付给B银行（即10万美元），B银行则按当期的浮动利率支付给A银行。在结算日，A银行与B银行之间相互支付的既不是基础资产价值（100万美元），也不是应支付的利息，而是基础资产按当期浮动利率计算的利息和按10%的固定利率计算的利息之间的差额，该数值将远远小于100万美元。

证金是金融机构根据特定衍生产品交易合约市值变化要求交易对手提交的保证金。一般情况下，衍生产品合约价值为正值的一方可以要求另一方提交可变保证金。在市场实践中，金融机构一般每日对衍生产品合约进行估值，并根据估值结果交换可变保证金。另一种风险缓释方法是净额结算（netting），指在特定情况下（一般为交易对手方违约或破产），当交易双方存在多项衍生产品合约时，对衍生产品合约的市值进行轧差，并按所得的净值进行支付的方法。净额结算有利于减少金融机构的交易对手信用风险敞口，降低整个市场的风险敞口水平；也有利于在一方出现违约或破产时，提高结算或清算效率，避免受制于繁琐的法律程序。

2. 杠杆率框架下衍生产品的计量方法

在本次国际金融危机中，衍生产品业务，尤其是信用衍生产品业务是引发系统性危机的重要原因。主要表现为：第一，衍生产品助推了住房抵押贷款证券化的扩张，放大了房地产市场泡沫。通过购买衍生产品（主要是信用衍生产品），投资者加大了对住房抵押贷款证券的购买力度，使住房抵押贷款证券化的规模不断扩大，对房地产市场泡沫起到了推波助澜的作用。房地产市场泡沫的破裂，是引发金融危机的第一推动力。第二，衍生产品交易成为金融机构损失的重要来源。场外衍生产品不透明、杠杆程度高的特点，使很小的市场波动就可能给金融机构带来巨大的损失，并成为一些金融机构倒闭的重要原因。危机爆发后，一些金融衍生产品丧失流动性，加大了其估值的难度，给金融机构进一步带来了损失。第三，衍生产品交易增加了金融机构的关联度，放大了风险传染。衍生产品交易将金融机构紧密地联系在一起，使一家金融机构的损失很快传导给其他金融机构，引发了整个金融体系的危机。

考虑到衍生产品尤其是信用衍生产品在危机中的负面作用，在制定巴塞尔Ⅲ的过程中，巴塞尔委员会拟从资本约束的角度强化对衍生产品的监管。在2009年12月发布的巴塞尔Ⅲ（征求意见稿）中，巴塞尔委员会提出，将区分信用衍生产品和其他衍生产品采用不同的计量方法，信用衍生产品采用名义本金，其他衍生产品采用现期风险暴露法或市值。同时，在计量衍生产品敞口时不允许净额结算。在征求意见过程中，不允许净额结算和卖出信用衍生产品采用名义本金计量敞口受到了强烈的反对。在反复研究业界意见的基础上，2010 年 12 月发布的巴塞尔Ⅲ调整了衍生产品的计量方法，对包括信用衍生产品在内的各类衍生产品统一采用现期风险暴露法，同时允许采用巴塞尔Ⅱ框架下的净额结算。在确定现期风险暴露法下的重置成本时，采用根据会计准则计量的市值。

巴塞尔Ⅲ发布之后，其有关杠杆率框架下衍生产品计量的规则就受到了质疑。质疑主要来源于两个方面：一是巴塞尔Ⅲ文本解释的问题。一方面，巴塞尔Ⅲ规定，在计量杠杆率敞口时，不承认风险缓释；另一方面，在衍生产品敞口计量方法上，巴塞尔Ⅲ又规定采用巴塞尔Ⅱ规定的现期风险暴露法，而现期风险暴露法允许在计算衍生产品敞口时扣除抵质押品。二是国际会计准则和美国通用会计准则差异带来的问题。美国通用会计准则规定，在计量衍生产品市值时，应当扣除收到的质押现金。而在国际会计准则下，无论现金还是非现金抵质押品，都不允许从衍生产品市值中扣除。因此，巴塞尔Ⅲ有关杠杆率框架下衍生产品的计量规则，既无法保证全球实施的一致性，也与杠杆率框架的其他规则相互矛盾，其核心问题是是否允许从衍生产品敞口中扣除抵质押品。经反复讨论，巴塞尔委员会在 2014 年 1 月发布的杠杆率修订框架中，进一步明确了杠杆率框架下衍生产品的计量方法：（1）衍生产品敞口采用现期风险暴露法计算；（2）在计算重置成本时，允许符合巴塞尔Ⅱ规定的合格净额结算；（3）不允许从衍生产品敞口中扣除抵质押品，但现金形式的可变保证金（cash variation margin）除外。修订后的杠杆率框架在坚持杠杆率不承认风险缓释的原则的基础上，考虑到现金形式的可变保证具有的支付性质，将其视为对偿付义务的支付而非抵押品，对可变保证金做了变通处理，允许合格可变保证金从衍生产品敞口中扣除。

3. 信用衍生产品敞口的计量

除文本解释和全球实施不一致的质疑外，2010 年巴塞尔Ⅲ中的信用衍生产品敞口计量规则也因其不够审慎受到了质疑。巴塞尔Ⅲ发布后，一些国家监管当局提出，应当根据信用衍生产品敞口的特殊性对其采取特殊的计量方法。信用衍生产品实质上有两种风险暴露：一种是随合约价值变化的交易对手信用风险敞口；一种是基于信用衍生产品标的实体（reference entity）信用状况变化的信用风险敞口。现期风险暴露法捕捉了前一种敞口，但并不能有效覆盖后一种敞口。根据相关国家监管当局的建议，巴塞尔委员会在 2012 年启动杠杆率框架修订时，将信用衍生产品计量方法审查作为重要议题之一。2014 年 1 月，巴塞尔委员会发布的杠杆率修订框架，修改了信用衍生产品敞口的计量方法。巴塞尔委员会提出，为捕捉与标的实体相关的敞口，在计量卖出信用衍生产品（written credit derivative）敞口时，除应当按照现期风险暴露法计量其交易对手信用风险敞口外，还应将信用衍生产品的名义本金纳入信用衍生产品敞口中[①]。

（三）证券融资交易

在巴塞尔Ⅲ框架下，证券融资交易是指交易价值取决于市场估值确定且通常要求提供现金或证券作为抵押品的交易，包括回购、逆回购、融资融券等。证券融资市场是西方国家金融机构的主要融资市场之一。

1. 证券融资交易的计量

在本次危机中，证券融资交易成为系统性风险的主要来源，主要表现在以下方面：第一，证券融资交易呈现出很强的顺周期性。危机中，

---

① 该计量方法与债券等现金金融工具计量方法保持一致，有利于防止监管套利。

随着市场状况恶化，证券融资交易的折扣系数（haircut）大幅上升，增加了金融机构的融资困难，使其不得不通过出售资产的方式满足其资金需要。资产的火线出售（fire sale）导致资产价格进一步下降，资产估值减少，证券融资交易的折扣进一步上升，市场形势进一步恶化。形成了"资产价格下降—融资难度加大—资产火线出售—资产价格进一步下降"的恶性循环，对金融市场造成严重的负面冲击。第二，证券融资交易成为金融机构相互关联和风险传染关键渠道。危机中，一些大型金融机构高度依赖短期证券融资交易作为其主要融资来源，并将取得的资金用于长期资产投资，存在严重的期限错配问题。一旦证券融资交易的资金出借方不愿提供融资或减少融资，就产生证券融资交易市场的挤兑问题，引发大型金融机构的流动性危机，从而产生"多米诺骨牌"效应，促使更多的金融机构出现流动性问题。

作为加强对证券融资交易监管的重要组成部分，巴塞尔委员会认为证券融资交易是银行资产负债表杠杆的重要来源，要求将其纳入杠杆率敞口的范围。2010年12月，巴塞尔委员会发布巴塞尔Ⅲ，规定证券融资交易的敞口应当采用会计方法计量，允许采用巴塞尔Ⅱ框架下的净额结算。巴塞尔Ⅲ发布后，该规定很快受到了业界的质疑，主要原因是国际会计准则和美国通用会计准则对证券融资交易的会计处理不同，简单地规定采用会计计量方法带来了全球实施的不一致性问题。国际会计准则和美国通用会计准则的差异主要体现在两个方面：一是券券交易（security for security）的会计计量方法不同。在融券交易中，如果该交易为券券交易（即交易一方对另一方借出证券，借入证券的一方以证券为质押），在美国通用会计准则下，借出证券一方将在会计报表中体现收到的质押证券，从而导致其资产增加。而在国际会计准则下，借出证券的一方并不将质押证券纳入其资产负债表内。该差异导致在券券交易下，适用美国通用会计准则的银行的敞口将大于适用国际会计准则的银行。二是净额结算的差异。尽管两大会计准则的差异较小，但总体上国际会计准则规定的合格净额结算的条件比美国通用会计准则严格。采用巴塞尔Ⅱ框架下的净额结算同样面临会计准则差异带来的问题，例如，由于美国通用会计准则将券券交易中的质押证券计入会计敞口，导致净额结算结果存在差异。

　　针对证券融资交易计量存在的困难，巴塞尔委员会在2011年9月专门成立了杠杆率专家工作组，工作组主席由杠杆率工作组主席兼任，负责推进证券融资交易敞口计量方法的研究。基于杠杆率专家工作组的研究成果，2014年1月发布的杠杆率修订框架明确了证券融资交易的计量方法。证券融资交易的敞口应当包括两个部分：第一部分是依据会计方法计量的证券融资交易总额，在计量时不承认净额结算，但针对两大会计准则的差异，允许适用美国通用会计准则的银行从敞口中扣除其确认在表内资产中的质押证券金额。在符合下列条件时，允许银行将与同一个交易对手交易收到的现金和付出的现金轧差：交易的最终结算时间相同；无论是在正常经营的条件下还是在交易对手方违约、资不抵债或破产的情况下，该轧差在法律上是有效的；交易双方有采用净额结算和多笔交易同时结算的意图，或交易机制表明双方意图是以净额方式结算[①]。第二部分是交易对手信用风险敞口，采用巴塞尔Ⅱ框架下计量证券融资交易风险敞口的标准法计算。在存在净额结算总协议的情况下，为银行借出的各项现金和证券之和与从交易对手收到的各项现金和证券之和的差额；在不存在净额结算总协议的情况下，为该笔证券融资交易中，银行借出的现金或证券与从交易对手收到的现金或证券的差额[②]。

　　杠杆率修订框架同时还明确了在银行代理证券融资交易时相关敞口的计量方法以及符合买断（卖断）会计处理条件的证券融资交易的

---

　　① 为达到该标准，证券融资交易应当通过同一个结算系统结算，且结算安排以现金或隔夜信用体系支持，确保相关交易在工作日终了时进行，且抵质押品的交换不会影响净额现金结算。

　　② 在上述两种情况下，当差额小于零时，敞口为零。

计量方法。在银行代理证券融资交易的情形中，一般情况下，银行会对交易双方支付义务的差额提供担保。在此情况下，该差额部分应当计入银行的杠杆率敞口，在计量时只需计入证券融资交易敞口中的第二部分，即交易对手信用风险敞口部分。在银行开展的符合买断（卖断）会计处理条件时，考虑到交易的实质仍是回购交易，巴塞尔委员会认为会计的计量方法不够审慎，要求将其视为回购交易计量其敞口。

2. 证券融资交易的净额结算问题

净额结算问题是杠杆率框架下证券融资交易敞口计量的难点。2010年12月发布的巴塞尔Ⅲ规定，在计量证券融资交易敞口时，允许采用巴塞尔Ⅱ规定的净额结算。2013年6月，经过杠杆率专家工作组的深入研究后，巴塞尔委员会在其发布的杠杆率修订框架（征求意见稿）中提出，证券融资交易敞口应当采用总额方法计算，即不允许净额结算。之所以不允许净额结算，巴塞尔委员会主要有两个方面的考虑：第一，不允许净额结算有利于控制系统性风险，从本次危机看来，证券融资交易的资本要求过低，且一些券商利用净额结算条款相互之间大量交易，加大了系统性风险。第二，考虑到不同会计准则关于净额结算的差异，不允许净额结算可以避免全球实施不一致的问题。同时，不允许净额结算有利于防止计量方法过于复杂。由于杠杆率修订框架（征求意见稿）进一步提高了证券融资交易的杠杆率要求，业界表示了强烈反对。反对意见认为，巴塞尔委员会没有准确估计实施新的计量方法可能对金融市场带来的负面影响，包括加大市场的融资成本、减少市场的流动性、影响货币政策的有效实施等。经过反复斟酌后，巴塞尔委员会最终采纳了国际金融市场协会（Global Financial Markets Association, GFMA）的建议，在计量证券融资交易敞口时允许有限制的净额结算，即符合巴塞尔委员会规定条件的证券融资交易方可采用净额结算，且净额结算只适用于交易中的现金部分，即允许应收和应付的现金相互轧差。

（四）表外项目

在本次国际金融危机中，表外项目成为金融机构监管套利的重要渠道。为进一步加强对表外项目的监管，巴塞尔委员会在启动杠杆率国际标准研究时，就明确提出杠杆率敞口应当将表外项目包含在内。2010年12月发布的巴塞尔Ⅲ确定，除可无条件撤销承诺采用10%的信用转换系数（CCF）外，其他表外项目应当以100%的信用转换系数纳入到杠杆率敞口中。巴塞尔委员会认为，之所以采用严格的信用转换系数，其主要是确保杠杆率作为资本底线工具的功能，防止由于计量方法不准确可能带来的风险。

100%信用转换系数受到了国际商会等国际组织的质疑。国际商会等国际组织认为，巴塞尔委员会在制定国际规则时没有考虑其对贸易融资可能造成的负面影响。2010年11月，G20首尔峰会提出，应当对监管制度可能对贸易融资产生的负面影响进行评估。根据G20的要求，巴塞尔委员会从2010年底开始启动对相关国际规则对贸易融资影响的研究，包括杠杆率框架下100%的信用转换系数对贸易融资的影响及是否需要对规则进行修改。巴塞尔委员会经过历时近一年的研究后，在2011年10月发布了《巴塞尔框架下贸易融资的处理》的报告，报告认为，杠杆率框架采用100%的信用转换系数是符合巴塞尔委员会的政策意图的，不应进行修改。巴塞尔委员会重申了杠杆率作为简单、非风险为本的资本监管工具的性质，并强调为维持杠杆率的资本底线功能，不应改变现有100%信用转换系数的做法。

在修订巴塞尔委员会杠杆率框架的过程中，巴塞尔委员会进一步审视了表外项目的计量方法，并就此征求了业界的意见。业界普遍反对采用100%的信用转换系数，认为该系数过高，与实际情况不符，且可能影响贸易融资等对实体经济极为重要的领域。同时，2013年6月，欧盟发布的《资本监管令》打破了巴塞尔委员会要求表外项目信用转换系数为100%的规则，在其杠杆率规则中规定，贸易融资的信用转换系数为 20% 或 50%。综合考虑业界意见，同时也为了维持全球实施的一致性，防止地区间的不公平，巴塞尔委员会在 2014 年 1 月发布的杠杆率修订框架中，将表外项目的计量方法调整为采用巴塞尔Ⅱ框架下的标准法确定信用转换系数，但不得低于 10%，即在计量表外项目的杠杆率敞口时，巴塞尔Ⅱ信用风险标准法下信用转换系数为零的可无条件撤销承诺①的信用转换系数为 10%。

三、特殊问题

在杠杆率国际规则的制定过程中，巴塞尔委员会对研究过程中发现以及业界反映的问题进行了深入讨论，有的问题最终以特殊规定的方式写入了巴塞尔委员会的杠杆率文本中。下面介绍三个具体的问题：是否从杠杆率敞口中扣除现金和现金等价物的问题，通过中央交易对手清算的衍生产品的特殊处理问题以及按月末平均值计算季度杠杆率问题。

（一）现金和现金等价物

在杠杆率框架征求意见过程中，业界普遍认为，现金和现金等价物应当从杠杆率敞口中扣除。有些业界意见甚至认为，应当将扣除范围进一步扩大到优质流动性资产。其主要理由是现金和现金等价物等没有任何的风险，而资本的主要作用是用于抵御风险和吸收损失。同时，相关意见也认为，将现金和现金等价物等从杠杆率敞口中扣除，有利于鼓励银行持有优质流动性资产，这也正是巴塞尔委员会流动性风险框架的目标；而如果不扣除，将与巴塞尔委员会流动性风险框架的目标相抵触。巴塞尔委员会经反复讨论后，在 2010 年 12 月发布的巴塞尔Ⅲ和 2014 年 1 月发布的杠杆率修订框架，都没有同意业界的意见。巴塞尔委员会认为，作为不以风险计量为基础的资本监管指标，杠杆率的目标

---

① 可无条件撤销承诺包括银行无须通知、可随时撤销的承诺，也包括由于借款人信用质量下降而可以撤销的承诺。

除确保银行持有资本以抵御损失外，还包括控制银行的杠杆程度，而现金和现金等价物等可能成为银行杠杆的来源。同时，流动性高低是一个相对的概念，如果按照流动性高低的标准来定义资产是否应从杠杆率敞口中扣除，将带来监管标准滑坡（slippery slop）的问题，即在确定流动性相对较高的资产应当从杠杆率敞口中扣除后，流动性相对较低的资产将会以同样的理由要求从敞口中扣除。

（二）通过中央交易对手清算的衍生产品

在西方发达国家，衍生产品清算可以采用双边清算的场外方式（over the counter），也可以采用中央交易对手（central counterparty）清算的方式式。中央交易对手是在金融市场上充当中间交易商的清算机构，为确保交易的正常履行，中央交易对手居间成为合约的交易对手方，即同时作为买方和卖方的交易对手方，使原本专属于交易双方的合约调整成为两个合约，由交易双方分别与中央交易对手签订合约。中央交易对手清算一般采取会员制，即金融机构应当成为中央交易对手的清算会员（clearing member），方可通过中央交易对手清算。不是中央交易对手清算会员的金融机构，如希望通过中央交易对手清算，需要通过清算会员进行。在美国和欧洲金融市场上，中央清算的交易模式存在差异。欧洲金融市场采用交易主体模式（the principle model），即作为清算会员的金融机构承担类似中央交易对手的功能，同时与非清算会员金融机构和中央交易对手签订合约，作为非会员金融机构和中央交易对手的交易对手方。美国金融市场采用模式为代理模式（the agent model），即非会员金融机构直接与中央交易对手形成交易合约，清算会员仅作为代理人。一般情况下，其对中央交易对手承担非会员金融机构违约的担保责任，但不对非会员金融机构承担中央交易对手的违约责任。欧洲和美国金融市场的不同中央清算交易模式带来了杠杆率敞口计量的公平性问题。由于在欧洲金融市场上，清算会员同时成为非会员金融机构和中央交易对手的交易对手方，对于一笔衍生产品交易，其需要同时计量两个合约的敞口。而在美国金融市场上，由于清算会员仅作为代理人，其不需要计量合约的敞口。当其承担非会员金融机构违约的担保责任时，只需计量非会员金融机构一端的敞口，即单个合约的敞口。

为解决不同金融市场交易模式差异带来的监管不公平问题，同时考虑到 G20 提出的鼓励场外衍生产品采取中央交易对手清算方式的政策目标，巴塞尔委员会在杠杆率修订框架中明确，采取交易主体清算模式的银行，如果其不对非会员金融机构承担中央交易对手违约的担保责任，可以从敞口中扣除对合格中央交易对手①的交易敞口（trade exposure）；采取代理清算模式的银行，如果作为清算会员的银行对中央交易对手承担非会员金融机构违约的担保责任，其应当将担保部分纳入到杠杆率敞口中。

（三）月末平均问题

2010 年发布的巴塞尔 III 提出，杠杆率应当按季度统计，采用季度内三个月的月度平均数值计算。之所以采用月度平均，主要理由是有利于防止银行通过操纵会计数据，人为调整杠杆率数值。但是，该规定受到了相关国家监管当局的广泛质疑。这些监管机构认为，考虑到计算一级资本（杠杆率的分子）和杠杆率敞口（杠杆率分母）所需的一些估值和监管调整项目只能按季度进行，按月计算杠杆率不现实。同时，该要求也导致杠杆率和资本充足率的统计频率不一致，不利于二者之间的比较。有关银行和监管机构专家指出，按月计算杠杆率，在大幅度加重银行的统计和报告负担的同时，并不能杜绝银行粉饰报表的行为，无法起到该监管要求的预期效果。为此，经过反复讨论，根据杠杆率工作组的建议，巴塞尔委员会最终取消了按月平均计算杠杆率的要求，调整为统一按季度计算杠杆率。

---

①　合格中央交易对手是指经监管当局审批设立并受到适当监管的中央交易对手。巴塞尔委员会要求，相关国家有关中央交易对手的监管规则应当符合国际支付清算委员会和国际证监会组织联合发布的有关金融基础设施的基本原则。

四、巴塞尔委员会杠杆率文本的比较

相比于 2010 年的巴塞尔Ⅲ文本，2014 年 1 月发布的杠杆率修订框架更为明确、清晰，相关敞口的计量方法也力求更准确反映相关业务的性质。与 2010 年的杠杆率规则相比，2014 年的杠杆率框架有以下特点。

更为清晰。杠杆率修订框架对包括并表范围、衍生产品抵质押品的处理方法、与中央交易对手的衍生产品敞口等在内的特定领域的政策进行了明确。由于政策的解释更为透彻详尽，2014 年发布的杠杆率规则由原来的 17 条增加到 61 条以及 2 个附件，篇幅也由原来的 3 页增加到 20 页。

更有利于全球实施的一致性。针对国际会计准则和美国通用会计准则存在的差异，杠杆率修订框架统一了衍生产品现金抵押物的计量、证券融资交易的净额结算等多个方面的规则，以便于全球使用不同会计标准的国家能够推行统一的杠杆率计量标准。

更为审慎。杠杆率修订框架对高风险、复杂型交易敞口实行更加严格审慎的计量方法，例如信用衍生产品敞口，要求将名义本金纳入敞口的计量范围，大幅度提高了卖出信用衍生产品的资本要求。

更有利于支持实体经济。杠杆率修订框架对一些支持实体经济领域的敞口实行更加宽松的计量方法。例如，2010 年的杠杆率文本规定，银行表外敞口使用 100% 的信用转换系数，对贸易融资造成了不利影响。2014 年发布的杠杆率规则调整了表外敞口的计量方法，使用巴塞尔Ⅱ标准法下的信用转换系数，该变化使贸易融资的杠杆率敞口大幅度下降，有利于贸易融资业务的开展。

更易操作。2014 年文本对一些过于复杂的计量方法进行简化。例如，2010 年杠杆率规则要求按月均计算杠杆率，2014 年文本改用季末数据计算杠杆率，使杠杆率计算成本大幅降低。

第三节　杠杆率的实施

2010 年 12 月巴塞尔Ⅲ发布后，各国先后启动了巴塞尔Ⅲ的实施。根据巴塞尔委员会设定的巴塞尔Ⅲ杠杆率标准，中国、美国和欧盟先后发布了本国（地区）的杠杆率规则。但是，巴塞尔Ⅲ的颁布并没有结束有关资本监管有效性的讨论。杠杆率应在资本监管框架中承担什么角色、发挥什么作用，成为讨论的焦点之一。

一、杠杆率的实施

2010 年 12 月发布的巴塞尔Ⅲ明确了杠杆率的过渡期安排。杠杆率的过渡期从 2011 年 1 月 1 日开始。2011 年至 2013 年为监管监测期（supervisory monitoring period），工作重点是开发模板，持续跟踪杠杆率定义的各项要素和比例情况；2013 年至 2017 年为并行期（parallel run period），巴塞尔委员会将持续监测杠杆率及其构成要素，评估杠杆率与资本充足率的关系。国际活跃银行应当从 2015 年 1 月 1 日起披露杠杆率的相关信息。巴塞尔委员会将于 2017 年以前对杠杆率的定义和校准水平进行评估，考虑是否将杠杆率作为第一支柱监管要求。根据巴塞尔委员会的要求，中国、美国和欧盟等国家和地区先后发布了本国（地区）的杠杆率要求。

（一）中国

2011 年 6 月，中国银监会发布《商业银行杠杆率管理办法》，首次对中国商业银行提出了杠杆率监管要求。该办法全面采用了巴塞尔Ⅲ规定的杠杆率计量方法，但是该办法提出的杠杆率监管要求更为严格。该办法规定，商业银行并表和未并表的杠杆率均不得低于 4%，比巴塞尔委员会的要求高 1 个百分点。该办法还规定，银监会对银行业的整体杠杆率情况进行持续监测，加强对银行业系统性风险的分析与防范。该规定进一步突出了杠杆率的宏观审慎功能，明确了加强对银行业整体杠杆程度的监测与控制的要求。

（二）美国

2012 年 6 月，美国监管当局发布《资本监管规则》（征求意见稿），明确了实施巴塞尔Ⅲ的一揽子要求和相关安排。在规则中，美国监管当局区分不同类别的银行提出了杠杆率要求。该规则坚持了美国传统的 4% 的杠杆率监管要求，但做了两项修订：一项是在坚持传统杠杆率的分子仍为一级资本的同时，要求一级资本采用巴塞尔Ⅲ框架下的一级资本定义；另一项是取消了符合规定的、骆驼评级为 1 级的银行杠杆率最低要求为 3% 的规定，使所有银行的杠杆率最低要求统一为 4%。该征求意见稿同时提出，实施高级法的银行①除满足 4% 的传统杠杆率的要求外，还应当满足附加杠杆率（supplemental leverage ratio）的要求，补充杠杆率将采用巴塞尔Ⅲ杠杆率的定义和计量方法，最低监管要求为 3%。之所以只将巴塞尔Ⅲ杠杆率适用于实施高级法的银行，美国监管当局主要有两个方面的考虑：一是实施高级法的银行有大量的表外敞口，传统杠杆率不能有效覆盖该敞口；二是巴塞尔Ⅲ的杠杆率在一定程度上提高了杠杆率计量的复杂程度，将增加小型银行的监管成本。

2013 年 7 月，美国监管当局在征求意见稿的基础上，最终发布了《资本监管规则》。该规则全面维持了征求意见稿中有关杠杆率的规定。同时，作为加强系统重要性金融机构监管措施的组成部分，美国监管当局发布了《对特定银行控股公司及其在存款保险范围内的存款类子公司的补充杠杆率要求》，对并表总资产在 7 000 亿美元以上或托管资产在 10 万亿美元以上的 8 家银行控股公司，提出了杠杆率附加资本要求（leverage buffer），即在满足巴塞尔Ⅲ的 3% 最低杠杆率要求基础上，相关银行控股公司还要计提 2 个百分点的杠杆率附加资本，使杠杆率要求

---

①　在美国实施高级法的银行为并表总资产在 2 500 亿美元以上或并表后表内境外敞口 100 亿美元以上的金融机构。

达到5%。这8家银行控股公司之下由存款保险覆盖的存款类子公司，在杠杆率达到6%时，才能满足"资本状况良好银行"的标准。

（三）欧盟

2013年6月，欧盟发布《资本监管指令》（CRD VI），明确了欧盟区域内银行的资本监管要求。对于杠杆率，该指令没有将其作为强制性的监管要求，而只是要求区域内银行按照指令的规定计算并向监管当局报告杠杆率情况。杠杆率的计量方法基本上遵循了巴塞尔Ⅲ的规定，但是允许贸易融资采用20%或50%的信用转换系数：对于指令附件1规定的中低风险的贸易融资①，采用20%的信用转换系数；对于指令附件1规定的中度风险的贸易融资②，采用50%的信用转换系数。

尽管没有将杠杆率监管作为第一支柱监管要求，欧盟提出，欧盟委员会应在2016年12月31日前向欧盟议会和部长理事会提交报告，就杠杆率的影响及其有效性进行分析。并在必要时，就将杠杆率作为第一支柱强制性监管要求提交立法建议。2014年10月，欧盟委员会发布《杠杆率修订规则》③，对《资本监管指令》中规定的杠杆率敞口计量方法进行修订，旨在与巴塞尔委员会2014年1月发布的杠杆率修订框架的规定保持一致。

（四）英国

作为欧盟成员国之一，欧盟2013年6月发布的《资本监管指令》适用于英国。在该指令的基础上，2013年11月，英国审慎监管局（Prudential Regulatory Authority）发布监管通知，要求英国8家主要的

---

① 包括以提单为质押的信用、不具有信用替代性质的保证和担保、不具有信用替代性质的不可撤销备用信用证和政府提供信用支持的未提取承诺，该承诺期限在1年以下且不可无条件撤销。

② 为贸易融资提供的信用、海运担保、海关和税务债券，以及政府提供信用支持的期限在1年以上的未提取承诺。

③ 欧盟委员会《杠杆率修订规则》（Amending Regulation（EU）No 575/2013 of the European Parliament and of the Council with regard to the leverage ratio）。

银行和建筑业协会①（building society）应当达到 3% 的杠杆率要求，即对该 8 家银行提出了强制性的杠杆率监管要求。杠杆率的计量方法依据欧盟《资本监管指令》，但允许做两项调整：一项是对非会员金融机构通过中央交易对手清算的衍生产品交易，允许扣除会员银行与中央交易对手交易的衍生产品交易敞口；另一项是对场外衍生产品敞口，允许扣除现金可变保证金。其实质是英国监管当局纳入了巴塞尔委员会杠杆率工作组提交巴塞尔委员会政策制定工作组（PDG）讨论的杠杆率修订框架过程稿的相关内容，因此，其相关规定与巴塞尔委员会 2014 年 1 月发布的杠杆率修订框架趋同，但又存在差异。

英国政府同时提出，其将探索杠杆率如何作为宏观审慎监管工具。2013 年 11 月 26 日，英国财政部大臣奥斯本致信英格兰银行行长卡尼，征询英格兰银行金融政策委员会（Financial Policy Committee）是否需要被赋予杠杆率的指导权，包括在什么情况下金融政策委员会需要行使杠杆率的指导权，如何运用该权力，杠杆率工具如何与其他宏观审慎监管工具协调配合，以及是否需要对栅栏银行（ring‑fenced bank）② 提出更高的杠杆率要求。卡尼回信表示，如果需要寻找加拿大银行业在危机中表现良好的唯一原因，一定是其受到了杠杆率监管。2014 年 10 月，英格兰银行发布了《杠杆率评估报告》（The Financial Policy Committee's review of the leverage ratio），认为应当在巴塞尔委员会将杠杆率设定为第一支柱要求之前制定本国杠杆率监管规则。英格兰银行提出，考虑到系统重要性金融机构在英国的数量、英国银行业对 GDP 的比重、有效管理模型风险和防止过迟实施杠杆率监管可能带来的风险，英格兰银行拟提出三个层次的杠杆率要求：一是最低杠杆率要求，适用

---

① 该 8 家银行和建筑业协会为巴克莱、合作银行、汇丰、劳埃德银行、苏格兰皇家银行、英国标准银行、渣打银行和全国银行。

② 栅栏银行指根据英国最新金融监管改革方案，只从事零售银行业务的银行。该银行应当与银行集团的其他部分分离。

于所有银行，杠杆率监管标准为3%；二是补充杠杆率要求，适用于系统重要性金融机构，包括全球系统重要性银行、其他国内主要银行和建筑业协会，为相关机构系统性风险附加资本要求的35%；三是逆周期杠杆率要求，适用于按照监管当局要求应当计提逆周期资本的所有机构，为相关机构逆周期资本要求的35%。之所以补充杠杆率要求和逆周期杠杆率要求均设定为相对应资本充足率要求的35%，主要是因为最低杠杆率要求为3%，包括储备资本要求的资本充足率要求为8.5%，3%为8.5%的35%，因此对应增加的资本充足率要求，杠杆率要求相应增加。

二、对杠杆率的期待

巴塞尔委员会2010年12月发布的巴塞尔Ⅲ不是对巴塞尔Ⅱ的否定，而是对巴塞尔Ⅱ的修订和补充。由于基本继承了巴塞尔Ⅱ的框架，巴塞尔Ⅲ的发布并没有终止对巴塞尔资本框架的批评。相反，随着巴塞尔Ⅲ的发布，巴塞尔资本框架变得更为复杂，依赖银行内部模型的局面也没有得到根本改变。这使巴塞尔资本框架受到了来自两方面的严厉批评：一方面，业界开始质疑资本充足率计量的可靠性，认为不同银行间的资本充足率已经丧失了可比性；另一方面，一些监管专家认为，巴塞尔资本框架已经过于复杂，需要简化。

（一）可比性问题

近年来，随着风险加权资产计量的日趋复杂，银行披露的风险加权资产透明度下降，受到了市场的广泛批评。2012年5月，巴克莱资本发布《再见巴塞尔》（*Bye Bye Basel*）的研究报告，对银行披露的资本充足率的准确性和可比性提出了批评。巴克莱资本的调查表明，市场主体广泛认为，银行披露的风险加权资产的准确性在下降；内部模型的使用使资本充足率不具有可比性。针对市场的批评，巴塞尔委员会开展的第三层次评估（level 3 assessment），对风险加权资产的一致性问题进行了分析。巴塞尔委员会通过引入假定的资产组合，分析不同银行的内部模型对相同资产组合资本要求的差异。分析结果表明，不同的内部模型计量得出的资本要求差异很大。在信用风险方面，对于采用高级内部评级法的银行，样本内部模型计量得出的平均风险权重最大值为77.2%，最小值为9.2%，最大值是最小值的8.4倍；对于采用初级内部评级法的银行，样本内部模型计量得出的平均风险权重最大值为78.5%，最小值为2.2%，最大值是最小值的约35.7倍。在市场风险方面，样本内部模型计量得出的最低资本要求为1 341万欧元，最高资本要求为3 417万欧元，最高资本要求是最低资本要求的2.55倍。巴塞尔委员会认为，不同内部模型导致的资本要求的差异明显超出了预期，影响了银行监管的有效性，也损害了公众对资本监管制度的信心。

（二）简单的工具更为有效

对资本充足率的质疑在2012年下半年达到了高峰。2012年8月，英格兰银行金融稳定部门负责人 Andrew Haldane 在美国堪萨斯联储举办的经济政策年会上发表了著名的《狗抓飞盘》①的演讲。在演讲中，Haldane 批评了巴塞尔监管规则日趋复杂的局面，认为巴塞尔资本框架已经过于复杂：一是监管文本过于复杂，巴塞尔 I 文本仅为30页，巴塞尔 II 文本达到了347页，巴塞尔 III 的文本则达到了616页。二是风险加权资产的计量过于复杂。对一家大型复杂银行，在巴塞尔 I 框架下，计算风险加权资产所需的计算量只是个位数，但在巴塞尔 II 框架下，内部模型计量风险加权资产所需的计算总量将达到几百万。三是资本构成过于复杂，尽管巴塞尔 III 简化了监管资本的定义，但是资本构成仍然过于复杂。尽管为提高资本充足率的敏感性，资本充足率的计量已经非常复杂，但是并不能真实反映银行的稳健程度。Haldane 对危机前100家大型复杂银行的一级资本充足率和杠杆率的情况进行了分析，发现

---

① 该文章的署名作者为 Haldane 和英格兰银行的经济学家 Vasilios Madouros。

相比于一级资本充足率，杠杆率能够更有效地区分健康的银行和可能倒闭的银行[①]。Haldane 认为，巴塞尔资本框架的过度复杂，不仅降低了银行的透明度，加大了投资者评价银行稳健性的难度，而且严重影响了银行监管的有效性。Haldane 建议，杠杆率应在银行监管中发挥更为重要的作用，至少对于大型复杂银行，杠杆率应作为主要监管工具，而不仅仅是作为资本充足率的补充。他同时认为，巴塞尔委员会提出的3%的杠杆率监管标准过低，应当提高[②]。

2012 年 9 月，美国联邦存款保险公司董事 Thomas Hoenig 在美国银行家监管研讨会上发表的演讲更为激进。Hoenig 严厉批评了巴塞尔 Ⅱ 以内部模型确定监管资本充足率要求的做法，认为正是这一做法导致了危机前大型银行资本充足水平的大幅下降。1999—2007 年，美国银行业的平均有形资本比例为 3.8% ~ 5.2%，而最大的 10 家银行的有形资本比例仅为 2.8%。但是，该 10 家银行的资本充足率达到约 11%。不仅如此，依据危机前的监管规则，该 10 家银行一级资本总额为1.062 万亿美元，但其有形资本总额仅为 6 060 亿美元。资本充足水平的下降，严重损害了这些银行的风险抵御能力。为此，Hoenig 建议，应当采用一个简单、可理解且可执行的资本指标作为资本监管指标。他的建议是采用有形资本比例而非资本充足率。

三、对杠杆率的再评价

杠杆率能否取代资本充足率成为资本监管的主要工具，在杠杆率修订框架向全球征求意见过程中，引发了广泛的讨论。这些讨论最终成

---

① Haldane 等将该 100 家银行按照其是否进入处置程序或接受政府救助区分为存活的银行（surviving banks）和倒闭的银行（failed bank）。37 家倒闭的银行平均杠杆率水平比存活的银行低1.2 个百分点，而他们的一级资本充足率并没有明显的差别。

② Haldane 没有说应当提高到多少，但是提出了两个参考标准：一个是本次危机表明，如果要保证处于世界规模最大行列的银行不倒闭，杠杆率要达到 7%；另一个是从银行倒闭预测的角度看，要最小化统计一类和二类错误，杠杆率应为 4%。

为杠杆率规则修订的基础。2013 年 7 月，巴塞尔委员会发布《监管框架：风险敏感性、简单性和可比性的平衡》的报告，讨论了杠杆率和资本充足率的关系。

（一）对杠杆率的批评

在杠杆率修订框架向全球征求意见的过程中，由于征求意见稿中规定的杠杆率敞口计量方法非常严格，尤其是对衍生产品敞口不允许扣除任何抵质押品、对证券融资交易敞口不允许任何形式的净额结算等，受到了国际主要大型银行的批评。这些银行坚持认为过于严格的杠杆率将导致杠杆率而不是资本充足率将成为主要资本监管工具，将带来严重的不良后果，不利于金融体系的稳定。首先，杠杆率成为主要监管工具将激励银行过度承担风险。由于杠杆率是不以风险计量为基础的监管工具，不能区分不同资产的风险，不能起到有效控制银行风险的目的。相反，为了在达到杠杆率监管要求的同时获得更多的利润，银行可能将更多地持有高风险资产，从而导致银行体系的整体风险增加，对金融稳定造成损害。其次，杠杆率监管要求的实施可能对一些重要的金融市场造成损害。由于净额结算、采用抵质押品等风险缓释技术已经广泛运用于衍生产品和证券融资交易市场，成为这些市场交易方式的重要组成部分。杠杆率不允许证券融资交易净额结算、不允许从衍生产品敞口中扣除抵质押品等做法将严重影响这些市场的正常运行，并对金融和经济造成严重的负面影响。以证券融资交易市场为例，该市场是金融业的主要融资市场之一，过于严格的杠杆率监管要求将大幅提高相关交易的成本，导致市场流动性下降。同时，由于国债是证券融资交易（尤其是回购交易）的重要标的，市场流动性的下降也将对国债的发行和交易造成不利影响。由于回购是中央银行货币政策操作的重要方式，甚至有意见认为，杠杆率的实施在大幅度提高证券融资交易成本的同时，将对央行的货币政策操作形成严重的不利影响。此外，杠杆率的实施将限制银行持有优质流动性资产，影响银行的流动性。由于杠杆率不区分不同资产的风险，对于现金、国债等优质流动性资产按其会计价值全额计入杠杆率敞口，将影响银行持有优质流动性资产的积极性，降低银行的流动性水平。该问题在经济下行周期表现得尤为突出。由于在经济下行周期市场风险厌恶情绪上升，市场主体将倾向于持有现金、国债等风险低、流动性强的资产，即市场资产配置逃向优质资产（flight to quality）。杠杆率的实施将大幅提高持有现金、国债等资产的成本，激励银行持有流动性差、风险高的资产，加剧了银行体系的风险[①]。这些意见得到了巴塞尔委员会的部分采纳。在 2014 年 1 月发布的杠杆率修订框架中，巴塞尔委员会允许将合格可变保证金从杠杆率敞口中扣除、允许符合条件的证券融资交易净额结算，主要是为防止杠杆率的实施对重要金融市场造成负面影响。对于限制银行持有高流动性资产的批评，巴塞尔委员会出于防止监管标准滑坡的目的，没有采纳相关意见。对于杠杆率与资本充足率的关系，巴塞尔委员会在其发布的另一份文件中明确了官方态度。

（二）巴塞尔委员会的官方态度

2013 年 7 月，巴塞尔委员会发布《监管框架：风险敏感性、简单性和可比性的平衡》的报告，陈述了对资本充足率和杠杆率在监管框架中的作用的看法。巴塞尔委员会认为，资本充足率是银行监管的核心指标，杠杆率将作为资本充足率的补充。考虑到资本充足率可能存在的缺陷，不应过度依赖资本充足率来评价一家银行的稳健程度，而是要综合杠杆率、流动性定量指标（流动性覆盖率和净稳定资金比例）等指标，采取更为宽广的视角评判银行的稳健性，即资本充足率和杠杆率形成裤腰和吊带（belt‑and‑suspenders）的关系，资本充足率仍是资本监管主要工具，杠杆率是监管底线（backstop），对资本充足率形成有益的补充。

---

① 道富、纽约梅隆等托管银行提出，杠杆率的实施对托管银行的负面影响尤其剧烈。由于在经济下行周期托管银行被迫持有大量的优质流动性资产，杠杆率的实施将大幅提高其资本成本。

2014 年 1 月，巴塞尔委员会主席英格沃斯（Stefan Ingves）在其名为《银行与杠杆》（*Banking on Leverage*）的演讲中进一步强调，杠杆率是资本充足率的有益补充。杠杆率修订框架的发布，意味着全球统一的杠杆率计量标准已经形成。下一步，巴塞尔委员会将对 3% 的杠杆率水平进行评估，确保在将资本充足率作为主要监管工具的同时，通过杠杆率要求对银行的杠杆化程度进行约束。

基于本次国际金融危机的教训，巴塞尔委员会引入了杠杆率作为资本监管的重要工具。作为简单、透明、不具有风险敏感性的指标，杠杆率已经成为资本充足率的有益补充，受到了巴塞尔委员会和市场人士的广泛认可。巴塞尔委员会已经明确，资本充足率仍然是资本监管的主要工具，杠杆率将在促进资本监管的同时，扮演资本充足率底线的角色。资本充足率与杠杆率作为资本监管两大指标，将相互补充、相互强化，确保银行维持充足的资本水平。

第七章 流动性风险监管

商业银行以安全性、流动性、效益性为经营原则，流动性风险是商业银行的"天然"风险，具有内生性，保持适当的流动性是商业银行稳健经营的前提。流动性风险的爆发通常导致银行出现支付困难，并成为银行挤兑、破产倒闭，其至动摇市场信心的重要原因之一。近年来，金融创新和金融市场的快速发展改变了流动性风险的特性，对银行流动性风险管理提出了更大挑战，流动性风险监管的难度也不断加大。本次国际金融危机更是凸显了流动性对于银行体系和金融市场的重要性，证实市场流动性状况会迅速逆转，流动性短缺状况会持续较长时间，个体流动性风险可能迅速转化为系统性风险等。面对金融创新和金融市场的发展、日益复杂的市场环境、日渐激烈的银行竞争以及银行经营模式和业务模式的变化，建立有效流动性风险监管框架的必要性日益突出。金融危机后，国际组织和各国监管当局高度重视加强银行流动性风险管理和监管，巴塞尔委员会先后发布了流动性风险监管的定性和定量国际标准，大力推行全球一致的流动性风险监管框架。

第一节 流动性风险监管概述

一、什么是流动性风险

流动性风险是指商业银行无法以合理成本及时获得充足资金以偿付到期债务、履行其他支付义务和满足正常业务开展资金需求的风险。

流动性风险具有诱因复杂众多，突发性强，传染性高，低频高损以及冲击破坏力大等特点。

（一）流动性的基本概念

金融实践中对流动性往往有多种理解视角，如：资产流动性是指资产的变现能力，即能否通过出售或抵质押方式，在无损失或极小损失的情况下在金融市场快速变现。融资流动性是指商业银行在不影响日常经营或财务状况的情况下，能够及时获得充足资金来源的能力。市场流动性通常反映金融市场资金的总体供求状况。系统流动性则大多以宏观经济层面各种统计口径的货币总量（如 M_1、M_2 等）来代表。

（二）流动性风险的根源

从本质上说，银行流动性风险的产生根源是资产负债之间存在期限错配。银行作为金融中介，在资金来源与资金运用之间进行期限转换是其基本职能之一，如商业银行通过汇集存款人的大量短期资金，向借款人提供长期贷款，将短期负债转化为长期资产，以满足经济发展对长期资金的需求。然而，这一过程将社会的流动性风险积聚于商业银行，从而导致银行资产负债期限错配。因此，商业银行流动性风险具有内生性，是商业银行的固有风险，与商业银行作为金融中介的职能相伴而生。银行可以对流动性风险进行有效管理和控制，但不可能从根本上消除流动性风险，否则银行作为金融中介也就失去了存在的意义。

（三）流动性风险与其他风险的关系

流动性风险往往具有次生性，通常因信用风险、市场风险、操作风险、声誉风险等上升到一定程度或突然暴露所引发。

信用风险。银行信用风险上升到一定程度时，一方面，资产质量的下降直接影响银行现金流入（如无法按时收回贷款），导致现金流出现缺口。另一方面，银行信用状况恶化将促使对银行信用敏感的资金提供者重新考虑融资条件和金额，银行的融资能力将受到损害。实践表明，大多数银行倒闭都是严重的信用风险和流动性风险交叉作用的结果。

　　市场风险。利率、汇率、股票和大宗商品的价格变化所导致的市场风险会对银行的盈利水平、交易类业务（如衍生产品）的现金流产生影响。此外，利率的上升可能影响银行的融资成本、证券市场价格下跌可能影响银行用作融资抵押品的证券变现能力，从而对银行流动性风险产生影响。

　　操作风险。支付清算系统、电子交易系统、网上银行和信用卡系统等出现操作风险事件容易导致支付结算无法正常进行、现金流异常或引发资金大规模转移，从而引发银行流动性问题。

　　声誉风险。银行在履行债务偿还义务和安全稳健运行方面的良好声誉，对于银行维护融资渠道以及降低融资成本全关重要。银行的负面传闻和声誉瑕疵，都可能促使存款人、其他资金提供者和投资人要求更高的风险补偿（如更高的回报或更多的担保等），甚至从银行转走资金，引发银行流动性问题。

　　战略风险。战略风险往往源于银行对外部环境和行业变化缺乏正确的判断，从而在战略决策制定或执行过程中产生错误和偏差。流动性风险是银行制定发展战略时应充分考虑的因素，如果战略决策错误，将加大银行的流动性风险。

二、流动性风险监管的必要性

　　流动性风险管理是银行经营的重要职能，是银行体系稳健运行的重要保障，一旦流动性风险爆发，会对银行的生存造成重大威胁，甚至引发系统性风险，具有很大的负外部性。但以下几方面因素削弱了银行加强流动性风险管理的动力：一是保持充足的流动性是有代价的。作为企业，盈利是银行经营的根本目标之一，由于高流动性资产的收益往往较低，保持流动性充足可能削弱银行的盈利能力。二是相对于其他风险，流动性风险爆发的概率较低，容易被银行忽视。三是在存在金融安全网制度安排的情况下，银行在流动性风险管理方面存在一定的道德风险，往往认为在危机发生时依靠准备金制度、存款保险或者依赖中央银行救助，可以度过危机。此外，正如此次金融危机之前的情况，市场流动性充裕，低成本资金随处可见，也是导致许多大型国际活跃银行放松流动性风险管理的重要原因。

而另一方面，近二三十年以来，银行的流动性风险特征已发生本质性变化，日益复杂和隐蔽，突出体现在：银行业务模式由"发起—持有"向"发起—分销"模式转变，许多银行大量使用抵押品、复杂的融资工具和进行复杂的衍生产品交易，对市场流动性的依赖程度加大，一些银行甚至过度依赖短期批发性融资等。与传统的存款相比，来自金融市场或同业机构的批发性融资不但波动性更大、稳定性较低，对银行流动性风险管理的精细化程度提出了更高要求，而且使金融机构之间的关联更为复杂紧密，个别银行或局部的流动性问题更易迅速蔓延，引发市场流动性紧张乃至系统性风险。

此次国际金融危机爆发后，西方发达国家金融市场的流动性似乎在一夜之间消失，市场流动性状况迅速逆转，流动性短缺状况长时间持续。由于在银行流动性风险状况和特征出现本质性变化的情况下，银行流动性风险管理未能适应流动性风险的发展变化，很多银行尽管资本水平比较充足，仍因为流动性紧张而出现经营困难，甚至破产倒闭。金融危机的爆发凸显了银行流动性风险管理存在的诸多缺陷，如董事会和高管层对流动性风险管理的重视程度不够、资源投入不足；银行流动性风险偏好过高；未能有效评估一些快速发展的复杂产品或业务所带来的流动性风险；未能有效评估表外或有负债或非契约性义务中潜在的流动性需求；认为市场流动性紧缺不会持续很长时间，未充分考虑关键性融资渠道失效的可能；压力测试情景设置过于宽松，应急计划和压力测试不够有效，优质流动性资产储备不足等。此次金融危机再次证明了流动性风险的突发性、传染性、破坏性，以及流动性风险管理和监管对于维护金融稳定的重要性。

专栏　短期批发融资市场的发展

在过去二三十年中，欧美商业银行的主要资金来源从传统的储蓄存款转变为以货币市场和资本市场金融创新为支撑的短期批发融资。这种变化在提高盈利水平的同时，也使金融体系流动性表现出极大的脆弱性，是此次金融危机中大批金融机构破产倒闭的重要原因之一。20世纪80年代初，储蓄存款占美国银行业负债的比例高达67%，而在2008年第一季度末该比例已经降至43%。与此同时，包括同业拆借、商业票据和证券回购等在内的短期批发融资在金融机构资产负债表中的占比显著上升，占总负债的比例从1980年的8.6%上升到2007年中期的13%。2001年6月，欧元区主要金融机构的负债中约有7%来自证券回购市场，而2007年末该比例已上升至14%。金融危机前，在全球经济繁荣、流动性过剩的背景下，批发融资市场的流动性一直保持充沛，大规模、低成本的资金似乎可以得到源源不断的供应。然而，金融危机爆发后，货币市场和资本市场上各种曾经具有"和现金一样流动性"的融资工具先后陷入流动性危机，许多金融机构赖以生存的批发融资市场迅速枯竭，进而导致金融体系流动性危机全面爆发。

专栏　北岩银行流动性风险案例

英国北岩银行（Northern Rock plc）一直是英国东北部地区两家富时指数100（FTSE 100）公司之一。其前身为成立于1865年的岩石住房协会，1965年吸收北部郡永久住房协会，成立北岩住房协会。1997年改制成为银行，并在伦敦证券交易所上市。1997—2006年，北岩银行资产规模年均增速达21%，利润每年增长18%，成为英国第五大按揭贷款银行。2007年上半年，北岩银行新增抵押贷款额排名英国第一，拥有大约150万储户，向80万名购房者提供房贷。北岩银行资产业务以长期的住房按揭贷款为主，不良率低于2%；融资来源以批发性资金为主，证券化和担保债券等批发融资约占50%，传统的零售存款只占1/4。资本充足率为16%，资本回报率达到20%。

2007年美国次贷危机爆发后，评级机构下调众多证券化融资工具的评级，市场流动性迅速紧张。由于北岩银行融资来源以批发性资金为主，市场流动性紧张迅速导致其融资陷入困境。2007年9月14日，即使在英格兰银行宣布流动性支持计划后，北岩银行仍出现挤兑，4天内零售存款流失了20%。2008年2月北岩银行被实施国有化。2010年1月其储蓄与按揭贷款业务与资产管理业务被分离。2011年11月，北岩银行被出售给维珍金融集团（Virgin Money）。

危机后的反思表明，北岩银行未能有效应对市场流动性突然紧张的局面，陷入困境、遭遇挤兑的主要内在原因是其流动性风险管理存在重大缺陷，主要体现在：一是过于依赖从资本市场获得批发性融资来源；二是流动性储备并不具有足够的"流动性"；三是对市场流动性变化的监测评估不足；四是压力测试情景设置不够审慎，也缺乏有效的应急计划。

三、危机后的流动性风险监管改革

此次国际金融危机后，国际组织和各国监管当局对加强银行流动性风险管理和监管给予了前所未有的重视。鉴于此前国际银行业流动性风险监管标准不统一、国际监管协调不足、难以对金融创新和金融市场迅速发展下的流动性风险进行有效监管，G20要求巴塞尔委员会加强流动性风险监管标准的制定工作，督促银行完善流动性风险管理体系，包括在2010年底前出台流动性风险监管的定量标准，促进金融机构提高流动性充足水平。巴塞尔委员会于 1992 年和 2000 年发布了《计量和管理流动性风险的框架》和《银行流动性风险管理的稳健做法》，危机爆发后，在国际社会的支持下，巴塞尔委员会将制定并推行全球一致的流动性风险监管标准，加强流动性风险监管的国际协调作为其最重要的任务之一。

（一）流动性风险管理和监管稳健原则

巴塞尔委员会下设的流动性工作组成立于 2006 年 11 月，当时的主要任务是研究分析银行业流动性风险面临的新形势，调查评估各国银行流动性风险管理和监管实践。基于流动性工作组的调查研究，巴塞尔委员会于 2008 年 2 月发布了《流动性风险：管理和监管挑战》的报告。金融危机爆发后，巴塞尔委员会流动性工作组具体承担了研究制定流动性风险国际监管标准的任务。2008 年 9 月，巴塞尔委员会对 2000 年发布的《银行流动性风险管理的稳健做法》进行重大修订，发布了《流动性风险管理和监管的稳健原则》（以下简称《稳健原则》），建立了国际公认的流动性风险监管的定性标准。

（二）全球统一的流动性风险监管定量标准

危机之后，在国际社会的支持下，巴塞尔委员会决定在修订资本定量监管标准的同时，推出全球统一的流动性风险监管定量标准，与《稳健原则》共同构成完整的流动性风险监管框架。因此，巴塞尔委员会于 2010 年 12 月发布了《巴塞尔Ⅲ：流动性风险计量、标准和监测的国际框架》（以下简称《巴塞尔Ⅲ流动性标准》），提出了流动性覆盖率和净稳定资金比例两项监管指标及其最低标准（不得低于 100%）。这两项定量监管标准的推出，旨在增加全球银行体系的优质流动性资产储备水平，鼓励银行减少期限错配、增加长期稳定资金来源，防止银行在市场繁荣、流动性充裕时期过度依赖批发性融资，减少流动性危机发生的概率和造成的负面冲击。

2010 年 12 月发布《巴塞尔Ⅲ流动性标准》时，巴塞尔委员会表示将设定观察期以了解新的流动性风险国际监管标准对金融市场、信贷投放和经济增长的影响，并根据需要进行修订，流动性覆盖率和净稳定资金比例计划分别于 2015 年和 2018 年初开始实施。在经过两年多的观察、评估和讨论后，巴塞尔委员会于 2013 年 1 月和 2014 年 10 月发布了《巴塞尔Ⅲ：流动性覆盖率和流动性风险监测工具》（以下简称《巴塞尔Ⅲ：流动性覆盖率》）和《巴塞尔Ⅲ：净稳定资金比例》，对 2010 年公布的《巴塞尔Ⅲ流动性标准》进行了修订和调整，并对于流动性覆盖率最终达到 100% 设置了 4 年过渡期。

第二节 流动性风险监管的定性要求

2008 年 9 月，巴塞尔委员会发布《稳健原则》，围绕银行流动性风险管理体系建设和提高流动性风险监管有效性提出了 17 条原则，主要内容包括：流动性风险管理和监管的基本原则（原则 1）；流动性风险管理的治理（原则 2－4）、流动性风险计量和管理（原则 5－12）、信息披露（原则 13）、监管机构的作用（原则 14－17）。《稳健原则》建立了流动性风险监管定性标准的基本框架，成为巴塞尔委员会制定的银行风险管理和审慎监管标准的有机组成部分，也为此后出台巴塞尔Ⅲ中全球统一的流动性风险监管定量标准奠定了重要基础。

一、基本原则及相关理念（原则 1）

《稳健原则》以原则 1 统领性地提出了流动性风险管理和监管的基本要求。其中对银行的基本要求可概括为：建立完善的流动性风险管理框架并与银行整体风险管理体系紧密结合；既要确保满足日常流动性需求，也要能够经受一段时间的流动性压力；持有充足的流动性资产储备（包括不存在变现障碍的优质流动性资产储备），确保维持充足的流动性以应对上述流动性压力；不能以牺牲流动性风险管理来获取市场竞争优势。对监管者的基本要求可概括为：监管者应对银行流动性风险管理体系和流动性风险状况进行评估，当发现银行在上述方面存在缺陷，如银行未能持有充足的流动性资产储备以抵御可能持续一段时间的严重流动性压力情景等问题，应及时采取纠正措施以保护存款人利益和维护金融体系的稳定。

原则1中还提出了一系列与流动性风险有关的基本理念：银行拥有充足资本虽然可能降低其陷入流动性危机的概率，但并不能完全避免遭遇流动性困难；流动性风险具有低频高损的特点，容易被银行忽视，在银行间竞争激烈时尤其如此；由于存在央行提供流动性支持，或者存保机制能够对存款人提供担保，银行往往弱化了审慎管理流动性风险的动力。正因为如此，监管者更有责任督促银行健全流动性风险管理体系，防止银行放松流动性风险管理。

二、流动性风险管理的治理（原则2-4）

围绕流动性风险管理体系中有关风险治理的一系列关键性内容，《稳健原则》的原则2-4对流动性风险偏好、董事会和高管层在流动性风险管理中的基本职责，以及在银行内部激励机制和新产品审批中如何纳入流动性风险考量等分别提出了具体要求。

（一）流动性风险偏好

流动性风险偏好是指银行在实现其经营目标的过程中愿意接受的流动性风险水平。银行的流动性风险偏好应与其经营战略、业务特点、财务实力、融资能力、总体风险偏好及市场影响力相适应，并确保银行在正常经营情况下拥有充足的流动性从而能够抵御较长时期的压力情景。

流动性风险偏好应由银行董事会最终确定，并体现银行流动性风险管理的总体目标。流动性风险偏好可以采用定性和定量表述方式。从定性表述看，流动性风险偏好可以概括性地描述银行对于如何在提高经营效益与管控流动性风险之间取得平衡的总体看法，为制定完善、严谨的流动性风险管理策略、政策和程序指明方向。从定量表述看，流动性风险偏好可以体现为一系列流动性风险限额指标，包括正常经营和压力情景下，银行在采取风险缓释措施前愿意承担的最高流动性风险水平。流动性风险偏好的定量表述不应仅仅限于相关监管指标，还应包括银行内部的流动性风险管理指标。流动性风险偏好的表述应清楚明白、易于理解，使得银行的各级管理人员能够从中理解保持流动性风险与收益之间平衡的理念。

（二）流动性风险管理的职责分工

银行的流动性风险管理体系应明确董事会、高级管理层在流动性风险管理中的基本职责。

董事会对于银行流动性风险水平及其管理要承担最终责任，因此，在流动性风险管理体系中，银行董事会的基本职责除确定流动性风险偏好外，还应至少每年一次审议和批准流动性风险管理的策略、重要的政策和程序；并监督高级管理层对流动性风险实施有效管理和控制。具体而言，在监督高管层是否有效管理和控制流动性风险时，董事会需要确定高管层是否将最顶层的流动性风险偏好转化为一系列清晰的内部规章制度和操作规程；负责流动性风险的高管人员和专门团队是否达到必要的专业水准；信息系统的支持是否足够。董事会需要持续关注银行流动性风险状况，及时获知银行的流动性风险隐患并确保高管层及时采取有效应对措施。

高管层应根据董事会确定的流动性风险偏好，制定流动性风险管理的总体策略、各项政策和程序，使其有效传达至整个银行，并确保其得到执行。在这一过程中，可能涉及流动性风险管理的许多具体职责，比如高管层需要根据进行内部资金转移的难易确定流动性风险管理的集中化程度；需要对突破限额的情况制定相应的报告和批准程序；需要全面、持续地监测银行整体和各个附属机构的流动性状况，各种影响银行流动性状况的内外部因素变化情况，发现重大问题及时应对，并在必要时向董事会报告。

银行流动性风险管理能否有效，还取决于各业务部门是否充分理解银行的流动性风险管理策略，并切实执行相关政策、程序、限额控制等。负责流动性风险管理的人员应与负责市场监测、信用风险管理的人员保持密切联系。风险管理人员、高管层和风险管理委员会应充分认识流动性风险与其他各类风险之间的相互影响。内部审计对于确保流动性风险的有效性也具有重要作用。

专栏　流动性风险管理策略、政策和程序

流动性风险管理策略是指银行在一定的流动性风险偏好和经营战略目标下，对其流动性风险管理的总体目标、管理模式以及主要政策和程序的明确规定。构建流动性风险管理策略时，银行应考虑其法律结构（如境外分行和子行并存）、关键的业务条线、市场的广度和多样性，以及母国和东道国的监管要求等。流动性风险管理政策涵盖了银行流动性风险管理的各项具体要求和管理方法等。流动性风险管理程序是指银行流动性风险管理相关决策、实施决策方案、监测反馈实施效果以及进行下一步决策优化所遵循的审批流程和相应规则。流动性风险管理策略、政策和程序都应与银行业务活动的性质、规模和复杂程度相适应。

（三）纳入流动性风险考量的激励机制

有效的流动性风险管理需要以适当的激励机制为支持，这一激励机制将把银行业务部门开展表内外主要业务的动力与其带来的流动性风险挂钩，如将各项业务的流动性成本、收益和未来风险变化清晰地、以可计量的方式嵌入银行内部定价和绩效考核体系，并纳入新产品审批流程中，使这些因素能够真正影响业务开展的方式和规模。流动性成

本和风险通常与预计持有该项资产/负债的期限、该项资产/负债的市场流动性等因素高度相关。银行内部的流动性转移定价（Liquidity Transfer Pricing）以价格为杠杆引导银行经营行为，达到流动性和盈利性之间的有效平衡。

三、流动性风险的计量和管理（原则 5 – 12）

银行的流动性风险管理体系通常涵盖以下方面：现金流预测、融资管理、抵押品管理、流动性资产储备管理、压力测试、应急计划和日间流动性管理等。《稳健原则》用大量篇幅（原则 5 – 12）对流动性风险计量和管理的主要内容、方法、技术和工具提出了要求。这些要求既为银行完善流动性风险管理体系树立了标杆，也为监管者评价银行流动性风险管理能力提供了标准。

《稳健原则》要求银行在计量和管理流动性风险时具有全面的视角，即无论银行采用了何种组织架构，其流动性风险管理的集中化程度如何，都应全面监测和控制单个法人层面、境外分行和附属机构层面，乃至整个集团层面的流动性风险，这意味着银行要具备将多个层面和系统中的流动性风险数据加以汇总的流程和能力，并要能够识别在集团内各个机构之间实施流动性转移时可能遇到的法律、监管、会计、税收或操作上的障碍和所需的时间，在计量和管理流动性风险时充分考虑这一因素的不利影响。必要时，还应考虑压力情景下，币种之间可能无法正常转换对流动性风险的影响。为此，银行需要了解所在地的银行破产制度、存保制度、央行操作框架和押品要求、外汇管理等相关政策。《稳健原则》要求银行在流动性风险管理计划中应明确有关流动性（包括资金和抵押品）转移的假设，并可供监管者查阅。考虑到流动性风险可能从集团内的一家机构传导至另一家机构，银行应对集团内融资设定限额。此外，流动性风险与银行声誉密切相关，往往相互影响，在流动性风险管理中应对此有所重视，如发生重大流动性事件时，银行应积极与交易对手、评级机构等进行有效沟通，避免声誉受损导致流动性风险进一步恶化。

（一）流动性风险计量

《稳健原则》指出，任何单一指标都无法全面计量流动性风险。银行可根据自身特点设计一系列流动性风险指标，既包括与现金流预测有关的指标，也包括反映资产负债表结构的指标。这些指标可用于计量不同时间段、正常和压力情景下银行的流动性风险水平，以及提供流动性风险预警信号和设置流动性风险限额。

1. 现金流预测

《稳健原则》要求银行具备有效的现金流预测框架，作为识别、计量、监测和控制流动性风险的基础。银行的现金流预测框架应能够全面预测未来适当时间段各类资产、负债和表外业务产生的现金流，包括与非契约性义务相关的潜在现金流，以及代理、托管、结算等中间业务对现金流的影响，并分别考虑各主要交易币种的现金流。

银行预测现金流时应将关键交易对手的行为变化考虑在内，并对各类表内外项目按照不同的流动性特征进行细分，确保现金流预测具有足够的精细化程度。在预测负债项目现金流时，应评估其"黏性"（stickiness），即在压力条件下该资金来源不会迅速流失。规模、利率敏感性、存款者的地理位置、存款渠道（如通过直接、网上或经纪的方式），乃至一国存保制度和银行破产处置制度设计均可能对资金的"黏性"产生影响。对于资产项目，银行需要考虑贷款展期、业务续作等因素对现金流入的影响。在将表外项目纳入现金流测算时，应充分考虑各种潜在的"非契约性"义务的影响，如在压力情况下，银行往往需要为其表外的资产证券化或管道融资类项目提供流动性支持，由此需要相关业务部门和流动性风险管理部门深入分析触发流动性支持的各种事件或因素。与表内项目类似，在预测表外现金流时，也需充分考虑交易对手的信用状况以及对不同行业或地域的风险敞口集中度，因为同一行业或地域的交易对手可能会在同一时间受到压力的影响。对于与特殊目的载体（SPV）、金融衍生产品交易、担保和承诺相关的表外项目现金流应给予重点关注。以特殊目的载体为例，在其遇到不利冲击时，如果银行出于合同、声誉或业务原因将为其提供流动性支持，则银行在制订流动性计划和压力测试、情景分析时应将特殊目的载体的现金流变动纳入其中，并且基于审慎原则，只考虑特殊目的载体的现金流缺口带来的负面影响，而不将其现金流盈余纳入银行的现金流预测。此外，银行在开展代理行、托管、结算等中间业务的过程中，客户支付现金流的突然变化、支付系统的突然故障等也可能对银行的日间或隔夜头寸产生较大影响，在流动性风险管理中应对此予以关注。对于外币业务活跃的银行，币种错配对现金流的影响也应考虑其中。

在开展现金流预测时，设置各类客户的行为假设是关键环节之一，尤其是压力情景下，如何设置活期存款、产生不确定现金流的表内外业务的有效期限，替代融资来源的可用性，资产的市场流动性等假设至关重要，应根据情形变化及时调整相关假设，并建立内部归档和定期审批等制度，确保假设的合理性。

2. 压力测试

金融危机的爆发凸显了银行需要为应对流动性压力或冲击做好充分准备的重要性。虽然银行大多数时候是管理正常经营情况下的流动性风险，但为识别和量化银行面临压力情景时的流动性风险敞口水平，银行需要定期开展流动性风险压力测试。

银行应通过压力测试来识别流动性冲击的潜在来源，分析这些潜在冲击来源对银行现金流、流动性资产头寸、盈利性和偿付能力的影响，从而量化银行在压力情况下的流动性风险水平，确保其与银行既定的流动性风险偏好相一致。银行可以在集团、法人、业务条线层面，按照不同时间段开展压力测试。压力测试的范围和频率应与银行的规模、风险水平及市场影响力相适应。在市场存在较大波动时，银行开展压力测试的频率应该更高。

银行应针对影响银行业务经营的特定冲击、影响整个市场的系统性冲击以及两者相结合的风险因素，区分轻度、中度和严重程度，短期和中长期，结合银行的业务特点假设不同的压力情景。比较典型的压力情景如：若干个原本高流动性的市场突然同时出现流动性枯竭，批发融资渠道严重受阻，货币兑换受限，支付系统出现严重故障等。银行开展流动性风险压力测试时，应充分考虑市场流动性与融资流动性之间的关联性，以及其他各类风险压力测试结果对流动性风险压力测试的影响。压力情景的设计可以参考历史数据，但专家判断在其中发挥着非常重要的作用。为确保压力情景的设计适当合理，银行应定期检查并根据内外部环境变化作出必要调整。

专栏　流动性风险压力测试的参考压力情景

压力情景可以包括流动性资产变现能力大幅下降、批发和零售存款大量流失、批发和零售融资的可获得性下降、融资期限缩短和融资成本提高、表外业务以及复杂产品和交易对流动性造成损耗、交易对手要求追加抵（质）押品或减少融资金额、主要交易对手违约或破产、信用评级下调或声誉风险上升、母公司或集团内其他机构出现流动性危机、市场流动性状况出现重大不利变化、跨境或跨机构流动性转移受到限制、中央银行融资渠道发生重大变化和银行支付清算系统突然中断运行等。

银行开展压力测试时应考虑出现压力情景时，其他市场参与者的行为变化及其对自身的影响，以及可能出现市场波动和市场流动性紧张进一步加剧的连锁反应等。基于压力测试，银行可以进一步开展敏感性分析，识别出对其流动性风险影响最大的关键因素。

银行高管层应深入参与压力测试过程，既要审查压力情景的假设是否合适，也要检查压力测试的结果。银行高管层应将压力测试结果及后续的整改措施向董事会和监管机构报告。压力测试结果要用于银行发展战略规划和日常风险管理实践中，如用于设定内部限额等。银行在调整流动性风险管理策略（如银行可以据此调整其资产负债结构）、政策、流动性风险水平和建立流动性资产储备头寸、制订应急计划时，应充分考虑压力测试的结果。当压力测试结果表明，压力情况下银行的预计融资缺口超过既定的流动性风险偏好时，银行管理层应考虑是否调节流动性状况或加强应急计划。

（二）流动性风险管理

1. 流动性风险限额体系

流动性风险限额是银行日常管理和控制流动性风险的重要工具，主要目的是确保银行在一段时间的压力情景下仍能持续经营，其可用的流动性超过流动性需求。银行在选择用于设置限额的流动性风险指标时，应与其业务规模、性质、复杂程度、流动性风险偏好和外部市场环境相适应。《稳健原则》指出，常用的限额指标之一是各个时间段表内外业务的累计现金流缺口，此外还有压力情景下的流动性资产储备等指标。

对于存在银行内部限额的监管指标，其内部限额水平不能突破监管标准规定的水平。流动性风险限额的遵守情况应受到密切监控，如果出现超限额情况，应当按照限额管理的政策和程序进行处理。

2. 流动性风险预警

流动性风险预警是指银行通过监测一系列流动性风险事件或流动性风险指标，前瞻性地识别潜在流动性风险头寸或潜在资金需求的增加。银行应当根据业务规模、性质、复杂程度及风险状况制定预警指标，涵盖各种可能引发流动性风险的特定情景或事件，前瞻性地分析其对流动性风险的影响。

《稳健原则》列举了一系列流动性风险预警指标，既有定性的情景或事件描述，也有量化指标，如资产快速增长，负债波动性显著增加；资产或负债集中度上升；负债平均期限下降；批发或零售存款大量流失；批发或零售融资成本上升；难以获得长期或短期融资；货币错配程度增加；多次接近内部限额或监管标准；表外业务、复杂产品和交易对流动性的需求增加；银行资产质量、盈利水平和总体财务状况恶化；交易对手要求追加额外抵（质）押品或拒绝进行新交易；代理行降低或取消授信额度；信用评级下降；股票价格下跌；媒体出现负面报道等。根据需要，预警指标还应包括触发潜在流动性需求出现的特定事件或情景。可靠、高效的管理信息系统对于银行董事会、高管层及相关人员及时获得前瞻性的流动性风险信息具有重要意义。银行的管理信息系统应能够计算不同时间段（从日间、每日到更长期限）、各个币种、不同机构层面的流动性头寸和风险指标，以便与设定的流动性风险限额进行比较。在此基础上，相关流动性风险信息应及时向银行资产负债委员会、高管层和董事会报告。

3. 融资和抵押品管理

融资管理是流动性风险管理的重要内容，其核心是提高融资多元性和稳定程度。融资多元化目标应在银行的融资策略和融资计划中得到体现，并与银行的预算和业务规划相匹配。为实现融资多元化目标，银行通常要按照资产负债品种、期限、交易对手、融资抵押品、币种、融资市场所在地等多维度设置集中度限额。由于部分银行越来越依赖于波动性较大的批发性融资来源，更需要融资结构足够分散，从而确保银行能以合理的成本获得所需期限的资金。银行高管层应定期了解融资策略和融资计划的执行情况，并视内外部环境的变化和需要及时对其进行调整。

维护市场融资渠道对于银行变现资产和增加融资能力非常关键，是确保银行融资多元化的重要手段。银行应由专人负责积极管理、监测和测试市场融资渠道。具体而言，银行应保持在市场上的活跃程度，为此需要在参与市场交易所需的基础设施、交易流程和信息收集方面投入必要的资源，并充分了解与资产变现相关的法律框架和文本要求。银行需要与当前和潜在的融资提供者建立稳定的关系，并与中央银行保持密切联系。银行应了解其主要融资市场、工具和交易对手，并清晰掌握自身与各个市场和交易对手的联系和交易频率，在此基础上判断与融资提供者关系的稳固程度及对方的行为模式。但由于在压力情景下，融资提供者为确保自身流动性安全，对外融出资金的意愿可能急剧下降，出于审慎原则，银行在开展流动性风险压力测试和制订应急计划时，应对此有充分考虑。根据流动性冲击的性质、严重程度和持续时间，银行需要找到其他融资来源，如适度拉长融资期限、新发行短期和中期的主动负债、增发股票募集资金、出售业务单位筹集资金、资产证券化、变现或抵押高流动性资产、使用其他机构提供的信贷承诺以及向中央银行借款等。

由于银行在批发性融资市场上越来越多通过抵押融资的方式获得资金，融资需求的满足往往需要有充足的符合条件的抵押品为前提。为此，银行应积极管理抵押品，将其作为流动性风险管理的重要组成部分。《稳健原则》要求银行能够计量和监测在其不同机构层面、不同地域的各个币种可用作融资抵押品的资产，即区分是否有变现障碍资产，充分了解各类主要资产是否满足向央行、主要融资提供者进行抵押融资的条件，以及动用各类资产作为长期、短期乃至日间融资抵押品时可能涉及的操作性和时间要求。与融资管理类似，抵押品管理也应尽量实现多元化，其中需考虑的因素包括资产的价格敏感性、抵押融资的折扣水平、融资能力限制等。进行抵押品管理时，银行还应考虑一些或有的流动性需求出现的情形，如资产证券化产品中蕴含了一系列增加资产入池的触发情形，或衍生产品交易中约定当银行信用评级下调或交易头寸波动时，需要追加与衍生产品交易挂钩的抵押品等。

4. 优质流动性资产储备管理

为提高抵御流动性冲击的能力，银行应当具有充足的优质流动性资产储备，确保其在压力情景下能够通过出售或抵押这些资产获得资金，及时满足各种压力情景下的流动性需求。优质流动性资产储备应当为无变现障碍资产，即在任何情况下将其用于满足流动性需求时都不存在法律、监管或操作上的障碍，并且即使在压力情景下也能够将其出售或抵（质）押以获取资金，从而为银行依靠自身能力抵御流动性压力提供最后保障。银行应当根据其流动性风险偏好，考虑压力情景的严重程度和持续时间、现金流缺口、优质流动性资产变现能力等因素，按照审慎原则确定优质流动性资产储备的规模和构成。一般而言，优质流动性资产储备中的核心资产是现金和优质政府债券等最可靠的流动性资产，其他能在市场活跃交易的流动性资产也可纳入储备用于应对严重程度稍弱的压力情景。透明度高、易于定价估值、具有较好的市场活跃程度等是优质流动性资产储备的共同特征。但压力情景的严重程度、银行持有该项资产的规模，以及银行本身在市场的定位等都会对优质流动性资产储备作用的发挥产生影响。在压力情况下，银行应充分了解动用优质流动性资产抵押能够从央行获得多少资金，但银行不应寄希望于央行扩大提供流动性的规模或放松条件以帮助其度过流动性压力时期。

5. 日间流动性管理

银行的现金流入流出分布于每日不同时间，由此可能带来日间流动性风险。例如，某银行所有的现金流出均在上午，所有的现金流入均在下午，即使到日终时，银行的现金流入流出达到平衡，但在上午将面临很大的现金流缺口，由于银行在上午不能及时履行支付职责，其他市场主体可能将这一情况视为银行财务状况不佳的信号而推迟向其支付，从而进一步加剧银行的流动性压力，或者可能对其他市场主体的流动性造成不利影响，甚至对整个支付结算体系的正常运行造成冲击。因此，银行应当加强日间流动性风险管理，识别出一天当中有特定时间要求、对银行业务或声誉有重要影响等关键性支付需求，确保具有充足的日间流动性头寸和相关融资安排，优先满足关键性支付需求，对于其他支付需求，也应尽快予以满足。

为此，银行的日间流动性管理政策、程序和系统至少要完成以下任务：（1）在与外部主要客户和内部业务条线沟通的基础上，预测日间现金流入流出时间和各个时点融资缺口的范围；（2）密切监测日间流动性头寸的变化；（3）安排充足的日间融资来源（如央行提供的日间信用便利、由代理行或托管行提供的日间信贷等）；（4）有效管理和运用抵押品进行日间融资；（5）按照日间流动性管理目标，有效管理现金流出的发生时间；（6）了解当支付系统因故障中断时银行流动性需求的规模和时间要求，并为处理此类意外事件做好充分准备，换言之，良好的操作风险管理和业务持续安排对于日间流动性管理非常重要。日间流动性管理作为银行流动性风险管理的重要组成部分，应在流动性风险压力测试和应急计划中有所体现。

专栏　巴塞尔委员会日间流动性监测指标

2013 年 4 月，巴塞尔委员会发布《日间流动性风险监测指标》，推荐了一系列日间流动性监测指标：

- 累计最大支付结算净流出量
- 支付结算总量
- 有指定时间的支付结算笔数及总量
- 未能按时清算的有指定时间的支付结算笔数及总量
- 代理清算总量
- 提供给其他金融机构的代理清算额度
- 平均结算时间
- 支付结算日内时间集中程度

6. 应急计划

在流动性风险管理中，除了制订日常的流动性计划以外，还应具备应对流动性压力或突发事件的应急计划。流动性风险应急计划是银行为应对流动性压力或突发事件而制定的一系列政策、程序和行动计划的集合。应急计划的设计、方案和程序应充分考虑流动性风险分析和压力测试的结果，还应与银行的复杂程度、风险水平、业务范围和市场影响力相一致。

应急计划的内容应包括明确清晰的触发情景，可获得的潜在应急资金来源和银行估计的可获得资金数量，明确应急资金来源的可靠性和充分性，详细的分级和优先处理程序以及获得应急资金所需提前的时间等要素。在制订应急计划时，银行需要将市场存在流动性压力时资产变现或证券化可能受限，启动应急计划可能对银行声誉带来不利影响并造成连锁反应，跨机构或跨境转移资产可能存在法律、监管、操作等方面的障碍，中央银行融资方式和抵押品要求以及与日间流动性相关的内容体现其中。

应急计划中应列明多元化的应急措施，测算在不同情景下银行实施各项措施所需的时间，以使管理层对于可用的应急措施有总体了解。应急计划还应包括明晰的权限和职责划分，包括应急计划启动授权、执行人员的名单和联系方式等，建立"危机小组"有助于加强流动性危机时期的内部协调和决策效率。应急计划应具备清晰的决策程序，包括何时采取何种措施，由谁采取，以及什么问题需要提交上级决策等。应急计划还应建立内外部及时、清晰、持续、频繁的沟通计划，在危机情况中，要清晰地向市场参与者、员工、客户、债权人、股东和监管者提供必要信息，维护公众对银行的信心。应急计划还应明确银行何时以及如何与代理行、托管行、交易对手和客户进行沟通，因为这些主体的行为会因流动性压力的不同来源而异，并对银行的流动性状况产生重要影响。银行应分别在法人和集团层面制订应急计划，并视需要针对重要币种和境外主要业务区域制订专门的应急计划。

银行应对其应急计划进行定期测试和评估修订，确保其具有操作可行性且有效。测试的关键方面包括：确保职责分工适当明确、确认联系信息得到更新、验证现金和抵押品的可转移性（特别是跨境和跨机构的可转移性），所有必要的法律和操作文件到位，以便迅速执行计划。银行还应定期测试计划中的关键假设，比如银行具备出售资产、抵押融资、提取信用额度等。应急计划还应与银行的业务持续经营计划保持一致，负责两个计划的团队之间应保持充分协作。银行应至少每年评估一次应急计划，并在必要时进行修订。

四、公开信息披露（原则 13）

《稳健原则》的原则 13 对银行提出了流动性风险信息披露要求，通过使市场参与者获得必要信息，对银行流动性风险管理和流动性风险水平进行恰当评价，发挥市场约束的作用。信息披露应包括定性和定量信息，前者包括流动性风险管理的组织架构和治理，融资管理、限额设定等方面的职责分工，集中或分散的管理模式等；后者作为银行定期财务报告披露的组成部分，应反映银行的流动性水平，可包括流动性资产储备、主要流动性风险指标及限额、表内外业务的期限划分和错配及相关的流动性缺口等多种量化信息。对于披露的定量信息，银行应同时给予必要的解释分析以帮助市场参与者更好地理解有关数据的含义。银行还可以披露额外的定性信息，如影响流动性风险的主要因素、对压力测试和应急计划的简要描述等。

五、监管者的职责（原则 14－17）

（一）全面的检查评估

《稳健原则》对于监管者在流动性风险监管方面的职责也提出了具体要求。监管者应当对照《稳健原则》提出对银行流动性风险管理体系的各方面要求，并要求银行保持充足的流动性资产储备以抵御压力情景。监管者应具备有效的监管框架（包括现场检查、非现场监管和与银行董事会、高管层的定期沟通等），能够在正常经营和压力情景下对银行的流动性风险管理能力和流动性充足性进行评估。在对单家银行进行流动性风险监管时，监管者需要因地制宜地采用适当的监管方法，如对系统重要性越高的银行，适用的流动性风险管理标准也应越为严格。

全面检查评估的具体内容涉及银行的流动性风险偏好、董事会和高管层履职情况、计量监测和控制流动性风险的流程和技术（包括关键假设的适当性）、流动性资产储备的规模和构成等。值得注意的是，虽然一些监管机构规定了量化的监管指标，这些指标不应替代银行自身对流动性风险的计量和管理。在检查和评估中，监管者应特别关注银行流动性风险压力测试和应急计划的有效性，包括其中的压力情景、触发情景和关键性假设；压力测试结果的使用情况；应急措施的实施情况等。随着日间流动性风险的上升，日间流动性风险管理也应成为监管者检查评估的重要内容。为开展全面检查评估，监管者除从银行报送的监管报告、报表中获取信息外，还应利用银行内部管理报告和市场的其他信息来源，并可对不同来源的信息进行比较和交叉验证，部分信息还可能成为监管者监测银行流动性风险的预警信号。

（二）及时纠正整改

发现银行流动性风险管理不足或流动性风险过高时，监管者应及时干预，要求银行采取及时有效的整改措施。监管者可以采取的监管措施包括：要求银行通过改进政策、内部控制或报告程序等加强流动性风险管理；要求银行完善压力测试、改进应急计划；要求银行采取措施降低流动性风险水平（如缩小融资缺口或持有更多的流动性资产储备）；要求银行提高资本水平等。监管者需要对银行采取整改措施设置时间要求，并有相应手段确保银行将各项整改措施落实到位。

（三）监管合作和信息沟通

监管者应当与境内外相关部门加强日常及危机期间的协调合作，共同建立信息沟通机制。如监管者通过与中央银行的良好合作和沟通，可以更好地了解金融市场环境及总体风险状况，从而有助于其准确评估所监管银行的流动性压力情景假设和应急计划是否适当；东道国与母国监管者的沟通协作有利于彼此更好地了解银行集团和境外附属机构分行流动性风险之间的相互影响。在出现重大的流动性事件或压力时，应进一步加大监管合作和信息沟通的频度和深度。

第三节　流动性风险监管的定量标准

2010 年，巴塞尔委员会发布《巴塞尔Ⅲ流动性标准》，首次推出流动性覆盖率和净稳定资金比例这两项流动性风险监管的定量国际标准，作为此次金融危机后国际监管改革的重要成果之一，对于加强全球银行业流动性风险监管具有里程碑式的意义。在观察测算新的流动性风险监管定量标准对金融市场、信贷投放和经济增长影响基础上，巴塞尔委员会分别于 2013 年 1 月和 2014 年 10 月发布了更新后的流动性覆盖率和净稳定资金比例标准。

一、流动性覆盖率

流动性覆盖率（Liquidity Coverage Ratio，LCR）是首个国际统一的流动性风险监管定量指标。与流动性风险在压力情景下凸显的特点相适应，流动性覆盖率引入了压力情景，通过将资产、负债和表外项目进行分类，分别赋予压力情景下的资金流入、流出系数，反映银行各项表内外业务的流动性特征，确保银行持有充足的合格优质流动性资产储备以抵御流动性冲击。流动性覆盖率对同业业务采用更为审慎的风险系数，有助于约束银行对同业资金的过度依赖，尤其是减少对短期批发融资的依赖。在作为统一的监管指标的同时，流动性覆盖率也为银行内部基于现金流缺口的流动性风险计量体系提供了可供参考的基本框架和方法。在对 2010 年《巴塞尔Ⅲ流动性标准》进行修订后，巴塞尔委员会于 2013 年 1 月出台了《巴塞尔Ⅲ：流动性覆盖率》。

（一）计算公式

流动性覆盖率旨在确保商业银行具有充足的合格优质流动性资产，能够在规定的流动性压力情景下，通过变现这些资产满足未来至少 30 日的流动性需求。流动性覆盖率的计算公式为

$$流动性覆盖率 = \frac{合格优质流动性资产}{未来\ 30\ 日现金净流出量} \times 100\% \qquad (7-1)$$

（二）压力情景

流动性覆盖率所设定的压力情景包括影响商业银行自身的特定冲击以及影响整个市场的系统性冲击，具体包括：一定比例的零售存款流失；无抵（质）押批发融资能力下降；以特定抵（质）押品或与特定交易对手进行短期抵（质）押融资的能力下降；银行信用评级下调 1～3 个档次，导致额外契约性现金流出或被要求追加抵（质）押品；市场波动造成抵（质）押品质量下降、衍生产品的潜在远期风险敞口增加，导致抵（质）押品扣减比例上升和追加抵（质）押品等流动性需求；银行向客户承诺的信用便利和流动性便利在计划外被提取；为防范声誉风险，银行可能需要回购债务或履行非契约性义务。

（三）合格优质流动性资产

合格优质流动性资产（high - quality liquid assets，HQLA）是指在流动性覆盖率所设定的压力情景下，能够通过出售或抵（质）押方式，在无损失或极小损失的情况下快速变现的各类资产。合格优质流动性资产应具备的基本特征包括：属于无变现障碍资产，即未在任何交易中用作抵（质）押品、信用增级或者被指定用于支付运营费用，在清算、出售、转移、转让时不存在法律、监管、合同或操作障碍的资产；风险

低，且与高风险资产的相关性低；易于定价且价值稳定；在广泛认可、活跃且具有广度、深度和规模的成熟市场中交易，市场波动性低，历史数据表明在压力时期的价格和成交量仍然比较稳定；市场基础设施比较健全，存在多元化的买卖方，市场集中度低；从历史上看，在发生系统性危机时，市场参与者倾向于持有这类资产。

　　合格优质流动性资产除应具备上述基本特征外，还应满足操作性要求：一是合格优质流动性资产应当由商业银行负责流动性风险管理的部门控制。该部门持续具有法律和操作权限，可以将合格优质流动性资产作为应急资金来源单独管理，或者能够在设定的压力情景下，在30日内随时变现合格优质流动性资产并使用变现资金，而且不与银行现有的业务和风险管理策略相冲突。二是商业银行应当具有相关政策和程序，能够获得合格优质流动性资产所在地域和机构、托管账户和币种等信息，并且每天能够确定合格优质流动性资产的构成。三是商业银行应当定期测试合格优质流动性资产的变现能力，确保其具有足够的流动性，并避免在压力情景下出售资产可能带来的负面影响。四是商业银行变现合格优质流动性资产，不应当导致其违反相关法律法规和监管要求。

　　合格优质流动性资产由一级资产和二级资产构成。一级资产主要包括：现金；存放于中央银行且在压力情景下可以提取的准备金；由主权实体，中央银行，国际清算银行，国际货币基金组织，欧盟委员会或多边开发银行发行或担保的，可在市场上交易且满足相关评级（风险权重为零）、交易等条件的证券。一级资产可按100%计入合格优质流动性资产。二级资产由2A资产和2B资产构成。2A资产主要包括主权实体、中央银行、公共部门实体或多边开发银行发行或担保的，可在市场上交易且满足相关评级（风险权重为20%）、交易条件的证券；满足评级（AA－级以上）、交易等特定条件的公司债券和担保债券。2B资产包括满足特定条件的公司债券、住房抵押支持证券和股票等。2A和

2B 资产分别按 85% 和 50% 的比例计入合格优质流动性资产。在全部合格优质流动性资产中，二级资产占比不得超过 40%，2B 资产占比不得超过 15%。在合格流动性资产的管理中，商业银行应当制定相关政策和限额，确保合格优质流动性资产（现金、存放于中央银行的准备金、主权实体和中央银行债券除外）的多元化，避免资产类别、发行机构或币种等过于集中，合格优质流动性资产应当保持与银行经营需求相类似的币种结构。

（四）现金净流出量计算

现金净流出量是指在流动性覆盖率所设定的压力情景下，未来 30 日的预期现金流出总量与预期现金流入总量的差额。其中，预期现金流出总量是在压力情景下，各项相关负债和表外项目余额与其预计现金流出系数的乘积之和；预期现金流入总量是在压力情景下，各项相关表内外契约性应收款项余额与其预计现金流入系数的乘积之和。为防止银行过度依赖预期现金流入满足流动性需求，确保银行持有一定数量的合格优质流动性资产，巴塞尔委员会规定可计入的预期现金流入总量不得超过预期现金流出总量的 75%。

在现金流出方面，负债流失或承诺等表外项目的提取都将导致银行现金流出。在正常和压力条件下，银行都会出现负债流失或表外项目的提取。压力情景越严重，负债的流失或表外项目的提取越大。在一定压力条件下，负债的流失程度或表外项目的提取率与负债或表外项目的稳定性相关。按照资金来源稳定性的不同，流动性覆盖率将短期负债分为零售存款和小企业客户存款、对公存款、同业存放和拆入、回购等抵（质）押融资等类别，将表外项目划分为或有融资义务①、信用便利和流动性便利、与衍生产品及其他抵（质）押品要求相关的现金流出等类别，并按照资金来源稳定性分别赋予了不同的预计现金流出系数。

----

① 或有融资义务包括保函、信用证、其他贸易融资工具、包括表外理财产品在内的非契约性义务等。

　　在现金流入方面，出于审慎考虑，流动性覆盖率只考虑未来 30 日内的契约性现金流入，非契约性现金流入一律不纳入计算。契约性现金流入项目主要包括正常到期的贷款、存放和拆放同业、逆回购和证券借入、衍生品应收净额等。契约性现金流入项目的流入程度与对应资产的流动性相关，资产流动性越高，现金流入越多，该项目的流入程度越高。因此，按对应资产的流动性由强到弱，契约性现金流入项目分别被赋予了不同的预计现金流入系数。表 7.1 列示了对不同项目设定的预计现金流出系数和现金流入系数。

表 7.1　　　　　　　　预计现金流出系数和现金流入系数一览表

现金流出项目		现金流入项目	
1. 零售和小企业客户存款	预计现金流出系数	1. 逆回购和证券借入	预计现金流入系数
稳定存款	5%	由一级资产担保	0
满足有效存款保险计划的附加标准	3%	由 2A 资产担保	15%
欠稳定存款	10%	由 2B 资产担保	50%
2. 业务关系存款	25%	由合格住房抵押贷款支持证券担保	25%
被有效存款保险计划覆盖的部分	5%	由其他抵（质）押品担保的保证金贷款	50%
3. 合作银行体系中成员机构存放在中心机构的存款	25%	由其他抵（质）押品担保	100%
4. 非业务关系存款		2. 正常履约贷款	
非金融机构、主权实体、中央银行、多边开发银行和公共部门实体提供的存款	40%	来自零售、小企业和非金融机构	50%
若被有效存款保险计划全部覆盖	20%	来自金融机构和中央银行	100%
金融机构等其他法人客户提供的融资	100%	3. 30 日内到期的未纳入合格优质流动性资产的证券	100%

续表

现金流出项目		现金流入项目	
5. 抵（质）押融资	0/15%/25%/50%/100%	4. 存放于其他金融机构的业务关系存款	0
其中，以一级资产作为抵（质）押品或以中央银行为交易对手	0	5. 存放于合作银行体系中心机构的存款	0
以 2A 资产作为抵（质）押品	15%	6. 从其他机构获得的信用便利、流动性便利和或有融资便利	0
6. 其他项目		7. 其他项目	
与衍生产品相关的现金流出	100%	衍生产品交易的净现金流入	100%
与抵（质）押品相关的现金流出	20%/100%	其他契约性现金流入	各国监管机构自定
与债务工具融资流失相关的现金流出	100%		
信用便利和流动性便利	5%/10%/30%/40%/100%		
或有融资义务	各国监管机构自定（0 ~ 5%，50%）		
其他契约性义务	100%		

（五）监管标准

根据 2013 年《巴塞尔Ⅲ：流动性覆盖率》，巴塞尔委员会为流动性覆盖率达标设置了过渡期，即在 2015 年 1 月 1 日要达到 60%，此后每年增加 10%，到 2019 年 1 月 1 日之前要达到 100%。

《巴塞尔Ⅲ：流动性覆盖率》要求，在正常情况下，商业银行的流动性覆盖率必须达到上述最低监管标准。但在压力状况下，若商业银行的流动性覆盖率降至最低监管标准以下，监管机构应当考虑当前和未来国内外经济金融状况，分析影响单家银行和金融市场整体流动性的因素，根据商业银行流动性覆盖率降至最低监管标准以下的原因、严重程度、持续时间和频率等采取相应措施。

（六）流动性覆盖率信息披露

为提高银行流动性风险管理的透明度，巴塞尔委员会于 2014 年 1 月出台了《流动性覆盖率披露标准》，作为《巴塞尔Ⅲ：流动性覆盖率》的有益补充。按照《流动性覆盖率披露标准》的要求，自 2015 年起，国际活跃银行要按照规定的披露模板定期在财务报告或银行网站中公开披露流动性覆盖率及其主要构成部分的数据。除此之外，银行还应对流动性覆盖率进行定性分析，包括影响流动性覆盖率的主要因素及其变化情况、合格优质流动性资产的构成、融资来源集中度、衍生产品头寸和潜在的抵（质）押品需求、币种错配情况以及流动性风险管理的定性信息等。

二、净稳定资金比例

净稳定资金比例（Net Stable Funding Ratio，NSFR）是衡量银行在正常经营状态下流动性风险的结构性指标。对比流动性覆盖率和净稳定资金比例，前者是为确保银行具备充足的优质流动性资产，在重度压力情景下仍能支持银行 30 日内的现金净流出，旨在提高银行自主应对短期流动性冲击的能力，是一项流量指标；后者则是为了确保银行稳定资金需求和供给之间的平衡，是一项存量指标。净稳定资金比例作为一项中长期结构性存量指标，对流动性覆盖率形成必要补充。在对 2010 年《巴塞尔Ⅲ流动性标准》进行修订后，巴塞尔委员会于 2014 年 10 月出台了《巴塞尔Ⅲ：净稳定资金比例》。

（一）计算公式

净稳定资金比例为可用的稳定资金（available stable funding，ASF）与所需的稳定资金（required stable funding，RSF）之比，旨在促进银行建立更稳健的融资结构，避免过于依赖短期批发融资，用充足的稳定资金来源支持其业务活动。净稳定资金比例的计算公式为

$$净稳定资金比例 = \frac{可用的稳定资金}{所需的稳定资金} \times 100\% \qquad (7-2)$$

（二）可用的稳定资金

可用的稳定资金是指银行的资本和负债在未来至少 1 年所能提供的可靠资金来源。由于不同的资本工具和负债作为资金来源的稳定性不同，计算该指标需要首先对银行各类资金来源按照稳定性特征进行分类，并设定相应的可用稳定资金系数（ASF factor）；再将各类资本工具和负债分别按其账面价值（carrying value）乘以对应的可用稳定资金系数，加总后得到可用稳定资金总量。

影响资金来源稳定性的主要因素包括各类资金提供者收回资金的倾向和各类负债的期限，如长期负债较短期负债更为稳定；零售客户的短期（期限小于 1 年）存款较其他交易对手相同期限的批发资金更为稳定等。对应于银行各类资金来源的稳定性，可用稳定资金系数被细分为五档，分别为 100%、95%、90%、50% 和 0。最稳定的资金来源（如符合监管标准的一级资本）适用 100% 的稳定资金系数；最不稳定的资金来源，如 6 个月以内的同业存款（不含业务关系存款）适用 0的稳定资金系数。

表 7.2　　　　　　　　　　可用稳定资金系数一览表

可用稳定资金的类别构成	可用稳定资金系数
（1）监管资本（含资本扣除项，但不包括剩余期限小于 1 年的二级资本工具） （2）有效剩余期限在 1 年及以上的其他资本工具和负债，但不包括最终期限大于 1 年的负债在 1 年内产生的现金流	100%
来自零售和小企业客户的无确定到期日（活期）存款和剩余期限小于 1 年的定期存款中的稳定部分	95%
来自零售和小企业客户的无确定到期日（活期）存款和剩余期限小于 1 年的定期存款中的欠稳定部分	90%

续表

可用稳定资金的类别构成	可用稳定资金系数
（1）非金融企业客户提供的剩余期限小于 1 年的融资 （2）业务关系存款 （3）主权、公共部门实体以及多边和国家开发银行提供的剩余期限小于 1 年的融资 （4）以上所列之外的剩余期限在 6 个月到 1 年的其他融资（包括央行和金融机构提供的融资）	50%
（1）以上所列之外的其他负债和权益，包括以上所列之外的无明确到期日的负债（递延税负债和少数股东权益例外） （2）按照净稳定资金比例有关规则计算的衍生品负债大于衍生品资产时，衍生品负债超出衍生品资产的差额部分 （3）在购买金融工具、外汇和大宗商品的结算过程中产生的应付款项	0

（三）所需的稳定资金

所需的稳定资金是指银行目前的表内外资产业务所需要占用的稳定资金。同样地，由于不同的资产和表外项目流动性不同造成其需要占用的稳定资金不同，计算该指标需要首先对银行各类资产和表外项目按照流动性特征进行分类，并设定相应的所需稳定资金系数（RSF factor）；再将各类资产和表外风险敞口分别乘以对应的所需稳定资金系数，加总后得到所需的稳定资金总量。

影响所需资金稳定性的主要因素包括资产的期限、质量、可交易性等，如期限小于 1 年的短期资产，优质资产，可被证券化、可在市场交易、可用作抵押品的资产所需要的稳定资金较少。同时，还需考虑银行中介功能的稳定性和可持续性，如确保对实体经济贷款的一部分必须由银行的稳定资金来源支持，以及银行需要对相当一部分到期贷款进行续贷来维护其客户关系等。对应于银行各类资产和表外风险敞口的流动性特征，所需稳定资金系数被细分为八档，分别为 0，5%，10%，

15%，50%，65%，85%或100%。最具流动性的资产，如现金、存放央行的准备金等适用0的所需稳定资金系数；对于存在1年以上变现障碍期限的资产、不良贷款等流动性最差的资产，适用100%的系数。

表7.3　　　　　　　　　所需稳定资金系数一览表

所需稳定资金的类别构成	所需稳定资金系数
（1）现金 （2）所有存放于中央银行的准备金 （3）剩余期限小于6个月的对中央银行的债权 （4）在出售金融工具、外汇和大宗商品的结算过程中产生的应收款项	0
无变现障碍的一级资产，不包括现金和存放于中央银行的准备金	5%
无变现障碍的向金融机构发放的剩余期限小于6个月的贷款（由一级资产抵押并且银行能在贷款期限内将抵押物自由地再抵押）	10%
（1）无变现障碍的向金融机构发放的剩余期限小于6个月的其他贷款 （2）无变现障碍的2A资产	15%
（1）无变现障碍的2B资产 （2）变现障碍期限在6个月到1年之间的合格优质流动性资产 （3）向金融机构和央行发放的剩余期限为6个月到1年之间的贷款 （4）存在其他金融机构的业务关系存款 （5）其他剩余期限小于1年的资产，包括向非金融机构客户、零售和小企业客户以及向主权和公共部门实体发放的贷款	50%
（1）无变现障碍的剩余期限在1年以上、在标准法下风险权重不高于35%的住房抵押贷款 （2）其他无变现障碍贷款，不包括向金融机构发放的剩余期限在1年以上、在标准法下风险权重不高于35%的贷款	65%
（1）作为衍生产品交易初始保证金的现金、证券或其他资产，以及向中央交易对手违约基金提供的现金或其他资产，不包括银行代表客户提供的初始保证金① （2）其他无变现障碍的标准法下风险权重超过35%、剩余期限1年以上的正常贷款，不包括向金融机构发放的贷款	85%

---

① 巴塞尔委员会将继续评估净稳定资金比例中对衍生产品交易初始保证金的处理。

续表

所需稳定资金的类别构成	所需稳定资金系数
(3) 无变现障碍不符合合格优质流动性资产标准、剩余期限 1 年以上的未违约证券和交易所交易的股权 (4) 实物交易的大宗商品（包括黄金）	85%
(1) 变现障碍期限在 1 年以上的全部资产 (2) 按照净稳定资金比例有关规则计算的衍生品资产大于衍生品负债时，衍生品资产超过衍生品负债的差额部分 (3) 按照净稳定资金比例有关规则计算的衍生品负债的 20%（不扣减变动保证金） (4) 其他资产，包括不良贷款、向金融机构发放的剩余期限 1 年以上的贷款、非交易所交易的股权、固定资产、监管资本扣减项、留存收益、保险资产、子公司权益和违约证券	100%
不可撤销或有条件撤销的信用和流动性便利的未提取部分	5%
其他或有融资义务	各国监管机构自定

（四）监管标准

净稳定资金比例应持续性地不低于100%，从2018年1月1日开始实施。

如前文所述，流动性覆盖率是一项压力指标，当银行真正处于压力情形时，即使可能导致流动性覆盖率降至100%以下，也应允许其动用合格优质流动性资产储备，才能真正发挥流动性储备的作用。与流动性覆盖率不同，净稳定资金比例反映的是银行在正常经营情况下的资产负债结构，并不具备压力特征，净稳定资金比例的恶化往往需要相当一段时间，而且银行将净稳定资金比例保持在不低于100%的水平，有利于防止短期流动性紧缺情况的出现。因此，对净稳定资金比例的监管达标要求不存在例外规定。

（五）净稳定资金比例信息披露

与流动性覆盖率的披露类似，目前巴塞尔委员会正在研究制定净稳定资金比例的披露内容和数据模板，已于 2014 年 12 月公开征求意见，拟于 2015 年公布，将要求国际活跃银行定期披露净稳定资金比例的相关信息。与净稳定资金比例的监管标准一样，净稳定资金比例的披露标准拟从 2018 年开始实施。

三、监测工具

流动性覆盖率和净稳定资金比例对银行流动性风险水平设定了最低标准。但如前文所述，任何单一指标在反映商业银行流动性风险方面都存在一定局限性，流动性覆盖率和净稳定资金比例也不足以全面衡量银行的流动性风险状况，监管机构还需要采用多项监测工具和指标来获取不同维度的流动性风险信息，以补充完善流动性风险的定量分析框架。在 2010 年《巴塞尔 III 流动性标准》和 2013 年《巴塞尔 III：流动性覆盖率》中，巴塞尔委员会均提出了合同期限错配、融资集中度、可用的无变现障碍资产、重要货币计价的流动性覆盖率以及与市场有关的监测工具等流动性风险监测工具，作为对监管指标的补充，用于对银行流动性风险进行持续监测。监测工具没有国际统一的最低标准，在运用这些工具时，监管机构主要通过分析监测工具的变化趋势，从不同角度判断银行是否面临潜在流动性风险的积聚，以便及早采取对应措施。

（一）合同期限错配

合同期限错配监测工具是将表内外所有项目按照合同到期日归入指定的时间段，一般划分为隔夜、7 天、14 天、1 个月、2 个月、3 个月、6 个月、9 个月、1 年、3 年、5 年及超过 5 年等，从而得出各个时间段的期限错配缺口，监管机构可以依此发现银行在现有合同下对期限转换的依赖程度。

（二）融资集中度

融资集中度监测工具包括从单个重要交易对手吸收的负债资金占

总负债的比例、通过单个重要产品或工具吸收的负债资金占总负债的比例和以每种重要货币计价的资产和负债清单等。

（三）可用的无变现障碍资产

由于银行可以用无变现障碍资产作为抵押品，在二级市场或向中央银行融资，通过监测银行持有的无变现障碍资产，有助于监管者衡量银行获得额外融资来源的能力。

（四）重要货币计价的流动性覆盖率

比照一般的流动性覆盖率定义，重要货币计价的流动性覆盖率定义为：

$$\text{以重要货币计价的流动性覆盖率} = \frac{\text{以重要货币计价的合格优质流动性资产}}{\text{以重要货币计价的未来 30 日现金净流出量}} \times 100\%$$

$$(7-3)$$

通过监测银行以重要货币计价的流动性覆盖率，有助于监管者发现由于币种错配可能带来的潜在流动性风险。

（五）与市场有关的监测工具

通过监测与市场相关的指标（如股票和债券市场价格、汇率、利率变动等），有助于监管者分析金融市场整体流动性状况及其对金融行业和单家银行可能造成的潜在流动性影响。如与市场有关的监测工具反映市场流动性紧张、融资成本提高、优质流动性资产变现能力下降等情况时，监管者应当及时分析其对银行融资能力和流动性风险的影响。

巴塞尔Ⅲ提出的流动性覆盖率和净稳定资金比例监管标准，填补了危机之前国际上缺乏统一的流动性风险监管定量标准的空白，从而与资本监管的定量标准相互补充，进一步完善了银行业监管的总体框架。针对流动性风险在压力情况下凸显的特点，流动性覆盖率标准中引入了压力情景和压力测试的基本方法，弥补了以往流动性风险监管指标只侧重于衡量银行正常经营情况下流动性风险的不足。巴塞尔委员会制定全球统一的流动性风险监管标准，将大幅提升流动性风险监管标准在各国执行的一致性，对于增强全球银行业流动性风险管理和监管的有效性、维护全球金融安全将发挥重要的积极作用。

随着银行业流动性风险状况的快速演变、日益复杂，流动性风险管理和监管的传统理念、方法不断面临着许多新的挑战。巴塞尔委员会推出全球统一的流动性风险监管标准时间还不长，流动性风险管理和监管在政策、方法和技术层面还有许多内容有待深入研究，如流动性覆盖率和净稳定资金比例中的各项风险系数是否需要继续校准、银行流动性风险压力测试中如何设置客户行为模型和压力情景、如何联系宏观经济和金融变量开展系统层面的流动性压力测试等。在上述领域继续探索，推动流动性风险管理、监管方法和技术不断成熟，将是学界、业界和监管者共同的使命。

第八章　宏观审慎监管

此次国际金融危机后，从宏观审慎的视角强化金融监管，构建微观审慎与宏观审慎相结合的金融监管体系，防范系统性风险，成为国际社会的共识。巴塞尔委员会2010年12月发布的巴塞尔Ⅲ不仅在微观审慎层面强化了资本和流动性监管标准，而且在宏观审慎层面从时间维度和跨业维度加强了对系统性风险的防范。

第一节　着眼于系统性风险的宏观审慎监管

传统的银行监管偏重于促进单家银行的安全、稳健运行，强调通过有效提升银行的风险管理水平，要求银行维持充足的资本以有效抵御自身面临的风险。本次国际金融危机表明，银行监管不仅要关注单家银行的风险，而且要注重防范金融体系的整体风险。构建宏观审慎监管框架，建立微观审慎监管和宏观审慎监管相结合的银行监管体系，成为银行监管改革的核心要求之一。

一、宏观审慎监管的概念和特征

宏观审慎监管是指以防范金融体系的系统性风险为目标，主要采用审慎工具，且以必要的治理架构为支撑的政策体系。金融稳定理事会、国际货币基金组织和国际清算银行在其联合发布的宏观审慎监管研究报告中进一步指出，宏观审慎监管主要有三个方面的特征：

第一，宏观审慎监管的目标是防范系统性风险。所谓系统性风险，是指金融体系部分或全部受到损害导致的大范围金融服务中断并给实体经济造成严重影响的风险。

第二，宏观审慎监管的范围是金融体系整体（包括金融体系和实体经济的互动）而非金融体系的单个要素，如单个金融机构、市场或产品。

第三，宏观审慎监管的工具主要是审慎工具，即资本、拨备、杠杆率、贷款成数（Loan to Value，LTV）等规范金融机构审慎经营的监管工具。非审慎工具一般不应作为宏观审慎监管工具，除非其目标被清晰界定为防范系统性风险且以必要的宏观审慎治理机制为支持。

二、宏观审慎监管的基本框架

从国际讨论情况看，宏观审慎监管框架主要包括三个要素：一是宏观审慎分析，即系统性风险的识别和评估；二是宏观审慎监管工具的设计和运用；三是宏观审慎治理机制安排。

（一）系统性风险的识别和评估

作为宏观审慎监管框架的重要组成，系统性风险识别和评估的目标是及时识别金融体系的脆弱性，为有针对性地采取政策措施提供决策依据。尽管系统性风险的研究早已有之，但是对系统性风险的来源及其性质一直没有形成统一的理论框架，系统性风险的评估技术尚不成熟，影响了防范系统性风险政策的有效性。

在此次危机爆发之前，对于系统性风险的度量主要沿着综合指数法和早期预警法两条技术路线展开。综合指数法主要是基于反映各金融子系统稳健性的基础指标，通过一定的统计方法对其进行加总，得到反映整个金融体系稳健性的综合指数，其指标主要来源于资产负债表的数据。而早期预警技术主要通过构建基于信贷、资产价格等宏观经济数据的早期预警指标来预测系统性风险的发生。在指标构建适当的前提下，该方法在预测系统性危机方面的效果较好。但是，早期预警法实现准确预警的一个前提条件是，系统性风险触警事件能够根据历史上的金融危机来准确定义。因此，在一些尚未发生过真正意义上金融危机的国家，早期预警法的应用受到限制。此外，早期预警法无法捕捉金融体系与实体经济的互动和反馈，从而无法指导监管当局有针对性地采取措施。

此次危机爆发之后，伴随着宏观审慎监管理念的确立，对于系统性风险进行识别和评估方法的探讨也逐渐深入。一方面，系统性风险评估的数据不再局限于资产负债表数据，而是利用债券市场和股票市场上高频和时效性较强的数据开发了一系列度量模型；另一方面，度量系统性风险的视角逐渐放开，不再局限于宏观经济对金融体系的影响，而是更多地考虑金融体系内部关联性和传染性的度量。在基于资产负债表数据的模型中，针对综合指标法建立了更为完善的指标体系并改进了指数综合化方法，同时改进了度量银行风险传染的网络分析法等。在基于股票市场数据的系统性风险度量中，主要是基于时间序列模型进行改进：一是针对传统的 VaR 度量进行改进，修正传统 VaR 面临的"正态分布"假设、对尾部风险关注不足等缺陷，创新性地提出运用 Co-VaR 方法度量风险溢出效应，更加准确地对风险进行了描述；二是针对传统的波动率预测模型进行改进，使对于波动率的预测更加贴近金融市场的实际情况，同时引入多元 GARCH 模型刻画金融数据之间的相关性，为研究不同金融机构、金融市场之间的风险溢出提供了分析工具。

针对专家学者提出的多种多样的系统性风险识别和评估的方法，Borio 和 Drehmann（2009）给出了判断系统性风险计量方法的良好标准：一是有效捕捉金融体系的整体风险，尤其是能够用于分析金融机构对外部冲击的行为反应以及系统性风险传导渠道；二是具有一定的前瞻性，从而使得政策应对成为可能；三是能够用于指导政策的制定和实施。按上述三个标准来衡量，目前系统性风险的评估和分析技术仍然处于初级阶段。这一方面是因为系统性风险事件本身是极端事件和小概率事件，使其置信度的选择存在很大的困难，数据时长有限以及经济、金融结构的变化也进一步加剧了评估的困难；另一方面，现有的计量和分析工具难以捕捉金融体系内部各要素之间及金融体系与实体经济之间的互动和非线性变化，而这些互动和非线性变化正是研究系统性风险的关键所在。他们认为，当前理论界对系统性风险的理解存在巨大的差异，使建立统一的分析框架存在很大的困难。

在系统性风险识别和评估方面存在的这些困难表明，要识别和评估系统性风险不能只依赖于定量分析方法，而是需要相关部门运用经验判断并共同进行讨论和分析，量化模型只能起辅助和参考作用。因此，中央银行、监管机构和其他相关部门需要将各自掌握的宏观层面、行业层面以及机构和市场层面的情况进行对接和汇总，通过数据分析、经验判断和讨论，研究金融机构在风险敞口方面存在的共性特征与相关性、经营模式的可持续性以及整个金融行业的发展趋势、风险水平与特征，及时发现可能产生的系统性风险隐患并提出政策建议。这对中央银行、监管机构和其他相关部门之间建立良好的信息沟通和协调机制提出了更高的要求。美联储主席耶伦（2010）认为，系统性风险的评估既是科学也是艺术。之所以是科学，在于其必须对大量数据进行周密的分析；之所以是艺术，在于监管当局必须作出相机抉择，确定当前的状况是否对金融稳定构成威胁并需要采取行动。

（二）宏观审慎监管工具的设计与运用

此次国际金融危机之后，宏观审慎监管工具的开发和设计成为国际社会研究的重点。全球金融体系委员会（Committee on the Global Financial System，CGFS）2010 年的调查表明，尽管没有采用宏观审慎监管的概念，但是，一些新兴市场国家已经运用一些审慎工具来应对系统性风险。例如，2005 年，印度针对房地产市场过热的情形调整了按揭贷款和其他住房抵押贷款的风险权重，以抑制该领域的信贷扩张；从 20 世纪 90 年代中期起，中国、中国香港、韩国等国家和地区开始通过调整贷款成数，加强按揭贷款风险管理，防止房地产领域的过度投机行为。危机后，国际社会对宏观审慎监管工具进行了全面梳理，根据着眼点的不同，将宏观审慎监管工具划分为时间维度的监管工具和跨业维度的监管工具。

时间维度的宏观审慎监管工具。时间维度关注的是系统性风险在经济周期不同阶段的分布，其目标是缓解金融体系的顺周期性问题，即随着时间的推移，系统层面的风险如何通过金融体系内部以及金融体系与实体经济的相互作用而被放大。在经济上行周期，金融体系可能由于信贷扩张、资产价格的快速上升、杠杆和期限错配的增加，在推高繁荣的同时增加了总体风险（aggregate risk）；而在经济下行周期，由于去杠杆化效应、信贷紧缩等因素的影响，金融机构大面积陷入破产或经营困境，给实体经济造成严重的负面影响。为此，时间维度的宏观审慎监管（逆周期监管）主要通过在经济上行周期增加资本、拨备等监管要求，以用于经济下行周期吸收损失，防止信贷紧缩。

国际社会已经达成共识的时间维度的监管工具主要包括：巴塞尔Ⅲ提出的逆周期资本、储备资本、杠杆率、前瞻性拨备（forward - looking provision），以及在不同经济周期中保持稳定，并同时考虑了压力情形的交易保证金和折扣比率等。有些国家还采用了其他审慎监管工具来缓解金融体系的顺周期性，包括对特定金融产品、行业或市场（如外币贷款、消费信贷、固定资产贷款等）的监管资本要求进行逆周期调整，对贷款成数、借款人的债务收入比和贷款收入比、贷款准入标准等进行动态调整，控制整体信贷或特定行业信贷总量或增速，对非存款负债征税等。

跨业维度的宏观审慎监管工具。跨业维度关注的是在给定时点下，系统性风险在金融体系的分布，其目标是防止系统性风险集中，即由于金融机构之间相互关联、持有类似的风险敞口以及群体行为而导致的系统性风险。宏观审慎监管通过弱化金融体系的内部关联度，根据金融机构对系统性风险的贡献度采取相应的监管措施，防止风险集中和传染。其重点是控制系统重要性金融机构的负外部性，加强对系统重要性金融机构的监管。系统重要性金融机构是指在金融市场中承担了关键功能，其倒闭可能给金融体系造成损害并对实体经济产生严重负面影响的金融机构。危机后，国际社会积极推进了系统重要性金融机构监管政策框架的研究，并就进一步强化金融市场基础设施、提高金融体系的稳健程度提出了建议。

国际社会已经达成共识的跨业维度的监管工具主要包括金融稳定理事会提出的系统重要性金融机构监管框架、强化场外衍生产品交易的基础设施建设，以及巴塞尔Ⅲ中旨在降低金融体系关联度的相关规定，如对银行间敞口提出更高资本要求，鼓励银行使用中央交易对手进行场外衍生品交易，限制过度依赖短期批发融资等。此外，有些国家采取了限制系统重要性金融机构业务范围的结构化措施，如美国《多德—弗兰克法案》提出的限制存款机构从事自营交易业务和投资对冲基金、私募股权基金的沃尔克规则。

（三）宏观审慎治理机制安排

防范系统性风险对于任何一个国家的监管当局来说都是巨大挑战。金融体系本身是一个动态变化的系统，系统性风险的水平、来源和分布都处于一个持续变化的过程中。同时，宏观审慎监管的目标是防范系统性风险、维护金融稳定，其效应是长期的，难以量化，而成本却往往是巨大、显著而直接的，尤其是其逆风向调节的特征使监管当局往往需要作出与公众或市场偏好相反的判断。此外，要实现防范系统性风险的目标，需要加强宏观审慎监管政策、微观审慎监管政策和货币政策、财政政策等各项政策的协调，也给宏观审慎监管的实施带来了困难。为此，有必要建立良好的宏观审慎治理机制，作为系统性风险识别与评估、宏观审慎监管工具的决策与运作等的基础，实现各项政策之间的协调和配合。宏观审慎治理机制应当包含以下要素：第一，宏观审慎监管的职责及其相应的权力；第二，宏观审慎监管组织架构，即宏观审慎监管决策机构的构成及其运作机制；第三，国内外相关政策的协调机制；第四，问责安排，包括与社会公众的沟通机制，促进公众对政策的理解和认识等。

对于宏观审慎监管组织架构，并没有一套"放之四海而皆准"的模式。金融稳定理事会、国际货币基金组织和国际清算银行经过广泛调查之后，认为各国在宏观审慎监管组织架构方面差异很大，建议各国根据本国的法律制度和监管框架来设计实施宏观审慎监管治理机制，在设计宏观审慎治理机制时，可以参考以下原则：一是职责明确、权力清晰，包括对政策目标的清晰界定、对政策制定者职责的适当分配以及对自由裁量权运用的制衡与检查等；二是清晰界定决策者的地位与构成，包括监管当局、货币政策当局以及财政部等相关部门在宏观审慎监管中应当发挥什么样的作用以及如何发挥作用等；三是注意加强相关政策的协调，不同的监管工具之间可能存在互补性与可替代性，并且很多政策对系统性风险都有影响，所以加强政策协调非常关键，尤其是当宏观审慎监管的实施依赖于其他政策制定者掌握的监管工具时；四是有效的问责机制与公众沟通机制（FSB、IMF 和 BIS，2011）。

三、宏观审慎监管与微观审慎监管

作为审慎监管框架的有机组成部分，宏观审慎监管与微观审慎监管既相互区别，又密不可分。Borio（2003）认为，宏观审慎监管和微观审慎监管的区别主要体现在以下四个方面。

第一，从监管的目标来看，微观审慎监管的目标是减少单家金融机构失败的可能性，也就是降低个体风险（idiosyncratic risk），最终目标是保护存款人和投资者的利益；而宏观审慎监管的目标是降低金融危机或系统性风险发生的概率，最终目标是减少对经济增长产生的负面影响和由此给经济社会带来的成本（包括因道德风险而产生的间接成本)。

第二，从监管的对象来看，微观审慎监管关注的是单体机构的风险，主要从单家机构的稳健运行考虑需要采取何种监管措施和手段；而宏观审慎监管关注的则是整个金融体系的风险，主要从维护金融体系稳定的角度考虑政策措施。从宏观审慎的视角来看，确保每家银行都不倒闭可能会削弱市场约束并产生道德风险，从而形成过度监管。同时，只关注个体机构而忽视各机构的集体行动和共同风险敞口，可能会导致对系统性风险的低估或误判而不能及时采取监管措施（Crockett，2000）。

第三，从对金融风险的分析来看，在宏观审慎的分析框架下，金融风险具有体系内生性（endogenous），即金融机构的集体行动能够影响资产价格、借贷和金融交易的规模以及经济活动，从而影响金融体系的整体风险，这反过来又会影响金融机构自身的稳健经营状况；在传统的微观审慎分析框架下，金融风险相对单体机构而言通常是外生的（exogenous），即影响单体机构风险的外部因素不受该机构自身行为的影响。为此，与微观审慎相比，宏观审慎监管关注金融机构所具有的共同风险敞口及其相关性，以此分析金融机构同时倒闭的可能性及可能给整个金融体系带来的风险。从微观审慎监管转向宏观审慎监管，就如同一个金融市场投资者从投资单只股票转向投资共同基金。这样，他将会更关注整个资产组合而不是单只股票的收益和风险，并由此而更关注资产之间的相关性。

第四，从监管工具来看，宏观审慎监管和微观审慎监管并无本质区别，如都会使用资本要求、贷款损失准备、审慎信贷标准、流动性风险指标和其他风险管理要求等监管工具。但在具体运用这些监管工具时，宏观审慎监管和微观审慎监管考虑的视角和对工具的设计却会有所区别。例如，在监管资本要求方面，微观审慎监管主要从对单体机构抵御风险能力的要求方面来考虑，而宏观审慎监管则会考虑提出针对系统性风险的随周期变化的逆周期资本要求，促使银行在经济上行周期建立充足的资本缓冲，以应对经济下行周期的需要，也会根据系统重要性金融机构对系统性风险的贡献度而提出更高的资本要求。

表 8.1　　　　　　　　　　宏观审慎监管和微观审慎监管对比表

项目	宏观审慎监管	微观审慎监管
监管目标	避免系统性金融风险，以减小给经济运行带来的成本	避免单一机构的倒闭，以保护存款人和投资者利益
监管对象	整个金融体系	单体机构
对金融风险的分析	内生性	外生性
监管工具设计	自上而下，关注系统性风险	自下而上，关注单体机构风险

资料来源：Borio（2003）。

Borio（2003）提出了宏观审慎监管和微观审慎监管四方面的主要区别。我们认为，实质上，任何审慎监管体系都是微观审慎监管和宏观审慎监管的结合体，二者相互协调才能是最完善有效的审慎监管。此次危机表明，任何银行监管者如果仅仅局限于微观审慎的视角来进行监管，就不可能很好地履行其维护银行体系稳定的职责。微观审慎分析是实现宏观审慎的重要基础，金融机构是识别、监测和管控金融风险的市场主体。健康稳健运行的金融机构是管控系统性风险的重要前提。此外，宏观审慎对系统性风险的有效分析也离不开微观审慎框架下对机构行为、风险敞口和产品的特征及变化的监测分析。由此，宏观审慎和微观审慎监管政策必须协调一致，有机结合，相互配合，相互促进，提高审慎监管的总体效果。

第二节　逆周期监管

逆周期监管是时间维度上的宏观审慎监管。金融体系自身具有与生俱来的顺周期性，而外部规则又加剧了这种顺周期性。为缓解金融体系的顺周期性，有必要提出一系列缓解金融体系顺周期性的政策建议，并设计相应的政策工具，以有效防范系统性风险。巴塞尔Ⅲ提出，逆周期监管政策应当包括缓解最低资本要求的顺周期性、前瞻性的拨备制度、储备资本和逆周期资本政策等。

一、金融体系的顺周期性

金融体系的顺周期性是指金融体系与实体经济之间存在动态正反馈机制，放大了经济繁荣和萧条周期，加剧经济的周期性波动，并导致或强化金融体系的不稳定性，是系统性风险的根源之一（FSF，2009）。

（一）金融体系顺周期性的来源

金融体系本身具有内在的顺周期性。首先，来源于市场主体的风险计量存在不足。对风险的认知偏差使得投资者在经济上行周期过度乐观，从而低估风险，在经济下行时期容易产生恐慌情绪，从而高估风险，因此放大了市场交易行为的波动。即使对于理性的投资者来说，这种情况也是非常普遍的，这是因为市场主体在计量风险时运用的参数大多是顺周期变动的，在经济高速扩张、风险不断累积时，基于这些参数计量的风险水平往往偏低，这将给投资者和消费者造成安全错觉，而一旦市场开始下行，风险计量结果又往往偏高，加剧了市场的恐慌情绪。

其次，来源于金融机构的激励机制存在缺陷。设计不当的激励机制使金融机构过于追求短期效益而对风险关注不足，增加了市场的不稳定因素，放大了金融市场的波动。在激励机制中引入短期时间窗口，本来是为了对绩效考核基准进行校准和实时监测，但所建立的激励机制可能促使金融机构频繁交易或进行高杠杆交易，从而进一步加剧金融机构交易行为的顺周期性。

最后，来源于市场主体的集体行动。集体行动是指众多个体同时采取的相同行动导致了集体的非理性行为。由于信息不充分且不对称，个体投资者很难对未来市场走势形成合理的判断和预期，只好通过观察周围投资者的行为间接获取信息。在信息传递过程中，投资者的信息日益趋同、彼此强化，从而产生从众心理和随波逐流行为。如果所有的投资者对未来市场走势形成高度一致的判断和预期，且同步买入或卖出证券，将加剧市场的震荡，也就是通常所称的"羊群效应"。在经济上行周期，这种市场主体的集体行动容易推高资产价格，造成市场非理性繁荣，从而积聚系统性风险；当经济进入下行周期，一旦因某一触发因素使积聚的系统性风险以激烈的方式释放出来，这种集体行动就会引发市场的大幅波动和资产价格破坏性的螺旋式下跌，甚至可能导致市场崩溃。金融机构的集体行动在杠杆和期限错配等因素的共同作用下，进一步放大了金融体系的顺周期性效应。

外部规则强化了金融体系的顺周期性。例如，监管资本要求具有顺周期效应，这是由于监管资本计量所使用的参数和模型在一定程度上受到经济周期的影响，建立在这些参数和模型基础之上的监管资本要求呈现出顺周期性。以信用风险内部评级法为例，其计算参数之一的违约损失率（LGD）在一定程度上具有顺周期性，在经济衰退时期尤为明显。由于抵押品价值随经济周期的波动而变化，在经济衰退时期价值下降，导致回收率降低，违约损失率上升，基于此计算的资本要求也将上升。拨备制度也具有顺周期效应。贷款损失准备（即拨备）是商业银行从利润或收入中提取的用于弥补到期不能收回的贷款损失的准备金。在经济扩张时期，贷款违约率和损失率降低，银行计提的拨备减少，拨备的计提比例远小于利润率，较高的利润率推动银行扩张信贷，从而进一步推动经济的繁荣；在经济衰退时期，贷款违约率和损失率上升，同时对经济的悲观预期也会使银行加大计提拨备力度，导致银行缩减信贷规模，从而进一步加剧经济的衰退（Laeven 和 Majnoni，2003）。

（二）缓解金融体系顺周期性的基本思路

巴塞尔委员会认为，考虑到金融体系的顺周期性特征，从根本上消除顺周期性是不可能的，因此，在缓解现有监管规则的顺周期性的同时，应当将逆周期监管政策的重点放在确保金融体系在经济上行时期积累足够的"缓冲"上，从而使银行在经济下行时期有足够的资源用于吸收损失以避免造成信贷紧缩，促使金融体系发挥"减震器"而不是"放大器"的作用。

针对外部规则的顺周期效应，巴塞尔委员会提出，应当缓解监管资本要求和拨备制度的顺周期效应。在缓解监管资本要求的顺周期性方面，应当进一步完善监管资本计量所使用的参数和模型，使其尽量平滑，如违约概率等重要参数使用长期平均值等，减小这些参数和模型的顺周期性。同时，还可以要求银行进行压力测试，分析是否需要进一步计提资本等。在缓解拨备制度的顺周期效应方面，应当运用更广泛的信用风险信息，更充分地考虑预期损失，提高贷款损失准备的前瞻性。当经济处于上行期时，应当要求银行增加动态拨备来抑制信贷过度扩张；当经济处于下行期时，可以允许银行减少动态拨备，避免因信贷紧缩导致经济进一步加速衰退。

二、逆周期监管政策工具

在逆周期监管工具方面，巴塞尔委员会提出，应当要求银行建立储备资本和逆周期资本，提高风险抵御能力。除此之外，银行计提前瞻性拨备也可以起到增强银行体系风险抵御能力的效果。同时，国际社会已经达成共识，可以采取贷款成数和压力测试等政策工具，实现逆周期调节的目标。

（一）储备资本

储备资本是指银行在非压力情形下持有的高于最低资本要求的超额资本，用于抵御经济下行时期可能发生的损失。此次国际金融危机期间，为了争夺市场份额、维护市场信心，即使面临经营压力，各家银行仍旧持续进行红利和奖金的发放，不仅影响了行业的有序竞争，而且为银行通过内部融资渠道补充资本带来了困难。为此，巴塞尔委员会要求银行在正常时期持有高于最低资本要求的资本缓冲，当经济进入下行时期，银行发生损失导致资本减少时，便可利用这部分资本缓冲弥补损失，维持资本水平，以避免经济下行时期资本减少使银行紧缩信贷而进一步加剧经济衰退的情况，从而降低资本监管的顺周期性。

巴塞尔Ⅲ规定，储备资本的最低标准为风险加权资产的2.5%，应当用核心一级资本来满足，并建立在最低资本要求之上。对于未满足储备资本和逆周期资本要求的银行，监管机构应当采取的监管措施为限制银行的利润分配，包括限制普通股分红与股份回购（share buybacks）、可自主发放的其他一级资本收益和自主支配的员工奖金。此时，银行的业务活动可以照常进行，监管机构的限制仅是针对银行的利润分配，而与银行的运营无关。虽然在压力时期，银行可以利用储备资本吸收损失，但银行的资本水平越接近最低资本要求，对其利润分配的限制就将越严格。表8.2为巴塞尔Ⅲ提出的递进式的强制性资本留存比率。当银行的核心一级资本满足最低资本要求（4.5%）但未达到储备资本要求（4.5% + 2.5% = 7%）时，利润分配将受到递进式的限制。例如，当银行的核心一级资本水平在5.75%至6.375%之间时，其在下一财务年度就必须留存60%的未分配利润以补充资本，即其用于分红、股份回购、自主发放资金的支出不得超过未分配利润的40%。

表8.2　　　　　　　　银行的最低资本留存比率标准

核心一级资本比率	最低资本留存比率（以未分配利润的百分比表示）
4.5% ~ 5.125%	100%
5.125% ~ 5.75%	80%
5.75% ~ 6.375%	60%
6.375% ~ 7.0%	40%
> 7.0%	0

资料来源：巴塞尔委员会（2010）相关资料。

（二）逆周期资本

逆周期资本是与特定变量挂钩、随时间变化的资本要求。2010年

12 月 16 日，巴塞尔委员会正式公布了巴塞尔Ⅲ和《各国实施逆周期资本监管指导原则》，要求各国监管当局参照该指引，根据本国银行业实际，制定逆周期资本政策框架，视需要要求银行计提逆周期资本。巴塞尔委员会认为，逆周期资本的首要目标是提高银行业的损失吸收能力和应对经济周期冲击的能力，保护银行业免受信贷过度投放时期积累的系统性风险所导致的损失。逆周期资本的实施能够在一定程度上防止经济上行期信贷过度增长、经济下行期信贷过度紧缩，降低信贷的过度波动，但这只是逆周期资本起到的正面副作用，而不是其首要目标。

确定逆周期资本的核心是选择挂钩变量。国际清算银行对近 30 个国家/地区（包括中国）从 1970—2009 年的数据进行了实证分析，对比了三大类近 10 项指标（即 GDP 增长、广义信贷增长、广义信贷/ GDP、股票价格、房地产价格等宏观经济金融指标，银行业利润和损失等业绩指标，以及信贷利差等融资成本指标）在 40 年来历次严重、中度和轻度的全球和区域性危机中的表现。最终，巴塞尔委员会建议采用广义信贷/GDP 作为判断是否计提逆周期资本的基本指标。广义信贷不同于狭义的银行贷款，是指非金融部门的所有债务余额，即境内和境外主体对境内非金融部门发放的贷款、购买的债券及其他债务融资。巴塞尔委员会在巴塞尔Ⅲ和《各国实施逆周期资本监管指导原则》中提出，可根据广义信贷/GDP 指标对其长期趋势的偏离度，确定经济上行周期应计提的逆周期资本要求。当偏离度小于 2% 时，不计提逆周期资本；当偏离度介于 2% ~ 10% 时，逆周期资本要求在 0 ~ 2.5% 呈线性分布；当偏离度超过 10% 时，按上限 2.5% 计提逆周期资本。如果监管当局认为合适，可以对所辖银行提出高于 2.5% 的逆周期资本要求。与储备资本相同，逆周期资本也必须由核心一级资本来满足，未满足逆周期资本要求的银行的利润分配将受到限制。

对于国际活跃银行而言，其适用的逆周期资本要求应按其信用风险加权资产的地域分布乘以所在国的逆周期资本要求加总后得到。例如，若一家银行有 60% 的信用风险加权资产在英国，25% 在德国，15% 在日本；当期英国的逆周期资本监管要求为 2.5%，德国为 1%，日本为 2%，则该银行的综合逆周期资本要求为 $0.6 \times 2.5\% + 0.25 \times 1\% + 0.15 \times 2\% = 2.05\%$。

逆周期资本的释放机制是逆周期资本政策框架的重要组成部分。释放逆周期资本的目的主要是在危机时期减少银行业损失，并防止信贷过度紧缩和过度去杠杆化而扩大金融危机的负面影响，避免对实体经济造成更大的打击。逆周期资本的释放不会经常发生，不适于通常情况下来调控经济周期。巴塞尔委员会建议各国监管当局根据本国的宏观和微观层面信息、综合分析一系列指标后进行判断和决策。逆周期资本的释放可以是一次性的，也可以采取逐步释放的方法。资本释放的快慢、规模应根据危机的性质来决定。如果危机主要由信贷供给负面冲击造成，那么可能需要较快地释放逆周期资本，资本释放的规模也较大；如果危机由其他因素造成（如外汇汇率大幅波动等），资本释放的速度则应当慢一些，规模也应当小一些。

（三）前瞻性拨备

本次国际金融危机暴露了传统拨备制度存在诸多缺陷，其顺周期性被认为加速和加剧了危机的发生。危机之后，G20、金融稳定理事会和巴塞尔委员会等国际组织均对如何缓解贷款损失准备计提规则的顺周期性提出了建议，呼吁国际会计标准制定机构与银行监管者进一步加强合作，尽快研究提出既有助于维护金融稳定，又能真实反映银行财务状况的更具前瞻性的拨备计提方法。

前瞻性拨备是指银行根据前瞻性风险判断提出的贷款损失准备，其基本原理可以概括为"以丰补歉"，思路是要求银行在经济繁荣时期多计提贷款损失准备，以提高未来的损失吸收能力，而在经济收缩时期可少提拨备，以增加银行的利润和维持资本充足水平，避免信贷紧缩进一步加剧经济衰退，从而缓解拨备制度的顺周期性。前瞻性拨备制度与传统拨备制度不同，传统拨备制度主要反映历史事件所产生的风险，对未来可能存在的风险考虑较少；而前瞻性拨备制度要求拨备具有前瞻性，既要充分考虑当前的风险状况，又要前瞻性地预测未来风险的变化。因此，传统拨备制度只涵盖已经发生的损失，而前瞻性拨备制度则具有涵盖当前损失（已发生损失）和未来损失（预期损失）的能力。另外，二者的调整机制也不同，传统拨备制度对拨备的调整具有事后性和被动性，仅在损失事件已经发生后才对拨备进行被动的反映和调整；前瞻性拨备制度对拨备的调整则具有事前性和主动性，旨在预先防范未来风险的变化。

2009 年 11 月，国际会计准则理事会发布了《金融工具摊余成本与减值（征求意见稿）》，采用"预期损失模型"取代之前的"已发生损失模型"，并在根据反馈意见做进一步修改后，于 2010 年底发布最终稿。2010 年 5 月末，美国会计准则委员会发布了《金融工具会计及对金融衍生产品和套期会计的修订（征求意见稿）》，要求根据对剩余存续期内的预期损失计提拨备。国际会计准则理事会和美国会计准则委员会提出的预期损失模型的总体思路得到了金融稳定理事会和巴塞尔委员会的支持。同年，巴塞尔委员会也提出了自己的预期损失拨备计提方法，核心内容为：根据贷款生命周期的预期信用损失计提拨备；预期信用损失是在考虑完整经济周期中贷款损失数据的基础上，所估算的贷款在剩余生命周期内的预期损失；确保在资产负债表日的拨备余额足以覆盖下一阶段（通常为 1 年）可能发生的信用损失等。以上这些改变均反映了贷款损失准备计提方法向逆周期、跨周期的前瞻性拨备制度迈进。

（四）贷款成数

贷款成数（LTV）是指贷款金额与该贷款抵押品价值的比率，通常用于住房抵押贷款领域，指住房抵押贷款金额与用于抵押的房屋价值之比。在经济上行时期，抵押品价值上涨，推动信贷扩张，从而推动经济进一步上涨；而在经济衰退时期，抵押品价值下降，造成信贷紧缩，从而推动经济进一步衰退。因此，在经济上行时期调低贷款成数，在经济下行时期控制贷款成数下降有利于缓解金融体系的顺周期性。此次危机前，大多数国家不对贷款成数进行调整，普遍较高的住房抵押贷款成数与住房价格上涨双双推动信贷扩张，信贷扩张反过来又进一步推动房价上涨，成为危机前资产价格上涨、信贷扩张、系统性风险不断累积的重要原因。危机之后，高贷款成数在系统性风险累积中所起的推动作用受到广泛关注，许多国家对个人住房抵押贷款规定了贷款成数上限，并随经济周期变动进行适当调整，以防止住房抵押贷款增减变化进一步放大经济周期（Brunnermerier 等，2009；FSA，2009）。

对贷款成数进行适当调整有助于抑制信贷过度扩张和资产价格过度上涨，缓解金融体系的顺周期效应，防范系统性风险，这体现了贷款成数的宏观审慎功能。贷款成数同时具有微观审慎的功能，在经济上行周期对贷款成数的调整可以抑制银行不审慎放贷的冲动，降低单体银行的信用风险，促进银行审慎经营。调整贷款成数简单有效，易于实施，可以根据不同的市场形势和经济周期，适时进行调整，便于决策和操作，可以充分发挥逆周期调节的作用。

（五）压力测试

压力测试是一种以定量为主的风险分析方法，通过识别可能引发异常损失的事件或情境，测算银行在遇到假定的小概率事件等极端不利情况下可能发生的损失，分析这些损失对银行盈利能力和资本充足率带来的负面影响。压力测试不仅有利于银行充分了解潜在风险因素与自身财务状况之间的联系，预防极端事件可能给银行带来的冲击，而且可以帮助监管机构对单家银行和银行体系的脆弱性作出更为准确的评估和判断，更好地引导银行业预防及应对系统性风险。压力测试有利于克服模型和历史数据的局限性，通过捕捉置信区间之外的小概率事件可能带来的潜在损失，以前瞻性的视野分析和评估资产组合、金融机构乃至金融体系所面临的潜在风险。

从不同的维度来看，压力测试可以做不同划分：按实施对象分类，可以分为单体机构压力测试和宏观压力测试。单体机构压力测试是指在金融机构层面实施的压力测试，分析资产组合对风险要素变化的敏感度、可能遭受的潜在损失、风险管理存在的薄弱环节等；宏观压力测试是指针对某个特定的金融行业或整个金融体系所实施的压力测试，分析在压力情景下该体系可能面临的风险，评估金融体系的脆弱性。按方法论来划分，可分为正向压力测试和反向压力测试（reverse stress test）。正向压力测试是指分析风险要素变化可能给金融机构或整个金融体系产生的影响；反向压力测试是在假定金融机构或金融体系遭受重大损失或重大变动情况下，回溯分析导致这种结果的种种原因或种种情景，是一种从结果逆向推理出原因的压力测试。从具体技术来划分，压力测试可分为敏感性测试和情景测试。敏感性测试又称单因素分析，旨在评估单个风险因素或少数几项关系密切的因素对金融机构或金融体系产生的影响；情景测试是分析多个风险因素同时发生变化以及某些极端不利事件发生对金融机构或金融体系产生的影响。

第三节　系统重要性银行监管

跨业维度的宏观审慎监管关注的是在给定时点下，系统性风险在金融体系的分布，其核心是防止系统性风险集中，即由于金融机构之间相互关联、持有类似的风险敞口以及群体行为而导致的系统性风险。宏观审慎监管通过弱化金融体系的内部关联度，根据金融机构对系统性风险的贡献度采取相应的监管措施，防止风险集中和扩散，其重点是控制系统重要性金融机构的负外部性，加强对系统重要性金融机构的监管。

一、系统重要性银行——定义、评估方法与程序

金融稳定理事会、国际货币基金组织和巴塞尔委员会研究指出，规模、关联度和可替代性是系统重要性的最主要驱动因素。在银行机构方面，巴塞尔委员会进一步考虑全球活跃程度和复杂性，提出了全球系统重要性银行的评估方法和程序。

（一）系统重要性银行的定义和评估方法

根据金融稳定理事会的定义，系统重要性金融机构是指在金融体系中居于重要地位、承担关键功能，其破产、倒闭可能给金融体系和经济活动造成严重损害的金融机构。目前国际组织和学术界对系统重要性金融机构的评估对象主要集中于系统重要性银行，相应评估方法主要有两类：一是指标法，二是模型法。

指标法的基本原理是通过选取反映银行影响金融体系稳定的系统重要性指标，对各个指标进行赋值，再采取相应的加总方法形成对系统重要性的评估结果。金融稳定理事会、国际货币基金组织和国际清算银行（2009）围绕系统重要性的三大驱动因素（规模、关联度和可替代性）设计了一套度量金融机构系统重要性的指标。指标法的优点在于能够利用已有的资产负债表和监管数据生成指标，能够较为全面地覆盖影响金融机构系统重要性的因素，并可以和定性判断相结合；缺点在于只适用于相对静态的市场，难以识别银行体系的动态发展趋势，也难以捕捉金融机构相互依存和关联状态的变化。

模型法是利用度量系统性风险的模型来识别和评估系统重要性金融机构，基于系统性风险的度量结果评估系统重要性金融机构贡献度，核心是判断系统中有无该机构时系统性风险大小的差别。目前国际上提出的模型法主要有条件风险价值法、危机联合概率法、Sharpley 价值法和网络分析法四种。目前，模型法存在以下缺陷：一是尚处于发展和运用的初级阶段，还不够稳定和成熟；二是只考虑影响系统重要性的定

量因素，没有考虑定性因素；三是采用市场价格作为输入变量，会导致模型结果对样本时间长度的选择过于敏感；四是投资者通常在经济上行周期不会考虑风险溢出效应，基于市场价格的模型不能全面反映系统重要性因素。

关于系统重要性金融机构评估，巴塞尔委员会认为理想的评估方法应该具有准确性、透明度和可操作性。准确性是系统重要性度量框架的首要任务。鉴于每家金融机构对整个金融系统的风险贡献差别较大，系统重要性的度量要尽可能准确，以反映不同金融机构所带来的不同风险。这种度量应包括定量和定性两个方面，涵盖金融机构系统重要性的各种驱动因素，如规模、关联度、可替代性、复杂性、全球活跃程度等。同时，应充分考虑经济环境对金融机构系统重要性的影响。透明度是指度量方法应该足够简单，使政策制定者和金融机构都容易理解，同时，同一类型金融机构（如银行、保险机构等）的系统重要性都应该可以基于相同的评估方法来进行比较。可操作性是指度量方法所需的数据应该容易获得，且度量方法应该可以在不同国家得到普遍应用。对照上述标准，国际社会广泛达成共识，相对于模型法，目前采用指标法来识别、评估系统重要性金融机构更为可行。

（二）全球系统重要性银行评估框架

根据 G20 领导人伦敦峰会的要求，金融稳定理事会、巴塞尔委员会和国际保险监督官协会等国际组织积极推进了系统重要性金融机构识别和评估方法的研究。巴塞尔委员会负责提出系统重要性银行识别和评估方法，系统重要性保险机构的识别方法则由国际保险监督官协会负责。根据金融稳定理事会的要求，巴塞尔委员会重点推进了对全球金融体系具有关键影响的全球系统重要性银行（G–SIBs）识别方法的研究，并以此为基础指导各成员国建立国内系统重要性银行（D–SIBs）的评估框架。2011 年 11 月，巴塞尔委员会公布了《全球系统重要性银行：评估方法和损失吸收能力》，正式提出了识别和评估全球系统重要性银行的方案，并于 2013 年 7 月发布了修订稿。

　　巴塞尔委员会的评估思路是，采用指标法，通过选取反映银行影响金融体系稳定的系统重要性指标，对各个指标进行赋值，再采取相应的加总方法形成对银行系统重要性的评估结果。在指标选取上，考虑到全球系统重要性银行的特点，在金融稳定理事会、国际货币基金组织和巴塞尔委员会 2009 年所提出的规模、关联度和可替代性的基础上，又增加了复杂性和全球活跃程度两项指标。该评估方法为：从规模、关联度、可替代性、复杂性和全球活跃程度五个方面选取 12 个指标，通过加权平均的方法得出单家银行的全球系统重要性分值，再根据分值对银行的全球系统重要性进行排序。考虑到定量指标不能完全反映银行的系统重要性，巴塞尔委员会采取了定量和定性相结合的方法，即以定量方法为基础，结合定性判断最终形成系统重要性的度量结果。巴塞尔委员会最终确定的全球系统重要性银行评估指标及其权重见表 8.3。

表 8.3　　　　　　全球系统重要性银行评估指标及权重

指标类别及其权重	具体指标	具体指标权重
规模（20%）	调整后的表内外资产余额（杠杆率分母）	20%
关联度（20%）	金融机构间资产	6.70%
	金融机构间负债	6.70%
	发行证券和其他融资工具	6.70%
可替代性（20%）	通过支付系统或代理行结算的支付额	6.70%
	托管资产	6.70%
	有价证券承销额	6.70%
复杂性（20%）	场外衍生产品名义本金	6.70%
	交易类和可供出售类证券	6.70%
	第三层次资产	6.70%
全球活跃程度（20%）	跨境债权	10%
	跨境负债	10%

　　在根据上述指标进行定量测算之后，巴塞尔委员会将以定量测算结果为基础，征求各成员国监管当局的意见，并根据征求意见结果最终

确定全球系统重要性银行的名单。各成员国监管当局可以就特定银行是否应当被列入名单提出意见，也可以对特定银行的分组提出意见，但应当具有充分的、有说服力的理由。各国监管当局在运用监管判断提出调整意见时，可依据如表8.4所示的辅助指标。

表8.4　　　　　评估全球系统重要性银行的辅助指标

指标类别	用于监管判断的辅助指标
规模	总负债
	净收入
	总收入
关联度	零售融资总额
	批发融资比率
可替代性	卖出回购总额
	买入返售总额
	场外衍生产品正市值
	场外衍生产品负市值
复杂性	境外分支机构和附属机构所在国家/地区的数目
全球活跃程度	境外净收入

考虑到目前对系统重要性程度的度量不可能得出一个精确的数值，巴塞尔委员会建议在定量和定性分析的基础上，对系统重要性银行采取分组的方法（bucketing approach），根据系统重要性程度将银行分为不同的组别，然后对不同组别的银行采取差别化的监管措施。

根据上述方法，2010年10月以来，巴塞尔委员会对来自美国、英国、瑞士、巴西、中国等国家银行的全球系统重要性进行了多次测算排名。2011年11月，经G20领导人戛纳峰会批准，金融稳定理事会正式公布了基于2009年度数据测算结果确定的首批29家全球系统重要性银行名单。首批全球系统重要性银行分别来自美国、英国和中国等12个国家，其中来自新兴市场国家的银行只有中国银行1家。巴塞尔委员会每年将根据银行的相关数据重新测算银行的全球系统重要性分值，根据测算结果更新全球系统重要性银行的名单，并在当年11月公布，同时还将公布相关银行所属组别和相应的附加资本要求。

2014 年 11 月,金融稳定理事会公布了基于 2013 年度数据测算结果确定的 30 家全球系统重要性银行名单、分组情况及附加资本要求(见表 8.5),我国中国银行、中国工商银行和中国农业银行名列其中。除 3 家中资银行外,其他共有 10 个国家的 27 家银行进入 2013 年全球系统重要性银行名单,包括分值在门槛值以上的 25 家银行和由监管当局通过监管判断加入的 2 家银行(即瑞典北欧联合银行、西班牙对外银行),其中,美国 8 家,法国 4 家,英国 4 家,日本 3 家,瑞士 2 家,西班牙 2 家,德国、意大利、荷兰和瑞典各 1 家。

表 8.5　　　　　　　　　2013 年全球系统重要性银行情况

组别	分值范围	附加资本要求	银行名称
第 5 组	530 分以上	3.50%	无(空组)
第 4 组	430~529 分	2.50%	汇丰银行、摩根大通共 2 家
第 3 组	330~429 分	2.00%	巴克莱银行、巴黎国民银行、花旗银行、德意志银行共 4 家
第 2 组	230~329 分	1.50%	美国银行、瑞士信贷、高盛、三菱日联银行集团、摩根士丹利、苏格兰皇家银行共 6 家
第 1 组	130~229 分	1.00%	中国农业银行、中国银行、纽约梅隆银行、西班牙对外银行、法国人民储蓄银行、法国农业信贷银行、中国工商银行、荷兰国际集团、瑞穗银行集团、北欧联合银行、桑坦德银行、法兴银行、渣打银行、道富银行、三井住友银行、联合信贷银行集团、瑞士银行集团、富国银行共 18 家

注:各组内银行按英文名称的字母排序。

资料来源:FSB(2014)。

(三) 国内系统重要性银行评估方法

2011 年 11 月,G20 领导人戛纳峰会要求金融稳定理事会和巴塞尔委员会进一步研究如何将全球系统重要性银行监管框架延伸至国内系统重要性银行。巴塞尔委员会经讨论后认为,考虑到各国金融和银行体系存在较大差异，只宜对国内系统重要性银行制定指导性原则，而不宜像对全球系统重要性银行那样制定和实施统一的国际规则。

2012年10月，巴塞尔委员会发布《国内系统重要性银行政策框架》，提出了各国制定本国国内系统重要性银行评估方法的基本原则。一是各国监管当局应当制定评估国内系统重要性银行的方法。二是国内系统重要性银行的评估方法应当反映银行破产、倒闭的负外部性或潜在影响，而非破产、倒闭的概率。三是评估国内系统重要性银行的参照系应为本国经济。四是在评估范围上，母国监管当局应当在集团并表层面评估银行的系统重要性，东道国监管当局在评估外资银行子行的系统重要性时，应当将该子行下设的分支机构纳入并表范围。五是在评估因素上，应当考虑规模、关联度、可替代性和复杂性四大类因素，各国监管当局可以根据本国银行业实际设定具体评估指标。六是在评估频率上，各国监管当局应当定期评估本国辖区内银行的系统重要性，以确保评估结果反映该国金融体系的现状。国内系统重要性银行评估的时间间隔不得明显长于全球系统重要性银行（每年一次）。七是在信息披露方面，各国监管当局应公开披露国内系统重要性银行评估方法的概要。

二、加强系统重要性银行监管

此次国际金融危机引起了国际社会对系统重要性银行监管的广泛关注。系统重要性银行巨大的负外部性以及伴随"大而不能倒"问题所产生的道德风险，成为了国际组织和主要国家监管当局关注的重点问题，并成为国际监管改革的重要内容。

2009年巴塞尔委员会专门成立了宏观审慎监管工作组，具体负责系统重要性银行评估方法以及附加资本等监管政策的研究。巴塞尔委员会认为，对系统重要性银行的监管主要有四个目标：一是减少系统重要性银行倒闭的可能性，相关措施包括提高资本和流动性监管要求、加强监管等；二是减少负外部性的规模和冲击程度，相关措施包括限制业务范围、完善有问题机构的处置框架等；三是若需政府救助，减少公共资金的投入和纳税人负担；四是维护市场的公平竞争，防止系统重要性银行利用"大而不能倒"地位获得不公平利益，即通过实施附加资本要求、加强监管等措施增加其运营成本，抵消其因"大而不能倒"带来的融资成本优势。

2010 年 10 月 20 日，经 G20 领导人首尔峰会批准，金融稳定理事会发布了《降低系统重要性金融机构道德风险的政策建议及时间表》报告，提出了加强系统重要性金融机构监管的总体政策框架。金融稳定理事会认为，系统重要性金融机构的政策框架主要包括三个部分的内容：一是系统重要性金融机构应当具有较高的损失吸收能力；二是强化对系统重要性金融机构的监管；三是建立有效处置系统重要性金融机构的政策框架。此外，金融稳定理事会还提出应当强化金融市场基础设施建设，重点是场外衍生产品合约应当在交易所或电子交易平台交易，或通过中央交易对手清算。

（一）更高的损失吸收能力

金融稳定理事会认为，系统重要性金融机构应当具有更高的损失吸收能力。对商业银行而言，可以要求其采用附加资本、应急资本或自救债务工具等提高自身抵御损失能力的资本或债务工具。金融稳定理事会同时提出，各国监管当局可以通过流动性附加、更严格的大额风险敞口、金融税和结构性措施来减少系统重要性金融机构的风险和负外部性。

附加资本要求是在巴塞尔 III 确定的资本监管要求基础上，对系统重要性银行提出的更高损失吸收能力要求。2011 年 11 月，巴塞尔委员会经金融稳定理事会同意，正式发布了《全球系统重要性银行：评估方法和损失吸收能力》，将全球系统重要性银行分为四组，分别实施 1% ~ 2.5% 的附加资本要求；同时在第一组之上设立空组，进入空组的银行附加资本要求为3.5%，以此防止银行进一步提高系统重要性（见表8.5）。实施系统重要性附加资本要求的主要考虑是：第一，实施附加资本要求有利于提高系统重要性金融机构的风险抵御能力，减少其倒闭的可能性；第二，更高的资本充足水平有利于减少系统重要性金融机构倒闭给金融体系造成的冲击，也有利于减少处置有问题机构可能产生的财政支出；第三，更高的资本要求提高了系统重要性金融机构的运营成本，有利于减少其由于"大而不能倒"产生的融资成本优势，维护公平竞争。巴塞尔委员会认为，在资本性质上，附加资本应设定为资本缓冲而不是提高最低资本要求，而且不随时间变化而变化。在资本形式上，附加资本应当由在持续经营条件下具有损失吸收能力的资本构成，因此只能用核心一级资本来满足。对于国内系统重要性银行，巴塞尔委员会2012年10月发布的《国内系统重要性银行政策框架》提出，各国监管当局应当根据本国国内系统重要性银行的系统重要性程度设定相应的附加资本要求。

（二）强化对系统重要性金融机构的监管

国际社会已经达成共识，针对系统重要性银行所带来的一系列问题，仅仅提高监管资本是不够的，还应当有效提高对系统重要性金融机构的监管强度。2010年11月，金融稳定理事会发布《系统重要性金融机构监管强度与有效性建议》的政策报告，围绕如何提高监管强度、确保监管有效性提出了32条建议。其基本原则是，各国监管当局应当有权根据金融机构对系统性风险的影响，提出差异化的监管要求，实施不同强度的监管。各项建议具体分为四大部分：一是要求监管当局应具有适当的授权、独立性和资源，可以独立采取监管行动，并获得充足的监管资源以确保监管有效性；二是建立适当的机制尽早识别风险并采取干预措施，及时纠正系统重要性金融机构不稳健的经营行为；三是提升监管标准，改进监管方法，监管标准应当反映金融体系和金融机构的关联度与复杂性日益增加的现实；四是建立更严格的评估机制，国际组织将根据修订后的更严格的监管标准实施评估，推动各国监管机构提高监管有效性，警示其监管流程中可能存在的问题，并最终提高国际监督的有效性。

为进一步推动系统重要性银行提高风险管理水平，金融稳定理事会和巴塞尔委员会制定了一系列的相关监管指引。风险监测能力方面，2013 年 1 月，巴塞尔委员会发布了《有效风险数据加总和报告原则》，其主要内容包括：一是银行应当建立完善的风险数据和风险报告治理机制。二是银行风险数据应当真实、准确、及时、完整，银行应当具备良好、富有弹性的数据管理能力，满足风险管理和监管的各类数据要求。三是银行风险报告应当准确、全面、清晰，报告频度应合理，风险报告应当及时分发给各相关方。四是监管当局应当定期审查和评估银行的数据加总和报告能力，并在必要时采取纠正措施。五是母国监管当局应当加强和东道国监管当局的合作，确保相关原则在全球得到一致、充分地实施。

风险治理方面，2013 年 11 月，金融稳定理事会发布了《有效风险偏好框架的原则》，其主要内容包括：一是有效的风险偏好框架应当由董事会自上而下推动建立且各层级的管理层都应参与，应当将风险偏好纳入银行的风险文化。二是银行应当制定有效的风险偏好概览，应当包括有关银行战略和商业计划的关键背景信息和假设；应当与银行短期和长期的战略规划、资本与财务规划以及薪酬制度相联系；应当包括定量指标和定性说明且具有前瞻性。三是应当为各个业务条线及法人实体设置风险限额，并且定期监测；风险限额应当将银行的风险控制在风险偏好的范围之内。四是董事会的职责包括批准风险偏好框架，确保其与银行短期及长期的发展战略保持一致；监督高级管理层遵守风险偏好框架的相关要求，及时识别、管理和处理突破风险限额的行为；并对风险偏好开展独立评估等。

风险文化方面，2014 年 4 月，金融稳定理事会发布了《金融机构风险文化指导原则》。该指导原则提出，稳健的风险文化应当包括四个方面的要素：一是管理层率先垂范，通过设定核心价值和风险文化，带头遵循风险文化及持续完善、监测和评估风险文化。二是问责机制，各层次工作人员应当充分理解金融机构风险文化的核心价值和内涵，并对其工作职责导致的金融机构风险负责。三是有效的挑战机制，金融机构应当鼓励董事会、管理层和各级员工就经营管理过程中面临的各类风险开展透明、公开的对话，员工应当可以对管理层的决策表达不同意见并开展建设性对话。四是激励机制，金融机构的业绩考核和人事管理应当促进风险管理有效性的提高。

（三）建立有效处置系统重要性金融机构的政策框架

此次国际金融危机中，以雷曼兄弟为代表的一批系统重要性金融机构的破产倒闭对全球金融体系和实体经济产生了巨大的冲击，使各国日益认识到系统重要性金融机构的处置框架存在重大缺陷。2009年4月，G20领导人伦敦峰会重申强化、完善大型跨境金融机构危机管理、处置、破产机制的重要性，并呼吁系统重要性金融机构各自制定符合国际标准的应急和破产清算预案，各国当局应针对大型跨境机构成立危机管理小组（Crisis Management Group，CMG），完善危机干预的法律框架，提高危机时期的信息共享水平，对有问题金融机构进行有效的破产处置，以降低因无序处置所导致的经济震荡、道德风险等负面影响。2011年11月，金融稳定理事会公布《金融机构有效处置框架关键要素》，细化了系统重要性金融机构有效处置框架的相关规定。

完善处置制度和处置工具。金融稳定理事会的总体思路为：一方面，各国应当指定专门的机构负责有问题金融机构的处置，相关机构应当拥有相应的权力和处置工具。专门的处置机构应有权根据预警结果判断不同的危机发展情形，在此基础上建立跨境银行处置机制，既要有持续经营条件下的处置计划，即对银行进行救助、注资和重组的计划；也要有在银行无法正常经营条件下的处置计划，可采取的措施包括成立过渡银行和剥离坏银行（good – bad bank）等方式。另一方面，各国应完善处置工具箱，建立股东和债权人按先后秩序吸收损失的机制，引入自救安排，确保在不使用财政资金的情况下有效处置系统重要性金融机构，并维持系统重要性金融机构关键功能的正常运行。自救安排（bail – in）是指根据合同约定或法律强制规定，通过将债权核销或债权转换成股权的方式，要求债权人承担金融机构损失的制度安排。自救安排作为处置工具的最主要作用是在金融机构濒临倒闭的情况下，强制要求债权人与股东共同承担损失。自救安排的实施还应当与良好的处置程序结合起来，通过赋予监管者灵活的处置权力，使自救安排切实起到有效处置有问题机构的作用。同时，为防止自救安排弱化债权和股权的区别而导致债权人用脚投票的问题，自救安排应当考虑资产负债表的清偿顺序。

制订有效的恢复和处置计划（Recovery and Resolution Plan，RRP）。此次国际金融危机表明，缺乏有效处置机制，无法在大型复杂金融机构出现经营困难时使其平稳、有序退出市场，是导致危机不断深化的重要原因。完善处置框架，提高对系统重要性银行的处置能力和效率已经成为国际社会的共识。尤其是，系统重要性银行和监管当局应当未雨绸缪，制订符合银行特点的恢复和处置计划，以促使有问题银行平稳、有序退出市场，防止其倒闭对金融稳定造成破坏性影响。2010 年 10 月，金融稳定理事会发布《降低系统重要性金融机构道德风险的政策建议及时间表》，规定监管当局应当有权要求金融机构对其法律和运营结构及业务实践做出调整，以确保恢复和处置计划的有效实施。2011 年 11月，金融稳定理事会正式发布《金融机构有效处置框架关键要素》，对恢复和处置计划的基本要素、职责分工和审批主体作出了明确规定。2013 年 7 月，金融稳定理事会发布制订恢复处置计划的各项具体实施细则，指导各国监管当局识别关键服务功能、制订处置策略和设定启动恢复处置计划的压力情景。

专栏　《金融机构有效处置框架关键要素》主要内容

　　金融稳定理事会认为，对系统重要性金融机构实施有效处置是解决"大而不能倒"问题的核心。要通过构建和完善处制机制，实现对系统重要性金融机构的有序处置，在促使其有序退出市场、防止其倒闭形成系统性危机的同时，尽可能减少纳税人的损失。金融稳定理事会提出，有效处置制度框架应当包括以下要素：第一，明确处置机构，在多个机构都负有处置相关职责时，职权和责任应当清晰界定；第二，清晰处置启动标准；第三，充分的处置权力，即处置机构应当有权灵活地对倒闭金融机构的人、财、物进行处理，包括解聘金融机构管理人员和指定管理人、决定延续或终止金融机构业务及合同、处置金融机构资产和负债、设立过桥机构和资产管理机构、取消股东权力及采取自救安排等；第四，确保金融机构债权人依法获得平等保护；第五，处置资金安排；第六，处置预防体系，包括制订恢复和处置计划、开展可处置性评估、完善跨境处置合作安排等；第七，处置信息共享安排，确保国内、国际有关监管机构和处置机构及时、充分获得相关信息。

三、各国加强系统重要性银行监管的政策措施

　　在金融稳定理事会、巴塞尔委员会等国际组织研究制定系统重要性银行监管政策措施的同时，美国、英国、瑞士等国家也在积极加强对本国系统重要性银行监管政策的研究，有效控制系统重要性银行的负外部性，降低道德风险。

　　（一）美国

　　2010 年通过的美国《多德—弗兰克法案》从三个方面加强了对资产规模超过 500 亿美元的系统重要性银行和银行控股公司的监管。

　　一是提高审慎监管标准，新的监管标准包括资本充足率要求和杠杆率要求流动性监管要求、全面风险管理要求、集中度限制（如限制

对单一交易对手的信贷敞口）、压力测试、迅速处置、处置计划要求等。在此基础上，监管当局还可以根据需要实施如下措施：或有资本要求、更高的公开披露要求、短期债务限额等要求。

二是结构性措施，《多德—弗兰克法案》确立的"沃尔克规则"提出了以下三点监管要求：第一，除允许商业银行为做市、风险对冲等目的从事自营交易外，禁止商业银行从事高风险的自营交易；第二，银行对对冲基金和私募基金的投资不得超过一级资本的3%，并且在每只基金中的投资不得超过该只基金募集资本比例的3%；第三，对市场集中度的限制性规定，即在金融机构并购重组后，如果其并表总负债超过美国所有金融机构总负债的10%，则不允许开展此项并购活动。

三是建立有序清算机制。《多德—弗兰克法案》在原有银行破产清算规定的基础上，赋予监管机构对大型非银行金融机构实施破产清算的权力。银行机构的破产清算由联邦存款保险公司或美联储负责，经纪交易商的破产清算由美国证券交易委员会或美联储负责，保险公司的破产清算由美国联邦保险办公室或美联储负责。

根据《多德—弗兰克法案》的要求，美国监管当局对资产规模超过500亿美元的国内系统重要性银行大幅提高了监管强度，要求其建立具有前瞻性的内部资本规划程序，监管机构每年要进行全面资本规划审查（CCAR），确保其资本足以覆盖压力情况下的损失；要求其每半年自行实施压力测试，并从2013年3月披露压力测试结果。此外，美国监管机构还对国内系统重要性银行提出了更高的公司治理和风险管理标准，要求其披露全球系统重要性评估指标和所有明细数据，强化并表监管，并要求其制订恢复和处置计划，提高处置有效性。

通过出台一系列文件[1]，美国监管机构将国内系统重要性银行进一

---

[1] 2012年12月，美联储颁布《大型金融机构并表监管框架》。2013年10月，美联储颁布《关于实施最低流动性标准的通知》。2014年5月，美国货币监理署（Office of the Comptroller of the Currency，OCC）颁布《监管资本规则：银行控股公司的监管资本与附加杠杆率要求》。

步分为三组，分别实施不同程度的监管标准和监管强度：一是最大最复杂的全球系统重要性银行，包括总资产大于 7 000 亿美元或托管资产大于 10 万亿美元的银行。第一、第二类银行在 3% 巴塞尔 Ⅲ 最低杠杆率之上，还适用 2% 的附加杠杆率要求。二是大型复杂的国际活跃银行，包括总资产大于 2 500 亿美元或境外资产大于 100 亿美元的银行。第一、第二类银行应采用高级方法计量资本，并用标准法计量的资本要求作为资本底线，同时还适用逆周期资本要求。除资本之外，这两类银行还将适用巴塞尔 Ⅲ 流动性覆盖率要求。三是其他大型银行，包括其他总资产大于 500 亿美元的银行。这类银行只适用本国传统的杠杆率要求与调整后的流动性覆盖率要求。

表 8.6　　　　　　　美国国内系统重要性银行监管要求一览表

	分类标准		资本	杠杆率	流动性	压力测试	强化监管	处置
国内系统重要性银行	全球系统重要性银行	总资产大于 7 000 亿美元或托管资产大于 10 万亿美元	年度全面资本规划审查；采用高级方法计量资本；适用逆周期资本要求	在 3% 巴塞尔 Ⅲ 最低杠杆率之上，还适用 2% 的附加杠杆率要求	适用巴塞尔 Ⅲ 流动性覆盖率要求	每半年自行实施压力测试，从 2013 年开始披露；每年进行监管压力测试	更高的公司治理和风险管理要求，强化并表监管，披露全球系统重要性评估指标	制订恢复和处置计划
	国际活跃银行	总资产大于 2 500 亿美元或境外资产大于 100 亿美元的银行		3% 巴塞尔 Ⅲ 最低杠杆率	适用调整后的巴塞尔 Ⅲ 流动性覆盖率要求			
	其他大型银行	总资产大于 500 亿美元	年度全面资本规划审查	本国传统杠杆率要求				

资料来源：Federal Reserve (2012)，Federal Reserve (2013)，OCC (2013)。

（二）英国

英国独立银行委员会（Independent Commission on Banking）于 2011

年9月公布了《银行业改革建议》政策报告（ICB，2011），指出为降低"大而不能倒"问题的负面影响，应要求系统重要性银行具有更高的损失吸收能力或更为简单而安全的结构。委员会同时指出，最有效的方法是建立结构性措施与损失吸收能力相结合的改革方案。英国政府明确表示支持该委员会提出的建议，以其建议为基础制定了《银行业改革法案》，并于2013年12月正式颁布实施。

　　在结构化改革方面，允许全能银行从事零售银行和投资银行业务，但需通过不同的子公司分别开展业务，全能银行应在其内部对零售银行业务实施隔离机制（ring‑fencing regime），以有效防范风险传染。被隔离的零售银行业务应具有经济独立性和独立的治理结构：经济独立性要求被隔离的零售银行子公司可以独立满足监管机构在资本、流动性、大额风险敞口等方面的监管要求；独立的治理结构要求被隔离的零售银行子公司设立独立的董事会，董事会的多数成员应为独立董事，并由独立董事担任主席。

　　在系统重要性银行的评估和提高损失吸收能力方面，委员会提出了三项核心建议：一是建议将银行风险加权资产（RWA）/国内生产总值（GDP）作为评估系统重要性银行的标准，并根据该指标确定银行的附加资本要求。当银行RWA/GDP大于3%时，附加资本要求为3%；RWA/GDP大于1%小于3%时，附加资本为（2/3 × RWA/GDP − 1%）；RWA/GDP小于1%时，附加资本为零。二是被隔离的零售银行子公司核心一级资本充足率必须达到10%，且监管部门有权将该要求提升至13%。三是无论全能银行还是被隔离的零售银行子公司，其具有损失吸收能力的资本工具占风险加权资产的比例应达到17% ~ 20%。换言之，在股本之外，银行还必须保留具有损失吸收能力的额外资本，可包括在处置前采用的应急资本以及在处置时采用的自救债券等工具。

　　委员会认为，与完全进行分业经营的改革方式不同，采取结构性措施与监管资本要求相结合的改革，能从四方面更好地增强银行体系的稳定性，缓解系统重要性银行"大而不能倒"问题：一是在经济正常时期，全能银行的各个业务部门之间能够互相支持；且同时需要零售银行与投资银行的客户，也可在集团内部享有一站式服务。二是当全能银行陷入危机时，零售银行业务的隔离机制以及相关的独立资本等要求可以保证零售业务正常运营，保障储户的资金安全，从而减少整个银行倒闭带来的社会成本。三是该银行结构可以减少政府隐性担保，降低政府救助成本。四是该结构模式下，全能银行的相关子公司可以保持信息和人才共享，其运营效率不会因此降低，且全能银行在基础设施与品牌等方面的规模效益也得以继续保持，不会削弱英国作为全球金融中心的地位。

与此同时，英国政府也在致力于通过改革提高监管机构对大型复杂金融机构的处置能力，以有效处置问题银行。相关措施包括 2009 年修改银行法，制定针对银行业的特殊处置制度（special resolution regime），赋予英格兰银行开展资产承接交易、设立过桥银行等权力。2011 年 8 月，英国金融服务局发布《恢复和处置计划》征求意见稿，对银行制订恢复和处置计划提出具体的要求。2013 年 12 月，英格兰银行审慎监管局发布《恢复和处置计划》正式文件。文件规定，所有的存款类金融机构都应当按要求制定复杂程度不同的恢复和处置计划，其中包括欧洲经济区以外的外资银行分行和子行。金融服务局要求，恢复计划由金融机构自身制定，处置计划由审慎监管局制定，英格兰银行特殊处置部门负责实施，但金融机构应当提供以下四个方面的信息：关于银行内部重要法律实体和关键运营结构的具体信息，以方便对重要法律实体实施隔离；关于关键服务功能的分析矩阵，以评估各项功能的相对重要性；关键服务功能应急分析模块，以隔离或有序关闭关键服务功能；克服处置过程中所遇到的各种障碍的计划。恢复和处置计划应当每年更新，金融机构发生重大变化时，应当及时更新。

（三）瑞士

2011 年 6 月，瑞士金融市场监督管理局（Swiss Financial Market Supervisory Authority，FINMA）颁布了《解决"大而不能倒"问题——瑞士系统重要性金融机构政策》，提出了针对系统重要性金融机构的一揽子政策措施，主要包括：对系统重要性银行实施更严格的资本要求；采取结构性措施以确保在危机时能维持支付结算、存贷款等关键的金融服务不中断等。

1. 更严格的资本要求

瑞士金融市场监督管理局规定，国内系统重要性银行的资本充足率应不低于风险加权资产的 19%。具体而言，资本要求由相互补充、具有不同目标的三部分组成。

一是最低资本要求（minimum capital requirement），作为持续经营条件下的资本要求。与所有银行相同，国内系统重要性银行应当满足巴塞尔Ⅲ的最低资本要求，总资本不得低于风险加权资产的 8%，其中，核心一级资本不得低于风险加权资产的 4.5%。

二是资本缓冲（capital buffer），帮助银行抵御危机的资本要求。资本缓冲不得低于风险加权资产的 8.5%，其中，5.5% 为储备资本，由核心一级资本构成；3% 为恢复性应急资本（Recovery CoCos），以应急资本形式持有，其转换为普通股的触发条件为发行银行的核心一级资本充足率低于 7%，用于帮助银行稳定经营，避免需要采取更为严格的结构性调整行动。

三是系统重要性附加资本要求，用于银行重组或处置的资本要求。系统重要性附加资本不得低于风险加权资产的 6%，以应急资本形式持有，即为处置性应急资本（Resolution CoCos），触发条件为核心一级资本充足率低于 5%。

2. 结构性要求

考虑到结构性措施可能会影响市场主体的经济自由，瑞士金融市

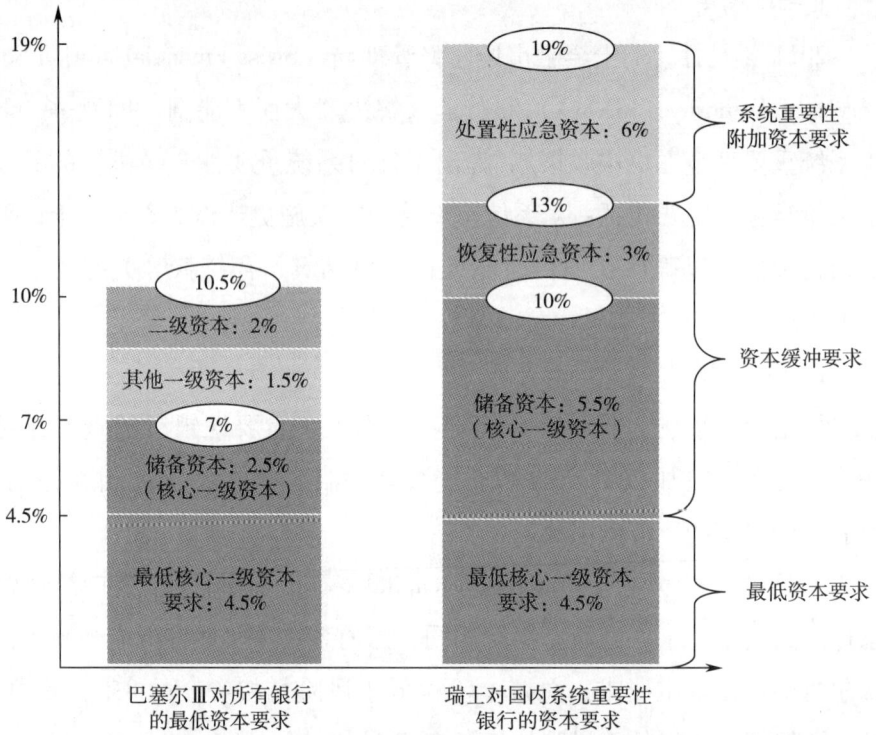

资料来源：Finma（2011）。

图 8.1 瑞士国内系统重要性银行的资本充足率要求

场监督管理局强调，系统重要性银行有义务确保自身组织结构在危机时持续发挥系统重要性功能。如果银行无法证明自身有能力维持系统重要性功能，监管当局将要求其采取必要的结构性调整措施。瑞士金融市场监督管理局认为，在具体政策实践中，应综合考虑资本和结构性措施的影响。如果系统重要性银行的资本比率低于某一特定阈值，将会触发应急计划，该行的系统重要性功能将在短时间内转移到其他银行或新的法律实体中。如果银行通过调整组织结构改善可处置性，监管当局可以对其降低资本要求。

此次国际金融危机后，国际社会达成共识，应当从宏观审慎的视角强化金融监管，构建微观审慎与宏观审慎相结合的金融监管体系，防范系统性风险。宏观审慎监管通过在时间维度和跨业维度上运用一系列审慎监管工具，有利于提高金融体系的稳健性，防范系统性风险。但是，各类宏观审慎监管工具如何相互配合，宏观审慎监管政策与微观审慎监管政策、货币政策及其他宏观经济政策之间如何相互协调，还有待于在实践中探索。宏观审慎监管政策的目标是防范系统性风险、维护金融稳定，其效应是长期的，难以量化，因此，目前国际上提出的宏观审慎监管政策在防范系统性风险方面的有效性仍有待观察。

第九章　有效银行监管的核心原则

《有效银行监管核心原则》（以下简称《核心原则》）是巴塞尔委员会颁布的旨在指导各国提高银行监管有效性的纲领性文件，被世界誉为银行监管领域的"宪法"。《核心原则》于1997年首次颁布，随着银行业和监管理念的发展，巴塞尔委员会先后对《核心原则》进行了两次修订：2006年10月，巴塞尔委员会发布第二版《核心原则》。2012年9月，巴塞尔委员会发布第三版《核心原则》。

自发布以来，《核心原则》逐步成为评估各国、各地区银行监管有效性的标杆，对于推动全球银行监管水平的提高发挥了重要作用。许多国家和地区都对照《核心原则》对银行监管体系的有效性进行自我评估，找出差距和不足，并加以改进。国际货币基金组织和世界银行在"金融部门评估规划"（FSAP）中对140多个国家和地区的《核心原则》达标情况进行了评估，评估结果成为相关国家监管机构改进银行监管、提高监管有效性的重要依据。

第一节　《核心原则》的提出及其发展

1997年10月，在香港举行的国际货币基金组织和世界银行年会上，巴塞尔委员会正式发布《核心原则》。这是继1988年巴塞尔Ⅰ出台之后，巴塞尔委员会推出的又一份具有里程碑意义的文件。《核心原则》在总结世界各国监管实践经验的基础上，对银行监管的最佳做法进行了精辟的概括，为各国建立有效的银行监管体系提供了指导和借鉴。

一、《核心原则》的提出

20世纪80—90年代，随着金融市场快速发展，金融创新日新月异，金融风险也随之加大，各国都把加强银行监管作为维护金融安全和稳定的重中之重。国际社会逐渐认识到，有必要制定一整套银行监管的国际标准，提高各国和整个国际金融体系抵御风险的能力。

为促进在全球范围内建立稳健的监管标准，巴塞尔委员会在1997年的丹佛峰会上首次提出了《核心原则》。1997年10月，《核心原则》在国际货币基金组织和世界银行香港年会上得到国际金融界的认可。为减少人们理解和把握《核心原则》的差异性，推动《核心原则》在各国的有效实施，巴塞尔委员会于1999年10月发布了《巴塞尔核心原则评估方法》（以下简称《评估方法》），针对每一条原则提出了更为具体的评估标准，作为《核心原则》的配套文件，指导各国对照《核心原则》开展自我评估，找出银行监管体系存在的不足，加以改进和完善。

二、《核心原则》的特点

一是对有效银行监管框架进行了全面的阐述。从发布之初，《核心原则》就涵盖了有效银行监管框架中的各个领域，不但明确了从市场准入、持续监管、信息要求到行使监管权力、加强国际监管协调等方面的核心要求，还提出了有效银行监管的前提条件。在历次修订过程中，巴塞尔委员会在总结各国监管经验教训的基础上，对于有效银行监管框架中各个领域的内容不断细化完善，如大大强化和丰富了银行公司治理和风险管理方面的要求。

二是不仅对监管规则制定提出要求，而且更注重监管政策的实施效果。《核心原则》不仅对"有没有"监管规则提出了要求，而且注重对"做没做"和"怎么样"等监管政策实施效果进行考量。

三是强调有效监管的前提条件。银行监管不是在真空中进行的,而是在复杂的、形色各异的法律与经济和宏观政策基础上开展的活动,其有效性还取决于一些外部因素或前提条件。《核心原则》并非就监管论监管,还强调了实现监管有效性的一系列外部条件,如宏观经济政策、金融稳定政策、公共基础设施、危机管理和恢复与处置框架等。

四是普遍适用性与最佳实践相结合。每条核心原则的必要标准是有效银行监管实践的最低标准,其监管理念和基本要求适用于不同类型、不同发展阶段和复杂程度各异的银行体系,对发达国家、发展中国家以及不同的金融体系和监管制度安排都具有普遍的适用性。在必要标准的基础上,附加标准则是适用于更复杂银行体系的更高要求,各国(地区)可以对照附加标准查找需要进一步改进的领域,争取尽快向最佳监管实践看齐。

五是讲究匹配性原则。银行的风险管理体系应当与其风险状况和系统重要性相匹配,监管者应据此对银行风险管理的有效性进行评估,并对风险程度和系统重要性更高的银行分配更多的监管资源,提高监管强度。银行监管的政策、方法和工具也应与一国银行体系的规模、复杂程度和发展趋势相适应。

三、核心原则的不断发展

随着银行业监管理念和实践的不断发展,《核心原则》和《评估方法》也在与时俱进。自 1997 年发布第一版《核心原则》以来,巴塞尔委员会已对《核心原则》进行了两次修订。

(一)从第一版(1997 年)到第二版(2006 年)

第一版《核心原则》(1997)和与之配套的《评估方法》(1999)包括 25 条原则、169 条必要标准和 58 条附加标准,涵盖了发照和结构、审慎法规和要求、持续监管手段、信息要求、正式监管权力、跨境银行监管等各个方面。此外，有效银行监管的前提条件也是《核心原则》的重要组成部分，还有 2 个附录分别对国有银行的特殊问题和存款保险做出了说明。

《核心原则》自 1997 年第一次发布以来，对提高世界各国的银行监管有效性作出了重要贡献，各国在实施《核心原则》过程中也积累了大量的实践经验。随着国际银行业发生一系列深刻的变化，银行监管面临着许多新的挑战。为充分反映 1997 年以来国际金融市场和监管实践的变化，使《核心原则》能够持续发挥引领各国监管机构提高银行监管有效性的作用，巴塞尔委员会于 2004 年 6 月成立专门的工作组，全面负责《核心原则》和《评估方法》的修订工作。2006 年 4 月，巴塞尔委员会发布征求意见稿，向公众广泛征求意见。经过两年多的努力，2006 年 10 月在墨西哥召开的第 14 届国际银行监督官大会上巴塞尔委员会正式颁布了第二版《核心原则》和《评估方法》。

在第二版《核心原则》的修订过程中，巴塞尔委员会力求保持其连贯性和广泛适用性。但随着国际银行监管实践的进一步发展，原来仅适用于发达国家的监管标准或者最佳做法已变成了普遍适用于发达国家和发展中国家的最低标准。因此，在修订过程中，第一版《核心原则》中的部分附加标准上升为必要标准，监管要求有所提高。总体看来，《核心原则》和《评估方法》的具体修订主要反映在体例和内容两个方面。

从体例方面来看，第二版《核心原则》仍由 25 条原则和涉及银行监管有效性的前提条件组成，以往每条原则对应的解释内容都不再保留，而是在《评估方法》中一并考虑。考虑到存款保险制度不完全属于银行监管的范畴，国有银行需要等同其他商业银行进行监管，涉及国有银行监管及存款保险制度的两个附录也不再保留。

从内容方面来看，第二版《核心原则》相比第一版主要作了如下修订：一是增加了一条具有"统领"作用的、专论银行风险管理的新原则，要求银行建立与其规模和复杂程度相匹配的全面、综合的风险管理体系（包括董事和高级管理层的监督），以识别、评估、监测、控制/缓解所面临的各类重大风险。二是在有关信用风险、市场风险的原则之外，增加了专门阐述流动性风险、操作风险以及银行账户利率风险管理的新原则，提出了具体的评估标准。三是补充了有关加强监管机构透明度、治理结构及问责制等的原则性要求。四是在有关内部控制的原则中，增加了银行应当建立适当的、独立的合规职能的内容，确保其遵守法律、法规和其他有关的内部与外部规定，反映出各国银行监管机构对银行合规职能及其有效性的重视。五是充实了关于金融欺诈、反洗钱和恐怖主义融资的原则标准。六是增加了要求银行监管机构加强跨行业、跨境监管合作与信息交流的内容。

（二）从第二版（2006 年）到第三版（2012 年）

2008 年国际金融危机爆发以来，国际社会对银行监管理念、方式和实践进行了深刻反思，注重系统性风险防范、强化宏观审慎监管、加强系统重要性银行监管和危机管理、强化资本监管、进一步完善全面风险管理要求，成为此轮国际金融监管改革的重要内容。在 2010 年 11 月 G20 首尔峰会上，金融稳定理事会要求对银行、证券和保险业监管的核心原则进行修订。2011 年 1 月，巴塞尔委员会启动了《核心原则》修订工作。通过研究 2006 年以来全球金融市场和监管领域发生的重大变化，吸收借鉴危机以后国际银行监管改革的最新成果，并结合历年来 FSAP 核心原则评估经验，巴塞尔委员会对《核心原则》的结构和内容进行了修改完善。2012 年 9 月，经第 17 次国际银行监督官大会审议通过后，第三版《核心原则》正式发布。

第三版《核心原则》将原《核心原则》和《评估方法》整合为一份综合性的文件，并将部分原则进行合并、分拆，归类为两大部分：一是监管权力、责任和职能，二是对银行的审慎监管要求，从而使《核心原则》的整体结构和内在逻辑更为清晰合理。在银行审慎监管要求部分，第三版《核心原则》将全面风险管理原则调整到资本监管原则之前，形成公司治理、全面风险管理、资本监管、各类主要风险的管理（信用风险、市场风险、流动性风险、操作风险等）、内部控制与内部审计的逻辑顺序，体现了资本管理作为控制、抵御风险的一项手段，是全面风险管理体系的组成部分。

此次修订之后，核心原则由原来的 25 条增加到 29 条，评估标准由原来的 208 条增加到 247 条，增加了 39 条，包括 34 条必要标准和 5 条附加标准，此外，还将原来的 34 条附加标准提升为必要标准。修订之后，《核心原则》中作为最低要求的必要标准占比由 81% 上升到 94%。

第三版《核心原则》体现了危机后国际社会加强银行监管的共识，针对危机中暴露出的银行风险管理和监管中存在的重大缺陷，提高了风险管理和监管要求。

一是将防范系统性风险与宏观审慎监管理念贯穿于《核心原则》。加强宏观审慎监管，并将其与微观审慎监管有机结合，已成为后危机时代各国金融监管的重要发展趋势。巴塞尔委员会在第三版《核心原则》中，将加强系统性风险评估和宏观审慎监管的精神反映到了各条相关核心原则和前提条件中。比如，规定监管机构的首要目标是促进单家银行以及银行体系的稳健运行；监管机构应当强化宏观审慎视角，加强对宏观经济和金融市场运行状况的关注，从单家银行、银行体系和宏观经济等多个层面对银行体系内部和外部的风险进行有效识别、评估和应对；应当根据银行的风险状况和系统重要性确定监管强度、分配监管资源和采取监管措施，加强对系统重要性银行的监管；应当关注监管范围之外的"类银行"机构和业务的发展情况，加强对影子银行的监管等。

二是增加有问题机构的处置和危机管理相关内容。有效的危机管理和处置框架有助于降低银行破产倒闭对金融体系的负面影响。第三版《核心原则》在有关监管机构权力与职责、监管方式、全面风险管理和监管协调与合作等多条原则中，强化了关于应急安排、恢复计划和有序处置的要求，如银行的风险管理程序应当包括适当的应急安排和恢复计划，监管机构应当与境内外相关部门加强协调合作，制定处置计划，对有问题银行实施有序重组或处置等。

三是提高对银行公司治理和风险管理的监管要求。良好的公司治理是银行审慎经营的基础和前提，有效的风险管理是银行审慎经营的核心。针对此次危机中银行公司治理暴露出的缺陷，第三版《核心原则》新增了一条关于公司治理的原则，强调有效的公司治理是确保银行安全稳健运行的关键要素。同时，还进一步提高了对银行风险管理的要求，如进一步强化了董事会、高管层、首席风险官和风险管理部门在风险管理体系中的责任；要求银行内部定价、绩效考核与风险挂钩；细化模型运用、压力测试和应急安排的标准；充实完善对各类风险管理的具体要求；要求银行加强信息披露、提高透明度等。

第二节　有效银行监管的前提条件

银行监管能否有效，不仅取决于银行监管体系自身的完善，还要受到一系列不在监管机构直接或单独控制范围之内的外部环境因素的影响。这些外部环境因素构成了有效银行监管的前提条件，主要包括：稳健且可持续的宏观经济政策，健全的金融稳定政策体系，完善的公共基础设施，清晰的危机管理、恢复和处置框架，适度的系统性保护机制（或公共安全网），有效的市场约束。

一、稳健且可持续的宏观经济政策

稳健的宏观经济政策，主要是财政政策和货币政策，是实现金融体系稳定的基础。一个经济体若缺乏稳健的宏观经济政策，可能会产生政府债务和支出水平过高、流动性供给过剩或不足等问题，并影响金融稳定。如果政府的相关政策将银行和其他金融中介机构作为政策工具，如将政府干预信贷或放松监管标准作为应对经济下滑的政策措施等，也将对监管有效性产生不利影响。

二、健全的金融稳定政策体系

考虑到实体经济与银行乃至金融体系的相互影响和相互作用（如顺周期效应等），建立清晰的宏观审慎监管框架和金融稳定政策体系至关重要。《核心原则》中关于有效银行监管的前提条件指出，应明确哪些部门负责识别金融体系的系统性风险和潜在风险、监测和分析市场及其他可能产生系统性风险的经济金融因素、制定和实施适当的政策并评估其对银行和金融体系的影响，并应当在相关部门之间建立有效的协调与合作机制。

三、完善的公共基础设施

完善、良好的公共金融基础设施是金融体系及市场稳健运行和发展的另一前提条件。如果公共基础设施不完善，金融体系及市场稳健性和发展将会受到影响。《核心原则》中关于有效银行监管的前提条件指出，完善的公共基础设施包括：有助于公平解决争议且能一致实施的商业法律体系，有效、独立的司法体系，国际普遍接受的会计准则和规定，独立的外部审计体系，称职、独立、有经验的专业人士，针对金融市场的明确规则，安全、有效、受严格监管的支付和清算系统，有效运作的征信部门，公众可获得的基础统计信息。

四、清晰的危机管理、恢复和处置框架

银行在经营过程中有可能会陷入困境，建立有效的危机管理和处置框架有助于最大程度地降低银行和金融机构破产倒闭对金融稳定的冲击。《核心原则》指出，危机管理和处置框架应给予相关部门（包括监管机构、处置机构、财政部门、中央银行等）明确的授权和有效的

法律支持，通过立法授予其广泛的权力和有效的工具来处置濒临破产的金融机构。各部门之间应就各自的分工、共同的职责以及如何协调合作达成一致，包括各部门应当能够共享保密信息以便事先制定恢复和处置计划，并在事件发生时采取有效措施。

五、适度的系统性保护机制（或公共安全网）

政府相关部门和中央银行要确定其提供的系统性保护处于适度水平，并且在处理系统性问题时，要处理平衡好几方面的关系：一方面要防止影响金融体系的信心和避免问题扩散到其他健康的银行，另一方面要注意将其对市场信号和市场约束的扭曲降到最低。

六、有效的市场约束

有效的市场约束取决于市场参与者能否得到充分的信息，管理良好的银行能否得到适度的财务激励，是否存在使投资者对其决策结果负责的各项安排等。如果市场信号被扭曲，市场参与者难以对银行的经营管理状况作出合理评价，市场约束作用将被削弱。因此，应确保市场约束机制有效发挥，各方应向市场提供准确、有意义、透明、及时的信息。如果政府或其相关部门提供了贷款担保，则应将担保安排向市场披露。

第三节　第三版《核心原则》简介

在具备了有效银行监管的前提条件基础上，能否实现银行监管的有效性，取决于与监管者自身有关的监管目标、权力、责任等治理机制是否清晰合理，是否能得到充分实现；还取决于监管者能否通过各种监管方法和工具确定银行遵循了监管者制定的各项监管要求。因此，第三版《核心原则》分为两大部分，一是涉及对监管者自身要求的"监管权力、责任和职能"部分（原则1－13），二是涉及监管者对银行要求的"审慎监管法规和要求"部分（原则14－29），参见图9.1。

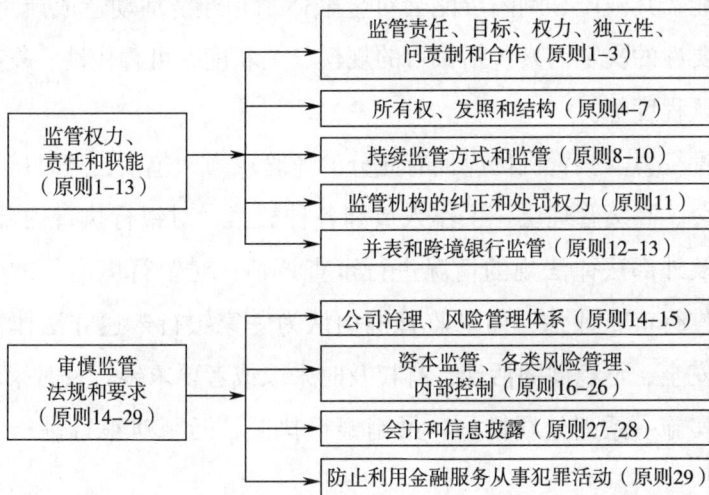

资料来源：根据第三版《核心原则》内容整理。

图9.1　第三版《核心原则》的逻辑结构图

一、第一部分：监管权力、责任和职能

（一）监管责任、目标、权力、独立性、问责制和合作（原则1－3）

为保证银行监管的有效性，必须具备科学的银行监管体制，监管机构本身应有良好的治理机制。因此，《核心原则》首先通过第1－3条原则，对银行监管体制和治理机制方面的内容提出了要求，主要包括：

银行监管目标。有效的银行监管体系中的每个监管机构都应有明确的责任和目标，并将其公之于众。银行监管的首要目标是促进银行和银行体系的安全稳健运行。如果监管机构被赋予更广泛的职责，其他目标应当服从这一首要目标，不得与之冲突。

银行监管法律框架。一国应当为监管机构建立一个能够制定并实施银行审慎监管标准的法律框架，监管机构应有权根据银行的风险状

况和系统重要性提高其审慎监管要求。风险状况是指银行内部的经营风险。系统重要性是指商业银行因为在金融体系中居于重要地位、承担关键职能，其破产、倒闭可能会对金融体系和经济活动造成严重损害，系统重要性的决定因素包括银行的规模、关联度、可替代性、复杂性和国际活跃程度等。

监管权力。监管机构应拥有充分的监管权力，包括：随时接触银行的董事会、高级管理层、工作人员和各种档案；对银行执行内部规定、限额以及外部法律法规的情况进行审查评估；对银行境内外的各项业务活动进行审查评估；如果监管机构认为一家银行未遵守法律法规或从事不安全、不稳健的活动，有权及时采取或者要求银行及时采取整改措施、实施一系列处罚措施、吊销银行执照，乃至对银行进行有序处置等。

独立性和问责制。一国的法律应明确规定监管机构运作的独立性、问责制和治理机制。一方面，监管机构运作的独立性不应受到政府或行业的干预，以保证监管机构根据其判断对银行采取监管措施。另一方面，监管机构应通过有效的内部治理和提高透明度，对实现监管目标的履职情况承担责任。

监管资源配置。监管机构应有充足的人力、财力和物力资源实施有效监管，如具有充足预算，能够保障足够数量和具备专业能力的工作人员，与所监管的银行体系的风险状况和复杂程度相匹配；有能力委托具有专业技能和独立性的外部专家；具有为实施必要的现场检查、跨境合作所需的费用等。随着金融市场的发展和银行业务日益复杂，监管机构还应能够为工作人员提供定期培训并具有足够的技术方面的预算，能够采取措施弥补人员数量和/或专业技能上的差距。

跨境跨业监管协作。监管机构应与境内负责金融稳定的各相关部门、相关境外监管机构之间建立正式或非正式的合作安排，包括信息分析、共享及联合开展工作等，共同维护银行稳健运行和金融稳定。

（二）市场准入监管（原则 4－7）

严格规范的市场准入标准与程序是有效银行监管的首要环节。《核心原则》从如何规范"银行"名称的使用着手，逐步深入，提出了监管机构在银行设立机构、开展业务、所有权转让、重大收购等方面应具备的准入标准与程序，这既有助于减少机构审批过程中潜在的行政干预，也有助于防止"先天不足"的问题机构进入银行体系，更好地维护公众对银行的信心。

"银行"名称及其业务范围的许可。一国的法律法规应当对银行有明确的定义，只有获得相应牌照并受到监管的机构才能在其名称中使用"银行"称谓。监管机构应当明确界定获得银行牌照并视同银行接受监管的机构所从事的业务范围，只有持有银行牌照并受到相应监管的机构才能吸收公众存款。监管机构应公布银行名单，以便公众了解和查询。

发照标准。监管机构应有权制定对银行的发照标准，包括最低初始资本金要求等。发照标准应与持续监管标准保持一致。如果申请银行达不到规定标准或申请资料不齐全，监管机构有权拒绝其申请。监管机构批准银行牌照时，应至少审查其股东资格、所有权结构和治理情况、经营策略和业务计划、风险管理、内部控制和预计财务状况等，并对董事会成员和高级管理层人选进行任职资格审查，从而确保新设立的银行有合理的股权安排、充足的财力、严密的内控制度，并有具备专业知识、道德水准且善于审慎经营的管理人员。外资银行的审批应事先获得其母国监管机构同意。

大笔所有权转让。为了确保银行的主要股东或控制人具有合格的资质，除监管机构在银行设立机构时审查并认可股东资格外，相关法律法规应明确定义"大笔所有权"和"控制权"。当原有股东转让其在银行直接或间接持有的大笔所有权或控制权超过一定比例时，应向监管机构提出申请。监管机构有权对该转让设定审慎性条件，据此进行审查，并有权拒绝其申请。对于未按照规定向监管机构通报或申请批准的控制权变更，监管机构有权采取纠正或撤销等措施。监管机构应通过非现场监管、现场检查、要求银行主动报告等方式掌握银行重要股东和对银行具有控制力的各方情况，以便及时发现银行股东资格可能出现的问题。

重大收购和投资。法律法规应明确银行的哪些重大收购和投资需要监管机构事先批准，监管机构也应通过相关法律法规对批准银行重大收购或投资的标准作出规定。前者包括收购和投资的类型及数额；后者涉及监管机构应确定银行在资金、管理和组织方面具备相应能力开展此项收购和投资；这一收购和投资不应使银行过度承担风险，不应阻碍监管机构的有效监管，也不会妨碍将来有效实施纠正措施或有序处置。

（三）持续监管（原则 8 – 10）

第三版《核心原则》全面提高了监管机构实施持续监管的基本要求，重点体现在监管方式、监管技术和工具、监管报告以及并表监管原则中。

监管方式。《核心原则》体现了微观审慎与宏观审慎有机结合和以风险为本的理念，强调监管机构采用的监管方法应当覆盖银行的业务重点、集团架构、风险状况、内部控制环境和银行可处置性。监管机构应通过多种方式识别、评估并应对单家银行和整个银行体系的风险，主要包括：一是在评估银行是否在遵守审慎法规和其他法律规定的基础上，前瞻性评估单家银行或银行集团的风险状况及其给银行体系带来的风险，在评估时需考虑其系统重要性和所处的宏观经济环境，应根据评估结果确定监管频率和强度，必要时采取早期干预措施；二是加强对宏观经济环境和跨业活动的关注，识别、监测和评估银行业整体风险的累积、发展趋势和集中度，并采取措施应对可能严重威胁银行体系稳定的问题；三是根据银行及银行集团的风险状况和系统重要性评估其可处置性，必要时可要求银行调整业务战略和管理结构，并建立清晰的框架（包括处置计划），对陷入困境的银行及时采取恢复或处置措施；四是关注监管范围之外的"类银行"业务发展情况，并采取有效措施应对银行规避监管的行为。

监管技术和工具。监管机构应运用一系列适当的监管技术和工具实施监管，并根据银行的风险状况和系统重要性配置监管资源。对于大多数国家，现场检查和非现场监管是银行监管的主要方式和手段[①]。监管机构应在合理搭配现场和非现场监管并共享信息的基础上，建立完整连贯的监管流程，通过多种渠道获取并与银行沟通信息，包括与银行董事以及管理层频繁接触、借助内外部审计等，对银行的经营情况、风险状况、内部控制环境及必要的纠正措施作出评估，确定是否需要采取必要的整改或监管措施。监管机构采用的评估方法包括财务报表分析、业务模式分析、同质同类比较分析等。根据分析和评估结果，监管机构及时采取适当的跟进措施，跟踪检查银行的整改措施落实情况及其效果。监管机构还应定期评估现场和非现场监管的质量、有效性和完整性。压力测试是具有前瞻性的重要监管技术之一。监管机构应充分发挥压力测试的作用，不仅应对银行内部开展的压力测试进行评估，还应开展针对单体银行和银行体系的监管压力测试。

监管报告。获得及时、准确、真实的监管统计报表和监管报告是监管工作的重要基础。监管机构应具备收集、审核、分析银行的各类统计报表和监管报告的能力，收集和分析信息的频率应与信息的性质及银行的风险状况和系统重要性相匹配。为此，监管机构首先应具有收集银

[①]　非现场监管具有监测频率高、可同时进行多点监测、节约监管资源等特点，有利于及时识别、计量、监测风险和实现可持续性监管。现场检查同样具有不可代替的作用，特别是对于银行公司治理、风险管理和内部控制执行情况等内容，只有通过现场检查才能得出符合实际和有深度的检查结论。

行相关信息①的权力，包括以书面形式收集信息的权力和依法采取现场走访等方式取得信息的权力。监管机构可以要求银行按照规定的内容、时间、范围、口径、频率报送法人和并表信息，包括其内部管理信息。监管机构在制定并发布完整的监管指标报表体系，提出明确的报表适用范围、报送时间和频度等要求时，还应明确监管报表使用与国际会计准则相一致的会计标准。监管机构应通过一定的方法对这些报表和报告的质量进行审核，建立保证统计报表和监管信息质量的机制，如要求银行对其估值方法建立良好的治理结构与控制流程，并评估银行估值是否审慎可靠，必要时要求银行进行调整；确定银行适当级别的高级管理层负责报表的准确性；通过现场检查或利用外部专家的相关政策和程序，对监管信息的准确性、完整性和有效性进行核对、验证和评估。

（四）监管机构的纠正和处罚权力（原则11）

正确行使监管纠正和处罚权力是有效银行监管的保证。当银行未遵守法律法规或监管决定，或从事不安全、不稳健的活动，可能给自身或银行体系带来风险，或使存款人利益受到威胁，或突破监管规定门槛值时，监管机构可以在早期采取多种措施，或视情形的严重程度采取相应的纠正和处罚措施。相关措施包括：限制银行现行的业务活动，提出更严格的审慎性限额和要求，暂缓批准其开展新业务或进行并购，限制或暂停其向股东分红或进行股份回购，限制资产转移，取消银行工作人员的从业资格，更换管理人员、董事、控股股东或限制其权力。监管机构还可以与有关部门协作，启动对有问题银行的有序处置，包括协调其他更健康的机构对该银行实施接管或合并，指定银行的临时管理层，乃至吊销或建议吊销银行牌照等。必要时，监管机构还可以对银行的管理层、董事会或相关人员进行处罚。

---

① 有关信息既包括银行财务状况、经营业绩、风险等情况，还包括银行的所有记录，以及银行的董事会、管理员和员工。

（五）并表和跨境银行监管（原则 12 – 13）

并表监管。随着银行综合化经营趋势和跨境业务发展加快，监管机构对银行集团实施并表监管成为有效银行监管框架的关键要素之一，也是对大型复杂银行进行持续监管的重要内容。按照《核心原则》中的并表监管概念，监管机构应关注的"风险边界"超越了会计并表的概念，即监管机构不仅要考虑银行与银行集团中其他机构的关系进而分析其风险状况，还要考虑未纳入银行集团范畴的母公司、姐妹公司和其他机构给银行带来的潜在风险。监管机构在开展并表监管时，应重点开展以下工作：一是了解银行集团的总体架构、收集和分析银行集团并表信息，对银行集团制定并实施审慎标准；二是评估可能对银行和银行集团产生重大影响的母公司及其下属公司的重要业务活动，以及整个集团公司的风险管理状况，包括银行母行、总行或持股公司能否对境外业务实施充分的管控，银行的政策程序能否确保境外机构的管理层具备必要的管理能力等；三是在银行集团和整个集团公司内其他机构出现风险，可能危及银行或银行体系的安全稳健运行时，采取适当的监管措施；四是在银行和银行集团过度承担风险或风险管理不善，以及难以有效执行并表监管等情况下，监管机构可限制其业务范围和经营地域，如要求其关闭境外机构等。此外，对跨境经营的银行集团进行并表监管时，母国监管机构还应评估东道国是否存在妨碍母行获取境外重要信息的障碍，定期访问银行的境外机构和会晤东道国监管机构，考虑银行重要业务活动所在地的东道国监管机构的监管有效性，必要时对银行的境外业务实施现场检查。

跨境监管。银行监管者必须对银行在世界各地的所有业务进行适当的监测并实施审慎监管，包括其外国分行、附属机构和合资机构。因此，加强国际监管协调是确保银行监管有效的重要手段。《核心原则》就如何加强跨境监管协调、母国监管者责任和东道国监管者责任等问题提出了要求。对跨境银行集团的监管而言，其母国和东道国监管机构应共享信息并相互合作，对集团及其下属机构实施有效监管并处置危机情况。母国和东道国监管机构沟通的范围和性质应反映银行和银行集团跨境业务的风险状况和系统重要性。对具有实质性跨境业务的银行集团，母国监管机构应根据其风险状况和系统重要性，与相关监管机构合作，建立监管联席会议制度，并会同国内处置机构建立跨境危机处理协作框架，制订银行集团的处置计划。

二、第二部分：审慎监管法规和要求

《核心原则》通过第二部分"审慎监管法规和要求"的 15 条具体原则，全面提出了监管机构应该在哪些方面对银行提出审慎监管要求，各个方面的审慎监管要求应至少涵盖哪些内容。《核心原则》中的"审慎监管法规和要求"为各国监管机构设计审慎监管法规框架、完善监管政策体系提供了良好借鉴。监管机构应该充分运用《核心原则》第一部分所提出的各种监管方式、技术和工具来确保银行遵循各项审慎监管要求。因此，第二部分"审慎监管法规和要求"与第一部分"监管权力、责任和职能"存在着有机联系，共同构成有效银行监管的完整框架。

（一）公司治理、风险管理体系（原则 14 - 15）

良好的公司治理机制和风险管理体系是银行安全稳健运行的基石。在《核心原则》的"审慎监管法规和要求"部分，首先对银行的公司治理、风险管理提出了总体的原则性要求。

公司治理。第三版《核心原则》进一步强调了良好公司治理的重要性，首次对银行完善公司治理制定了一条单独的原则，全面系统地提出了对银行公司治理的要求，重点规范了董事会在公司治理中的职责，并明确了监管机构的监督管理作用。

《核心原则》关于银行公司治理的重点要求是：一是银行应具备健全的公司治理政策和程序，覆盖战略管理、集团组织架构、控制环境、董事会和高管层的职责和薪酬等。二是公司治理政策和程序应与银行的风险状况和系统重要性相匹配。三是银行应具有适当的提名和任命董事的治理结构和程序。根据银行的风险状况和系统重要性，董事会应建立审计、风险监控和薪酬委员会，并应包含有经验的非执行董事。四是应明确对董事会及其成员的职责要求，即董事会成员应勤勉尽职，并履行"看管责任"和"诚信义务"，董事会的职责应至少涵盖：批准和监督战略管理、风险偏好、风险策略以及相关政策的执行，确立并传播企业文化和价值观；制定选任高管层成员的标准并积极、严格监督高管层履职；积极监督薪酬制度的设计和执行，建立与审慎风险管理相一致的激励机制。五是董事会和高管层均应了解并理解银行的运营结构及其风险。监管机构在对银行公司治理进行监管时，可以发布指导性文件，对银行稳健的公司治理提出要求；定期对银行的公司治理（包括提名、薪酬机制和任用、考核标准等）进行评估；或在认为董事未充分履职时要求银行调整董事会成员等。

风险管理体系。第二版《核心原则》专门增加了一条有关银行风险管理总体要求的独立原则。在第三版《核心原则》中，巴塞尔委员会总结了 2008 年国际金融危机中暴露出的银行风险管理的重大缺陷，进一步强化了对风险管理体系的总体要求，不但内容大幅增加，而且标准明显提高，并将此条原则所处的位置调整到资本监管之前，进一步凸显了有效风险管理体系的重要性。

作为对于银行风险管理体系的统领性要求，原则 15 全面系统地论述了银行风险管理体系的基本要素，强调银行应建立与其风险状况和系统重要性相匹配的风险管理体系，能够及时识别、计量、监测、报告、控制和缓释各类实质性风险。具体而言，银行的全面风险管理体系应该具备以下要素：一是经董事会批准的适当的风险管理策略、恰当的风险偏好和健全的风险文化；二是明确的董事会和高管层风险管理职责；三是全面的风险管理政策和程序，以识别、计量、评估、监测、报告和控制或缓释所有实质性风险；四是与风险挂钩的银行内部资本和流动性管理要求；五是较为完备的风险模型、信息系统和前瞻性的压力测试方案；六是能够独立、有效履职的风险管理职能部门和首席风险官；七是与风险挂钩的内部定价、绩效考核、新产品审批程序；八是适当的应急安排和恢复计划。

根据此次危机中暴露出的重大风险管理缺陷，第三版《核心原则》强调，银行开展风险评估应涵盖宏观环境变化带来的风险，要根据其风险状况、市场和宏观经济形势评估资本和流动性充足状况。风险管理体系不仅应与风险状况相适应，还要与银行的系统重要性相匹配。全面风险管理不应仅局限于银行，还应从银行集团、更广范围的集团层次进行风险评估和管理。要强化董事会、高管层、首席风险官和风险管理部门在风险管理中的责任，如董事会和高管层要充分理解风险性质、水平及其与资本和流动性的关系，理解新产品、业务模式中的风险以及风险计量模型的局限性；风险管理部门要有足够的资源、独立性、权威性，具有向高管层和董事会直接报告的渠道等。在风险评估的具体方法和技术方面，《核心原则》细化了对压力测试的要求，如监管机构要定期评估银行的压力测试、银行要将压力测试的结果充分运用到经营管理决策中、压力测试要考虑系统性因素等。此外，《核心原则》还对风险模型的运用和独立验证、应急安排（包括恢复计划）的制定和定期评估等提出了要求。

（二）资本监管、各类风险管理和内部控制（原则16-26）

1. 资本监管（原则16）

资本监管是审慎监管的重要内容。《核心原则》基于巴塞尔委员会近年来资本监管规则研究的最新进展，阐述了资本监管的基本要求。《核心原则》规定，有效的资本监管框架应当覆盖所有银行，对资本不足的银行应采取相应的纠正整改措施。资本监管框架应当包括以下因素：一是规定合格资本的构成要素，确保其能在持续经营条件下永久性地用于吸收损失；二是针对所有实质性敞口规定具体的资本要求，资本要求应覆盖表内和表外风险；三是资本要求既要反映单体银行的内在风险状况，也应反映宏观经济风险和系统重要性，以控制银行及银行体系的杠杆程度；四是监管机构有权要求银行采用前瞻性的资本管理办法，包括使用适当的压力测试；五是银行使用内部风险评估结果计算监管资本，应当满足监管机构规定的条件并经监管机构批准。鉴于《核心原则》不要求各国遵循巴塞尔Ⅰ、巴塞尔Ⅱ和巴塞尔Ⅲ，因此，巴塞尔委员会未将实施巴塞尔资本协议作为符合《核心原则》的前提条件，而仅对已宣布自愿实施的国家评估其与巴塞尔资本协议的符合情况。但是，至少对于国际活跃银行而言，资本定义、风险覆盖范围、计算方法和资本要求的门槛标准不应低于所适用的巴塞尔资本协议规定的标准。

2. 各类风险管理（原则 17 – 25）

银行在经营过程中面临各种各样的风险，《核心原则》高度重视各类主要风险的管理与监管，通过 9 条核心原则，对信用风险、市场风险、流动性风险和操作风险的管理与监管进行了全面论述。首先，监管机构应当通过法律法规等形式提出银行管理各类主要风险的监管标准；其次，银行应当将监管机构的要求转化为内部规章制度，建立完善的政策和程序，并组织落实，确保及时识别、计量、评估、监测、报告和控制或缓释各类主要风险；最后，监管机构应从规章制度和执行落实层面，对银行管理各类主要风险的效果进行评估，确保各类风险得到有效管控。

从这 9 条核心原则中，可以梳理总结出各类风险管理都应遵循的共性要求：一是各类风险管理体系均应考虑银行的风险偏好、风险状况、系统重要性以及市场与宏观经济情况，涵盖及时识别、计量、评估、监测、报告和控制或缓释风险的政策与程序；二是银行的政策和程序应建立一个合适且控制得当的风险管理环境；三是应明确董事会在审批、定期审核风险管理政策和程序，以及确保高管层有效实施各项政策和程序方面的职责；四是应将各类风险的压力情景纳入以风险管理为目的的压力测试中。针对各类风险的不同特性，《核心原则》还有针对性地提出了具体要求。

（1）信用风险

信用风险又称违约风险，是许多银行面临的最主要风险。第三版《核心原则》对信用风险管理和监管进行了全面论述，涉及信用风险管理的一般原则（原则17）、有问题资产和计提准备（原则18）、集中度风险和大额风险暴露（原则19）、关联交易（原则20）以及国别风险和转移风险（原则21）等多个领域，参见图9.2。

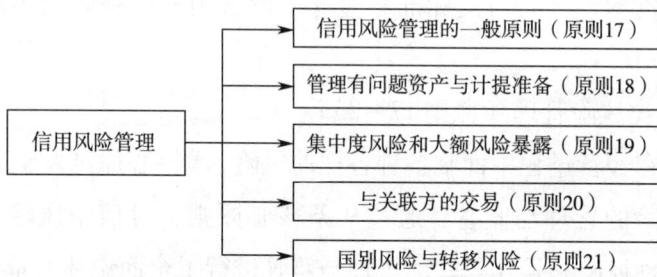

```
                        ┌─────────────────────────────────────┐
                    ──▶ │ 信用风险管理的一般原则（原则17）      │
                        └─────────────────────────────────────┘
                        ┌─────────────────────────────────────┐
                    ──▶ │ 管理有问题资产与计提准备（原则18）    │
                        └─────────────────────────────────────┘
  ┌──────────┐          ┌─────────────────────────────────────┐
  │ 信用风险 │ ────┬──▶ │ 集中度风险和大额风险暴露（原则19）    │
  │ 管理     │          └─────────────────────────────────────┘
  └──────────┘          ┌─────────────────────────────────────┐
                    ──▶ │ 与关联方的交易（原则20）              │
                        └─────────────────────────────────────┘
                        ┌─────────────────────────────────────┐
                    ──▶ │ 国别风险与转移风险（原则21）          │
                        └─────────────────────────────────────┘
```

资料来源：根据《核心原则》内容整理。

图9.2　与信用风险管理相关的各条核心原则

关于信用风险管理的一般原则，主要包括：信用风险应涵盖贷款、投资、同业借贷、衍生品交易、证券融资交易等表内外风险暴露，并应包括交易对手信用风险。银行应根据市场与宏观经济情况，建立完善的信用风险管理体系，明确其信用风险偏好，制定及时识别、计量、监测、报告、控制或缓释信用风险（包括交易对手信用风险）的审慎政策与程序。信用风险管理政策和程序应当覆盖整个信贷流程，包括信贷审批、信贷评估以及对银行贷款和投资组合的持续管理等。

关于有问题资产和准备，监管机构应当通过法律法规或其他形式明确问题资产的划分标准，要求银行就识别和管理问题资产制定政策和程序。银行应具备完善的政策和程序，能够及早识别和管理有问题资产，并计提充足的拨备，并及时掌握核销情况。资产分类、拨备和核销要求应涵盖银行表内外所有风险暴露，拨备和核销应能客观反映还款和回收预期。对于重要风险暴露，监管机构应要求银行逐笔估值、分类和提取拨备。银行应建立适当的机制，定期对风险缓释工具，包括担保和抵押品价值进行科学估值。在评估银行分类和拨备政策、程序时，监管机构应能随时获得银行资产分类及拨备情况的详细信息，并有权根据银行问题资产的规模和拨备充足程度，要求银行增加拨备或采取其他纠正整改措施。

对于集中度过高带来的风险，监管机构应就控制大额风险暴露制定监管要求和限额标准。银行应监测并确保其在并表和不并表情况下均能遵循监管限额。集中度包括对单一交易对手或一组关联交易对手的直接或间接风险暴露（如因同一交易对手提供抵质押品或信用保护而产生的风险暴露），或交易对手属于同一行业、经济部门或地理区域，或交易对手的财务状况依赖于相同的业务活动、商品或表外项目（包括担保和其他承诺），以及银行过度承担对特定资产类别、产品、抵质押品或货币的风险暴露等多种情形。银行应具备完善的政策、程序和信息系统，能够及时识别、计量、评估、监测、报告、控制或缓释集中度风险。在风险管理相关的压力测试中，银行也应考虑集中度风险的影响。

商业银行与关联方交易时产生的风险也是银行信用风险管理的重要组成部分。法律法规或监管机构应对"关联方"作出明确定义，如包括银行的附属机构、关联机构以及银行对其行使控制权或受其控制的任何实体（包括这些实体的附属机构、关联机构和特殊目的实体）；以及银行的主要股东、董事、高级管理层和主要工作人员、其直接的和相关的利益方、近亲属以及关联公司的相关人员等。法律法规或监管机构应对关联方的单体或总体风险暴露规定限额标准。为防止关联方交易中蕴含的利益冲突问题，监管机构应要求银行按照市场原则与关联方开展交易，即在信贷审查程序、期限、利率、手续费、还款时间安排、对抵质押品的要求等方面，银行与关联方交易的条件不得优于非关联方交易。银行应持续监测这些交易，并按规定的政策和程序核销对关联方的风险暴露。

随着越来越多的银行从事跨境业务，国别风险和转移风险也成为信用风险的重要来源之一。国别风险通常指由境外事件导致损失的风险，涵盖了与境外的个人、公司、银行或政府进行的各种形式的贷款和投资活动。转移风险是指借款人由于不能将本币转换成外币，而无法以外币偿付债务的风险，通常因借款人所在国家的政府实施外汇管制而产生。对国别风险和转移风险的管理及监管，核心原则主要提出了以下要求：一是银行的政策和程序应适当考虑对国别风险和转移风险的识别、计量、监测、报告和控制或缓释，并将其纳入压力测试；二是监管机构应对银行执行上述政策和程序所需的信息系统、风险管理系统和内部控制系统进行检查核实；三是监管机构应及时获得并审查银行的国别风险、转移风险信息；四是监管机构应监督银行是否为国别风险和转移风险计提了适当的拨备。

（2）市场风险与银行账户利率风险

市场风险包括利率风险、汇率风险、股票价格风险和商品价格风险，银行账户利率风险是利率风险的一种表现形式。《核心原则》单列一条原则阐述银行账户利率风险管理的主要考虑是，由于银行账户利率风险的资本计量方法尚不成熟，各国监管和银行实践差异较大，巴塞尔委员会资本监管框架中第一支柱的市场风险资本要求尚未涵盖银行账户利率风险，而是将其放入了资本监管框架的第二支柱，由银行根据内部资本充足评估程序确定是否计提资本以及计提资本的数量。因此，关于"市场风险"的核心原则（原则22）未包括银行账户利率风险。

总体上，《核心原则》对市场风险和银行账户利率风险的监管要求基本一致，要求银行根据市场和宏观经济情况，建立与其风险偏好、风险状况、系统重要性相适应的风险管理体系。有效的市场风险和银行账户利率风险管理应包括以下要素：一是建立风险治理体系，由董事会批准市场风险（银行账户利率风险）管理策略、政策和程序；二是建立合适且控制得当的风险管理环境，包括合理的风险计量体系、模型验证体系、限额管理体系和管理信息系统等；三是银行应开展市场风险和银行账户利率风险压力测试。

《核心原则》对于市场风险和银行账户利率风险在估值和资本监管的要求上有所区别。对于市场风险，《核心原则》特别强调，银行应建立相关的系统和控制制度，确保对以市值计算的头寸经常进行重估。银行应确保模型由与承担风险的业务部门相独立的职能部门进行验证，且对无法进行审慎估值的头寸进行估值调整。同时，《核心原则》在必要标准中明确要求对市场风险计提资本。对银行账户利率风险，《核心原则》仅在附加标准中原则性地要求银行对以市值计算的头寸经常进行重估，并在其内部资本充足评估程序中涵盖银行账户利率风险。

（3）流动性风险

从银行诞生之日起，流动性风险自始至终都是其面临的一项重要风险，此次国际金融危机进一步暴露了银行在流动性风险管理中存在的重大缺陷。第三版《核心原则》在总结危机经验教训的基础上，提出了全面的流动性风险管理和监管要求：一是监管机构应制定定量、定性或二者结合的流动性监管标准，对国际活跃银行的监管标准不应低于相关巴塞尔协议；二是要求银行定期评估融资策略、持续监测融资需求、有效管理融资风险；三是银行应具有充足的高质量、无变现障碍的流动性资产储备；四是银行应运用短期和中长期压力情景，有效实施压力测试，并具备健全的流动性应急计划；五是应加强各重要币种流动性风险的单独监测和管理，并评估银行在不同币种间进行流动性转换的能力。

（4）操作风险

随着银行业务规模、复杂程度的上升，由于不完善或有问题的操作程序、员工、信息系统以及外部事件造成损失所引致的操作风险（包括法律风险），已成为银行业面临的主要风险之一。第三版《核心原则》除提出银行应具备适当的操作风险管理策略、政策和程序，以识别、评估、监测、报告、控制或缓释操作风险的原则性要求外，还专门就银行灾备和业务连续性计划、信息科技风险和业务外包风险等提出了具体要求，如在业务运行中断时仍能持续经营；制定了适当的信息科技政策、程序并具备相关基础设施，确保数据和系统的完整性、安全性和可得性；制定了相关政策和程序，对外包业务进行评估、管理和监测等。

3. 内部控制和审计（原则26）

在阐述了对识别、计量、监测和控制各类风险的一系列具体要求之后，《核心原则》又对涉及银行各类风险管理的内部控制和审计提出了相关要求。内部控制是风险管理体系的有机组成部分，是银行董事会、高级管理层和全体员工共同参与的，通过制定和实施系统化的制度、程序和方法，实现风险控制目标的动态过程和机制。与风险管理中采用的其他方法和手段不同的是，内部控制更侧重于在银行内部各层级、各部门和各人员之间，合理构建相互联系和相互制约关系，以达到控制风险的目的。因此，内部控制是银行有效实施其风险管理政策和程序的重要手段。银行应建立完善的内部控制框架，包括组织结构、会计政策和程序、制衡机制、资产和投资保全等，为日常经营和各类具体风险的管理提供一个良好的控制环境。内部控制框架的核心要素包括：确定岗位职责，明确授权、决策制度和程序；具备适当的制衡机制（或称"四眼原则"），确保业务发起、支付、对账、风险管理、会计、审计和合规等关键职能的分离、交叉核对、双人签字；银行的后台、控制部门、运营管理部门与业务发起部门之间，在专业能力和资源方面保持适当的平衡，并能够对业务发起部门形成有效制衡。

适当且独立的合规和内部审计职能是内部控制体系的重要组成部分，对于确保银行遵循内部制度和法律法规具有至关重要的作用。银行应具备充足、富有经验且独立的合规人员，有效管理银行面临的合规风险。内部审计则是由银行内部的专门人员或团队评估现行政策、程序和内部控制（包括风险管理、合规和公司治理程序）是否适当，相关政策和程序是否在实践中得到有效实施。银行的内部审计部门应具有充足的资源并保持适当的独立性，能够及时、充分了解相关信息，并确保其采用的审计方法能够识别银行承担的实质性风险。

4. 会计和信息披露（原则 27-28）

第三版《核心原则》也高度重视提高银行和监管的透明度，加强市场约束，为此，将第二版《核心原则》中的一条原则——"会计处理和披露"扩充为两条原则，分别阐述了对银行财务报告和外部审计、信息披露和透明度方面的要求。

财务报告与外部审计。准确完整、可靠连贯的会计信息和财务报告是银行审慎监管的基础。《核心原则》对银行财务报告和外部审计方面提出的要求主要包括：一是监管机构应要求银行董事会和管理层确保银行按照国际公认的会计政策和实践编制财务报表，采用与国际公认的会计标准一致的估值方法，且银行每年公布的财务报表应由独立的外部审计师签署意见；二是法律法规或监管机构应规定银行外部审计的范围和实施标准，银行应对外部审计进行管控和监督，确保其审计遵循国际公认的审计标准；三是监管机构应与银行的外部审计机构定期会晤，讨论在银行经营方面共同关心的问题，并要求外部审计机构将发现的实质性问题向监管机构报告；四是监管机构应确定银行经常轮换使用外部审计机构或审计人员，并有权要求银行撤换不专业、不独立或者不称职的外部审计师。

信息披露和透明度。信息披露是市场约束的基础，是有效监管的必要补充。在要求银行准确编制财务报表、发布财务报告、接受外部审计的基础上,《核心原则》进一步要求银行应在并表基础上(适当时可在法人基础上)定期发布定性和定量信息,向市场充分披露其真实财务状况、业绩、风险水平、风险管理和公司治理等方面的情况,便于市场约束机制发挥作用。信息披露的范围、内容及其详细程度应与银行的风险状况和系统重要性相匹配。对于监管机构,除有效评估和督促银行遵守各项披露标准外,《核心原则》还要求监管机构应定期公布银行业的总体信息,如银行业总体资产负债结构、资本充足率、盈利能力、风险状况等方面的统计数据等,推动公众了解银行体系并发挥市场约束作用。

5. 防止利用金融服务从事犯罪活动(原则29)

为了防止银行有意或无意被犯罪活动利用,第三版《核心原则》对于如何防止利用金融服务从事犯罪活动提出了一系列要求,主要涉及:一是法律法规应明确规定监管机构在防止利用金融服务从事欺诈、洗钱、恐怖主义融资等犯罪活动的执法职责和权力;二是银行应具备完善的政策和程序,包括严格的客户尽职调查和代理行尽职调查规定,形成良好的职业道德与专业水准,防止被犯罪活动利用;三是银行发现对其安全稳健经营和声誉有实质性影响的可疑情况和欺诈事件时,应向监管机构和金融情报部门报告,监管机构应和金融情报部门、境外相关监管机构合作,共享可疑或实际犯罪活动的信息;四是监管机构应确定银行建立了充分的控制体系,防范、识别和报告其金融服务可能被洗钱和恐怖融资利用的情况,当发现银行未履行防止利用金融服务从事犯罪活动的义务时,监管机构有权对其采取监管措施。

第四节　《核心原则》的应用与评估

一、《核心原则》的应用

《核心原则》出台后,就成为指导各国银行监管实践的国际标准。

许多国家都对照《核心原则》，对其银行监管体系进行自我评估，以此作为发现本国银行监管差距，提高银行监管有效性的重要途径。

亚洲金融危机之后，国际货币基金组织（IMF）和世界银行于1999年5月联合推出金融部门评估规划（FSAP），以加强对成员国（地区）金融稳定的评估与监测，并推动成员国的金融改革与发展。15年来，FSAP已成为国际上范围最广、最有影响力的金融稳定评估框架，对照《核心原则》评估银行监管有效性是FSAP评估的重要组成部分。迄今为止，国际货币基金组织和世界银行在FSAP评估中对140多个国家和地区《核心原则》的达标情况进行了评估。国际货币基金组织主要通过以下形式在其网站上披露核心原则评估报告：一是在被评估国自愿的原则上，披露包括各条原则评估结果在内的完整评估报告，如IMF分别于2010年5月和2012年4月披露了美国和我国的完整评估报告。二是以标准和准则执行报告（Reports on Observance of Standards and Codes，ROSCs）的形式披露评估报告的主要内容，但不公布每条原则的评估结果。三是在国际货币基金组织关于FSAP的总报告Financial System Stability Assessment（FSSA）中以专门的章节概述核心原则评估的主要发现和建议。原则上，各国的总报告都会在国际货币基金组织的网站上披露，成为国际社会了解其金融体系运行和监管状况的重要参考文件；标准和准则执行报告可作为单独的报告，或作为总报告的附件进行披露。FSAP对《核心原则》的广泛使用，进一步巩固了《核心原则》作为评估银行监管有效性的国际标准的地位。

此外，《核心原则》也常常被一些国际组织开展的同行评估（peer review）以及一些非官方的第三方机构（如咨询公司等）用于评估一国或地区的银行监管体系是否健全完善。从2010年开始，金融稳定理事会在成员国完成FSAP的两年后对其进行同行评估，对FSAP评估所提出各项建议，包括对实施《核心原则》建议的落实情况进行跟踪评估。

虽然《核心原则》的应用从评估开始，但评估本身并不是目的，而是达到目的的手段，评估的最终目的是让相关部门查找需要改进的领域、制订行动计划并有步骤地实施改进措施，如促使监管机构提出完善银行监管体制的战略等，最终达到《核心原则》的各项要求。

二、《核心原则》评估结果与评估方法

（一）评估结果

《核心原则》评估是对每条具体的核心原则给出一个评估结果，体现为四档评级：符合、大体符合、大体不符合、不符合。每条原则都对应一定数量的必要标准和附加标准，判断是否完全符合一条核心原则时，考虑必要标准即可。附加标准所建议的最佳做法，是具有发达银行体系的国家努力的目标。当然，一些国家希望进一步达到最佳监管实践，也可以自愿选择对照附加标准进行评估，以查找需要改进的领域，并从评估人员提出的改进建议中获益。

"符合"一条核心原则，需要达到所有必要标准的要求，没有明显不足。但是，在某些情况下，有的国家也能证明其通过其他措施达到了某一条核心原则的要求。此外，由于各国具体情况不同，必要标准也未必能够满足实现一条核心原则要求的所有条件，可能还需要其他措施才能使银行监管达到核心原则的要求。

"大体符合"一条核心原则，表明评估只发现一些小问题，评估者并不因此而担心监管机构在一定时期内完全达标的能力和决心。另外一种情况是，虽然一国监管体系没有符合所有必要标准，但监管的总体有效性较好，覆盖了所有实质性风险。

"大体不符合"一条核心原则，表明一国虽然制定了法律法规和政策程序，但存在严重缺陷；或者事实证明监管缺乏有效性，实际执行不力；或者监管缺陷足以使人怀疑监管机构具有实现达标的能力。

"不符合"一条核心原则，表明一国没有实质性的实施措施，若干条必要标准均不符合，监管被证明是无效的。

在特定情况下，如考虑到一国的体制、法律和机构特点，或在评估时有些业务可能不太重要，监管机构了解这些情况并有能力采取行动，而且这些业务的规模将不会增加到能够构成实质性风险，则可以对相关原则使用"不适用"评级。

（二）评估方法

根据《核心原则》的要求，针对每条具体的原则进行评估时，应该充分考虑多种因素的影响，如在评估关于银行风险管理政策和程序是否充分的原则时，需要考虑具体银行的风险状况和系统重要性。评估应该全面和有深度，法律法规存在的本身并不足以说明已符合要求，除了"有没有"，还需要评估法律法规是否得到有效实施和遵守，即"做没做"、"怎么样"，因此，仅评估相关法律、审慎监管法规、监管指引在形式上达标是不够的，还需通过对现场检查、非现场监管、披露、监管纠正及处罚等监管实践效果进行评估，以确认是否实际上达标。

评估是一种定性的方法，不应将其简单看成是以清单式的方法来决定评级结果，仅凭每条原则下符合各项标准的数量未必就能直接判断某一条原则的总体达标情况。根据一国的具体情况，某些标准可能对于实施有效监管更为重要。因此，应根据一国银行体系的规模和复杂程度来开展评估。与那些只有一些小型简单存款机构的国家相比，一个拥有众多系统重要性银行的国家获得"符合"评级将面临更大的挑战。

如前文所述，评估的最终目的不是评级结果，而是确定银行监管体系存在的缺陷的性质和程度，因此，应该更加注重对每一条原则评估时所做的分析及所提建议。

在评估具体的原则时，还应评估有效银行监管前提条件方面的缺陷对于一国的银行监管有哪些影响，监管措施能够在多大程度上弥补这些缺陷，评估者所提出的改进建议应纳入关于改善金融部门监管环境的总体性建议中。

三、《核心原则》在我国的应用

《核心原则》对于完善我国银行业监管体系产生了重要而积极的影响。2003年颁布的《银行业监督管理法》的许多条款直接借鉴了第二版《核心原则》中的内容。中国银监会自成立之初，就建立了核心原则自我评估机制，定期对照《核心原则》进行监管有效性的自我评估，客观评价监管成绩与不足，并针对自我评估中发现的薄弱环节，提出行动方案，将自我评估作为对照国际标准进行后评价、持续改进和提高银行监管有效性的重要手段和方式，不断推动我国银行业监管与国际最佳做法接轨。伴随着历次自我评估，我国在构建银行监管法规制度、完善监管治理机制、优化监管方法和流程、推动外部环境的改善方面不断进步，监管专业性、权威性和有效性显著提高。

2009年8月，中国正式启动FSAP评估，对照第二版《核心原则》评估中国银行业监管有效性是其中的重要组成部分。根据中国的FSAP核心原则评估报告，30条核心原则[①]中，我国有18条原则被评为"符合"，10条原则被评为"大体符合"，2条原则被评为"大体不符合"，没有评为"不符合"的原则。

（一）取得的成绩

FSAP评估团在2011年最终定稿的评估报告中充分肯定了银监会作为主动和具有前瞻性的监管者对中国银行业安全稳健发展所起的重要作用。具体而言，评估报告中反映我国银行业监管工作取得的成绩主要有以下几方面。

建立并不断完善高质量的审慎监管法规体系。在广泛借鉴国际监管经验和标准的基础上，结合中国银行业实际和监管实践，中国建立了一套高质量的银行业审慎监管法规体系，并不断加以完善。评估报告多

---

① 此处将原则1中的6项子原则视为6条原则。

次指出："整体而言，中国银行业目前遵循的审慎监管法规和指引广泛借鉴了国际标准和巴塞尔有效银行业监管核心原则，是高质量的。"

有效运用各类监管手段与方法，监管能力不断提升。一是建立了非现场监管与现场检查并重且有机结合的监管框架；二是有效实施了并表监管和跨境监管；三是强化了监管机构的纠正和整改职责；四是建立了高素质的监管队伍，提高了监管专业化水平。

推动商业银行完善公司治理，提升风险管理水平。一是通过发布和实施一系列公司治理方面的规章指引，积极督促引导银行业完善公司治理结构和机制；二是通过制定严格的资本监管、流动性监管、资产质量管理等要求，推动中国银行业不断提高风险管理水平。评估报告指出："中国银行业在风险计量和风险管理等方面取得了长足进步，这归功于银行业监管机构简单、基础、实用的监管指标，有效保障了中国银行体系充足的流动性和高质量的资本。"

积极应对外部形势变化带来的新问题。面对银行业信贷高速增长所带来的新问题，及时出台了一系列审慎监管政策及措施。评估报告指出，"在行使职权过程中，中国银行业监管机构成功地向银行业和公众阐述了维护银行业安全与稳健的必要性，以及通过银行业促进经济和社会发展的必要性"，"针对大规模信贷增长，银行业监管机构成功地要求银行提高了资本和拨备水平"。

中国银行业监管机构在上述领域的努力和成就获得了市场参与者的高度认同。评估报告指出："评估团走访的所有商业银行、审计机构、评级机构和其他市场参与者，均一致认可中国银行业监管机构在促进银行加强风险管理、提高专业化水平以及提升中国银行业国际认知度方面所发挥的关键作用。"

（二）差距与建议

在充分肯定我国银行业监管成就的同时，评估报告也对进一步完善银行业监管和商业银行风险管理提出了建议，并指出银行业监管有效性还受到监管资源、法律授权等外部因素的制约。

银行业监管实践。虽然与银行业监管直接相关的原则均被评为"符合"或"大体符合",但评估报告也对进一步提高我国银行业监管有效性提出了相关建议:一是完善银行风险管理体系评估框架,加强对银行风险管理政策和程序的评估,提高风险判断的前瞻性,进一步促进银行建立良好的风险文化;二是加大对银行落实各项监管规章和指引情况的跟踪、检查和评估力度;三是补充风险监管专业人才,优化监管资源配置。

银行业风险管理实践。评估报告指出,中国银行业风险管理实践存在的不足主要包括:一是银行全面风险管理体系建设尚处于起步阶段,培养全面主动的风险管理意识、持续将良好风险管理文化融入日常经营管理还需要一个渐进的过程;二是银行风险管理的前瞻性不够,表现在对用不良贷款率反映信用风险的滞后性认识不足;三是中国银行业在信用风险管理方面仍不够审慎。对此,评估报告提出的改进建议主要有:加大对现有审慎监管规章和指引的执行力度,在银行发展战略中纳入更多的风险类指标,提高银行风险计量的前瞻性,进一步提高银行对信用风险和国别风险的管理水平等。

监管资源制约。评估报告指出,现行的财政预算和人员编制外部审批制度导致银行业监管机构在制定预算和薪酬方面不具有灵活性,难以吸引和留住专业人才。监管资源不足在一定程度上削弱了银行业监管的有效性,并可能影响其操作的独立性。

法律授权不足。评估报告指出,银行业监管机构对股东"实际控制权"和"受益所有权"的监管缺乏明确的法律授权、对不称职的外部审计机构要求银行终止聘用方面无明确的法律授权、对具有复杂结构的银行集团没有实施并表监管的法律授权等问题,影响了在这些领域的监管有效性。

四、近年来主要国家的《核心原则》评估结果

2009 年以来,IMF 在 FSAP 评估中,对照第二版《核心原则》先后

对美国、中国、英国、德国、法国、荷兰、西班牙、比利时、瑞典、澳大利亚、巴西、日本、印度、马来西亚和印度尼西亚等国家开展了评估。对照第三版《核心原则》先后对加拿大、意大利、奥地利、瑞士、新加坡、中国香港和韩国等国家（地区）开展了评估。主要国家的评估结果如下：

表9.1   近年来主要国家评估结果（采用第二版《核心原则》）

评估结果	符合	大体符合	大体不符合	不符合
中国	18	10	2	0
美国	23	6	1	0
英国	17	10	3	0
德国	17	11	2	0
法国	19	8	3	0
日本	14	14	2	0
荷兰	25	5	0	0
西班牙	19	9	2	0
比利时	21	9	0	0
瑞典	10	17	3	0
澳大利亚	20	9	1	0
巴西	28	2	0	0
印度	12	14	4	0
马来西亚	15	15	0	0
印度尼西亚	6	19	4	1

资料来源：IMF 相关资料。

表9.2   近年来主要国家（地区）评估结果（采用第三版《核心原则》）

评估结果	符合	大体符合	大体不符合	不符合
加拿大	22	7	0	0
意大利	14	13	2	0
瑞士	19	8	2	0
奥地利	18	8	3	0
韩国	4	21	4	0
新加坡	25	4	0	0
中国香港	26	3	0	0

资料来源：IMF 相关资料。

在按照第二版《核心原则》开展评估的国家中，由于此次国际金融危机暴露出美国银行的全面风险监控和管理存在严重缺陷，银行监管未能有效地识别并纠正这些缺陷，因此，美国在原则7——风险管理程序方面被评为"大体不符合"。此外，对于资本监管、信用风险、市场风险、流动性风险管理和监管、并表监管等重要的核心原则，美国只被评为"大体符合"。

英国被评为"大体不符合"的分别为"原则1.1——职责和目标"、"原则8——信用风险"和"原则19——监管方式"。原则1.1存在的主要问题是监管机构的法定职责和目标不够明确，自由解释空间较大；原则8存在的主要问题为监管部门对银行信用风险和资产质量评估的允分性、主动性和深入性需要加强；原则19存在的主要问题是危机暴露出监管机构深入了解银行稳健程度的能力不足，监管方式存在严重缺陷。

德国被评为"大体不符合"的原则分别为"原则5——重大收购"和"原则6——资本充足率"。原则5存在的问题为监管机构缺乏对重大收购进行事前审批的法律授权；原则6存在的主要问题为监管机构提高监管资本要求的能力还有待检验、对资本充足情况的压力测试需要加强以及对资本质量的标准不够严格等。

澳大利亚被评为"大体不符合"的原则为"原则4——大笔所有权转让"，其主要原因是监管机构缺乏对银行大笔所有权的系统性审核。

日本被评为"大体不符合"的两条原则为"原则6——资本充足率"和"原则10——大额风险暴露限额"。原则6存在的主要问题是监管机构的资本充足率规定存在严重缺陷，如第二支柱、对国际活跃银行的资本要求等。原则10存在的主要问题是当前的大额风险暴露法规缺乏有效性且银行的风险管理有待进一步增强。

对照第三版《核心原则》开展的评估国家中，加拿大、新加坡和中国香港所有原则的评估结果均为"符合"与"大体符合"。值得注意的是，在对上述三国的评估中，针对"原则2——独立性、问责制、资源和监管者法律保护"的评估结果都为"大体符合"。

意大利被评为"大体不符合"的原则分别为"原则20——与关联方交易"和"原则21——国别风险和转移风险"。原则20存在的问题是监管机构最新建立的关联方交易的法律法规框架仍存在缺陷，且缺少充分的证据对其实施效果进行检验。原则21存在的主要问题是监管机构缺乏对转移风险的明确定义，且未对银行提出具体的国别风险和转移风险管理要求。

瑞士被评为"大体不符合"的原则分别为"原则2——独立性、问责制、资源和监管者法律保护"与"原则9——监管技术和工具"。原则2存在的主要问题是监管机构的资源严重缺乏，不能对整个银行体系进行如有效、深入的现场检查等监管。原则9存在的主要问题是监管机构聘用外部审计师开展银行机构的审计工作的质量控制存在严重缺陷，审计的一致性、质量、频率和深度有待提高。

韩国被评为"大体不符合"的原则分别为"原则2——独立性、问责制、资源和监管者法律保护"、"原则16——资本充足率"、"原则18——有问题资产、准备和储备"、"原则19——集中度风险和大额风险暴露"。原则2存在的主要问题是监管机构的治理结构存在利益冲突，且对监管者的法律保护有待完善与提高。原则16存在的主要问题是监管机构实施监管资本要求的能力还有待检验，对资本质量的标准不够严格，如没有全面实施巴塞尔Ⅱ等。原则18存在的主要问题是监管机构对有问题资产的划分标准不够严格。原则19存在的主要问题是监管机构未制定全面的集中度风险管理法规，银行的风险管理政策和程序还有待进一步细化。

《核心原则》是巴塞尔委员会发布的全球公认的银行监管国际标准，系统概括了银行监管的良好做法，提出了有效银行监管的基本框架。随着金融市场和银行业务的发展，银行监管理念和实践的改进，巴塞尔委员不断完善《核心原则》。2008 年金融危机爆发后，国际社会对银行监管理念、方法和实践进行了深刻的反思，巴塞尔委员会也进一步充实和提高了《核心原则》中的有效银行监管标准，涵盖了有效银行监管的前提条件、对监管机构自身的要求（如监管责任、目标与独立性、发照和结构、持续监管方法、监管机构的纠正和处罚权力、并表监管和跨境监管等），以及监管者对银行的要求（如公司治理、风险管理、会计和信息披露、防止利用金融服务从事犯罪活动等）。

自 1997 年首次出台后，《核心原则》作为指导各国提高监管有效性的纲领性文件，在帮助各国改进监管体系方面发挥了重要的作用。国际货币基金组织和世界银行联合开展的金融部门评估规划是当前国际上范围最广、最有影响力的金融稳定评估框架，对照《核心原则》评估银行监管有效性也是 FSAP 评估的重要组成部分。随着我国金融市场化改革不断深入推进，银行业务规模和复杂程度不断上升，面临的风险将日益复杂多样，银行的风险管理能力和监管能力建设任重道远。《核心原则》为完善我国银行监管体系提供了重要参考，也为我国银行业风险管理建设树立了新的标杆。

第三部分

国际银行监管框架的发展方向

国际银行监管框架仍在发展过程中。本部分介绍巴塞尔Ⅲ发布之后，巴塞尔委员会在国际银行监管框架改良和实施方面所做的努力，及其对国际银行监管政策制定理念的反思。在巴塞尔Ⅲ发布之后，巴塞尔委员会继续推进了资本定义、资产证券化、市场风险、信用风险标准法等方面国际标准的修订和完善，研究推出了大额风险敞口等新的监管工具（第十章）。与此同时，根据G20领导人峰会的要求，巴塞尔委员会从2012年起展开了监管一致性评估项目，对各个成员国的实施情况进行评估，以保障国际监管规则在全球范围的有效实施，维护国际银行业公平竞争（第十一章）。

经过近年来的发展，巴塞尔委员会主导制定的国际银行监管框架已经越来越复杂。复杂的监管体系带来了规则实施不一致、监管要求不可比性、监管有效性降低等一系列问题，影响了国际银行监管规则的权威性和可信度。针对该问题，巴塞尔委员会对当前的国际银行监管框架进行了全面的反思，提出应当追求简单性、可比性和风险敏感性的平衡，进一步完善国际银行监管框架（第十二章）。

第十章 巴塞尔协议监管框架的改进

巴塞尔Ⅲ发布后，巴塞尔委员会继续推进了国际银行监管框架的改进和完善工作。一方面，巴塞尔委员会对现有的部分国际规则进行了修订完善，例如，在对资本定义反思的基础上研究推出新的资本工具，对市场风险、资产证券化等的风险计量方法进行全面改革，研究制定银行账户利率风险的计量方法，修订信用风险和操作风险的标准法等；另一方面，巴塞尔委员会研究推出了新监管工具，例如，发布《计量和控制大额风险敞口》国际规则文本，提出了全球统一的大额风险敞口监管标准。

第一节 对资本定义的反思

本次危机中，银行资本质量不高、资本吸收损失的能力不足，是资本监管失效的重要原因之一。为防止银行倒闭引发系统性危机，一些国家政府以普通股或优先股等方式对问题银行注资，也使二级资本并没有发挥吸收损失的作用。巴塞尔Ⅲ全面改革了资本定义框架，通过严格各层级资本的合格条件、提高普通股在监管资本中的比重等方式，提高银行监管资本的质量。但是，对于二级资本不能有效吸收损失的问题，尤其是如何通过资本有效吸收损失防止问题银行倒闭，而不是采取政府救助等问题，还有待于进一步解决。巴塞尔委员会基于市场的发展，先后引入了应急资本、自救债等工具，丰富资本的构成。当前，国际社会正在对处置期间损失吸收能力（gone - concern loss absorbency）进行研究，拟通过要求银行持有一定数量的自救债，进一步减少政府救助的可能性，降低纳税人负担。

一、应急资本

应急资本（contingent capital）的构想最早于 2002 年由美国经济学家 Mark Flannery 提出，作为一种在危机期间提高银行的整体资本持有量、减少危机带来损失的工具。本次国际金融危机发生后，针对大量银行资本不足的问题，是否可以通过发行应急资本提高银行体系的整体损失吸收能力、降低危机带来的冲击，引起了广泛的讨论。2010 年 8月，巴塞尔委员会发布《关于确保监管资本在非正常经营条件下损失吸收能力的建议方案》（征求意见稿）（以下简称《建议方案》），建议在监管资本发行合约中纳入强制转股或减记条款，以确保其他一级资本和二级资本在银行非正常经营条件下具有吸收损失的能力。2011 年 1月，巴塞尔委员会决策委员会通过了该建议方案，从而使得应急资本成为监管资本的重要组成部分之一。

（一）应急资本的特征

应急资本是指银行发行的、在特定触发条件下可以自动转换为股本的债务工具。其触发转股条件可以基于银行自身的财务状况，也可以基于金融体系的整体状况；可以基于市场指标（如银行的股价），也可以基于监管指标（如银行的资本充足率）设定。应急资本与普通股具有很多相似之处，表现在其在银行经营出现困难时具有较强的损失吸收能力，且由于其事先支付的特点，银行无须在市场状况恶化时进入市场融资，不会对银行的流动性状况产生不利影响。相比于普通股，其主要优点表现在以下方面：一是强化银行债权人对银行的约束。为防止其债权被强制转股，债权人将不得不加强对银行的监督，强化市场约束。二是有利于强化股东对银行的约束。由于强制转股可能稀释现有股东的股份，股东将尽可能通过维持银行良好的财务和资本状况，防止强制转股的触发。三是成本较低，总体上在市场上发行应急资本的成本比普通股低。此外，应急资本还可以提供给监管者、银行的债权人额外的有关银行财务状况的信息，有利于促进银行监管机构适时加强对银行的监管。但是，应急资本也存在一些缺点，可能对其损失吸收能力造成不利影响，主要表现在以下方面：一是由于转股取决于未来事件，其触发转股存在不确定性；二是触发转股将引发市场对银行财务健康状况的质疑，导致银行股价下跌，甚至影响银行正常对外融资；三是作为一种新的工具，其对金融市场和金融体系可能产生的影响还有待检验。

（二）应急资本与监管资本

2009 年 12 月，巴塞尔委员会在发布巴塞尔Ⅲ（征求意见稿）时提出，委员会将持续评估应急资本和可转换资本工具在监管资本中的角色。同时，在该征求意见稿中，巴塞尔委员会规定，债务工具作为其他一级资本（Additional Tier 1，AT1）应当满足一系列的条件，包括根据事先设定的触发条件实施减记或转换为普通股。减记或转换为普通股应当能够减少银行的债权总量，减少对交易对手的支付数额等。2010 年 12 月发布的巴塞尔Ⅲ确认了其他一级资本的上述合格条件。2011 年 11 月，巴塞尔委员会在关于巴塞尔Ⅲ资本定义的常见问题解答（FAQs）中进一步明确了"事先设定的触发条件"的最低要求，包括触发条件至少应当设定为核心一级资本充足率低于 5.125%；减记或转股应当使得银行增加核心一级资本，使银行的核心一级资本回归触发条件水平等。根据巴塞尔委员会的上述规定，在正常经营条件下，如果银行希望其发行的应急债券被计入其他一级资本，应当在合约中规定，当银行的核心一级资本充足率低于 5.125%（或更高的水平）时，应急债券应当强制实施减记或转股。

2010 年 8 月，巴塞尔委员会发布的《建议方案》具体阐述了其对资本工具的减记与强制转股问题的看法。巴塞尔委员会认为，监管资本至少应当在银行倒闭条件下（gone – concern）具有吸收损失的能力，所谓倒闭条件是指破产或清算，即在破产或清算情况下，所有监管资本工具都应当可以用于吸收损失。巴塞尔委员会提出，二级资本的次级从属地位就是为该目的而设定。但是，本次危机表明，当政府对银行实施救助时，这些银行实际已经倒闭，但是二级资本以及部分的一级资本工具并没有被用于吸收损失。相反，这些债务型资本工具的持有人与其他银行的债权人一起从政府救助中受益，得到了全额或部分支付。为此，巴塞尔委员会决定将政府救助纳入倒闭的定义范畴，即当银行无法正常经营而需要政府给予救助时，应当视为倒闭，相关一级资本和二级资本工具应当相应承担损失。其方法是强制要求其他一级资本和二级资本满足在银行非正常经营条件下（at the point of non – viability）可以强制转股或减记。具体包括以下要求：一是国际活跃银行在发行其他一级资本和二级资本工具时，应当在合约中规定，在触发事件发生时，上述工具可以被减记或转股；二是发行上述资本工具的银行应当已经获得批准实施减记或转股；三是如果银行集团的子银行发行的上述资本工具要被纳入银行集团的监管资本中，触发条件除应满足母国监管当局的要求外，还应同时满足子银行所在的东道国监管当局的要求。对于减记或转股的触发条件，巴塞尔委员会规定触发事件应当为以下二者中较早发生的事件：一是当政府决定对银行进行注资或提供其他形式的支持时，监管当局认为，如果不实施以上支持措施，银行将无法正常经营；二是监管当局认为，如果不对相关债务进行减记，银行无法正常经营。巴塞尔委员会进一步明确，新股份的发行应当在政府注资之前，以防止政府注资被稀释。在上述要求中，巴塞尔委员会没有规定量化的强制转股或减记条件，而是留给各国监管当局自行判断。但是，为确保上述要求得到有效实施，巴塞尔委员会明确规定，各成员国应当制定法律，要求其他一级资本和二级资本在触发事件发生时能够被减记或转股。巴塞尔委员会将通过同行评估监督各国的实施情况。同时，监管当局和发行银行应当披露上述工具能够在触发事件发生时被减记或转股。建议方案得到了 2011 年 1 月召开的央行行长和监管当局负责人会议的认可。该规定的实施使二级资本工具在发行时也应当纳入减记或转股条款，从而进一步提高了合格二级资本的资质要求，有利于提高二级资本吸收损失的能力。

（三）应急资本的发行

受巴塞尔委员会相关规定的影响，近年来应急资本的发行总量有所增加。据国际清算银行统计，2009 年以来，全球金融市场共发行了约 700 亿美元的应急债券，相当于同期非应急债券次级债总量的 12.73%，且近年呈持续增加趋势。市场发行的应急债券主要分为两种：一种为高触发条件应急债券（high‑trigger CoCos），即以核心一级资本充足率低于 5.125% 为触发条件，可以被计入其他一级资本；另一种为低触发条件应急债券（low‑trigger CoCos），即仅规定在银行非正常经营条件下予以减记或转股的债券。从市场成本情况看，低触发条件应急债券的发行利率一般低于高触发条件应急债券。应急债券的发行主要是监管驱动的结果，也取决于金融市场的成熟程度。目前应急债券的发行主要集中在欧洲。例如，2009 年以来，英国银行机构发行应急债券总量为 210 亿美元，占全球发行总量的 30%。

二、自救安排

在巴塞尔委员会研究将应急资本作为监管资本工具的同时，金融稳定理事会加强了关于有效处置系统重要性银行国际规则的研究。金融稳定理事会提出，为进一步增强金融机构吸收损失的能力，防止政府救助加重财政负担，应当在股东承担倒闭金融机构的损失之外，要求债权人承担金融机构倒闭带来的损失，其主要机制是当金融机构进入处置程序后，其部分债务可以予以减记或强制转换为普通股。

（一）自救安排提出的背景

本次国际金融危机中，一些大型金融机构发生严重损失、无法继续经营，政府为防止这些机构倒闭引发系统性危机，不得不通过巨额资本注入等方式使其持续经营。政府救助使得金融机构的债权人没有承担应当承担的损失，弱化了市场纪律，也加大了系统重要性金融机构的道德风险。如何一方面通过有效处置金融机构，维持其关键的服务功能；另一方面又减轻政府财政负担，使得债权人承担损失，促使其加强对金融机构的市场约束，控制金融机构的道德风险，成为国际金融监管改革的重要议题。

2010 年 11 月，金融稳定理事会发布《降低系统重要性金融机构道德风险的政策建议和时间表》的报告，提出了系统重要性金融机构监管的整体政策框架。在该报告中，金融稳定理事会首次提出了自救安排的概念，并将自救安排作为更高损失吸收能力和有效处置框架的重要组成部分。在更高损失吸收能力方面，金融稳定理事会提出，系统重要性金融机构，尤其是全球系统重要性金融机构应当具有更高的损失吸收能力，包括采用附加资本、一定数量的应急资本和自救安排债务（bail - inable debt），以使债务人能够在系统重要性金融机构无法正常运营时由提供资本支持、促使其恢复正常运营或维持关键服务功能。在有效处置方面，金融稳定理事会提出，各国监管当局应当基于本国的法律框架和市场容量，考虑建立系统重要性金融机构的处置机制，通过合约式或法律式自救安排机制（bail - in）实施债转股或债务减记增加系统重要性金融机构的资本，实现对其有效处置。

（二）自救安排的实施机制

自救安排是指通过合同约定或法律强制规定，通过对金融机构债务实施减记或转股等方式要求债权人承担金融机构损失的制度安排。自救安排的主要功能是通过要求债权人承担金融机构的损失，实现有序处置，减轻政府的财政负担，防止金融机构倒闭给金融体系造成损

害。就实施途径而言，自救安排主要包括两种：一是合同式自救安排
（contractual bail‐in），即在债务工具发行合约中约定，在特定情况下
债务工具应当按一定条件转换成股份或予以核销；二是法律式自救安
排（statutory bail‐in），即在法律中规定，在特定条件下相关债务转换
成股份或予以核销。目前，市场发行的低触发条件应急债券实质上是合
同式自救安排工具。

　　相比于法律式自救安排，合同式自救安排的优点是不需要在法律
层面做出调整，而取决于市场主体协商的结果，但也有以下缺点：一是
合同适用范围有限，仅限于有事先约定的债务工具持有人；二是在合同
式自救安排机制下，由于涉及的利益主体较多，债转股的过程可能较
慢。法律式自救安排的优点是可以将大部分现有债务工具纳入自救安
排的范围，而不需要事先协商同意的合约转换条款。这种方法的主要难
点是需要专门立法或修改法律，授权监管当局强制实施自救安排，对大
型跨境金融机构而言，还需要协调多个国家破产法及其相关立法规定。
法律式自救安排实质上相当于在法律或政策层面对自救机制做出安排，
强制要求具有特定属性的债务在银行进入处置程序后予以减记或转股。
为此，法律式自救安排需要明确以下问题：一是哪些债务可以纳入自救
安排的范围；二是自救安排的启动条件；三是自救安排的实施机制；四
是在跨国银行集团的情形下，还涉及自救安排的跨国法律协调问题。
2010 年以来，金融稳定理事会会同成员国监管当局对上述问题进行了
深入的研究，没有就上述问题达成共识。为此，金融稳定理事会在
2011 年 11 月发布的《金融机构处置的关键要素》仅是笼统规定各国监
管当局在处置金融机构时应当具有实施自救安排的权力，包括在处置
过程中将银行债权强制转换为股权或在清算时对相关债务进行减记；
而且监管当局的自救安排实施权力应当能够与其他处置权力共同运用。
2013 年 7 月，金融稳定理事会发布的《制定有效处置策略指引》中进
一步提出，监管当局在处置系统重要性金融机构时，可以采用自救安排

的方式，支持处置的有效实施，维护金融机构关键功能的正常运行。

三、倒闭条件下的损失吸收能力

尽管金融稳定理事会在《金融机构处置的关键要素》等文件中明确规定监管当局应当有自救安排的权力，但对于该权力的内涵及其运用方式，金融稳定理事会将其交给了各国监管当局。在将金融稳定理事会的相关规定转化为国内立法的过程中，部分国家提出，应当对可以予以实施自救安排的债务的范围和水平作出明确规定，以确保自救安排机制在处置中得到有效实施。同时，考虑到对跨国银行集团实施自救安排存在跨境协调的问题，统一的全球规则有利于维持国际实施的一致性。

2013 年 9 月，金融稳定理事会在提交 G20 领导人圣彼得堡峰会的"大而不能倒"问题报告中指出，提高金融机构处置期间损失吸收能力（Gone – concern Loss Absorbing Capacity，GLAC）应是未来需要解决的问题之一，列入金融稳定理事会系统重要性金融机构政策制定日程。2013 年 11 月，金融稳定理事会决定推进处置期间损失吸收能力政策的制定工作，提交 2014 年 11 月召开的 G20 领导人布里斯班峰会审议。2014 年 9 月，经商巴塞尔委员会，金融稳定理事会决定将 GLAC 与资本要求结合起来，对全球系统重要性银行提出总损失吸收能力（Total Loss Absorbing Capacity，TLAC）的要求。金融稳定理事会提出，TLAC 将首先适用于全球系统重要性银行，并在未来考虑进一步延伸适用于其他全球系统重要性金融机构和国内系统重要性银行。2014 年 11 月，金融稳定理事会发布《全球系统重要性银行处置期间损失吸收能力充足性》（征求意见稿），向全球公开征求意见。金融稳定理事会提出，其将在 2015 年会同巴塞尔委员会和国际清算银行开展全面影响评估，并根据评估结果最终形成全球统一的处置期间损失吸收能力标准。

（一）TLAC 的定义和要素

实质上，处置期间损失吸收能力是自救安排债务的另一种表述，指在处置过程中，可以用于吸收损失并通过债转股或减记的方式对金融机构注资的债务。金融稳定理事会提出，巴塞尔Ⅲ的资本要求和处置期间损失吸收能力要求共同构成了银行总损失吸收能力。通过持有充足的 TLAC，有利于实现对问题银行的有效处置，促使有问题金融机构维持最低资本水平，维持市场对该机构的信心。通过持有充足的 TLAC，还有利于提升市场预期、增进市场约束和防止过度依赖政府救助。目前，关于 TLAC 的讨论主要集中在两个问题上：一是银行应当持有多少TLAC，即 TLAC 的校准水平；二是哪些债务工具可以作为合格的TLAC。

在 TLAC 的校准水平方面，金融稳定理事会认为，TLAC 水平的校准应当基于三个方面的假设：一是处置触发时银行剩余多少资本，即处置触发时一级资本及缓冲已全部消耗殆尽还是尚剩余一定数量的资本。二是处置触发时银行资产负债表缩水程度，即在进入"恢复"阶段和触发处置时，全球系统重要性银行的资产负债表是马上发生大幅收缩还是维持触发前的水平。三是处置重组后希望恢复的资本充足率目标，是满足一定的最低资本和缓冲要求还是仅满足 8% 的最低资本要求。金融稳定理事会认为，银行危机的历史经验表明，在处置触发时，银行的一级资本及缓冲已全部消耗殆尽，且在进入"恢复"阶段和触发处置时，全球系统重要性银行集团的并表资产不会马上发生大幅收缩；同时，已进入重组阶段的银行需要满足一定的最低资本和缓冲要求。为此，金融稳定理事会的最新方案提出，全球系统重要性银行最低总损失吸收能力要求为 16% ~20%，如果加上 2.5% 的储备资本和 1% ~2.5%的系统重要性银行附加资本要求，全球系统重要性银行总损失吸收能力要求应为 19.5% ~25%。在总损失吸收能力的构成中，应当至少有33% 为债务工具。

对于作为合格 TLAC 的债务工具，金融稳定理事会认为，相关债务工具应当具备一系列条件，确保其在银行进入处置时可以用来吸收损失，从而在不引发风险传染和影响银行核心功能的情况下，在处置后即筹得必要的资本。作为总损失吸收能力的合格债务工具，应当具备以下特征：偿还顺序靠后、到期期限大于 1 年、没有任何形式的抵押担保、不采用净扣协议、能够以减记或转股方式转化为普通股等。同时，为了确保有序处置和保护东道国债权人的利益，金融稳定理事会提出，重要的子行应当向母行发行内部用于满足总损失吸收能力要求的金融工具，确保在子行进入处置时可以用于吸收损失。单家重要子行发行的此类金融工具应当为其总损失吸收能力要求的 75% ~ 90%。

（二）关于 TLAC 的评价

TLAC 的提出，反映了金融稳定理事会解决"大而不能倒"问题的决心。其主要目标是通过要求系统重要性银行持有一定数量的 TLAC 工具，并使其在系统重要性银行出现经营危机时承担损失，最大限度地降低政府救助银行的成本，促使问题银行平稳退出市场。但是，TLAC 在多大程度上能够实现金融稳定理事会预设目标，其是否会对金融体系的运行造成影响，还有待观察。首先，总损失吸收能力国际标准的实施将大幅提高银行的资本要求，提高实体经济的融资成本，对全球经济增长带来负面影响。其次，由于亚洲及新兴市场国家银行的负债结构以存款为主，总损失吸收能力国际标准的实施将使亚洲及新兴市场国家银行大量增加不稳定的批发性融资，增加银行的流动性风险。再次，总损失吸收能力国际标准实施大幅度提高银行的资本要求，将使银行利润回报压力增加，提高银行的风险偏好，激励银行承担更多的风险。最后，由于各国金融市场的发达程度不同，各国实施总损失吸收能力国际标准的成本不同，从而带来不公平竞争的问题。总体上，由于欧美国家金融市场较为发达，其实施成本将较低，而亚洲及新兴市场国家的银行实施成本将很高。

第二节　风险计量方法的改进

在完善资本定义框架的同时，巴塞尔委员会也在巴塞尔Ⅲ的基础上，进一步推进了市场风险、资产证券化敞口等风险计量方法的改进工作。巴塞尔委员会还专门成立了工作组，研究是否将银行账户利率风险从第二支柱下的监管内容调整为第一支柱资本要求。此外，巴塞尔委员会也正在推进信用风险、操作风险标准法的修订工作。

一、交易账户的全面改革

2007 年以来的国际金融危机引发了巴塞尔委员会对巴塞尔Ⅱ市场风险框架的反思。针对危机反映的复杂交易产品资本计提不足、VaR计量方法存在缺陷和估值不准确等问题，2009 年，巴塞尔委员会颁布了《巴塞尔协议市场风险框架修订》和《交易账户新增风险资本计量指引》，以"打补丁"的方式完善巴塞尔协议市场风险的资本监管框架。2010 年 12 月，巴塞尔委员会推出了巴塞尔Ⅲ，进一步完善了交易账户下交易对手信用风险框架。但是，巴塞尔资本协议在市场风险上仍然存在一些基础性问题未能得到有效解决，包括账户划分标准不够审慎、压力 VaR 资本重复计算、无法考虑压力市场条件下的流动性风险损失、内部模型法与标准法在风险对冲确认方面的巨大差异等。2012年 5 月，巴塞尔委员会发布《交易账户全面改革》（征求意见稿）（以下简称 CP1），对市场风险监管框架、内部模型法和标准法风险计量体系提出全面的改革方案，启动了 1996 年将市场风险纳入监管资本框架以来对市场风险监管体系最全面的改革。2013 年 11 月，根据征求意见的情况，巴塞尔委员会进一步对 CP1 进行修订，发布了《交易账户全面改革》（第二次征求意见稿）（以下简称 CP2），向全球公开征求意见。

总体上，巴塞尔委员会拟从账户划分规则、风险计量模型的选取和校准、对信用风险的处理、市场流动性风险的计量、对冲和分散化效应以及内部模型法与标准法的关系等方面着手，建立更为审慎和稳健的交易账户市场风险计量框架体系。

（一）账户划分规则

巴塞尔委员会认为，现行以"交易目的"为账户划分标准的规则，过于主观，难以保证实施的一致性，可能导致监管资本套利，是现行市场风险框架的一个基础性缺陷。在 CP1 中，巴塞尔委员会提出了以"交易证据"为基础和以"公允价值计量"为基础的两种账户划分方法，征求业界意见。前者旨在将现行基于"交易目的"的相对主观的划分标准客观化，要求银行提供更多客观的证据以支持"交易目的"的判断；后者以是否采用公允价值计量作为划分"金融工具"账户属性的主要依据。

在 CP2 中，根据业界反馈意见，巴塞尔委员会放弃了上述两种账户划分方法，改而提出"修订后的边界划分方法"（revised boundary approach，RBA），通过明确应当划分为交易账户的金融工具的客观标准，进一步提高账户划分的客观性，防止监管套利；同时也使账户划分方法和风险管理实践更为一致。RBA 方法要求，以短期再出售为目的、试图从短期价格波动中获利的金融工具以及对冲上述工具风险的金融工具应当划入交易账户。该方法从金融工具角度提出了更明确的交易账户范围：会计上的交易类资产和负债、做市交易、承销交易、上市股票及股票基金、裸空头寸和期权应当列入交易账户；非上市股权、作为资产证券化仓储工具、不动产、银行不能每日估值的基金头寸和以上述资产为标的的衍生产品不应划入交易账户。CP2 提出，应当严格限制账户的重新划分，即一旦初始划分完成后，除极为特殊情况外，重新划分账户应当经监管部门批准且对公众披露。如果重新划分账户导致相关金融工具资本计提要求下降，该资本节约不予确认，即银行不能因重新划分账户而享受资本优惠。CP2 同时规定，监管部门如果认为银行某金融工具的划分不正确，可以要求银行对该工具进行账户调整。

（二）风险计量模型的选取和校准

本次金融危机暴露了 VaR 模型的缺陷，包括不能有效捕捉信用风险和市场流动性风险、激励银行承担尾部风险、捕捉基准风险不足和顺周期性过于明显等。为解决 VaR 模型存在的问题，CP1 建议采用预期尾部损失（Expected Shortfall，ES）模型替代 VaR，用于内部模型法下的建模和标准法下风险权重的校准。ES 是对于一定置信水平之外的尾部损失的均值。CP1 将 ES 模型的置信度规定为 99%；根据业界反馈意见，CP2 将置信度调整为 97.5%。

同时，为解决风险计量的顺周期问题，CP1 建议在内部模型法和标准法下，均使用经显著压力时期数据校准的风险计量与资本计量结果，使监管资本对于压力时期的商业银行提供充足的保护，同时减少内部模型法与标准法资本要求的差距。

（三）对交易账户中信用风险的处理

交易账户中存在信用风险敞口是危机中金融机构损失的重要来源。巴塞尔委员会认为，巴塞尔Ⅱ的市场风险框架没有有效处理交易账户的信用风险，是其一项根本性缺陷。CP2 对 2009 年的新增信用风险要求进行了全面改革，建立了交易账户市场风险框架下的信用风险资本要求。该要求包括两个部分：一是反映信用迁徙的信用利差风险资本要求（credit spread risk capital charge），通过信用利差波动将迁移风险纳入到市场风险资本计量之中；二是反映违约风险的新增违约风险资本要求（incremental default risk，IDR）。在内部模型法下，以信用利差为风险因子，将其纳入 ES 模型计量体系之中；但必须建立独立的模型计算新增违约风险。在标准法下，分别单独计算信用利差风险资本要求和信用违约风险资本要求，对于信用违约风险资本要求中重复计算的信用利差风险部分，应当予以扣减。为防止模型风险，对于交易账户中的证券化信用敞口，一律采用标准法，不允许采用内模法。

（四）市场流动性风险的计量

现行市场风险框架假设交易账户敞口均具有较高的流动性，在10天持有期内可以完全平仓或对冲交易账户风险敞口。本次国际金融危机显示，由于市场流动性恶化导致商业银行被动长期持有风险敞口，并使其遭受严重损失。CP1建议全面反映市场流动性风险，采用流动性期限方法将流动性风险纳入市场风险资本计量模型中。CP2进一步明确，应当根据不同风险因子设定流动性期限，这些风险因子包括汇率、利率、信用、股票和商品，期限从10天到1年划分为5个区间，期限越长，资本要求越高。为防止银行间资本计量结果存在较大差异，巴塞尔委员会将定期评估和发布各类风险因子的流动性期限。

（五）对冲和分散化效应

实证研究显示，各类风险因素之间相关性通常不稳定，尤其在压力期间，无法保持原有的对冲能力。CP2明确，只有在压力期间依然成立的对冲关系才能被确认。目前标准法和内部模型法下有关对冲和分散化效应的处理存在较大差异：在内部模型法下，对冲和分散化效应的决定完全取决于银行自身，基本没有限制；而在标准法下，对冲仅在非常严格的条件下才得到承认，即仅在完全对冲或接近完全对冲的情形下才可确认对冲效应的存在。为解决现行内部模型法和标准法在处理分散化效应方面的显著差异，CP2对两种方法制定统一的风险类别相关性系数，对不同风险类别下的资本要求实施加总。同时，CP2对内部模型法的对冲和分散化提出了更多的限制，包括通过权重控制各风险类别的资本和汇总资本的关系，不允许市场风险与违约风险抵消，银行需采用单独的模型计量新增违约风险等。

（六）内部模型法与标准法的关系

由于现行资本计量方法体系下，内部模型法与标准法采用了不同的计量方法、不同的历史情景和压力情景，对对冲的处理存在较大不同，导致两种方法下的资本结果差异较大且无法比较。鉴于此，CP2在优化标准法计量方法的基础上，提升了标准法的重要性：一是采用内部模型法的商业银行也应当每月按标准法计算市场风险资本；二是强制要求银行按交易台维度披露标准法的市场风险资本要求；三是研究将标准法作为内部模型法资本要求的底线或附加资本方法。巴塞尔委员会表示，目前决定将标准法作为内部模型法资本要求的底线或附加资本方法还为时过早，将通过定量测算影响分析做进一步研究。

二、改进资产证券化框架

此次国际金融危机暴露了巴塞尔Ⅱ资产证券化框架的不足，主要包括：一是资产证券化的风险计量过度依赖外部评级，然而证券化过程和产品结构较为复杂，外部评级可能无法完全、准确地反映资产池的信用质量状况，过度依赖外部评级有可能对投资者决策形成误导，从而形成次级债务证券及其证券化产品的过度膨胀；二是高评级风险敞口的权重过低而低评级风险敞口的权重过高，评级基础法下各评级级别的证券化敞口的风险权重，相较于信用风险标准法下同等级别的未证券化敞口的风险权重较低，特别是对于高评级证券化敞口，差异较大；三是资本要求存在悬崖效应（cliff effect），当资产池的信用质量发生恶化时，外部评级的大幅变化和资产证券化的风险权重设定（特别是高评级风险敞口的风险权重过低而低评级风险敞口的权重过高），可能导致风险权重快速上升，形成资本要求的悬崖效应，进一步恶化银行抵御资产损失的能力；四是资产证券化资本计提的风险敏感性较低，资本计量模型不能充分反映风险的变化等。

针对这些不足，2009 年 7 月，巴塞尔委员会在巴塞尔Ⅱ.5 中发布了对巴塞尔Ⅱ资产证券化框架改革的修订，围绕提高资本计提的风险敏感性分别从三大支柱对资产证券化框架进行了完善。2012 年 12 月，巴塞尔委员会发布了《修订的资产证券化框架》的第一次征求意见稿（CP1），修订主要是针对资产证券化的资本计提展开，内容更加全面，主要包括以下三个方面：一是提出两套计算资产证券化风险敞口的方案；二是提高了高评级优质档次证券的风险权重，降低了低评级档次证券的风险权重，同时将证券化敞口的最低风险权重统一设置为 20%；三是对于某些资产支持商业票据、提前摊还、合格流动性便利采取了特别处理。

结合 CP1 的业界反馈意见，巴塞尔委员会对 CP1 进行了多轮修订，并于 2014 年 1 月发布了第二轮征求意见稿（CP2），将修订的重点集中在资本计量方案的设计和整体资本要求上，重点考虑了风险敏感性和简单性的平衡，修订主要包括以下三个方面：一是将 CP1 提出的两套方案简化为一套，且只保留了 CP1 五种方法中的两种，进而丰富形成了 CP2 中的三种计量方法；二是适当降低了资本要求的下限，CP2 将所有资产证券化风险敞口的最低风险权重从 20% 降低至 15%；三是实现方案简化的同时提高了资本计提的风险敏感性，降低了对外部评级的依赖，在外部评级法中引入了到期期限、档次厚度等新的风险驱动因子，提高了新方案的风险敏感性。

在 CP2 的基础上，结合业界反馈意见和定量测算的结果，巴塞尔委员会继续对资产证券化资本计量方法进行了校准和修订，于 2014 年 12 月正式发布《修订的资产证券化框架》，并将于 2018 年 1 月 1 日起正式实施。《修订的资产证券化框架》对巴塞尔Ⅱ资产证券化框架进行了系统的修订，融入了巴塞尔Ⅱ.5 的部分修订，提出了三种新的风险计量方法，设立了资产证券化敞口资本要求的上下限，并对风险转移认定的要求、尽职调查的要求、应收账款的特殊计量方法等内容进行了修订和完善。

根据正式发布的《修订的资产证券化框架》，资产证券化风险敞口的计量方法包括三种方法，依次为：内部评级法（Internal Ratings - Based Approach，IRBA）、外部评级法（External Ratings - Based Approach，ERBA）和标准法（Standardised Approach，SA）。内部评级法层级最高，对于使用内部评级法计算标的资产资本要求的银行应使用内部评级法方法计算证券化产品的监管资本要求；外部评级法层级次之，如果银行未使用内部评级法计算标的资产的监管资本要求，但满足使用外部评级法的要求，则应用外部评级法计算资本；如果内部评级法和外部评级法均不适用，银行应使用标准法计算资产证券化产品的监管资本。如果上述三类方法都不适用，银行应使用 1 250% 的风险权重计提资本。对于再证券化风险暴露，巴塞尔委员会仅允许使用调整后的标准法，而不再使用 1 250% 的风险权重。

（一）内部评级法

在内部评级法下，资产证券化敞口风险权重的计算分为三种情况：第一种情况下，当资产证券化敞口的档次分离点 D 值小于或等于 K_{IRB} 时，风险权重等于 1 250%；第二种情况下，当资产证券化敞口的档次起始点 A 值大于或等于 K_{IRB} 时，风险权重为 $K_{SSFA(K_{IRB})}$ 与 12.5 乘积的百分比；第三种情况下，当资产证券化敞口的档次起始点 A 值小于 K_{IRB}，而档次分离点 D 值大于 K_{IRB} 时，内部评级法的风险权重计算方法如下：

$$RW = \left[\left(\frac{K_{IRB} - A}{D - A} \right) \times 12.5 \right] + \left[\left(\frac{D - K_{IRB}}{D - A} \right) \times 12.5 \times K_{SSFA(K_{IRB})} \right]$$

$$(10 - 1)$$

其中，D 和 A 分别表示该档次证券化资产信用损失的分离点和起始点，K_{IRB} 表示资产池中资产没有被证券化的情况下使用内部评级法计算的资本要求比例，等于使用内部评级法计算的标的资产所需的监管资本与标的资产敞口的比例，$K_{SSFA(K_{IRB})}$ 则表示内部评级法下每单位资产证券化风险暴露的资本要求，是 K_{IRB}、档次分离点 D、档次起始点 A 以及监管因子 p 的函数。

（二）外部评级法

外部评级法的风险权重与证券化敞口的评级结果（短期和长期）、敞口的质量（优质和非优质）、期限（1 年、5 年）和档次的厚度相关，具体风险权重由巴塞尔委员会直接给出。档次期限在 1 年和 5 年之间的，将使用线性插值法计算权重。为了考虑档次厚度，银行应使用下面的公式计算非优质证券化敞口的风险权重：

$$\text{风险权重} = \text{期限调整后的风险权重} \times [1 - \min(T, 50\%)]$$

$$(10 - 2)$$

其中，T 表示档次的厚度，等于该档次分离点 D 值减去档次结合点 A 值。

（三）标准法

标准法的风险权重计算方法类似于内部评级法，只是其参数有所不同。在标准法下，风险权重的设定同样分为三种情况：第一种情况下，当资产证券化敞口的档次分离点 D 值小于等于 K_A 时，风险权重等于 1 250%；第二种情况下，当资产证券化敞口的档次起始点 A 值大于 K_A 时，风险权重是 K_{SSFA} 与 12.5 乘积的百分比形式；第三种情况下，当资产证券化敞口的档次起始点 A 值小于 K_A，而 D 值大于 K_A 时，风险权重将根据如下公式计算：

$$RW = \left[\left(\frac{K_A - A}{(D - A)} \right) \times 12.5 \right] + \left[\left(\frac{D - K_A}{D - A} \right) \times 12.5 \times K_{SSFA} \right] \quad (10 - 3)$$

其中：

$$K_A = (1 - w) K_{SA} + 0.5w \quad (10 - 4)$$

其中，K_{SA} 表示资产池中资产没有被证券化的情况下的使用标准法计算的加权平均资本要求，由巴塞尔 II 信用风险框架下标准法的风险加权资产乘以 8% 得出，w 为证券化标的资产池中违约敞口与总敞口的比率。K_{SSFA} 表示标准法下每单位资产证券化风险暴露的资本要求，是 K_A、档次分离点 D、档次起始点 A 以及监管因子 p 的函数，但是在标准法下监管因子 p 设为 1。

此外，《修订的资产证券化框架》明确了资产证券化敞口风险权重的上下限要求，除再证券化敞口外，所有资产证券化敞口的风险权重均不得低于 15%，与此同时，经过证券化后的资产的资本要求不应高于未经证券化的原始资产按照相同方法计算得出的资本要求。

修订后的资产证券化框架简化了巴塞尔Ⅱ框架下的资产证券化计量方法，减少了计量方法的种类，方法层级也不再与银行在证券化中承担的角色相关；降低了对外部评级的依赖，外部评级法不再处于最高层级，同时引入了其他风险因子加大了风险计量的敏感性和审慎性。在实现风险计量模型简单化的同时，提高了风险敏感性。

三、银行账户利率风险

根据巴塞尔委员会2004年版《利率风险管理与监管原则》（以下简称《原则》），银行账户利率风险（interest risk in the banking book，IRRBB）主要包括重新定价风险、收益率曲线风险、基准风险和期权性风险四大类风险。《原则》确立了银行账户利率风险计量与管理的基本框架和方法，但是随着银行业务和监管实践的发展，其缺陷也日益突出。

巴塞尔委员会于2013年成立了银行账户利率风险工作组（Task Force on Interest Risk，TFIR），主要研究对银行账户利率风险监管政策的改革。虽然很多问题尚在探索之中，但是工作组已经初步完成了银行账户利率风险资本计提的征求意见稿，并于2014年第一季度以20个国家和地区的104家商业银行为样本，实施了定量测算。工作组关于利率冲击情景、收益分析法与经济价值分析法、资本计提框架、信用利差风险等重要问题的研究进展代表了银行账户利率风险计量和监管规则改革的最新思路。

（一）对银行账户利率风险计量方法和监管标准的反思

此次国际金融危机进一步暴露了现行银行账户利率风险计量与管理方法的不足，主要体现在以下几个方面。

一是不同账户利率风险资本计提要求的差异容易产生监管套利。目前银行账户利率风险置于巴塞尔协议第二支柱下，不强制要求计提资本，而交易账户利率风险则在第一支柱下要满足相应最低资本要求。

同时，因信用利差波动而导致的银行账户公允价值损失也未计提资本。此次金融危机中，一些金融工具市场价格急剧下跌，难以出售而丧失了流动性。部分银行将这些金融工具从交易账户划分到银行账户，从而只需要对违约风险计提资本。巴塞尔委员会发布的《交易账户全面改革》（征求意见稿）指出，当时此类风险损失大约有 10% 保留在银行账户，应当通过提高交易账户和银行账户资本计提规则的一致性防止监管套利。虽然对交易账户和银行账户边界的划分还在进一步的讨论之中，但对于同一类风险由于不同账户资本计提规则不同而可能导致的监管套利引起了广泛关注。

二是 2004 年版《原则》中标准利率冲击情景的设计过于简单，远远滞后于银行利率风险管理实践，也难以满足监管需要。其标准利率冲击情景主要采用向上和向下 200 个基点的收益率曲线平行移动利率冲击情景。这一设计主要考虑了重定价风险，没有考虑其他几类利率风险，且与实际情景差距较大。现实中利率波动复杂多变，银行业在实践中的利率冲击情景设计也更为丰富多样，《原则》的修订也迫在眉睫。

三是缺口分析、久期分析、情景模拟和压力测试等现行计量方法都存在一定的不足。如重定价缺口分析法简单直观，但假定同一时间段内所有头寸重定价日相同，忽略了其差异性，且假定所有头寸规模不变，未动态衡量新发生业务的影响，而且只覆盖了重新定价风险，没有考虑基准风险等。久期计量的准确性受到折现利率选择、假设条件等的影响。情景模拟的科学性有赖于业务量、利率走势、利差水平等基本假定条件的合理性和准确性等。

（二）银行账户利率风险与交易账户利率风险的区别

交易账户和银行账户下的利率风险本质是一样的，都是利率变动对银行经营带来的不利影响。但由于交易账户和银行账户本身是依据银行的持有目的来划分的，所以两类账户的利率风险才相应有了区别，主要体现在：一是所对应的风险资产的持有期和持有目的不同。交易账户风险资产持有期较短，持有目的主要为了短期交易获取价差，银行账户风险资产持有期较长，主要是为了获取利息收入和资产负债结构调整需要。二是估值方法不一样，交易账户的估值和风险计量要逐日盯市，银行账户则主要考虑持有到期后的价值变动。三是利率风险计量方法不同。交易账户主要采用 VaR 方法，考虑经济价值的变动，而利率变动对净利息收入的影响是银行账户利率风险计量的重要方法。在市场风险框架下，巴塞尔委员会目前正在研究用 ES 取代 VaR 方法。即使都使用 VaR 的方法，其假设条件、置信区间和持有期也因两个账户性质的不同而存在差异。四是交易账户利率风险在第一支柱下计提资本，而银行账户在第二支柱下，根据监督检查情况计提资本，实际上没有计提资本的强制性要求。

（三）关于银行账户利率风险放在第一支柱还是第二支柱的争议

虽然成立银行账户利率风险工作组的一个重要目的是研究在第一支柱下计提银行账户利率风险的资本，但是这一方向一经提出，就遭到了质疑。由于该调整会增加资本要求，遭到了银行业代表的明确反对。综合来看，将银行账户利率风险放在第一支柱下的优势在于：一是有利于防止监管套利，避免银行出于减少损失和资本计提的目的将一些本应放在交易账户的风险资产放在银行账户。二是在操作中具有可比性，有利于促进公平竞争，避免目前各国在第二支柱框架下由于依据主观判断、方法论不同所造成的资本计提范围和计提水平的严重不一致。三是提高监管透明度和市场约束。巴塞尔委员会认为，明确银行账户利率风险在第一支柱下，统一的资本计提规则可增加资本要求的透明度，加强市场约束。

放在第一支柱下的问题主要在于：利率风险本身的特征决定了制定统一资本计提方法存在困难。一是此类风险的计量非常复杂，提出具有全球一致性的框架和方法难度较大。如制定全球统一的利率冲击情景本身就很难，既要考虑本国区域化的情景，又要考虑全球的利率变动段段，不能完全代表利率变动的影响①，同时计算净利息收益变动需要对新业务做出假设，不易在银行间取得一致意见，与资本挂钩方法较为复杂。对于一些利率市场化进程中的发展中国家和不具备计量经济价值能力的小银行来说，收益法更为合适。

不同的计量方法下银行账户利率风险的资本计提方法不同。在基于经济价值的方法下，银行账户利率风险的应计提资本应为利率冲击情景下经济价值的损失；在基于收益的方法下，应计提资本为利率冲击

---

① 在一定期限内，利率变动对银行经济价值的影响＝利率变动对净利息收入现值的影响＋利率变动对权益部分现值的影响。

情景下一定期限内净利息收益的变动所引起的银行现值（也就是经济价值）的损失。以何种方法为主计量资本目前存在争议。一方面，对于仅以经济价值变动作为计提资本的基础，有意见认为，以收益分析法的优势和适用性不应被忽视；另一方面，很多监管者建议将经济价值方法与净利息收入方法综合考虑。但是，如果两种方法都考虑可能会带来一些问题，如净利息收入方法以持续经营为基础（going concern approach），而经济价值方法以倒闭清算为基础（gone concern approach），可能会产生内在的不一致。

在研究银行账户利率风险资本计量框架过程中，巴塞尔委员会需要研究提出全球统一的利率冲击情景。目前银行使用的利率冲击情景主要是五大类：一是平行移动（parallel），即所有利率同时向上或向下同幅度变动，收益率曲线平行移动。二是平缓移动（flattening），即短期利率向上变动，长期利率向下变动，收益率曲线变得更平缓。三是陡峭移动（steepening），短期利率向下变动，长期利率向上变动，收益率曲线更陡峭。四是反转移动（inversion），中期利率不变，而短期和长期利率同方向变动。五是凸起移动（hump），即中期利率向上或向下变动，长短期利率不变，收益率曲线向上或向下凸起。尽管这些情景全面考虑了利率各种变化，巴塞尔委员会在设计全球统一的利率冲击情景时，有必要防止采用过于复杂和不易理解的情景设计将削弱其可操作和适用性，同时在情景设计中兼顾本地利率环境的特殊性和冲击情景设计的国际一致性。

银行账户风险的计量和资本计提方法本身的一些技术问题目前还有待深入研究。这些问题包括信用利差风险的处理和无到期日存款的处理等。信用利差风险（credit spread risk）是指某一信用风险工具带来的不能被一般银行账户利率风险、预期违约风险跳升所解释的资产利差风险。目前对于信用利差风险是否应纳入银行账户利率风险的范畴存在争议，对于银行账户利率风险的覆盖范围和计量方法，也还在研究过程中。银行账户利率风险计量的另一难点是无到期日存款（主要是活期存款）的处理。由于无到期日存款没有固定的期限，且客户有权随时提取存款，因此如何计量利率变动对无到期日存款的影响难度较大，目前相关问题仍在研究过程中。

四、信用风险标准法

近期，巴塞尔委员会就信用风险标准法中存在的问题进行了研究，并提出了初步的改进思路。

（一）信用风险标准法存在的问题

巴塞尔委员会研究认为，当前巴塞尔 II 规定的信用风险标准法主要存在以下缺陷：

1. 过度依赖外部评级结果

采用外部评级是巴塞尔 II 相比较巴塞尔 I 的一个进步，但市场参与者过度依靠外部评级作为评估风险的主要信息来源，失去了进行充分尽职调查和全面风险管理的动力。同时，外部评级中不同级别之间资本要求的悬崖效应和顺周期性也是信用风险标准法的重要缺陷。

更重要的是，评级公司激励机制的扭曲影响了评级的可靠性，使依靠评价结果作出的投资决策更加不准确。评级公司的作用是通过对借款人还款或者偿付债权的可能性给出第三方评价，消除债务融资过程中存在的信息不对称。但由于评级需要投入大量资源，而评级公司的主要收入来源又是评级对象（债权发行人），这种制度催生扭曲的动机，使评级公司为了更好地拓展业务而高估对债务的评级。

另一方面，金融工具复杂性和发行速度使评级业务更有利可图并使评级结果更难以检验。由于金融工具的复杂性，即使是最有经验的机构投资者对评级的依赖性也进一步增强[1]，评级机构被过多地赋予评价

---

① 全球金融体系委员会（Committee on the Global Financial System）2005 年 1 月第 23 号出版物《结构性融资中评级的作用：问题和意义》，分析了对资产支持证券进行评级的挑战，并讨论了评级作为风险计量的局限性。

固定收入证券风险和保护金融体系安全的重任，于是，外部评级机制的缺陷，大幅提高了金融体系中的系统性风险①。

2. 缺乏风险敏感度

标准法存在无法有效区别不同风险敞口或交易的风险特征并给与多层次的风险权重的问题。例如，针对房地产资产组合，标准法只按照抵押品特征大概区分了两大类：个人住房抵押贷款（风险权重35%）和商业房地产抵押贷款（风险权重100%），但是却未考虑贷款的用途、抵质押品的质量及估值以及借款人的信用质量等，而这些都是非常重要的风险驱动因素。又如零售资产组合适用于75%的风险权重，但是却没有区分不同产品（如循环零售或其他）或不同客户（如个人或小企业），而数据表明不同零售产品或客户群体的贷款不良率存在较大差异。

3. 风险权重标度不准确

标准法下某些风险权重的标度设置没有准确反映相关资产的风险和损失。例如，在当前标准法框架下，表外项目中"可随时无条件撤销的、特别是在借款人信用状况恶化情况下可以自动取消的贷款承诺"适用零的信用转换系数。但是此次金融危机表明，各国对这一规则的执行存在不同的理解，而隶属于该项目下的一些信用卡业务，采用零的信用转换系数明显低估了风险，不能体现真实的损失状况。

4. 部分概念和定义模糊不清

标准法下的某些概念界定或者过于笼统，或者过于复杂，不利于规则的有效执行。例如，当前标准法框架下，对公司债权没有清晰的定义，零售资产组合的分散化标准也不明确，各类表外项目的定义比较含糊且滞后于金融市场的发展，不能全面覆盖实际业务中涉及的金融工

①　发起者采用能使其资产支持证券获得最好的评级组合的方式来设计这些产品，从而获得评级公司"高评级"的结果。见国际清算银行2004年11月第163号工作报告《债务抵押债券评级方法：关于模型风险和其意义的思考》，作者为 I.，Fender 和 J.，Kiff。

具。另外，标准法下的信用风险缓释框架包含简单替代法及综合法两套方法论，不同方法论对缓释工具的合格标准、担保人资质、最低要求及例外条款等都有不同的规定，过于复杂。巴塞尔委员会正在研究如何简化当前的风险缓释框架，例如考虑是否应该允许标准法银行采用自行估计折扣系数等。

5. 与内部评级法缺乏一致性和可比性

在目前的资本计量体系下，标准法和内部评级法之间缺乏一致性，阻碍了采用不同资本计量方法的银行之间的可比性。例如，对于零售资产组合，标准法中提出了对单一交易对手（包括个人或小企业债权）的零售风险敞口总额不得超过 100 万欧元的限额要求，但是内部评级法下只要求小企业贷款总额在 100 万欧元以下，个人贷款无论规模多少都适用于零售贷款的处理方法。100 万欧元的限额要求只针对小企业债权，并且是基于对银行集团的所有风险敞口；除了限额要求外，标准法还对纳入零售资产组合的债权提出了分散化要求，以避免风险的过度集中，但是内评法下则没有这一要求。又如，对于房地产资产组合，标准法下分为个人住房抵押贷款和商业性房地产两大类，但在内部评级法下又分为零售类住房抵押贷款和公司类专业贷款（产生收入的房地产和高变动性的商用房地产）两大类。这些差异很难通过映射等方式寻求一一对应的可比关系。

6. 不同国家和地区在实施过程中缺乏一致性及可比性

当前标准法框架下的诸多国别裁量权条款是导致各国家或地区在实施标准法过程中不一致的主要原因。例如，标准法在多处（如银行、个人住房抵押贷款、零售、逾期贷款等）允许各国监管当局结合本国国情，对巴塞尔协议建议的风险权重进行调整，但是却未提出关于如何调整的具体指导意见。

（二）信用风险标准法的改进思路

基于以上问题，巴塞尔委员会确定了修订标准法的主要原则：一是标准法的资本要求应合理反映风险状况并为银行提供正向激励；二是简单易行，可适用于除国际活跃银行以外更广泛的银行范围；三是不依靠银行的内部模型确定资本要求；四是尽可能降低对外部评级的依赖；五是尽可能使标准法与内部评级法的框架相一致；六是政策改进建议应通过实证方法检验。巴塞尔委员会将按照上述原则对信用风险标准法进行修订，拟于2015年最终完成修订过程。

五、操作风险标准法

近年来，操作风险资本计量技术发展较快，损失数据收集基础也逐渐成熟，另外，金融危机爆发以来，国际活跃银行的操作风险形态发生了很大的变化。因此，从2011年起，巴塞尔委员会启动了对操作风险简单方法的重估和校准的工作，通过新收集的损失数据，寻找更加具有风险敏感度的操作风险计量指标，并且重新估计资本系数，从而确定更加能够反映操作风险特征的资本计量公式。

（一）操作风险标准法的主要问题

现行的操作风险标准法发布于2004年，由于当时操作风险资本计量理论和数据基础还略显薄弱，因此标准法计量体系存在较大的完善空间。巴塞尔委员会通过综合研究，总结了现行标准法计量体系的一些主要问题。

首先，操作风险标准法校准样本代表性不足。巴塞尔Ⅱ制定时，开展操作风险资本计量的银行只有十余家，具有损失数据库的银行也不过几十家，这些数据成为当时确定资本计量公式的定量依据。目前，全球实施巴塞尔协议的银行已不下数千家，因此用于校准现行方法的银行样本与当前实施标准法的实际样本相比，其代表性存在很大缺陷。

其次，标准法采用总收入作为操作风险敞口的指标（proxy），即一家银行的操作风险资本数量与其收入规模成正比。但是在实践中，这种相关性受到了挑战，尤其是总收入成分中的支出项目可以抵扣收入总量，并进而抵扣资本数量，因此，当银行产生损失时，由于净收入减少，相应的操作风险资本反而会下降，这从直观上也不符合风险越大、资本要求越高的基本要求。

再次，为了加强风险计量的精细度，标准法确定了按照不同业务条线配置差异化资本系数（12%~18%）的计量方法，旨在对风险更大的条线配以更高的资本要求。但是业务条线划分和相应资本系数标准的依据也面临质疑。从近年收集的数据来看，虽然不同业务条线之间确实存在风险程度的差异，但是从历时角度看，各业务条线的损失贡献度变化很大，而从单业务条线内部来看，不同银行的风险水平差异也很大。

最后，商业银行的操作风险形态与巴塞尔Ⅱ发布时相比，已经产生了巨大的变化。例如，巴塞尔委员会2002年开展的损失数据收集测试（LDCE）显示，当年参与测算的89家银行的总损失金额为78亿欧元。但是金融危机后，操作风险高损事件出现频率更高，且单笔损失金额也更大，不仅多次发生单笔损失金额达10亿美元以上的违规交易事件，而且还屡屡出现因各种违规引起的单笔金额高达几十亿美元的罚款。因此，操作风险资本数量是否充分也需要充分进行重估。

（二）操作风险标准法计量体系改革的主要内容

2011年起，巴塞尔委员会着手对操作风险标准法进行改革，通过分析2010年收集的操作风险损失数据以及各类财务数据，巴塞尔委员会提出了采用新的风险计量指标和资本系数体系的计量方法，并于2014年10月公布了《操作风险简单方法修订（征求意见稿）》。新方案调整了操作风险资本计量指标和资本系数，其主要原理如下。

1. 评估操作风险目标资本水平

首先，巴塞尔委员会根据最新的全球损失数据库，建立了用于估计操作风险敞口（即预期资本水平）的统计模型——风险资本（OpCaR）

模型。该模型以银行历年的损失事件数量和损失金额为输入值，通过选取合适的损失强度与频度分布，构造联合损失分布并确定参数估计值，然后确定银行的操作风险敞口，操作风险敞口也成为确定操作风险资本水平的依据。

2. 选择更加合理的风险指标

为了选择比总收入更加具有风险敏感度的计量指标，在重新校准过程中，巴塞尔委员会构造了数十个用于模拟操作风险敞口的备选指标，指标的类型覆盖面包含了收入、资产、存款、员工数等各类指标，同时还构造了不同的指标组合。最后，根据不同计量指标，与风险资本模型计算出的操作风险目标资本进行回归分析，然后对较优的几个指标确定相应的资本系数。根据计量结果，新标准法使用"业务收入"取代原来"总收入"计量指标。业务收入在保留总收入基本构造的基础上，调整了支出项目的计算方法，并且同时将银行账户和交易账户损益纳入计量范围，从而更加客观地反映银行的操作风险状况。

3. 重新校准资本系数

在确定目标资本水平和风险计量指标的基础上，巴塞尔委员会重新校准了资本系数。定量研究发现，单一资本系数无法充分反映操作风险水平。因此，巴塞尔委员会采用了分组确定资本系数的方式，资本系数根据银行规模大小分为 10%、13%、18%、22% 和 30% 五个档次，而在各区间内采用分层叠加的方法计算资本总额。

第三节　大额风险敞口监管政策

客户集中度风险过高，是银行风险的主要来源之一。历史上曾有许多由于对交易对手的风险敞口过于集中而导致银行破产的案例。巴塞尔委员会很早就认识到对银行大额风险敞口进行计量和控制的必要性。

1991 年，巴塞尔委员会在监管实践的基础上，发布了《大额信用风险敞口的计量和控制》。1997 年，巴塞尔委员会发布的《有效银行监管核心原则》要求各国监管机构对单个借款人或一组关联借款人的大额风险敞口设立审慎限额[①]。但均未对如何计量和汇总大额风险敞口做出明确规定，也未给出关联交易对手的判定原则和考虑因素，导致全球银行业实践存在很大差异。

此次金融危机后，大额风险敞口监管再度引起巴塞尔委员会的高度重视。巴塞尔委员会成立了大额风险敞口工作组（Large Exposure Group，LEG），负责制定全球统一的大额风险敞口监管规则。经过两年多的努力，巴塞尔委员会于 2014 年 4 月正式公布了《大额风险敞口计量和控制的监管框架》（以下简称《大额风险框架》），首次提出了全球统一的大额风险敞口监管标准。大额风险监管框架作为一种新的监管工具，其目的是限制银行因交易对手突然违约或破产而遭受的最大损失，并确保该风险不会危及银行的清偿能力。

一、大额风险敞口的监管框架

《大额风险框架》在大额风险敞口监管标准的适用范围、关联客户定义、大额风险敞口监管要求、风险敞口计算方法、对特定敞口的处理以及实施时间等方面均作出了规定。

（一）大额风险敞口的定义和报告要求

如果银行对单一交易对手或一组关联交易对手的风险敞口总额等于或超过一级资本的 10%，则被定义为大额风险敞口。《大额风险框架》规定，银行必须向监管当局报告以下大额风险敞口：所有等于或超过一级资本 10% 的风险敞口（考虑信用风险缓释工具转移作用后）；所有等于或超过一级资本 10% 的风险敞口（未考虑信用风险缓释工具

---

① 2006 年和 2012 年，巴塞尔委员会对《有效银行监管核心原则》进行了两次修订，都保留了对大额风险敞口设立审慎限额的要求。

转移作用）；所有可以豁免但超过一级资本 10% 的风险敞口；最大 20 家交易对手的风险敞口，不论其是否等于或超过一级资本的 10%。

（二）大额风险敞口监管标准

《大额风险框架》规定，商业银行对单一交易对手或一组关联交易对手的风险敞口不得超过一级资本的 25%，其中交易对手包括商业银行在内，即：

$$\frac{\text{对单一交易对手或一组关联交易对手的风险敞口}}{\text{一级资本}} \leqslant 25\%$$

$$(10-5)$$

从金融危机中得到的另一个重要教训是，一家系统重要性金融机构的重大损失可能引发投资者对其他系统重要性金融机构偿付能力的担忧，并影响金融稳定。巴塞尔委员会认为，大额风险敞口框架可以成为减缓风险在全球系统重要性银行之间扩散的有效手段，进而促进金融稳定。因此，《大额风险框架》对全球系统重要性银行之间的风险敞口规定了更严格的标准。

$$\frac{\text{全球系统重要性银行之间的风险敞口}}{\text{一级资本}} \leqslant 15\% \qquad (10-6)$$

（三）关联交易对手的定义

《大额风险框架》规定，如果一组交易对手之间存在某种特定关系或相互依存，其中一个交易对手违约可能导致其他所有交易对手违约，则这样的一组交易对手应视为关联交易对手。《大额风险框架》要求银行同时从控制关系和经济依存关系判定关联交易对手的范围。

控制关系是指其中一个客户直接或间接对其他客户拥有控制权。银行应该根据以下标准评估交易对手之间是否存在控制关系：一个实体拥有另一实体 50% 以上的投票权；根据投票协议，一个实体拥有另一实体的多数投票权；一个实体能够对一个实体经营管理层或监督机构人员的任免施加重大影响，例如有权任免上述机构的大多数成员；一个实体能够对另一个实体的高级管理层施加重大影响。

《大额风险框架》规定，银行也可以参考国际会计准则的相关规定，对控制关系做进一步的定性判断。当基于上述标准确定交易对手存在控制关系后，如银行存在异议，可以向监管机构证明，特殊情况时（如存在特定公司治理保护措施），这种控制关系的存在并不必然导致各方形成关联交易对手。

经济依存关系是指，如果一个客户遇到财务问题，尤其是融资或还款困难，那么其他客户也可能遇到融资或还款困难。银行应该根据以下标准评估交易对手之间是否存在经济依存关系：一个交易对手 50%（含）以上的年度总收入或总支出来源于与另一个交易对手的交易；一个交易对手为另一个交易对手的全部或部分敞口提供保证，或通过其他方式负有责任，敞口金额相当大以至于保证人在需要履行担保义务时很可能违约；一个交易对手的相当大一部分产品卖给另一个交易对手，且后者无法轻易被其他交易对手取代；一个交易对手与另一个交易对手偿还贷款的主要来源相同，且双方均没有其他收入来源以足额及时偿还贷款；一个交易对手的财务困难可能导致另一个交易对手无法及时足额偿还负债；一个交易对手清偿能力的丧失和违约可能与另一个交易对手清偿能力的丧失和违约有关。两个或两个以上的交易对手依靠共同的融资来源获得大部分资金，当共同的资金提供方违约时，无法找到替代的资金提供者等。

另一方面，符合上述标准并不意味着两个或两个以上的交易对手必然存在经济依存关系。如果银行能向监管当局证明，虽然某个交易对手和另一个交易对手有密切的经济联系，但如果其能在合理的时间内找到替代的商业伙伴或融资来源，并能够克服财务困难以应对另一个交易对手的违约，则可以不将二者视为一组关联交易对手。为降低银行进行经济依存关系判断的成本，根据重要性原则，《大额风险框架》规定，对于风险敞口低于银行一级资本 5% 的单一客户，商业银行可以只根据控制关系识别和判定关联客户范围，不需要根据经济依存关系进行判定。

专栏 通过经济依存关系判定关联交易对手的意义和实施难点

根据经济依存关系判断客户关联情况是《大额风险框架》提出的一个新的理念。客户集中度风险监管的目的是限制银行因交易对手突然违约或破产给银行带来的损失，并确保该风险不会危及银行的清偿能力。在现实经济生活中，除因为客户之间存在控制关系而导致风险蔓延外，交易、担保、财务关联等经济依存关系的存在，也是导致风险蔓延的重要因素。可替代性是判断客户经济依存关系的一个重要标准，即客户之间在交易、担保和资金来源等方面是否可以找到其他的交易对手，如果无法在短期内找到合适的替代交易对手，则二者之间很可能存在经济依存关系。例如，一家汽车厂商破产倒闭很可能引发配套产品供应商出现经营困难，影响贷款的偿还，特别是在该配套产品绝大部分只供应该汽车厂商，没有其他交易对手的情况下。因此，经济依存关系判断有助于银行将通过资金链和担保链等形成的隐形关联客户纳入集中度风险管理，防止风险蔓延和传导，避免授信集中，具有较强的实际意义。

另一方面，经济依存关系判断在具体实施中也可能面临一定困难，主要包括：一是经济依存关系大多为定性标准，《大额风险框架》给出的判断标准也较为模糊和原则，较多使用"可能"（likely）、"显著"（significant）和"轻易"（easily）等词汇，依赖于主观判断，在实施中难以掌握，并可能导致银行之间、地区之间尺度不一。二是判断经济依存关系需要掌握客户全面、深层次的大量信息，如果银企信息不对称情况较为严重，银行的信息搜集能力和信息系统存在较大差距，就难以获得全部必要信息。三是判断经济依存关系需要对客户的交易情况、资金关系和担保情况等进行全面梳理，银行需要投入大量资源，管理成本加大。

（四）大额风险敞口的计算

银行在计算交易对手风险敞口时，所有需要应计提资本的风险敞口均应纳入计算，即必须考虑银行账户和交易账户的所有表内外敞口，以及资本框架内涉及交易对手信用风险的金融工具。

对于银行账户表内资产，风险敞口额按其会计账面价值计算，银行也可以选择按照扣除专项准备前或会计估值调整前的价值计算。对于银行账户和交易账户中的场外衍生品以及其他涉及交易对手信用风险的工具，按照交易对手信用风险标准法（SA – CCR）计算。2014 年 3 月，巴塞尔委员会发布《计量交易对手信用风险敞口的标准法》，提出了新的标准法，将取代目前的现期风险暴露法和标准法，并要求在 2017 年前正式实施。《大额风险框架》要求必须采用最新公布的标准法计算交易对手信用风险敞口。对于证券融资交易，目前巴塞尔委员会正在对计量证券融资交易敞口的综合法进行修订。《大额风险框架》规定，在修订完成后必须按照新的综合法计量证券融资交易敞口，在修订未完成前，允许银行使用目前的方法。对于表外项目，《大额风险框架》规定，应该使用资本监管中信用风险标准法规定信用转换系数（CCFs）将其转换为表内敞口后计入，但转换系数最低不得低于 10%。对于直接债务工具和权益证券，风险敞口额应按会计账面价值计算。

专栏　大额风险敞口监管与资本监管的关系

大额风险敞口监管框架是资本监管的有益补充。资本监管第一支柱（最低资本要求）的隐含假设是银行持有的资产组合足够分散，因此在资本计算要求中未考虑任何形式的集中度风险。尽管资本监管第二支柱（监督检查程序）考虑了集中度风险，即当监管机构通过监督检查发现银行集中度风险过高时，可以提高资本要求，但具体程序和要求缺乏国际一致性，对资本充足率要求的调整也并不一定充分。因此，巴塞尔委员会认为，现有的资本监管标准不足以完全缓释大额风险敞口所产生的风险，资本监管框架需要大额风险敞口监管框架来补充，以防范银行因为单一交易对手或一组关联交易对手突然违约所造成的损失。作为对资本监管的支持和补充，大额风险敞口框架的设计旨在确保银行即使在遭受单一或一组关联交易对手突然违约而导致最大损失的情况下，也不会危及银行的持续经营。

为避免增加监管标准的复杂程度，《大额风险框架》尽可能遵循现行的巴塞尔资本监管框架。只有在为了实现大额风险敞口的监管目标而必需时，才考虑另外设置要求。因此，《大额风险框架》在衍生产品、证券融资交易敞口等很多方面沿用了资本监管的相关规定。

（五）大额风险敞口计算的特别规定

为提高大额风险敞口监管有效性，银行在计算时需要识别风险敞口的真正承担者，将敞口归结到银行的最终交易对手或偿付义务方，从而真正控制银行因交易对手突然违约或破产而遭受的最大损失。但这在复杂的交易、投资结构下很难实现，而且容易出现监管套利，因此《大额风险框架》提出了一系列新的理念和方法，主要有信用风险缓释转移法、衍生产品拆分法和结构性工具穿透法等。

1. 信用风险缓释转移法

信用风险缓释转移法是指，如果交易对手的风险敞口存在符合规定条件的担保、抵押等信用风险缓释工具，银行应将风险缓释金额从原始债务方的敞口中扣除，并将扣除金额加至缓释工具偿付方的敞口上。只有满足资本监管信用风险标准法下相关要求的保证、金融抵质押品和信用衍生产品才能适用转移法，在内部评级法下符合要求的风险缓释工具，如应收账款和房地产等不适用转移法。如果信用风险缓释工具与原始敞口之间存在期限错配，则使用转移法工具必须满足原始期限大于或等于1年以及剩余期限不小于3个月的要求。

在运用信用风险缓释转移法时，对原交易对手风险敞口的扣减数额如下：如果缓释工具为保证和信用衍生品，则扣减数额等于保证和信用衍生品所担保的数额。如果缓释工具为抵押品，当银行使用标准法下的简单法计算风险缓释工具的作用时，扣减数额为抵押品的市值；当银行使用标准法下的综合法时，扣减数额为根据折扣系数调整后的抵押品价值，折扣系数为监管机构规定的系数。商业银行内部模型法所使用的折扣系数一律不适用。

按照信用风险缓释转移法，交易对手风险敞口的扣减数额必须等于信用风险缓释工具发行方或提供方风险敞口的增加数额。但对于信用违约互换（CDS），在信用保护的提供方和标的实体（reference enti-ty）都不是金融机构时，信用保护提供方敞口的增加数额不等于对交易对手敞口的扣减数额，而为按交易对手信用风险标准法（SA – CCR）计算得出的敞口额。

专栏　关于信用风险缓释转移法的说明

在计算银行对交易对手的风险敞口时，《大额风险框架》提出了信用风险缓释转移法的理念和方法，即银行应将具有风险缓释的敞口金额从原始债务方的敞口中扣除，并将扣除金额加至缓释工具最终偿付义务方的敞口上。引入信用风险缓释转移法的目的是确定银行风险敞口的最终风险承担者，从而更为准确地判定在交易对手违约或破产时银行面临的损失。比如，A银行对B企业发放了1 000万元的贷款，其中600万元由B企业提供C银行发行的金融债券抵押。则在计算风险敞口时，A银行对B企业的风险敞口为400万元（1 000万元 ~ 600万元），A银行对C银行的风险敞口为600万元。该方法具有一定实际意义，在上例中如果B企业破产，银行只有400万元的贷款面临损失，而只有C银行违约或破产，由其发行的金融债质押担保的贷款才面临损失。

同时，出于审慎考虑，《大额风险框架》对适用转移法的信用风险缓释工具进行了严格的限定。只有满足资本监管信用风险标准法下的信用风险缓释工具才允许适用转移法，包括保证、金融抵质押品和信用衍生品。

2. 结构性工具穿透法

结构性工具穿透法是指，对于银行持有的集合投资工具（CIU）和资产证券化产品等，银行必须穿透相关组合，识别结构性工具的基础资产，并将风险敞口归属于基础资产背后的最终偿付义务方。即银行不能简单地将风险敞口归于基金或资产证券化产品等结构性工具本身，而必须掌握结构性工具的具体投资构成，并把敞口归于最终的信用风险来源。

考虑到实施穿透法的复杂性，《大额风险框架》要求具体计算时遵循重要性原则，即如果银行可以证明，其投资于某项结构性工具中任一项基础资产的金额均低于一级资本的0.25%，则银行可将所有基础资产敞口视作来源于该结构化工具自身，并将该结构性工具视为一个单独的交易对手。在这种情况下，银行不需使用穿透法识别基础资产。当对某项基础资产的投资等于或超过一级资本的0.25%时，银行必须使用穿透法识别基础资产。在这种情况下，基础资产的每个偿付义务方都必须视为一个交易对手，源于穿透法的敞口应与对该交易对手的其他直接或间接敞口加总计算。当对有些基础资产的投资高于一级资本的0.25%，有些低于0.25%时，银行可以部分使用穿透法，即对高于一级资本0.25%的基础资产使用穿透法，低于一级资本0.25%的投资敞口可以归于该结构性工具本身。

如果某项结构性工具的基础资产银行无法识别，在投资总额低于一级资本的0.25%时，银行可以将全部投资金额归于该结构性工具本身。当投资总额大于一级资本的 0.25% 时，银行必须将所有敞口金额归于一个专门设置的"匿名客户"（unknown client），并将所有无法识别的敞口加总，计入到同一个"匿名客户"名下，且该"匿名客户"受 25% 的大额风险敞口限额限制。

专栏　关于结构性工具穿透法的说明

对于集合投资工具（CIU）和资产证券化产品等，《大额风险框架》规定，银行必须穿透相关组合，将风险敞口归属于基础资产背后的最终偿付义务方。例如，A 银行投资了 10 亿元的 B 基金，该基金 50% 投资于 C 企业发行的债券、30% 投资于 D 企业的股票、20% 以同业存款形式存放于 E 银行。则 A 银行在计算对交易对手的敞口时，不能简单地将敞口计于基金本身，而是必须掌握基金的投资组合，将风险敞口分别计入各项基础资产的最终偿付义务方上。在本例中，即为对 C 企业风险敞口 5 亿元、对 D 企业风险敞口 3 亿元、对 E 银行风险敞口 2 亿元。与信用风险缓释工具转移法类似，穿透法的目的也是确定银行风险敞口的最终风险承担者，从而更为准确地判定在交易对手违约或破产时银行面临的损失。穿透法有助于银行确定信用风险的源头，在现阶段对于银行加强对非标资产的管理尤其具有突出意义。

另一方面，穿透法在实施中也面临一些困难，主要是：一是有些结构性工具投资组合变动频繁（如基金产品），银行的敞口计算也必须随之变动，计算和报送负担较大。二是由于投资组合的变动无须事先征求银行同意，可能发生银行大额敞口被动超标的情况。三是部分投资产品信息披露不完整，银行难以准确确定风险敞口。

3. 衍生产品拆分法

互换、期货、远期和信用衍生品等金融工具必须按照资本监管的相关规定，拆分为基础工具，并将符合大额风险监管框架内的头寸纳入计算（例如，股票 X 的期货，可被分解为对股票 X 的多头头寸和该融资货币下无风险利率的空头头寸；利率互换一般可表示为一个固定利率的多头头寸和浮动利率的空头头寸，或是浮定利率的多头头寸和固定利率的空头头寸）。在银行卖出信用保护时，对标的实体的敞口值为信用衍生产品被触发时银行应支付的金额减去该信用保护市值的绝对值。对于信用连接票据（credit - linked notes），银行作为信用保护卖出方时，需要同时考虑对票据发行人的敞口以及对标的资产的敞口。

对于期权敞口价值的计算，《大额风险框架》的要求不同于资本监管框架的要求。敞口值的计算应基于因基础工具违约而导致的期权价格变化。因此，简单的看涨期权多头的敞口等于其市值，卖出看跌期权的敞口等于行权价值减去其市值。对于卖出看涨期权和买入看跌期权，基础工具的违约不会导致损失反而出现盈利，即出现负敞口。由各种情况所导致的最终头寸必须加总计算。在加总后，净负敞口值设为零。

（六）对特定风险敞口的处理

对主权实体和中央银行的敞口不计入大额风险敞口计算。该豁免同样适用于在资本监管中被视同主权处理的公共部门实体。敞口中由主权实体发行的金融工具担保的部分，如果金融工具符合合格信用风险缓释工具的条件，则担保部分可以不计入大额风险敞口。

对于银行间敞口，为避免干扰支付清算，银行间的日间敞口（in-traday inter - bank exposures）不计入大额风险敞口计算。此外，在压力情况下，为保持银行间市场的稳定运行，银行间敞口可以突破大额风险敞口限额。对于银行间日间敞口之外的其他银行间敞口，巴塞尔委员会将做进一步观察，并在必要时考虑对某些特定的银行间敞口进行特别处理，以确保不会对货币政策的实施造成负面影响，相应决定将在2016 年之前作出。

关于对合格中央交易对手的敞口，巴塞尔委员会将于 2016 年考虑是否设置限额。在 2016 年以前，银行对中央交易对手的与清算相关的敞口不受大额风险敞口监管标准限制。对于非合格中央交易对手，银行需要将与清算相关的敞口和其他敞口加总计算，并受 25% 的大额风险敞口监管标准限制。

二、关于适用范围、实施时间和过渡期安排

巴塞尔委员会规定，大额风险敞口监管标准将于 2019 年 1 月 1 日正式实施。由于大额风险敞口监管是对资本监管的支持和补充，因此，与资本监管标准相同，大额风险敞口也在银行并表层面适用，并适用于资本监管规定的银行集团内的各个层级。

国际金融危机引发了国际银行监管规则的巨大的变革，但国际银行监管框架仍在继续演化过程中。银行业的不断发展和变化要求国际银行监管框架及时回应，并做出适当的调整以有效控制其所面临的各类风险。巴塞尔委员会在推出巴塞尔Ⅲ后，又继续推进了资本定义、交易账户根本性改革、资产证券化计量方法的调整、银行账户利率风险计量、信用风险和操作风险标准法等一系列国际标准的修订和调整工作，以求进一步完善现有的银行业监管框架。同时，巴塞尔委员会还研究推出了大额风险敞口，作为新的监管工具。可以预见的是，国际银行监管框架仍将处于持续的调整之中，这既是适应国际银行业不断演进和变化的需要，也是不断完善国际银行监管框架、提高监管有效性的需要。

第十一章 巴塞尔协议监管框架的实施

巴塞尔协议是国际银行业监管的公约，为全球银行业提供了一致、可比的监管框架。然而在实践中，巴塞尔协议也面临较大的挑战：一方面，巴塞尔协议作为国际监管标准，在制定中较多考虑的是国际通用和公平性，但由于各国法律体系、会计准则以及银行业发展状况的不同，在其落地到各国监管规则的过程中，需因地制宜进行修订和转化，在修订或转化的过程中，带来了一定的不一致，在一定程度上影响了巴塞尔协议实施的一致性和可比性。另一方面，由于巴塞尔协议不具有强制执行力，出于保护本国银行业等原因，各国监管当局可能仅有选择性地实施了部分巴塞尔协议的内容，或是推迟了巴塞尔协议实施的时间，或是降低了巴塞尔协议的相关标准，从而带来了巴塞尔标准落地的不一致性，有违巴塞尔协议试图打造的公平竞争的环境。巴塞尔协议实施的不一致性也被认为是本次危机爆发的主要原因之一。因此，巴塞尔协议的有效性在很大程度上取决于其落地和实施的情况。

针对实施中存在的不一致、不可比等可能对巴塞尔协议有效性产生较大影响的问题，G20 领导人圣彼得堡峰会决定，国际金融监管改革将在国际金融新监管标准制定和实施两个层面深入推进。同时，G20 领导人在该峰会上承诺将按照时间安排实施巴塞尔Ⅲ及其后续的改革。在 G20 和金融稳定理事会的支持下，巴塞尔委员会从 2012 年起展开了监管一致性评估项目（Regulatory Consistency Assessment Programme, RCAP）。在该项目框架下，由巴塞尔委员会组成评估小组分别对各个成员国的实施情况进行评估，相关报告向全球公布，从而对巴塞尔协议的实施提供了较高层次的保障。从国际协作和同行评估的层面来看，由巴塞尔委员会主导的监管一致性评估项目（RCAP）与由国际货币基金组织和世界银行主导的金融部门评估规划（Financial Sector Assessment Program，FSAP）项目互为补充，RCAP 项目关注巴塞尔监管框架实施的一致性和完备性，而 FSAP 项目关注更广泛的监管行为以及对金融稳定的风险分析。

监管一致性评估项目主要包括监测和评估两个方面。其中，监测关注的是各成员国（地区）实施巴塞尔协议的进程，基于成员国（地区）提供的信息，监测国际标准落地为国内规则的及时性，每半年发布全球监测报告并绘制全球巴塞尔协议实施的热图。评估关注的是成员国（地区）实施巴塞尔协议的国内监管框架与国际监管框架的一致性情况，基于各成员国（地区）的规则判断各成员国（地区）实施的一致性，对风险加权资产的全球实施一致性情况开展专题分析。

表 11.1 监管一致性评估项目（RCAP）

项目名称	项目内容	关注内容	结果表现
监管一致性评估项目（RCAP）	监测项目	全球实施进展	全球实施报告
			全球实施热图
	评估项目	各成员国（地区）实施一致性评估	各国实施情况的报告
		专题评估	银行账户风险加权资产 RCAP 报告
			交易账户风险加权资产 RCAP 报告

监管一致性评估项目的实施一方面有助于建立成员国（地区）之间有效的对话机制，并通过该机制向各成员国（地区）施加压力，以促进各成员国（地区）全面、及时、一致地实施巴塞尔协议；另一方面有助于巴塞尔委员会通过该项目发现各国在巴塞尔Ⅲ落地和实施中可能存在的问题，并就这些问题对国际规则进行改革和修订，从而加强金融体系的稳定性。

第一节　全球实施进展

虽然目前巴塞尔委员会仍在就相关国际规则的修订进行讨论，但是巴塞尔Ⅲ的主体框架和实施时间表已基本确定。由于巴塞尔Ⅲ框架下各指标的规则文本发布时间不同、全球银行业应对各项指标所需要的准备时间也有所不同，因此不同指标的实施时间也有所差异。总体来看，根据巴塞尔委员会的要求，各成员国应于 2013 年开始实施巴塞尔Ⅲ，并在 2019 年 1 月 1 日之前完成。目前，各成员国对巴塞尔Ⅲ的实施已全面进入了实质性阶段，同时，由于次贷危机等因素在一定程度上延迟了各国实施巴塞尔Ⅱ的时间，所以目前包括中国和美国在内的一些 G20 成员国决定同步实施巴塞尔Ⅱ和巴塞尔Ⅲ。

一、巴塞尔协议主体框架的实施安排

根据巴塞尔委员会的要求，2004 年正式发布的巴塞尔Ⅱ应于 2006 年底正式实施，实施范围包括巴塞尔Ⅱ的三大支柱。2009 年 7 月发布的巴塞尔Ⅱ.5 最迟应于 2011 年底实施。

2010 年 12 月发布的巴塞尔Ⅲ文本提出了多层次的资本监管和流动性监管的框架，主要包括资本、杠杆率、流动性、大额风险敞口、系统重要性银行等。其中，巴塞尔Ⅲ中资本充足率改革框架已经于 2011 年发布，并已于 2013 年 1 月 1 日开始实施；巴塞尔Ⅲ杠杆率规则文本已于 2014 年 1 月发布，要求从 2015 年开始披露，并考虑从 2018 年起纳入第一支柱实施；巴塞尔Ⅲ流动性覆盖率监管规则已于 2013 年 1 月发布，于 2015 年 1 月开始实施；巴塞尔Ⅲ的大额风险敞口监管框架已于 2014 年 4 月正式发布，拟于 2019 年 1 月 1 日全面落实。巴塞尔Ⅲ的全球系统重要性银行和国内系统重要性银行的监管框架分别发布于 2011 年 11 月和 2012 年 10 月，计划从 2016 年 1 月开始实施，并于 2019 年 1 月 1 日前全面实施。

表 11. 2 巴塞尔Ⅲ主体框架的实施安排

巴塞尔Ⅲ主体框架		规则文本发布进展	实施安排
资本充足率		2011 年正式发布	2013 年 1 月开始实施
杠杆率		2014 年正式发布	2015 年开始披露，2018 年考虑纳入第一支柱
大额风险敞口		2014 年正式发布	2019 年 1 月开始实施
流动性	流动性覆盖率	2013 年正式发布	2015 年 1 月开始实施
	净稳定资金比例	2014 年正式发布，2018 年 1 月开始实施	
系统重要性银行	全球系统重要性银行	2011 年正式发布	2016 年 1 月开始实施
	国内系统重要性银行	2012 年正式发布	

二、各成员国的实施进展概况

巴塞尔委员会每半年发布一次《巴塞尔监管框架实施进展情况报告》，公布各成员国实施巴塞尔委员会制定的相关国际规则的实施情况。截至 2014 年 9 月，所有成员国（地区）① 实施巴塞尔Ⅱ、巴塞尔Ⅱ. 5 和巴塞尔Ⅲ的整体情况如表 11. 3 所示。

表 11. 3 巴塞尔Ⅲ主体框架的实施安排

巴塞尔协议	尚未发布草案	规则草案已发布	最终文本已发布	已实施
巴塞尔Ⅱ	俄罗斯			其他 27 个成员国（地区）
巴塞尔Ⅱ. 5	阿根廷、墨西哥和俄罗斯	印度尼西亚		其他 24 个成员国（地区）
巴塞尔Ⅲ				
资本	日本、墨西哥、俄罗斯	中国香港和卢森堡		其他 23 个成员国（地区）
系统重要性银行框架	其他 26 个成员国（地区）			俄罗斯、瑞士
流动性覆盖率	其他 25 个成员国（地区）			澳大利亚、中国和沙特阿拉伯
杠杆率	其他 16 个成员国（地区）			土耳其、美国、欧盟及其成员国

注：截至 2014 年 9 月。

---

① 包含阿根廷、澳大利亚、巴西、加拿大、中国、中国香港、印度、印度尼西亚、日本、韩国、墨西哥、俄罗斯、沙特阿拉伯、新加坡、南非、瑞士、土耳其、美国、欧盟、比利时、法国、德国、意大利、卢森堡、荷兰、西班牙、瑞典和英国等。

从巴塞尔Ⅱ的实施进展来看，截至 2014 年 9 月，巴塞尔委员会成员国中除俄罗斯在 IRB 方法和第二支柱等方面进展较慢外，所有成员国（地区）均已经公布最终实施方案并全面实施巴塞尔Ⅱ。

从巴塞尔Ⅱ.5 的实施进展来看，截至 2014 年 9 月，全面实施巴塞尔Ⅱ.5 的成员国（地区）已达到 24 个，尚未全面实施的成员国有四个，分别为阿根廷、印度尼西亚、墨西哥和俄罗斯，其中阿根廷已实施除市场风险框架外的相关改革；印度尼西亚相关草案已于 2013 年发布；墨西哥除第二支柱部分实施外其他内容将于 2014 年实施；俄罗斯除第二支柱将于 2014 年颁布法规外，其他相关内容也已实施。

从巴塞尔Ⅲ资本框架的实施进展来看，截至 2014 年 9 月，阿根廷、澳大利亚、巴西、加拿大、中国、印度、印度尼西亚、韩国、沙特阿拉伯、新加坡、南非、瑞士、土耳其、美国、欧盟、比利时、法国、德国、意大利、荷兰、西班牙、瑞典和英国等 23 个成员国（地区）已经颁布了最终实施方案并进入实施阶段；中国香港、日本、墨西哥、俄罗斯均实现了主体部分的实施，但仍有部分内容有待推进，其中中国香港除资本缓冲的规则草案尚未实施外，其他规则已全面实施，日本除关于储备资本和逆周期资本的规则文本尚未发布外，其他规则已全面实施；墨西哥除关于中央交易对手风险敞口的规则尚未发布外，其他规则已全面实施；俄罗斯除 CVA 资本附加将于 2014 年 10 月实施、资本缓冲的规则文本尚未发布外，其他规则已全面实施。欧盟各国的实施是同时推进的，但是由于 CRD IV 将储备资本和逆周期资本等规则的制定权留给了各国监管当局，因此欧盟各国的推进进度也有所区别，截至 2014 年 9 月仅有卢森堡尚未全面实施。

从巴塞尔Ⅲ系统重要性银行监管框架来看，截至 2014 年 9 月，如表 11.4 所示，大部分国家还处于草案尚未发布的阶段，但是俄罗斯、瑞士等部分国家已全面实施。

表 11.4　　　　　　　　　　系统重要性银行框架的实施进展

实施进展		相关成员国（地区）
全面实施		俄罗斯、瑞士
部分全面实施	系统重要性银行评估框架已全面实施，但附加资本要求尚未实施	阿根廷、加拿大
	全球系统重要性银行监管框架已全面实施，但国内系统重要性银行监管框架尚未实施	中国、印度、日本、韩国、新加坡
尚未实现全面实施	尚未发布最终文本	澳大利亚、巴西、印度尼西亚、墨西哥、土耳其、沙特阿拉伯、美国、卢森堡、瑞典、英国
	最终文本已发布但尚未实施	中国香港、欧盟、南非、法国、德国、意大利、荷兰、比利时、西班牙

注：截至 2014 年 9 月。

　　部分全面实施的成员国（地区）包括阿根廷、加拿大、中国、印度、日本、韩国和新加坡，其中阿根廷已经颁布了国内系统重要性银行的评估方法，更高的损失吸收要求有待尽快颁布；加拿大关于全球和国内系统重要性银行的规则及附加监管要求和披露要求均已实施，但是资本要求将于 2016 年 1 月开始实施；中国已于 2010 年对五家大型银行计提 1% 的系统重要性银行资本附加，发布了关于全球系统重要性银行披露指引，然而目前关于国内系统重要性银行的监管框架尚未发布；印度监管当局已于 2014 年 7 月发布关于国内系统重要性银行的最终文本，全球系统重要性银行的相关规则已经实施；日本已经实施了全球系统重要性银行的披露要求，但国内系统重要性银行的评估标准和更高损失吸收要求拟于 2014 年或 2015 年发布；韩国已经发布了全球系统重要性银行的披露要求，但是国内系统重要性银行的框架尚未定稿；新加坡也同样发布了全球系统重要性银行的披露要求并于 2014 年 1 月开始实施，但是国内系统重要性银行的规则正在进一步研究中并拟于 2016 年开始实施。

尚未实现全面实施的成员国（地区）包括澳大利亚、巴西、中国香港、印度尼西亚、墨西哥、沙特阿拉伯、南非、土耳其、美国、欧盟及其成员国，其中澳大利亚审慎监管局已于 2013 年 12 月发布了国内系统重要性银行的评估框架和更高的损失吸收能力，将于 2016 年 1 月 1 日开始实施，关于全球系统重要性银行的披露要求将于 2014 年第三季度发布；巴西关于更高的吸收损失要求将于 2014 年下半年发布；中国香港已于 2014 年 8 月发布全球和国内系统重要性银行的规则草案；印度尼西亚关于国内系统重要性银行附加资本要求的相关法规已于 2013 年发布并将于 2016 年 1 月实施，关于国内系统重要性银行的评估方法草案已经于 2013 年发布，但监管框架仍需进一步讨论；沙特阿拉伯已经发布国内系统重要性银行监管草案征求意见，最终文本将于 2016 年 1 月前发布实施；南非已经发布并部分实施了全球和国内系统重要性银行的规则文本，附加资本要求将根据巴塞尔委员会规定的时间安排实施；美国拟于 2014 年底之前发布实施全球系统重要性银行的草案和最终文本；欧盟对全球系统重要性银行的评估方法尚处于征求意见阶段，并拟于 2016 年 1 月前实施附加资本的强制性要求和可选的国内系统重要性银行资本要求。各国实施全球和国内系统重要性银行的进展则有所差异，其中卢森堡、瑞典、英国等进展较慢，尚未发布本国实施的最终文本；比利时、法国、德国、意大利、荷兰、西班牙进展较快，已经完成了本国最终文本的落地。

从巴塞尔Ⅲ流动性监管框架中流动性覆盖率的实施进展来看，截至 2014 年 9 月，如表 11.5 所示，部分国家的监管草案尚未发布，部分国家已经完成了大部分的规则制定工作并拟于 2014 年实施，澳大利亚、中国和沙特阿拉伯等国家已经全面实施。

表 11.5 流动性监管框架的实施进展

实施进展		相关成员国（地区）
全面实施		澳大利亚、中国、沙特阿拉伯
部分全面实施（最终文本已发布，但部分内容未包含在最终文本中）		阿根廷、瑞士、土耳其、欧盟及其他成员国
尚未实现全面实施	尚未发布最终文本	澳大利亚、巴西、中国香港、印度尼西亚、墨西哥、土耳其、沙特阿拉伯、美国、比利时、卢森堡、西班牙、瑞典、英国
	最终文本已发布但尚未实施	欧盟、南非、法国、德国、意大利、荷兰

注：截至 2014 年 9 月。

部分全面实施的国家包括阿根廷、瑞士、土耳其、欧盟及其成员国。阿根廷已经于 2013 年 11 月 8 日发布最终文本，但是折扣率、流入率和流出率的上限将于 2015 年 1 月 1 日之前发布；瑞士于 2013 年第一季度发布了流动性监管的定性要求，于 2014 年 3 月结束对流动性覆盖率监管标准的征求意见环节并于 2014 年第二季度实施；土耳其尚有部分监管限制于 2015 年实施；欧盟已经发布了流动性监管要求的最终文本，但是流动性覆盖率的实施授权给了各国监管当局，将于 2015 年开始实施。

尚未全面实施的国家包括巴西、加拿大、中国香港、印度、印度尼西亚、日本、韩国、墨西哥、俄罗斯、新加坡、南非、美国。巴西将于 2014 年底前发布最终文本；加拿大已经于 2014 年 5 月发布规则的最终文本；中国香港已经完成草案正在征求意见阶段；印度已于 2014 年 6 月发布了最终文本；印度尼西亚已于 2014 年 9 月发布流动性覆盖率的草案；日本将于 2014 年 10 月发布最终文本；韩国将于 2014 年第四季度发布最终文本；墨西哥将于 2014 年底前完成草案并于 2015 年实施；俄罗斯于 2014 年 1 月发布流动性覆盖率的草案征求意见，并将于 2014 年第四季度发布最终文本；新加坡将于 2014 年第四季度发布最终文本；南非发布的流动性覆盖率规则尚未包含巴塞尔委员会的最新修订；美国已于2014年9月发布了流动性覆盖率的最终文本。

巴塞尔Ⅲ杠杆率监管框架及披露要求的实施进展相对较慢，如表11.6所示，截至2014年9月，仅有土耳其实现了全面实施。巴塞尔委员会对巴塞尔Ⅲ规则文本中的杠杆率标准进行了修订和完善，修订后的文件于2014年1月发布。因此，截至报告统计期，大部分成员国（地区）虽然根据巴塞尔Ⅲ规则文本发布了杠杆率规则并开始实施，但是尚有待根据最新的修订进行更新。

表11.6　　　　　　　　　　杠杆率监管框架的实施进展

实施进展		具体进展	相关成员国（地区）
全面实施			土耳其、美国、欧盟及其成员国
部分全面实施（已根据巴塞尔Ⅲ文本中的杠杆率实施，但并未根据最新文件进行修订更新）			中国、阿根廷、新加坡
尚未实现全面实施	尚未发布草案		澳大利亚、巴西、加拿大、中国香港、印度、印度尼西亚、日本、韩国、墨西哥、南非、瑞士
	已发布草案，但尚未发布最终文本		俄罗斯、沙特阿拉伯

注：截至2014年9月。

在尚未实施杠杆率的成员国（地区）中，澳大利亚、巴西、加拿大、中国香港、印度、印度尼西亚、日本、韩国、墨西哥、南非和瑞士等国尚未发布杠杆率规则的草案，但大部分国家拟于2014年内发布草案，也有部分国家开始监测根据巴塞尔Ⅲ文本计算的杠杆率规则，俄罗斯、沙特阿拉伯等国已经发布了杠杆率草案但尚未发布最终文本。

部分实施杠杆率的成员国（地区）主要包括中国、阿根廷、新加坡等。其中，中国已经于2012年对商业银行提出了4%的杠杆率监管标准，下一步将根据巴塞尔委员会的修订对杠杆率规则进行更新；阿根廷最终文本已发布，杠杆率披露要求将于2015年正式实施；新加坡已实施巴塞尔Ⅲ文本中的杠杆率规则，将于2014年底之前实施修订后的杠杆率规则并于2015年开始披露。

　　非巴塞尔成员国实施巴塞尔协议的范围也在不断扩大。2013 年 7 月，金融稳定学院对 100 个非巴塞尔委员会成员国和非欧盟成员国发放了巴塞尔协议实施进展的调查问卷，根据收回的 74 份问卷显示，74 个国家中已有 54 个国家正在实施或已经实施巴塞尔 Ⅱ，有 16 个国家正在实施或已经实施巴塞尔 Ⅱ.5，正在实施或已经实施巴塞尔 Ⅲ 的国家已有 26 个。这表明巴塞尔协议的全球覆盖范围也在不断扩大，影响力在不断提升。

第二节　巴塞尔Ⅲ的实施效果

　　巴塞尔委员会不仅对各国实施进展进行跟踪和评估，同时会定期对全球银行业资本充足率、杠杆率和流动性等指标进行监测和报告。自 2011 年 6 月起，针对巴塞尔 Ⅲ 的各项指标，巴塞尔委员会以成员国（地区）的银行为样本每半年开展一次定量测算，并公开定量测算结果。截至 2014 年 8 月，已经开展了七次定量测算，并先后公开了五次定量测算结果。

　　针对巴塞尔 Ⅲ 的第一轮测算基于 2011 年 6 月 30 日的数据，样本银行为参与测算的 212 家银行，其中包含 103 家一组银行和 109 家二组银行①，其中一组银行覆盖了所有成员国（地区）。巴塞尔委员会 2014 年 3 月公布的最新报告为依据 2013 年 6 月 30 日的数据进行定量测算的结果，参与测算的共有 227 家银行，其中包含 102 家一组银行和 125 家二组银行。参与测算的样本银行保持了一定的连续性，为数据的横向比较提供了基础。

一、资本充足率的实施效果

　　测算假设银行在 2013 年 6 月 30 日前全面实施巴塞尔 Ⅲ，即采用修

---

① 一组银行是指一级资本超过 30 亿欧元的国际活跃银行，二组银行是指其他银行。

改后的资本定义、风险加权资产的计算、不考虑过渡期安排等。基于该假设，比较表11.7和表11.8，巴塞尔Ⅲ下一组银行核心一级资本充足率将从现行框架下的11.0%下降至9.5%，一级资本充足率将从12.0%下降至9.7%，总资本充足率将从14.6%下降至11.1%。二组银行的核心一级资本充足率将从现行框架下的11.3%下降至9.5%，一级资本充足率将从11.8%下降至9.9%，总资本充足率将从15.1%下降至11.7%。

表 11.7　　　　　　根据现行规则计算的资本充足率变化

	2011.6	2011.12	2012.6	2012.12	2013.6
一组银行					
核心一级资本充足率	10.2	10.4	10.8	11.4	11.0
一级资本充足率	11.5	11.7	12.0	12.5	12.0
资本充足率	14.2	14.2	14.4	15.1	14.6
二组银行					
核心一级资本充足率	10.1	10.4	10.9	10.3	11.3
一级资本充足率	10.9	11.0	11.4	10.8	11.8
资本充足率	14.3	14.3	14.7	14.2	15.1

表 11.8　　　　　根据巴塞尔Ⅲ最终规则计算的资本充足率变化

	2011.6	2011.12	2012.6	2012.12	2013.6
一组银行					
核心一级资本充足率	7.1	7.7	8.5	9.2	9.5
一级资本充足率	7.4	8.0	8.7	9.4	9.7
资本充足率	8.6	9.2	9.9	10.6	11.1
二组银行					
核心一级资本充足率	8.3	8.8	9.0	8.6	9.5
一级资本充足率	8.6	9.2	9.5	9.0	9.9
资本充足率	10.6	11.0	11.3	10.8	11.7

　　巴塞尔Ⅲ实施之后，资本充足率呈现稳步攀升的态势。从图11.1可以看出，根据连续参加多轮定量测算的样本银行的平均数据，一组银行的巴塞尔Ⅲ资本充足率呈现出不断上升的趋势，而二组银行资本充

足率的上升趋势相对缓慢。资本充足率不断上升的原因包括合格的巴
塞尔Ⅲ资本数量不断上升，整体风险加权资产的缓慢下降以及核心一
级资本扣减项的不断减少。

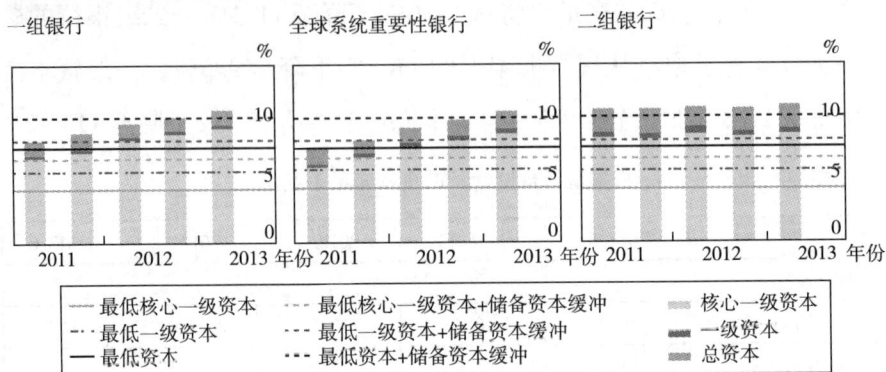

数据来源：巴塞尔委员会相关资料。

图11.1　巴塞尔Ⅲ资本充足率趋势图

大多数银行已经达到巴塞尔Ⅲ规定的最低资本要求。如图11.2所
示，在一组银行的101家样本银行中，98%的样本银行核心一级资本充
足率高于4.5%的最低要求，95%的样本银行达到7%（4.5%的最低要
求+2.5%的储备资本）的目标要求；在二组银行的119家样本银行中，
95%的样本银行核心一级资本充足率高于4.5%，其中88%的样本银行
达到7.0%的目标值。

从核心一级资本的缺口情况来看，对于4.5%的核心一级资本要求，
一组银行将面临33亿欧元的核心一级资本缺口，若考虑2.5%的储备资
本和全球系统重要性银行附加资本，核心一级资本缺口将上升至575亿
欧元。同期，2013年6月底，一组银行分红前的税后利润之和达4 560亿
欧元，能够覆盖资本缺口。

二、杠杆率的实施效果

巴塞尔委员会对杠杆率的测算也同样包含两个口径，对应两个口

一组银行　　　　　全球系统重要性银行　　　二组银行

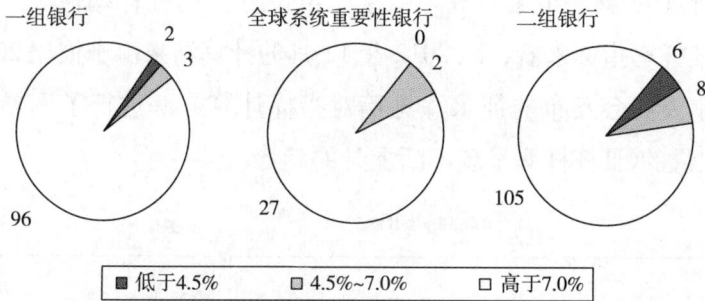

■低于4.5%　　　☑4.5%~7.0%　　　□高于7.0%

数据来源：巴塞尔委员会相关资料。

图11.2　巴塞尔Ⅲ核心一级资本充足率的分布情况

径的一级资本，一是当前的杠杆率指标，即根据报告期各国监管规则中合格的一级资本计算的杠杆率；二是巴塞尔Ⅲ的杠杆率指标，即根据全面实施后的巴塞尔Ⅲ的一级资本定义计算的杠杆率。

比较当前的杠杆率指标和巴塞尔Ⅲ的杠杆率指标，如表11.9所示，巴塞尔Ⅲ杠杆率指标明显低于当前杠杆率，平均低0.5个至1.2个百分点不等。同时，随着过渡期逐渐接近巴塞尔Ⅲ正式实施，两者之间的差异逐渐减少。因此，巴塞尔Ⅲ的资本定义比报告期各国适用的资本定义更加严格，降低了银行的杠杆率水平。

表11.9　　　　　　　　　　　　　杠杆率变化

	2011.6		2011.12		2012.6		2012.12		2013.6 *	
	当前	BIII	当前	BIII	当前	BIII	当前	BIII	当前	BIII
总体情况	4.5	3.5	4.5	3.6	4.5	3.8	4.4	3.8		
一组银行	4.4	3.4	4.4	3.5	4.5	3.7	4.4	3.7	4.7	4.0
二组银行	5.0	4.2	4.9	4.4	4.9	4.4	4.6	4.1	5.1	4.6

注：＊表示其中2013年6月的测算结果根据2014年1月巴塞尔委员会发布的《修订后的杠杆率监管框架及披露要求》对杠杆率敞口的计算方法进行了调整。若根据2013年6月发布的征求意见稿测算，杠杆率将平均降低20~40个基点。

数据来源：巴塞尔委员会相关资料。

杠杆率指标呈现不断上升的趋势。图11.3呈现了连续参加测算的样本银行（97 家一组银行和 101 家二组银行）的杠杆率情况。从巴塞尔Ⅲ的杠杆率指标来看，除 2012 年 12 月的计算结果由于根据 2013 年 6 月巴塞尔委员会发布的征求意见稿对指标计算方法进行了调整略有波动外，巴塞尔Ⅲ杠杆率呈现不断上升的趋势。

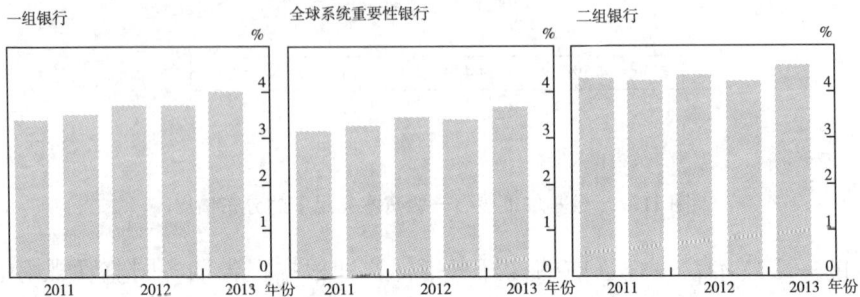

数据来源：巴塞尔委员会相关资料。

图 11.3　巴塞尔Ⅲ杠杆率的趋势

尚有部分银行未达到巴塞尔Ⅲ杠杆率要求。根据 2014 年 1 月发布的巴塞尔Ⅲ杠杆率规则文本计算①，2013 年 6 月底的数据表明，一组银行和全球系统重要性银行的巴塞尔Ⅲ杠杆率分别达 4% 和 3.7%，二组银行的巴塞尔Ⅲ杠杆率达 4.6%，有 44 家样本内银行尚未达到 3% 的杠杆率标准，其中包括 19 家一组银行和 25 家二组银行。假设所有银行均达到 8.5% 的巴塞尔Ⅲ资本充足率要求和全球系统重要性附加要求，为了达到杠杆率的最低资本要求，一组银行仍需要 568 亿欧元资本，二组银行仍需要 119 亿欧元资本。

杠杆率指标是资本充足率指标的有益补充。如表 11.10 所示，根据样本银行测算，杠杆率和一级资本充足率同时未达标的银行占样本银行的 11.4%；资本充足率达标但杠杆率未达标的银行仅占 8.6%，此时杠杆率发挥约束作用；杠杆率达标但资本充足率未达标的银行占

---

①　测算仅是估计值，并未能充分反映新引入的证券融资交易的净扣、卖出信用衍生产品保护的修订及中央交易对手的处理等。

11.8%，此时资本充足率发挥约束作用；剩余68.2%的银行两个指标同时达标。整体来看，受到一级资本充足率要求约束的银行占比达23.2%，受到杠杆率约束的银行占比达20%。若假设每家样本银行的资本都满足了最低的一级资本要求，仍有13.6%银行受到杠杆率的约束，这说明杠杆率指标已经成为资本充足率指标的有益补充。

表 11.10　　　　　　　　　　资本充足率与杠杆率的约束效应

| | | 受到一级资本要求[1]的约束 | | 总计 |
		是	否	
受到杠杆率要求[2]的约束	是	11.4%	8.6%	20%
	否	11.8%	68.2%	80%
总计		23.2%	76.8%	100%

注：[1]8.5%的资本充足率要求 + 储备资本 + 系统重要性资本附加要求。
　　[2]3%的杠杆率要求。
数据来源：巴塞尔委员会相关资料。

　　相比较杠杆率的约束，对大部分银行来说资本充足率约束更加严格。图11.4的左图是根据巴塞尔Ⅲ的一级资本定义计算的杠杆率指标和资本充足率指标绘制的散点图，其中横轴代表的是杠杆率，纵轴代表的是资本充足率，浅色的点代表一组银行，深色的点代表二组银行。图中，横的虚线代表8.5%的最低一级资本充足率要求，即6%的最低资本要求加上2.5%的储备资本要求（不包含系统重要性资本附加要求）；纵的虚线代表3%的最低杠杆率要求。黑色的对角线代表恰好符合资本充足率/杠杆率 = 杠杆率敞口/风险加权资产 = 8.5%/3% = 2.83 的银行，对角线上方的点代表资本充足率比杠杆率更容易达标，即杠杆率发挥约束作用；对角线下方的点代表杠杆率比资本充足率更容易达标，即资本充足率发挥约束作用。根据样本银行的数据测算，有73.2%的样本银行位于对角线下方，意味着这些银行面临资本充足率和杠杆率的双重约束时，资本充足率发挥主要的约束作用。

　　更进一步，若假设未达到最低资本充足率要求的51家银行（19家

资本补充之前　　　　　　　　　　　　　　资本补充之后

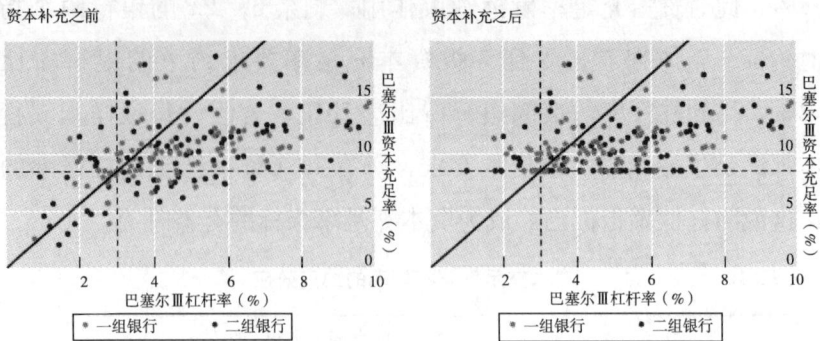

数据来源：巴塞尔委员会相关资料。

图11.4　巴塞尔Ⅲ资本充足率和杠杆率散点图

一组银行和32家二组银行）全部补充资本至满足最低资本要求，则在原本未达到最低杠杆率要求的44家银行中，14家银行（6家一组银行和8家二组银行）达到了3%的最低杠杆率要求，另外30家银行仍未达到杠杆率的最低要求。

三、流动性的实施效果

根据修订后的流动性覆盖率规则文本计算，一组银行的加权平均流动性覆盖率达114%，二组银行的加权平均流动性覆盖率达132%。在参与测算的226家（102家一组银行和124家二组银行）样本银行中，72%银行的流动性覆盖率超过了100%的最低要求，91%银行的流动性覆盖率超过了60%的最低要求。若以100%为流动性覆盖率最低要求，总的流动性覆盖率缺口约为5 360亿欧元，约占样本银行62万亿欧元总资产的0.9%；若以60%为流动性覆盖率的最低要求，总的流动性覆盖率缺口仅为1 680亿欧元，占样本银行总资产的0.3%。图11.5给出了高流动性资产的分布情况，其中一级资产的占比较高，达四分之三以上。

一级资产：存放于中央银行
且在压力情景下可以提取的
准备金：31.9%

一级资产：非0风险权重：4.4%

2A资产：风险权重为20%的，主权实体、
中央银行、公共部门实体或多边开发
银行发行或担保的证券：5.8%

2A资产：非金融债券（AA-级及以上）：2.2%

2A资产：担保债券（AA-级及以上）：2%

2B资产：住房抵押贷款支持证券：0.3%

2B资产：非金融公司债券（BBB-级至A+级）：0.5%

一级资产：
风险权重为0：
51.8%

2B资产：非金融
公司普通股：1.2%

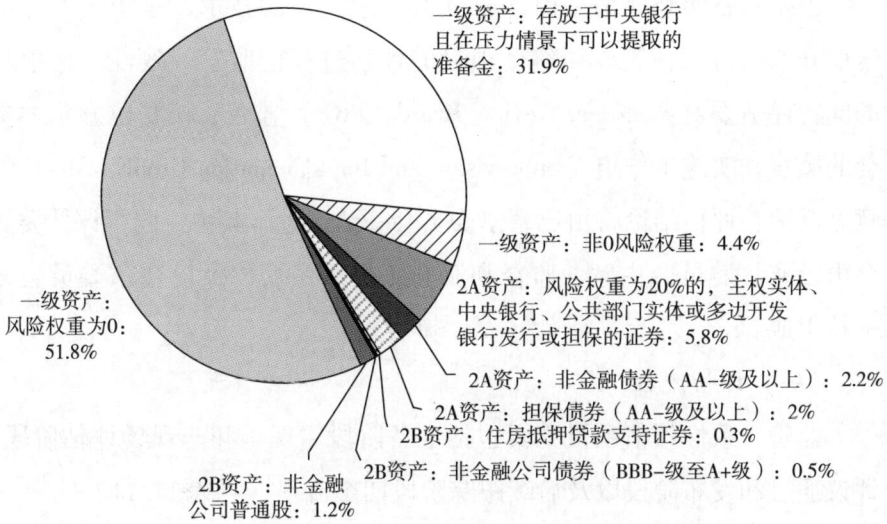

数据来源：巴塞尔委员会相关资料。

图 11.5　合格流动性资产的组成

第三节　全球实施评估

监管一致性评估项目不仅包括监测项目，还包括评估项目。从
2012 年开始，巴塞尔委员会制定了巴塞尔协议的全球实施评估框架，
并分别组织专门的评估小组对各成员国（地区）实施的一致性状况进
行评估。

一、评估框架

在监管一致性评估项目的各国实施评估框架中，重点关注各成员
国（地区）当地的规则与巴塞尔规则（作为最低标准）的一致性。巴
塞尔委员会分别于 2012 年 4 月和 2013 年 10 月发布了《巴塞尔Ⅲ监管
一致性评估项目》的报告，并于 2013 年 10 月发布了修订文本，阐述了
监管一致性评估的目标流程和方法论。

巴塞尔Ⅲ实施评估是由各成员国（地区）的技术专家组成的评估组展开的同行评估工作。整个项目的评估过程由监管一致性评估项目的同行评估委员会（Peer Review Board，PRB）监督，接受巴塞尔委员会的监督和实施工作组（Supervision and Implementation Group，SIG）的意见反馈，评估结论将由巴塞尔委员会一致通过。其中，同行评估委员会由巴塞尔委员会主席、监督和实施工作组主席以及巴塞尔委员会秘书长组成。

（一）评估流程

监管一致性评估项目主要包括准备阶段、现场和非现场评估阶段、评议通过和发布阶段以及后续跟踪阶段四个流程（见表 11.11）。

表 11.11　　　　　　　　RCAP 评估项目的时间安排

发起人	评估流程	至 RCAP 报告发布的时间
同行评估委员会	同行评估委员会挑选由巴塞尔Ⅲ实施负责人提名的评估组长	>6 个月
评估组组长和秘书	挑选评估组成员和评议小组成员	>6 个月
被评估国家（地区）	填写监管一致性评估项目评估文件，同时提供支持数据、信息以及被评估国家（地区）自评估的差距	>6 个月
评估组组长及评估组	基于问卷结果、其他信息、QIS、FSAP 和公司研究确定 RCAP 的评估范围	>6 个月
被评估国家（地区）及评估组	向评估组组长提供更多数据和信息，评估组专家与被评估国家（地区）交换非现场评估中的观点	4~6 个月
评估组	评估组撰写评估报告草稿	4~6 个月
被评估国家（地区）	向评估组提供更多数据、信息和技术说明	3 个月
评估组	继续撰写评估报告草稿。五个工作日的现场评估，就评估报告草稿及评估等级进行讨论。向被评估国家（地区）征求评估报告草稿的意见	2 个月
被评估国家（地区）	被评估国家（地区）向评估组组长提出反馈意见	1 个半月
评估组	修订评估报告并向指定的评议组征求意见	1 个半月

续表

发起人	评估流程	至 RCAP 报告发布的时间
评议组	向被评估国家（地区）解释由评议组提出，并被评估组组长接受的实质性修订	1 ~ 1 个半月
被评估国家（地区）	被评估国家（地区）发送正式反馈作为 RCAP 评估报告的一部分	1 个月
评估组	评估组组长对监管一致性评估项目报告定稿后由秘书提交同行评估委员会，由评估组组长向监督和实施工作组进行汇报	半个月至 1 个月
评估组秘书	报告提交巴塞尔委员会讨论并通过	半个月
巴塞尔委员会	评估报告发布，秘书跟踪进展	

一是准备阶段。在该阶段中，由各成员国（地区）填写监管一致性评估项目问卷，由同行评估委员会确立监管一致性评估项目评估组组长，由评估组组长和秘书从各成员国的专家团中挑选评估组成员，并从监督和实施小组及其他专家和秘书中挑选评议组成员，经同行评估委员会认可后确立。

二是现场和非现场评估阶段。在非现场评估阶段，由评估组组长及评估组基于问卷结果、其他信息、QIS、FSAP 和公司研究等信息确定监管一致性评估项目的评估范围，评估组专家与被评估国家（地区）交换非现场评估中的观点，被评估国家（地区）及评估组向评估组组长提供所需数据和信息，评估组撰写评估报告草稿。在五个工作日的现场评估阶段，评估组与被评估国家（地区）的相关专家就评估报告草稿及评估等级进行讨论，并基于讨论的情况完成评估报告草稿。在离场时，评估组应向被评估国家（地区）提供评估报告草稿以征求意见。

三是评议、通过和发布阶段。评估组修订评估报告并向指定的评议组征求意见，评议组向被评估国家（地区）解释由评议组提出，并被评估组组长接受的实质性修订，被评估国家（地区）发送正式反馈并将其作为监管一致性评估项目评估报告的一部分，评估组组长对报告进行定稿后，由秘书提交同行评估委员会，由评估组组长向监督和实施工作组（SIG）进行汇报，由评估组秘书将报告提交巴塞尔委员会讨论并通过。

四是后续跟踪阶段。巴塞尔委员会应在一段时间后对评估进行更新，并重点对评估中潜在的差异进行跟踪评估。

（二）评估范围

巴塞尔Ⅲ的评估范围主要包括资本要求、系统重要性银行附加资本要求、流动性标准和杠杆率要求四个方面。其中，资本要求的评估框架主要包括五个方面 14 个组成部分：一是适用范围方面；二是过渡期安排方面；三是第一支柱最低资本要求方面，包括资本定义、信用风险的标准法、信用风险的内部评级法、信用风险的资产证券化框架、交易对手信用风险框架、市场风险的标准法、市场风险的内部模型法、操作风险的基本指标法和标准法、操作风险的高级计量法、储备资本和逆周期资本要求等 10 个组成部分；四是第二支柱监督检查程序方面，包括监督检查流程和监管行动的立法及监管框架；五是第三支柱市场纪律方面，包括信息披露的监管要求的组成部分。流动性标准要求主要包括适用范围、过渡期安排、流动性覆盖率和净稳定资金比例四个方面的评估内容。

表 11. 12　　　　　　　　　　　　　　评估范围

	巴塞尔框架的关键要素
A	资本要求
1.	适用范围
2.	过渡期安排
3.	第一支柱：最低资本要求
	资本定义
	信用风险：标准法
	信用风险：内部评级法（如适用）
	信用风险：资产证券化框架
	交易对手信用风险
	市场风险：标准法

续表

	巴塞尔框架的关键要素
	市场风险：内部模型法（如适用）
	操作风险：基本指标法和标准法
	操作风险：高级计量法（如适用）
	资本缓冲（储备资本和逆周期资本）
4.	第二支柱：监督检查程序
	监督检查流程和监管行动的立法及监管框架
5.	第三支柱：市场纪律
	披露要求
B	系统重要性银行附加损失吸收能力要求
	系统重要性银行附加损失吸收能力要求（如相关）*
C	流动性标准
1.	适用范围*
2.	过渡期安排*
3.	流动性覆盖率*
4.	净稳定资金比例*
D	杠杆率
	杠杆率*

注＊表示巴塞尔委员会完成国际规则的最终修订后将被纳入评估范围。

（三）评估方法

RCAP 项目主要包括完备性和一致性两个方面。其中，完备性是比较国内规则是否包含巴塞尔Ⅲ中所有规则，一致性是判断国内规则与巴塞尔Ⅲ是否存在实质性的差异。

从评估结果的档次来看，评估结果将包含符合、大体符合、大体不符合和不符合四个档次，其含义分别如下："符合"表示成员国（地区）的监管框架满足巴塞尔框架的所有最低标准，不存在可能导致审慎关切或为国际活跃银行带来竞争优势的重大差异；"大体符合"表示成员国（地区）的监管框架基本满足巴塞尔框架要求，仅存在少数未达标标准，监管差异对金融稳定或国际公平竞争环境造成的影响有限；"大体不符合"表示成员国（地区）监管框架中的关键标准不达标，监管差异对金融稳定或国际公平竞争环境造成的影响较大；"不符合"表示成员国（地区）未实施巴塞尔框架，或监管差异严重影响金融稳定或国际公平竞争环境。

从差异的评估方法来看，评估档次取决于成员国（地区）监管规则与国际规则的差异是否具有实质性，这种实质性既包含当前的实质性差异，也包含潜在的实质性差异。评估过程中的差异包括可量化和无法量化两种类型。对于可量化差异，要通过测算分析有关规定对资本充足率指标和风险加权资产的影响程度来界定类型。对于无法量化的差异，主要通过专家判断和监管经验，根据差异对资本计量过程的准确性、风险管理质量等可能在当下或未来造成不确定性的程度进行分类。

评估步骤主要包括以下两个步骤：第一步，对评估范围中确定的组成部分进行评估。评估结果也主要包括如上文所述的四个档次：符合、大体符合、大体不符合、不符合。相关流程如下：首先，评估全部可量化差异的影响程度；其次，将无法量化差异的影响程度作为可量化差异评估的调整项，但是调整后的档次不得高于调整前的档次；最后，根据有关专家判断，最终确定评估结果。第二步，对整体情况进行评估。整体情况的评估结果、确认流程与主要组成部分的评估规定保持一致：首先，评估全部可量化差异的影响程度；其次，将无法量化差异的影响程度作为可量化差异评估的调整项，同样调整后的档次不得高于调整前的档次。此外，组成部分的评估结果与整体评估结果紧密相关，组成部分的评估结果制约并影响整体评估结果。

二、评估情况

2012 年，巴塞尔委员会先后完成了欧盟和美国实施草案的预评估以及日本的评估。在对欧盟和美国实施草案的评估中，由于草案与巴塞尔Ⅲ国际标准在资本的定义、信用风险内部评级法和证券化框架等方面均存在实质上的不一致，因此没有给出综合的一致性评估结果。2013年，巴塞尔委员会先后完成了新加坡、瑞士、中国和巴西的评估。2014

年上半年，已经完成了澳大利亚和加拿大的评估，于下半年展开对欧盟、美国的评估。截至 2014 年 9 月，对已拥有最终文本的成员国（地区）的评估结果均为"符合"。在评估中各成员国（地区）新近发布的规范性文件在一些方面进一步完善了资本框架，并对最终评估结论产生了积极影响。

从评估结果来看，大部分不一致性在不同的国家表现各不相同，这些不一致性多与本国银行业的特征和法律法规状况相关，而规则文本的复杂性成为影响各成员国实施一致性的重要因素。从 2015 年开始，巴塞尔Ⅲ实施的评估内容将包括流动性、杠杆率、系统重要性银行框架以及后续对资本监管的持续评估。

表 11.13　　　　巴塞尔Ⅲ的 RCAP 评估情况（2012—2016 年）

成员国（地区）	评估状态	评估结果	评估完成时间
欧盟	预评估		2012 年 10 月
美国	预评估		2012 年 10 月
日本	完成评估	符合	2012 年 10 月
新加坡	完成评估	符合	2013 年 3 月
瑞士	完成评估	符合	2013 年 6 月
中国	完成评估	符合	2013 年 9 月
巴西	完成评估	符合	2013 年 12 月
澳大利亚	完成评估	符合	2014 年 3 月
加拿大	完成评估	符合	2014 年 6 月
欧盟	正在进行中		2014 年 12 月
美国	正在进行中		2014 年 12 月
中国香港	正在进行中		2015 年 3 月
中国澳门	正在进行中		2015 年 3 月
印度	计划中		2015 年 6 月
南非	计划中		2015 年 6 月
沙特阿拉伯	计划中		2015 年 9 月
俄罗斯	计划中		2015 年 12 月
阿根廷	计划中		2016 年 3 月
土耳其	计划中		2016 年 3 月
韩国	计划中		2016 年 6 月
印度尼西亚	计划中		2016 年 9 月

数据来源：巴塞尔委员会相关资料。

（一）日本评估结果

日本于 2013 年 3 月发布了本国的巴塞尔Ⅲ规则，适用于 16 家国际活跃银行，占日本银行业总资产的 56%，两家大型经纪商自愿实施。其他的本国银行适用于日本国内规则，国内规则在整体上与巴塞尔Ⅲ一致，但最低资本要求与巴塞尔Ⅲ有所不同。

从日本银行业整体情况看，日本银行业在金融体系中占据主导地位，银行资产约占金融体系总资产 55%，约为日本 GDP 的 320%。日本共有 123 家银行和 445 家合作社，其中三大全球系统重要性银行约占银行业总资产的 41%，另有 13 家国际活跃银行，多为区域性银行，资产约占银行业总资产的 15%。

从整体评估结果来看，日本实施巴塞尔资本框架的整体评估结果为"符合"。20 项评估内容中有 13 项评估结果为"符合"，1 项评估内容（资本缓冲）即将实施，待规则确定后由评估组后续评估，其他 6 项内容待巴塞尔Ⅲ规则确定后将开展评估。

（二）新加坡评估结果

新加坡于 2012 年 9 月 14 日发布了新加坡金管局通知 637 号文（MAS NOTICE 637），并于同年 11 月 29 日修订，同年 12 月 28 日发布了实施巴塞尔资本披露要求的相关规定，交易对手信用风险的资本监管标准将于 2013 年 7 月 1 日实施。

从新加坡银行业整体情况看，截至 2012 年 11 月，共有 123 家机构获得银行牌照，其中有 7 家本地银行，其余为外国银行分支机构。在 7 家本地注册银行中，有 6 家隶属于当地三大银行集团：星展银行、华侨银行和大华银行。截至 2012 年 6 月 30 日，这 3 家银行集团的总资产约占本地注册银行总资产的 96% 和银行体系总资产的 39%，是国际活跃银行但尚不是全球系统重要性银行。另 1 家本地注册银行花旗银行新加坡有限公司，是美国花旗银行在新加坡注册成立的一个部门，目前不是国际活跃银行。

从整体评估结果来看，新加坡实施巴塞尔资本框架的整体评估结果为"符合"。14 项评估内容中有 12 项评估结果为"符合"，其中信用风险标准法和信用风险的内部评级法这两项评估结果为"大体符合"。在信用风险标准法方面，新加坡金管局扩大了合格的金融抵押品的范围，纳入了银行发放的结构性存款。在内部评级法方面，关于零售风险敞口的规定不同于巴塞尔框架下的资本监管标准，新加坡规定对于某些并不符合零售风险敞口处理要求的个人风险敞口，银行可赋予其100% 的风险权重，从而不用将其划分为内部评级法下的公司风险敞口进行处理。此外，新加坡版巴塞尔Ⅲ并未提及银行不应以减少监管资本要求为目的而采用内部评级法。

（三）瑞士评估结果

瑞士已经根据巴塞尔委员会的要求实施了本国的巴塞尔Ⅲ资本框架（IA），瑞士资本监管框架的主要规则是资本充足性条例（Capital Adequacy Ordinance，CAO），巴塞尔Ⅱ于 2007 年 1 月 1 日实施，巴塞尔Ⅱ.5 于 2011 年 1 月 1 日实施，巴塞尔Ⅲ从 2013 年 1 月 1 日起实施。绝大多数的国际活跃银行将在 2014 年底前从当前的瑞士标准法过渡到瑞士巴塞尔Ⅲ资本框架。

从银行业整体框架来看，瑞士金融体系中包含 322 家银行，资产占金融体系总资产的 87%，是本国 GDP 的 7 倍多，其中包括 98 家国际活跃银行。瑞士金融体系呈现典型的双头垄断的特征，2 家全球系统重要性银行的总资产占银行体系总资产的 64%。近年来，瑞士银行体系的资本充足率远高于巴塞尔委员会所规定的最低标准，其总资本充足率近 18%，一级资本充足率和核心一级资本充足率近 15%。从风险类别来看，信用风险在风险加权资产中的占比最高达 60%，操作风险和市场风险占比分别为 16% 和 14%，剩余 10% 的风险加权资产属于其他风险资产。目前在所有的瑞士银行中，6 家银行允许使用信用风险内部评级法，5 家银行允许运用市场风险内部模型法，2 家银行允许运用操作风险高级计量法。

从整体评估结果来看，瑞士实施巴塞尔资本框架的整体评估结果为"符合"。14 项评估内容中有 11 项评估结果为"符合"，其中资本定义、信用风险的内部评级法和披露要求这三项的评估结果为"大体符合"。

（四）中国评估结果

2012 年 7 月，经国务院批准中国银监会发布了中国版巴塞尔Ⅲ的资本监管框架《商业银行资本管理办法（试行）》。同年 10 月和 11 月，中国银监会又相继发布了关于资本充足率填报指引、过渡期安排以及资本工具创新等配套文件。《资本办法》适用于 511 家在中国境内注册的商业银行，其中包括中小商业银行，但不包括政策性银行。

2013 年 7 月 19 日，中国银监会又发布了《中央交易对手风险敞口资本计量规则》、《关于强化商业银行资本构成信息披露要求的通知》、《关于商业银行实施内部评级法有关问题的通知》以及《关于进一步明确〈商业银行资本管理办法（试行）〉相关政策的通知》等四份资本监管相关文件。四份监管文件的发布显著缩小了中国资本监管制度与巴塞尔Ⅲ最低标准的差异，对最终评估结果产生了积极影响。

中国实施巴塞尔资本框架的整体评估结果为"符合"。14 项评估内容中有 12 项评估结果为"符合"，仅信用风险标准法和第三支柱这两项的评估结果为"大体符合"。关于信用风险标准法，中国国内规则明确规定了对国内主权、银行以及公共部门实体风险敞口的风险权重，而未采用巴塞尔协议中将此类风险权重与外部评级挂钩的方法。虽然该权重目前高于巴塞尔的标准，但是如果中国的主权评级下降，目前对国内商业银行以及视同国内商业银行处理的公共实体的风险权重则会低于巴塞尔标准。因此巴塞尔委员会的评估组将中国的信用风险标准法评定为"大体符合"。对于第三支柱，评估组也在这个部分发现了一些差异，但同样对于中国整体资本监管框架没有产生显著影响。

（五）巴西评估结果

巴西中央银行（BCB）于 2013 年 3 月发布了巴塞尔 Ⅲ 的资本监管规则，2013 年 10 月 1 日正式实施，该规则适用于巴西境内经营的所有银行。

从巴西银行业整体情况看，近年来巴西银行业出现几起较为重大的并购，导致银行业结构较为集中。截至 2013 年 3 月，6 家最大的银行占据了银行业总资产的 79%，并主要从事国内银行业务。目前巴西还没有全球系统重要性银行。

从巴西银行监管体系来看，巴西监管体系由国家货币政策理事会以及负责保险和养老金的相关机构共同组成，其中国家货币政策理事会是金融市场的主要监管机构，由财政部、计划预算管理部和巴西央行主席构成，该理事会不仅对银行进行审慎监管，还负责制定货币政策和信贷政策。银行业审慎监管政策由巴西央行提出，国家货币政策理事会以决议的形式表决，是监管的最高层次。

从整体评估结果来看，巴西实施巴塞尔资本框架的整体评估结果为"符合"。14 项评估内容中有 11 项评估结果为"符合"，信用风险标准法、最低资本缓冲要求和第二支柱这三项的评估结果为"大体符合"。在信用风险标准法中，评估组认为当前巴西本国规则可能导致部分资本类别的资本要求较高，但是在压力情景下可能发生反转。对于资本缓冲和第二支柱，评估组认为目前偏差不具有重要性，但重要性评估有待持续跟踪和深入。此外，巴西本国规则允许银行使用模型法来计量信用风险、市场风险和操作风险。然而在实践中，只有一家银行被批准使用市场风险的内部模型，且没有银行有权被批准使用信用风险或操作风险的内部模型。考虑到银行不可能在未来两三年内获得模型的批准，评估小组认为相关偏差仅存在潜在差异。

（六）澳大利亚评估结果

2012 年 11 月，澳大利亚审慎监管局完成了本国巴塞尔 Ⅲ 监管规则的制定工作，于 2013 年 1 月 1 日起开始实施。该规则适用于所有当地注册的授权存款机构（包含国内银行、外国银行分行、信用联社等），包括不具有国际活跃特征的小型和中型商业银行机构。

从澳大利亚银行业整体情况看，截至 2013 年 3 月，澳大利亚共有165 家吸收存款机构，总资产约为 4.2 万亿澳元，约为澳大利亚 GDP 的280%。澳大利亚金融体系主要由 4 家吸收存款机构主导，但这些国内系统重要性银行尚不是全球系统重要性银行，这 4 家资产约占澳大利亚银行业总资产的 80%。

从澳大利亚银行监管体系来看，澳大利亚证券投资委员会对市场和企业行为负责，也承担消费者保护的职责，澳大利亚央行负责监督金融体系稳定性和支付体系，两者与澳大利亚审慎监管局共同组成金融监管理事会。

从整体评估结果来看，澳大利亚巴塞尔资本框架的整体评估结果为"符合"。14 项评估内容中有 12 项评估结果为"符合"，资本定义和信用风险内部评级法这两项的评估结果为"大体符合"。在资本组成的定义方面，澳大利亚审慎监管局对持有本银行股票的处理及或有资本工具的定义与巴塞尔国际规则存在一定的差异。巴塞尔Ⅲ要求所有对本银行直接或间接的股票投资都应从核心一级资本中扣除，审慎监管局允许对此条款进行豁免。在或有资本工具应满足的条件中，澳大利亚审慎监管局的审慎标准并没有保证新股发行会先于政府的资金注入。在信用风险内部评级法中，未对风险加权资产适用 1.06 倍的乘数，且关于住房抵押零售贷款的定义未包含对零售资格的要求。

（七）加拿大评估结果

加拿大监管当局根据巴塞尔委员会的要求，于 2013 年 1 月 1 日起实施巴塞尔Ⅲ资本监管规则，即加拿大的资本充足要求准则（CAR 准则），该准则适用于 105 家当地注册银行以及信托和贷款公司，但其中市场风险的资本要求有所不同，仅适用于国际活跃银行和加拿大监管当局认准的国内系统重要性银行。

从加拿大银行业整体情况看，截至 2013 年 10 月，加拿大共有 105 家吸收存款机构，包含 25 家国内银行、23 家外国银行、1 家零售合作社、56 家信托和贷款公司，总资产约为 4.5 万亿加拿大元，约占加拿大 GDP 的 250%，占金融系统总资产的一半。加拿大金融体系主要由 6 家国内系统重要性银行主导，但这些国内系统重要性银行尚不是全球系统重要性银行，这 6 家银行资产约占加拿大银行总资产的 93%。从狭义上看，这 6 家银行是加拿大监管当局唯一认定的国际活跃银行。

从加拿大银行监管体系来看，加拿大银行业监管主要由金融机构审慎监管署、加拿大银行和财政部 3 家机构共同负责。其中，金融机构审慎监管署对国内所有的注册银行、保险公司、信托和贷款公司、合作信用机构进行审慎监管，加拿大银行评估金融稳定性风险，监督系统性偿付、清算和结算系统，财政部对金融系统的总体稳定性负责。

从整体评估结果来看，加拿大巴塞尔资本框架的整体评估结果为"符合"。14 项评估内容中的 13 项结果为"符合"，资本定义的评估结果为"大体符合"。在资本定义中，对优先股和固定受益型养老金资产的处理同巴塞尔的要求有所不同，因此资本定义的标准被评估为"大体符合"。在过渡期安排等方面，加拿大国内规则比巴塞尔 Ⅲ 更为严格。

第四节　风险加权资产的差异分析

在监管一致性评估项目下，巴塞尔委员会分别开展了全球银行业银行账户和交易账户风险加权资产的可比性研究。在银行账户的研究中，试图分析引起运用内部评级法计算的银行账户信用风险加权资产出现实质性差异的主要原因；在交易账户的研究中，试图分析引起市场风险加权资产出现实质性差异的主要原因。该研究为巴塞尔委员会关于信息披露、交易账户等方面开展的改革提供了证据，同时为如何在保证风险敏感性的前提下缩小这些差异指明方向。

一、银行账户信用风险加权资产分析

为了分析运用内部评级法计算银行账户信用风险加权资产出现实质性差异的主要原因，巴塞尔委员会采用自上而下和自下而上两种方法进行分析研究：一是自上而下的风险加权资产分析，即分别选择不同资产组合、银行和国家层面的风险加权资产数据，进行差异的比较分析；二是自下而上的标尺资产组合分析，即基于一组共有的批发债务人形成假设的资产组合样本，确定银行内部评级法在实践中计算风险参数的差异。为了进一步验证分析结果、更好地理解引起这些差异的原因，巴塞尔委员会还组织了面向 12 家银行的现场访谈。

（一）自上而下的风险加权资产分析

关于银行账户加权资产的分析主要是围绕信用风险加权资产展开的。自上而下的分析是基于资本监测工作组收集的自 2008 年底至 2012 年 6 月、以半年为频率的监管数据展开的。根据样本计算结果，信用风险加权资产占据风险加权资产的主导地位，约占 77%，而市场风险和操作风险加权资产仅占 11% 和 9%。分地区来看，如图 11.6 所示，亚洲及其他地区的信用风险加权资产占比最高，北美的市场风险加权资产占比相对较高，资本底线调整仅对欧洲的风险加权资产产生影响。

从信用风险加权资产的整体波动情况来看，基于 67 家样本银行提供的数据，巴塞尔Ⅱ框架下计算的平均风险权重从 11% 至 62% 不等，变异系数为 0.34；巴塞尔Ⅰ框架下计算的平均风险权重从 22% 到 64% 不等，变异系数为 0.24。可以认为，在巴塞尔Ⅰ框架下风险权重的不同主要是不同资产类别混合后的反应，而巴塞尔Ⅱ框架下平均风险权重的波动高于巴塞尔Ⅰ框架下平均风险权重的波动，这也正反映了巴塞尔Ⅱ具有更高的风险敏感性。

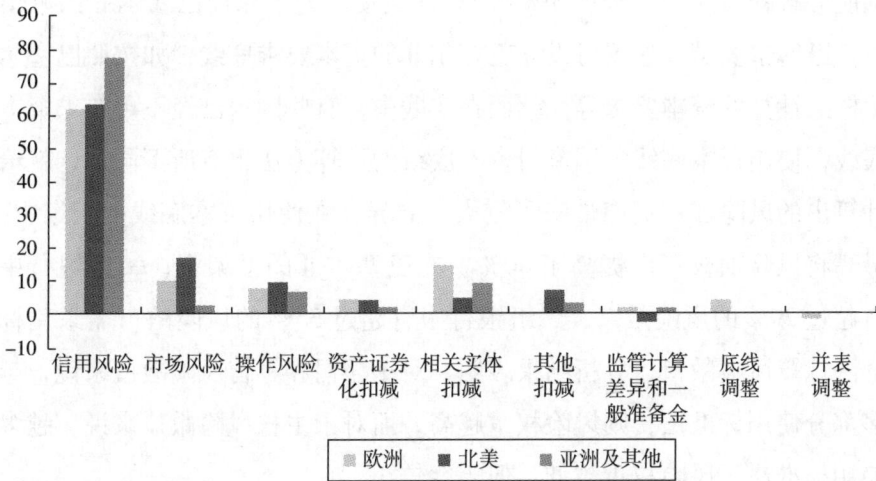

数据来源：巴塞尔委员会。

图 11.6　风险加权资产的风险类别

　　从信用风险加权资产中不同类别资产的波动情况来看，公司风险
敞口和零售风险敞口是信用风险敞口中最大的两个部分，分别占 27%
和 23%，其风险权重的波动也较大。综合来看，公司风险敞口和零售
风险敞口对总信用风险加权资产波动的贡献达四分之三，其中公司风
险敞口的贡献为 42%，零售风险敞口的贡献为 34%，而主权风险敞口、
资产证券化敞口和其他资产风险敞口对信用风险加权资产波动的贡献
则分别为 10%、7% 和 7%。

　　信用风险加权资产差异来源的分析结果表明，四分之三的实质性
差异可以由银行资产风险构成的潜在差异来解释，这与资本充足率框
架下的风险敏感性和激励相容的设计初衷是一致的。引起剩下四分之
一的实质性差异的原因既包括银行实践中的因素也包括监管因素。

　　在监管因素方面，巴塞尔协议框架下的自由裁量权以及不同成员
国（地区）实施巴塞尔规则的差异是国家层面监管因素存在的主要原
因。引起差异的监管因素主要包括资本底线、标准法的部分使用等，分

别能够解释风险加权资产 3% 和 5% 的波动。为了保证巴塞尔 II 的审慎性，巴塞尔委员会建议可设立巴塞尔 II 的资本要求底线，如按照巴塞尔 I 框架计算的资本要求等。然而在实践中，有些国家已经不再要求资本底线，使用资本底线的国家对资本底线的计算方法也有所不同，这就给计算出的风险加权资产带来了较大的差异。在使用资本底线的国家中，最高将风险加权资产提高了 80%。在巴塞尔 II 的框架下，一组银行中有超过 20% 的风险敞口，二组银行中有超过 35% 的风险敞口需采用标准法计算风险敞口，分析结果表明，对于公司和零售风险敞口来说，越多部分使用标准法，则风险权重越高，而对于主权风险敞口来说，越多使用标准法，风险权重越低，但幅度较小。

在银行实践的因素方面，差异主要来自银行选择的不同内部评级法（初级法、高级法）、对参数估计的审慎调整以及银行建模中的不同选择（包括基础数据的选择、方法论、违约概率的标尺、违约定义、周期影响的调整以及对违约资产组合的处理等）。有时差异也来自对巴塞尔协议框架理解的不同。

比较初级法和高级法，在公司风险敞口的计算中，由于高级法计算出的平均违约损失率为 33%，大大低于初级法计算得到的 40%，加之高级法下的信用风险转换系数低于初级法下规定的 75%，因此高级法计算的平均风险权重较低。然而在主权风险敞口和银行风险敞口中并未发现较大差异。

（二）自下而上的标尺资产组合分析

在自下而上的标尺资产组合分析中，来自 13 个国家（地区）的 32 家国际大型银行运用各自的内部评级法对相同的资产组合样本进行风险度量，从而分析面对相同风险敞口，银行对于违约概率、违约损失率等估计的差异。标尺资产组合由批发资产组合（包括主权、银行和公司三类）构成，其中大部分债权人很少违约，这三类批发资产组合约占样本银行总违约风险敞口的 40%。

根据样本银行计算的结果，如图 11.7 所示，在 32 家参与的样本银行中，对于以 10% 为资本充足率标尺的资产组合，22 家银行计算出的资本充足率在 10% 上下的波动范围处于 1 个百分点以内，然而，风险权重的波动将引起某些银行的波动高达 1.5 个至 2 个百分点，或相对 10% 来说上升 15% 到 20%。

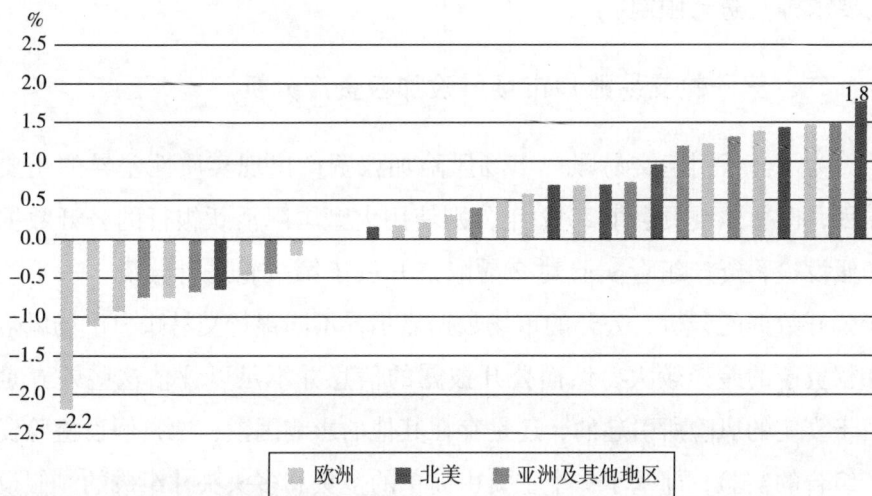

数据来源：巴塞尔委员会相关资料。

图 11.7　资本充足率的潜在影响

不同银行对债权人及债项的评级高度一致，差异主要来自违约概率（PD）和违约损失率（LGD）。导致不同银行计算的风险加权资产出现差异的主要原因是由于被评估资产组合较少发生违约，风险参数的估计缺少合适数据等因素，这些因素在估计公司和银行资产组合的违约损失率（LGD）时可能表现得更为明显。

（三）政策建议

在风险敏感性、可比性和简单性寻找平衡将是巴塞尔委员会在后续很长一段时间内的努力方向。为了实现这一目标，基于银行账户信用风险加权资产的差异及归因分析，巴塞尔委员会将重点考虑以下改革方向：从短期来看，巴塞尔委员会将加强信息披露、对巴塞尔协议框架中缺失的条款（如内部评级法参数的审慎调整、周期性影响、外部数据使用等）补充相应的指引，对巴塞尔框架中模糊条款予以明确。从中期来看，巴塞尔委员会将进一步协调统一各国的实施要求（如资本底线、标准法的部分使用等），并对内部评级法的参数估计（监管标尺的要求等）进行限制。

二、第一轮交易账户市场风险加权资产分析

为了分析引起交易账户市场风险加权资产出现实质性差异的主要原因，巴塞尔委员会于 2012 年分别使用大型国际活跃银行的公开数据和假设检验资产组合实验对交易账户开展了第一轮进行分析：一是基于公开数据的分析，公开的市场数据显示，不同银行交易账户市场风险加权资产的差异较大，然而公开披露的信息并不足以评估这些差异是由于真实的风险所引起的，还是存在其他的影响因素；二是假设检验资产组合的实验，即基于一个主要由简单的空头和多头头寸组成的、假设的多元化资产组合，分析由此计算出的市场风险加权资产的差异及来源。

（一）基于公开数据的分析研究

从公开数据来看，不同银行市场风险加权资产与交易资产的比值差异较大。根据 16 家交易活跃的全球银行财务数据，交易资产的平均风险权重从 10% 到近 80%，大部分银行的权重在 15% 至 45%。这种差异在很大程度上是由于真实的风险承担和业务模式所决定的，如持有流动性较差的交易资产的银行，平均风险权重往往较高。然而，这种差异并不能完全被解释，仍旧存在其他一些因素导致这些差异：一是关于监管方法和要求的差异，如 16 家样本银行中仅有 9 家银行已经适用巴塞尔 II.5 的框架，而巴塞尔 II.5 允许用更多的内部模型，如压力 VaR 模型、新增风险模型（IRC）、综合风险模型（CRM）计算市场风险计

提的资本，越多使用内部模型计算的银行，其市场风险加权资产占比越低；二是关于计算市场风险监管资本时方法及模型选择的差异，如在现行巴塞尔框架下允许银行选择不同的历史数据区间估计 VaR。此外，不同的会计框架也是造成该差异的原因之一。

（二）假设检验资产组合实验

假设检验资产组合实验基于 15 家国际活跃银行的数据，根据假设检验资产组合的实验，市场风险加权资产差异的主要来源包含两个方面：一是监管决策因素，既包括限制模型选项等适用于某个国家（地区）的监管决策，也包括监管乘数等适用于某家银行的监管决策，在参与检验的银行中监管乘数从 3 到 5.5 不等；二是银行的模型选择，运用新的、复杂的新增风险模型（IRC）计算得到的市场风险加权资产比运用 VaR 和压力 VaR 方法计算的波动更大。对于 VaR 和压力 VaR 模型来说，数据长度、不同资产的加总方法、压力时间的选择都是引起模型波动的主要原因；对于 IRC 模型来说，整体的模型方法、转移矩阵的校准等是引起模型的主要原因。

（三）政策建议

根据上述差异及其归因分析，未来巴塞尔委员会将可能从以下三个方面进行改进：一是加强信息披露和监管数据的收集，有助于对市场风险加权资产的理解；二是限制银行的模型选择，三是进一步加强监管协调。

三、第二轮交易账户市场风险加权资产分析

2013 年 12 月，巴塞尔委员会将样本银行拓展至 9 个国家（地区）的 17 家具有较多交易头寸的国际活跃银行，开展了关于交易账户风险加权资产的第二轮分析，对第一轮的资产组合进行了重新计算，并将分析对象拓展至包含所有资产类别（股权、利率、汇率、商品和信用）的更具代表性、更复杂的交易账户头寸，还包括资产证券化的相关性交

易资产组合（correlation trading portfolios）。

第二轮分析表明，越复杂的产品需要越多的、越复杂的风险因子建模，由此计算出的风险加权资产的波动性越大。根据多样性最大的资产组合分析，资本要求的变异系数为26%。

VaR模型和压力VaR模型的波动性与第一轮结果类似，数据长度和加总风险的方法仍旧是导致波动性的主要原因，但其中股权类资产组合和商品类资产组合用VaR和压力VaR模型计算的波动性较大，说明第二轮测算期间这两类市场面临的环境波动较大。

IRC模型的波动较第一轮有所下降，且该模型的波动与其他的市场风险内部模型更为趋近。这一方面表明随着时间的推进该模型方法日趋成熟，另一方面是由于在第二轮分析期间参与测算银行所在的地区均已经实施巴塞尔Ⅱ.5。在影响IRC波动的驱动因子中，相关性假设、违约概率假设、传染模型或转移矩阵方法的选择对波动性的影响较大、流动性水平假设、估值方法以及转移矩阵的校准等也对波动性存在一定的影响。

监管选择对风险加权资产波动的影响较第一轮有所下降。在第一轮分析中，若假设监管乘数为3，则资本要求的变异系数从31%下降至23%；在第二轮分析中，若假设监管乘数为3，对多元化程度最高的资产组合来说，其资本要求的最大值和最小值均未变化。相比较2012年的监管乘数在3至5.5之间的变动范围，2013年监管乘数的范围有所缩窄，VaR模型的监管乘数仅在3至4.2之间，压力VaR模型的监管乘数在3至4.5之间。这也在一定程度上说明，监管选择对风险加权资产的影响是随着时间变化而不断变化的。

第二轮分析将交易账户风险加权资产波动的分析拓展至相关性交易资产组合（CTPs）。相关性交易资产组合是对冲的资产证券化头寸，多为2008年危机前遗留的交易头寸，计算相关性交易资产组合资本计提的内部模型是综合风险度量模型。第二轮分析结果显示，综合风险度量模型的波动性比 VaR 模型、压力 VaR 模型和新增风险模型的波动性更高。如果底线是由银行根据模型输入自行确定的，则底线规则并不会减少该指标的波动性。

在政策安排方面，第二轮交易账户风险加权资产的分析结果再次验证了第一轮分析结果的正确性，也为根据第一轮分析结果开展的政策改进进一步提供了依据。除此之外，第二轮分析还为交易账户相关规则的改革提供了更多的支持：一是风险度量方面，如使用预期尾部损失（ES）模型替代 VaR 和压力 VaR 等模型，设定校准期、观察期等参数；加总风险因子时限制风险的分散化效应等；二是协调监管实践方面，如保持监管乘数、监管参数的一致性等。

标准制定与实施监督一直是巴塞尔委员会的两项核心工作。监管一致性评估项目的开展使巴塞尔委员会不再仅仅是一个国际标准制定的协商组织，而是成为了具有一定约束能力的国际合作机构。在监管一致性评估项目下，巴塞尔委员会通过要求成员国（地区）定期报送数据、组织评估组对各成员国（地区）进行同行评估，对成员国（地区）实施巴塞尔协议的进展情况、一致性情况以及可比性情况有了深入的了解、比较和分析，这不仅为巴塞尔协议的全球一致实施形成了有效的约束，提高了巴塞尔协议全球实施的质量，也为巴塞尔委员会不断调整监管思路和框架、完善监管规则细节提供了坚实的实践依据。

第十二章　对国际银行
监管框架的反思

经过近年来的发展，巴塞尔委员会主导制定的国际银行监管框架已经越来越复杂。复杂性的上升，既是应对日益复杂的银行体系的需要，也是巴塞尔委员会追求监管框架的风险敏感性的结果。复杂的监管体系带来了规则实施不一致、监管要求不可比性、监管有效性降低等一系列问题，影响了国际银行监管规则的权威性和可信度。针对该问题，巴塞尔委员会对当前的国际银行监管框架进行了全面的反思，基本肯定了当前的规则制定思路，但提出应当追求简单性、可比性和风险敏感性的平衡，避免规则的过度复杂，解决不同商业银行风险加权资产不具有可比性的问题，相关工作正在有序进行中。

一、国际银行监管框架的日益复杂及其原因

从巴塞尔 I 到巴塞尔 II，再到巴塞尔 III，国际银行监管框架已经成为一套十分复杂的规则体系。单从文本的长度来看，巴塞尔 I 文本仅有28 页，巴塞尔 II 文本已经拓展至 347 页，巴塞尔 III 文本则有 616 页[①]，巴塞尔资本协议的复杂化已经大幅增加。然而从本质上来说，从巴塞尔 I 到巴塞尔 II 的复杂化主要体现在风险计量方法复杂性的不断提高，巴塞尔 II 细化了各类风险标准法模型，引入信用风险内部评级法、市场风险内部模型法和操作风险高级计量法等，大大增加了计算风险加权

---

① 该页数不包括巴塞尔委员会在2010 年12 月巴塞尔 III 发布后对交易对手信用风险、杠杆率等修订后的规则文本，也不包括大额风险暴露的文本。

资产的复杂性。Haldane（2011）指出，巴塞尔Ⅲ的实施，意味着一个大型复杂银行每天的计算量将从三十年前的几位数增加到当前的几百万。造成监管框架日益复杂的原因主要包括以下两个方面。

银行体系的日益复杂是引发风险计量方法复杂化的重要因素。20世纪90年代以来，在金融全球化、自由化和科技进步的推动下，衍生产品、资产证券化等金融创新层出不穷，银行机构的规模迅速增加，组织结构、金融工具、业务品种和交易策略也越来越复杂，银行涉足的业务领域也从传统银行业务，扩展到资产管理、投资银行、对冲基金和私募基金等非传统银行业务。面对日益复杂的金融工具、资产负债结构和银行体系，监管当局惯性地选择了日益复杂的风险计量方法以应对。

提升风险敏感性是推动风险计量方法复杂化的主要动力。巴塞尔Ⅰ的制定和实施，除了维护银行业安全之外，也力求建立全球统一的资本监管标准，防止银行为获取竞争优势而争相降低资本，从而增加银行体系的脆弱。然而随着金融体系不断发展成熟，金融机构的发展呈现了多样化的特征，金融机构的业务和工具也日益复杂，仅用单一的模型和权重设定难以准确反映风险，例如，在巴塞尔Ⅰ的框架下，不论对于评级较高、风险较低的大型企业而言，还是对于评级较低、风险较高的小型企业而言，巴塞尔Ⅰ都要求100%的风险权重，风险敏感性较低。金融自由化进程的不断加深、金融集团的不断扩展也在一定程度上提升了金融机构对金融监管的游说能力。因此在巴塞尔Ⅱ的推进中，主流的监管理念是不断提高资本监管的风险敏感性，采用银行内部模型计量监管资本，使监管资本与银行自身的风险计量结果及经济资本保持一致。通过监管资本向经济资本的靠拢，提升监管资本的风险敏感性，奖优罚劣，实现激励相容。由于各家银行的历史数据不同，模型假设的不同，参数的选取不同，因此内部模型一般相对复杂，加之银行在运用内部模型的过程中不可避免地存在逃避资本监管的内在动力，这可能在一定程度上进一步增加内部模型的复杂程度。

二、监管框架复杂化带来的挑战

巴塞尔委员会 1996 年市场风险修正案首次允许银行在计算市场风险资本时使用 VaR 模型，随后进一步将内部模型其纳入到信用风险和操作风险资本计量框架之中。巴塞尔委员会引入商业银行内部模型的初衷是提高资本监管规则的风险敏感性，即银行的内部模型能够更好地捕捉银行面临的各类风险，防止简单划一的规则不符合单体银行的实际情况。巴塞尔委员会同时认为，通过在资本监管框架中引入商业银行的内部模型，能够更好地实现激励相容的目标，即实现经济资本和监管资本的融合，激励银行持续提高风险管理水平。内部模型的引入，使得国际银行监管框架更加市场化，也更加贴近单家银行的风险状况。在很长一段时间内，内部模型的引入和激励相容监管框架的构建都被认为是巴塞尔协议在监管理念上的重大突破，然而，内部模型法带来的复杂性的不断提升及其在风险管理中存在的问题也日益凸显。

风险计量方法存在固有的模型风险，其复杂化可能在追求精细化的同时削弱银行内部风险管理的有效性。模型风险指的是银行输入数据不准确或时间序列太短、模型设计存在缺陷、对尾部事件考虑不足以及模型运用出现偏差等因素造成的模型无法真实反映资产风险并由此给银行带来损失的风险。从根本上来说，模型是对现实的简化，这种简化可能与现实存在不一致，甚至相差甚远，从而带来了模型风险，即风险评估的风险（risks about risk assessment）。目前银行广泛使用的风险计量模型大多运用历史数据预测未来情况，该类模型实现准确计量依赖于历史会重演的假设，因此面对历史上未曾出现过的新型风险，该类模型均难以捕捉。另外，基于常态数据建立的模型往往低估尾部即极端情况下的风险，还会导致银行对压力情况下的风险准备不足，模型的过度复杂化将导致其校准和检验更加难以实现，因此复杂模型可能反而会降低风险计量的准确性。与此同时，大量复杂模型的使用会导致董事会和高管人员难以准确理解其风险实质和资本计量结果，可能反而会削弱银行内部风险管理的有效性。

银行具有资本套利的内在动力，监管框架的复杂化在降低了监管套利成本的同时，增加了监管成本，影响了监管有效性。商业银行采用内部模型的主要目标是用于确定经济资本要求，并以此为基础在银行内部有效配置资源，以实现风险和收益的平衡，最大程度地获取经济利益。而监管资本的主要目标是有效抵御银行的非预计损失，资本监管的有效性取决于其多大程度上可以抵御尾部风险。目标的不一致，决定经济资本计量模型和监管资本计量模型在模型技术、参数选择、样本范围和时间窗口等方面都存在差异。商业银行内部模型在多大程度上能够有效确定银行的资本要求，使用内部模型进行监管资本的计量存在多大的监管套利空间，仍然是一个值得深入研究的问题。

从银行的角度来说，监管套利行为是银行追求利润最大化过程中的内在需求，运用内部模型计算监管资本要求，使银行可以通过选择模型技术、样本范围、时间窗口等方式改变参数和模型计算结果，进而人为降低监管资本要求。内部模型的复杂性，使监管机构难以迅速有效地对模型及其参数的准确性进行验证，从而降低了银行进行这种监管套利的成本，进一步增加了银行规避资本要求的可能性。从监管者的角度看，为确保银行内部模型的准确性和可靠性，需要投入大量的监管资源对银行的内部模型进行评估和验证，从而大幅增加监管成本。如果监管资源有限，不仅可能影响监管者对银行资本充足性的有效评估，还可能削弱其对银行重大风险管理缺陷和银行业整体风险及其变化趋势的分析和把握，从而影响监管有效性。

监管框架的复杂化会降低不同银行监管资本的可比性，影响国际规则实施的全球一致性。监管框架的复杂化导致不同国家、不同银行在规则的理解和实施中存在不一致。由于银行采用的内部模型及其基础数据、参数和前提假设不相同，会导致不同银行对同一资产组合计量的资本要求出现较大差异，加之可能存在的模型风险，会影响资本充足率计算的准确性，并为银行通过模型低估资本要求、进行监管套利创造机会。2012 年，巴塞尔委员会对 9 个国家 15 家国际活跃银行的资本计量方法进行了评估，发现对于相同的资产组合，使用不同的内部模型计算的资本要求差异很大。其中，不同银行计算的交易账户资本要求的最大值是最小值的 2.55 倍，银行账户信用风险资本要求的最大值是最小值的 5.1 倍，操作风险资本要求的最大值是最小值的 40 倍。银行之间资本充足率的可比性降低，会影响监管标准执行的一致性和银行业的公平竞争，损害监管的公信力。

监管框架的复杂化在一定程度上降低了市场参与者的信息获取能力，不利于其作出准确的决策。监管框架及指标的复杂性影响了市场参与者对信息把握的准确性，影响了市场约束的效力。在运用内部模型计量风险的过程中，模型的方法、参数、假设前提等都将对模型结果产生较大影响，计量方法的复杂化将掩盖这些因素的影响路径。对于市场参与者而言，复杂性的增加会降低信息透明度，增加信息获取成本，并影响其对银行风险和资本充足状况作出准确判断，从而削弱信息披露的市场约束作用。

三、国际银行监管规则制定的内在矛盾

国际银行监管框架的日益复杂也与规则的制定过程密切相关。作为国际标准，国际银行监管规则的制定过程是一个各国监管当局求同存异的过程，在此过程中，成员国监管当局根据本国银行业实际，对规则提出意见和建议，最大程度地争取自身的利益。巴塞尔委员会的章程规定，国际规则的决策应当基于各成员监管当局的共识（consensus）。当完全的共识不可能时，必须求诸最大范围的同意。该制定过程决定了国际银行监管规则实质上是政治妥协的产物。多种因素的考虑使巴塞

尔Ⅲ不可避免是一个综合平衡的结果①，也使巴塞尔Ⅲ不可能是最优解决方案，而只可能是次优解决方案。

美国文化人类学学者吉尔兹提出，法律是一种地方性知识（local knowledge）。换句话说，只有根据当地实际制定的规则才能在本地有效实施。既然规则是一种地方性知识，不同的地方会有不同的知识，彼地方的知识到此地方就未必会具有适应性。尽管随着金融全球化的不断推进，各国金融市场具备越来越多的相似的特征。但是，不可避免，各国银行业仍然有其自身的一些特点。例如，有的国家（如德国）的银行体系存在大量的合作银行，其股权结构和运营模式与商业银行有较大的区别；有的国家政府在银行体系中发挥重要的作用，银行的运营与政府运作密不可分，一旦银行面临经营困难，其处置的方式也不同于市场化银行体系下的银行处置模式。巴塞尔委员会制定的国际银行监管规则，只可能考虑国际金融市场的共性，而不可能对各国银行业的特性面面俱到。为此，巴塞尔委员会在制定国际银行监管规则时，采取了以下措施来缓解这一矛盾：一是规则制定过程中充分吸收成员国的意见。巴塞尔委员会制定国际规则采用建立工作组的方式，各成员国监管当局都可以派代表参加工作组，并根据本国实际提出意见；在规则草案形成后，向全球公开征求意见，力求全面反映各方意见和建议。二是在规则过程中纳入了大量的国家自由裁量权（national discretion）。据巴塞尔委员会统计，仅在巴塞尔Ⅲ资本框架中就存在 97 项的自由裁量权的授权。各国可以根据本国银行业实际，在授权范围内制定本国规则，从而增加相关规则在本国的适应性。

上述做法有利于提高国际银行监管规则在不同国家实施的有效性，

---

① 巴塞尔委员会前任秘书长 Wayne Byres 认为，巴塞尔Ⅲ是多重目标平衡的结果，这些目标要求巴塞尔Ⅲ：（1）全面，但是简单；（2）强有力，但不（对银行业）造成过重的负担；（3）以风险为本，但容易理解和可比；（4）有弹性和适应各种情况，但是实施具有一致性；（5）适用于非危机时期，但建立在危机的教训之上；（6）基于共识，但尽可能广的妥协；（7）规则和监督的力量运用相对平衡。

但也带来了一些问题。由于国际规则的形成是一个尽可能反映各国意见的过程，而各国在决策过程中的地位因其国家实力、参与国际规则制定人员的能力和水平、该国在国际金融市场中的地位而有很大的不同，一些占有优势地位的国家可能将本国监管当局的一些意图纳入到国际规则之中，争取对其有利的规则，并可能要求针对本国特殊情况作出其他特殊规定，甚至豁免相关监管要求。该做法使得国际规则纳入了大量的特殊规定条款，增加了国际规则的复杂性，不利于国际规则的实施，并可能更多反映了优势地位国家的利益。在自由裁量权方面，自由裁量权的赋予，在给予各国更多的制定本国规则的灵活性的同时，也影响了国际规则实施的一致性和监管要求的可比性。为提高国际银行监管规则实施的一致性和可比性，目前，巴塞尔委员会正在对国际银行监管规则中赋予的自由裁量权进行审查，拟尽可能减少各国的自由裁量权。但自由裁量权的取消，也意味着各国监管当局将难以根据本国银行业实际制定自身的特殊规则，弱化本国监管规则对本国市场的针对性。如何在制定国际统一标准的同时，充分考虑各国银行业的实际，是国际银行监管规则制定的挑战。

四、巴塞尔委员会的改进思路

尽管引入内部模型增加了国际银行监管框架的复杂性，并可能带来监管套利问题，巴塞尔委员会在研究之后仍然认为，内部模型的引入仍然是有效地考虑不同银行风险状况之间存在的差异，提高资本监管规则的风险敏感性的较好方法。巴塞尔委员会提出，在充分认识到当前资本监管框架存在的不足之处的同时，其将进一步研究取消使用内部模型的可能性。巴塞尔委员会当前的任务是，立足目前的资本监管框架，通过引入资本底线、提出杠杆率监管要求、加强信息披露和监测等方法实现风险敏感性和可比性、简单性的平衡，提高国际银行监管框架的有效性。2014 年 11 月，巴塞尔委员会发布《减少风险加权资产差异》报告，提出了改进国际银行监管框架，提高资本充足率一致性和可比性的一系列政策方案，主要包括以下三方面措施。

（一）修改监管规则

修改监管规则是巴塞尔委员会改进国际银行监管框架的重点，主要包括修订标准法，发挥标准法的资本底线作用；改进模型方法，限制银行的自由选择权；充分发挥杠杆率在资本监管中的作用。

1. 修订标准法

巴塞尔委员会积极推进了标准法的修订工作，2014 年公布了修订后的交易对信用风险标准法，发布了修订后的操作风险标准法（征求意见稿），并拟于近期发布修订后的信用风险标准法（征求意见稿）；作为交易账户全面改革方案的一部分，市场风险标准法也正在修订过程中。巴塞尔委员会还将于近期发布资本底线（capital floor）方案，对巴塞尔 II 规定的资本底线规则进行修订。新的资本底线方案将把按照标准法计算的资本要求作为资本要求的底线，并覆盖各类风险。

2. 改进内部模型法

巴塞尔委员会对内部模型法进行了全面评估，限制由银行自行确定的模型参数的范围。巴塞尔委员会对信用风险内部评级法进行了修订，针对违约数据不足的资产组合设定了固定的 LGD 参数，减少银行内部模型的差异；对循环风险敞口采用统一期限调整因子，提高循环风险敞口的资本要求的一致性；进一步明确模型验证、违约定义和违约风险敞口的处理要求等。同时，作为交易账户全面改革的一部分，巴塞尔委员会目前也正在对市场风险内部模型法进行修订，修订后的内部模型法将进一步限制银行对模型参数的选择范围，如明确内部模型的校准数据时长不得少于 12 个月，限制新增违约风险的风险因子选择等。巴塞尔委员会还拟要求使用内部模型法的银行计算标准法下的资本要求，并同时披露标准法下的资本要求和内部模型法下的资本要求，以加强市场约束。此外，巴塞尔委员会也正在对操作风险的高级计量法进行评估，拟根据业界风险管理经验对操作风险高级计量法进行修订。

3. 充分发挥杠杆率在资本监管中的作用

巴塞尔委员会 2014 年 1 月发布的杠杆率修订框架，进一步明确了杠杆率敞口的计量方法，解决了各国会计规则差异导致的杠杆率敞口计量不一致问题，有利于杠杆率在全球的一致实施。下一步，巴塞尔委员会将对 3% 的杠杆率国际标准进行评估，并研究是否在 2018 年将杠杆率纳入第一支柱框架。

（二）强化信息披露要求

巴塞尔委员会拟于近期发布修订后的第三支柱要求（征求意见稿）。修订的第三支柱将大幅度提高风险加权资产的披露要求。针对采用内部模型带来的数据不可比、透明度差等问题，巴塞尔委员会将要求银行增加披露有关风险计量的详细信息，并通过采用统一的披露模板提高披露信息的一致性和可比性，以便市场参与者能够充分比较、评估不同银行的资本充足水平。

（三）持续监测

巴塞尔委员会将在前期银行账户和交易账户风险加权资产差异性比较的基础上，继续对同一资产组合计算的资本要求的差异情况的求进行评估，监测重要资产类别的资本要求的差异，并将于 2015 年发布评估报告。长期来看，巴塞尔委员会还对其资本监管框架进行更全面、深入的评估，并考虑是否进行根本性的改革。巴塞尔委员会提出，其将重点对将内部模型引入资本监管框架的影响进行研究，主要包括以下具体问题：一是采用内部模型计量资本要求的成本和收益；二是允许银行采用内部模型计量资本对提升风险管理有效性的影响；三是取消内部模型的替代方案，可以在不使用模型的同时保证资本监管框架的风险敏感性；四是使用内部模型对市场约束的负面影响。

五、前瞻性思考

经过近年来的努力，巴塞尔委员会已经建立了一套较为成熟的国际银行监管框架，并以其审慎、严谨和科学性获得了各国监管当局的广泛认可。2007 年国际金融危机之后，巴塞尔委员会推进了巴塞尔Ⅲ的制定工作，基于此次危机的教训全面完善了国际银行监管框架。2010年 12 月巴塞尔Ⅲ发布后，巴塞尔委员会又积极推动了交易账户、信用风险标准法、并表监管规则等国际监管规则的修订工作。国际银行监管框架仍在持续演进过程中。

　　巴塞尔委员会提出，国际银行监管框架应当平衡简单性、可比性和风险敏感性，在维持监管框架风险敏感性的同时，确保国际规则简单、易于理解和易于实施，同时在不同银行、不同时点上具有可比性。巴塞尔委员会已经设立了一系列评价简单性、可比性和风险敏感性的标准，要求各项新的规则经过相关标准的测试，以确保新的规则不过度增加国际银行监管框架的复杂性，降低各国实施的难度并实现规则结果之间的可比性。值得思考的问题是，随着国际银行体系越来越复杂，巴塞尔委员会制定的国际银行监管规则能在多大程度上实现简单性的要求，如何有效保证风险加权资产的可比性，仍然是其面临的重大挑战。

　　与此相关联的一个问题是，随着巴塞尔委员会扩大其成员范围，越来越多的发展中国家参与到巴塞尔委员会的规则制定过程中。但是，由于人才匮乏、不熟悉国际金融市场、不了解国际规则的制定过程、没有掌握制定国际规则的话语体系，再加上不能熟练地运用英语这一国际化语言，发展中国家在国际银行监管规则中发挥的作用相当有限。中国作为一个大国，有必要加强对国际监管人才的培养，更多地参与到国际银行监管规则的制定过程中，争取对国际银行监管规则有更大的影响力，使国际规则为我所用，一方面通过将国际规则转化为国内监管规则，推动我国银行不断提高风险管理能力，促进我国银行体系的安全、稳健运行；另一方面也通过在国际舞台上发挥更大的作用，争取更大的话语权，在国际金融秩序的构建中发挥更大的作用。

附录：巴塞尔委员会的
职责和组织架构

　　国际金融危机后的巴塞尔委员会已正式成为全球银行审慎监管标准的制定者，具有明确的组织架构、工作机制和政策制定流程。1975年成立以来巴塞尔委员会地位和角色的变化体现了金融全球化过程中对银行监管合作及统一国际审慎监管标准的强烈需求。

一、组织目标

　　巴塞尔委员会在其网站上如此描述自己的目标和使命：巴塞尔委员会是全球银行审慎监管标准的主要制定者，为各国在银行监管合作提供平台。其根本任务是加强对全球商业银行的监管从而促进金融稳定。

　　巴塞尔委员会通过以下活动实现其目标和使命：一是通过共享各国银行业及金融市场发展方面的信息，识别全球金融系统已存在或潜在的风险；二是通过分享监管方法和技术，促进共识，增进跨国监管合作；三是建立银行监管的全球统一标准、指引和良好做法；四是填补影响金融稳定的监管空白；五是监测巴塞尔委员会相关标准在各成员国及成员国以外的实施情况，保证这些标准得到及时、一致和有效的实施，为国际活跃银行营造公平竞争环境；六是向非巴塞尔委员会成员国的中央银行和银行监管机构进行咨询，使其加入巴塞尔委员会的政策制定过程，并促进巴塞尔委员会标准、指引和良好做法在巴塞尔委员会成员国以及更大范围内实施；七是增进与其他金融行业标准制定者和国际机构的协调与合作，特别是那些致力于促进金融稳定的机构。

二、组织架构

（一）巴塞尔委员会决策委员会

巴塞尔委员会决策委员会（央行行长和监管当局首脑会议，Group of Governors and Heads of Supervision，GHOS）是巴塞尔委员会的监督机构。巴塞尔委员会向决策委员会报告工作。此外，决策委员会负责批准巴塞尔委员会章程及其修订，并对巴塞尔委员会的工作方案提供总体方向。巴塞尔委员会主席从决策委员会成员中产生。

（二）巴塞尔委员会

巴塞尔委员会的成员包括各成员国的银行监管机构和中央银行。在征求委员会的意见后，巴塞尔委员会主席可以邀请其他机构成为巴塞尔委员会的观察员。巴塞尔委员会可以就成员资格向巴塞尔委员会决策委员会提出建议。

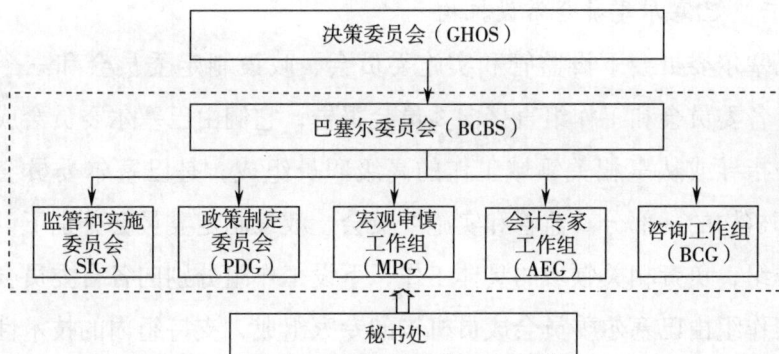

图 1　巴塞尔委员会组织架构

巴塞尔委员会的职责包括：一是根据决策委员会确定的总体方向，推动、指导和监督巴塞尔委员会的工作进程；二是建立并推广巴塞尔委员会的标准、指引和良好做法；三是建立和解散工作组，批准和修改它们的职责，并监督其工作进展；四是向决策委员会提交巴塞尔委员会章程修改意见；五是决定管理其活动的组织条例。

委员会一般每年召开四次会议，由委员会主席主持，委员会主席还可以根据需要在此基础上临时召开会议。巴塞尔委员会的所有成员和观察员都有权委任一名代表出席委员会会议。该代表应是其所在机构的高级官员，并有权代表其机构，例如银行监管机构的负责人，银行政策制定机构的负责人，央行负责人，金融稳定部门的负责人或其他同级负责人。委员会的决策应由其成员协商一致通过。

委员会主席依据巴塞尔委员会的授权来指导委员会的工作。委员会主席由决策委员会任命，任期三年，可连任一次。委员会主席的主要职责包括：一是召集并主持委员会会议。如果主席不能出席委员会会议，可以指定秘书长代其主持会议；二是监督巴塞尔委员会的工作进程，并在会议间期提供操作性指导以落实委员会的决策；三是在适当的时候向决策委员会进行报告；四是对外代表巴塞尔委员会，是巴塞尔委员会的主要发言人。

（三）巴塞尔委员会常设机构

巴塞尔委员会下设监管和实施委员会、政策制定委员会和三个工作组，各委员会和工作组直接向委员会报告，它们由巴塞尔委员会成员机构中指导或从事相关领域工作的高级职员组成，是巴塞尔委员会常设内部机构的一部分。监管和实施委员会、政策制定委员会分别下设多个工作组，负责相关领域的具体工作，下设工作组分别向各自委员会汇报，工作组由巴塞尔委员会成员机构的专家组成，支持组内的技术性工作。各工作组主席一般为巴塞尔委员会成员机构的高级职员，通过遴选后由巴塞尔委员会委任。

监管和实施委员会（SIG）。监管和实施委员会有两个主要目标：一是促进巴塞尔委员会标准及指导原则得到及时、一致、有效的实施；二是改善银行监管，特别是巴塞尔委员会成员的银行监管。目前，监管和实施委员会针对具体问题设有工作组，包括银行账户风险资产工作组、交易账户风险资产工作组、监管联席会议工作组、操作风险工作组、第二支柱工作组以及系统重要性银行工作组等。监管和实施委员会还通过监管一致性评估计划（RCAP）对巴塞尔 III 在其成员地区的实施进行监测。

政策制定委员会（PDG）。政策制定委员会通过制定稳健银行体系的监管标准来支持委员会的工作，通常由巴塞尔委员会秘书长担任主席。其下设的工作组包括：资本工作组、杠杆率工作组、流动性工作组、交易账户工作组、银行账户利率风险工作组、信息披露工作组、风险管理与计量工作组、定量影响测算工作组、资本规划工作组、评级与证券化工作组等。

宏观审慎工作组（MPG）。宏观审慎工作组负责对系统性风险和涉及宏观审慎及系统重要性银行监管政策的全球进展进行监控，并向委员会报告。它还对其他组与宏观审慎及系统重要性银行监管有关的工作提供指导，提出填补政策空白的具体建议，解决宏观审慎及系统重要性银行监管总体框架中存在的问题。

会计专家工作组（AEG）。会计专家工作组负责对国际会计标准进行研究，并与相关会计标准制定机构沟通协调，以确保国际会计标准的制定及实践有利于促进银行稳健的风险管理，通过提高透明度来支持市场约束，增强银行体系的安全性和稳健性。该工作组负责制定审慎报告的指导原则，并在国际会计和审计标准的制定中发挥积极作用。

咨询工作组（BCG）。咨询工作组为巴塞尔委员会加强与全球银行监管者的交流提供平台。巴塞尔委员会通过该平台与非成员国就新监管标准及政策的制定和实施展开广泛的对话。

（四）秘书处

巴塞尔委员会的秘书处由国际清算银行提供，以支持巴塞尔委员会主席、监管和实施委员会、政策制定委员会及各个工作组的工作。秘书处主要由专业的工作人员构成，一般从巴塞尔委员会成员机构借调。

　　秘书处的主要职责包括：一是向主席、监管和实施委员会、政策制定委员会和工作组提供支持；二是确保巴塞尔委员会所有成员及时、有效的信息交流；三是促进委员会和工作组之间的协调；四是促进巴塞尔委员会成员与非成员之间的密切联系；五是支持巴塞尔委员会与其他机构之间的合作；六是保持巴塞尔委员会的记录，管理委员会网站，处理委员会的信件；七是委员会及主席指定的其他所有职责。

　　秘书长主持秘书处的工作并向委员会主席报告，对外协助主席代表巴塞尔委员会。秘书长由巴塞尔委员会和/或决策委员会成员以及一名国际清算银行的高级代表组成的团队推荐，由巴塞尔委员会主席选定。任期一般为三年，可以延期。副秘书长由秘书长会同巴塞尔委员会主席共同选定，负责协助秘书长履行其职责并向其报告，在秘书长缺席、丧失行为能力或有相关要求的情况下副秘书长可以代替秘书长工作。

参考文献

［1］巴塞尔委员会：《巴塞尔银行监管委会员文献汇编》，中国人民银行编译，北京，中国金融出版社，2002。

［2］巴塞尔委员会：《统一资本计量和资本标准的国际协议：修订框架》，中国银行业监督管理委员会译，北京，中国金融出版社，2004。

［3］巴塞尔委员会：《银行监管的国际标准——有效银行监管核心原则暨核心原则评估方法》，中国银行业监督管理委员会译，上海，复旦大学出版社，2007。

［4］巴塞尔委员会：《有效银行监管核心原则（2012）》，中国银行业监督管理委员会译，北京，中国金融出版社，2012。

［5］彻诺拜、维特夫和法伯兹：《操作风险：新巴塞尔协议资本要求、模型与分析指南》，龙海明主译，大连，东北财经大学出版社，2010。

［6］付正辉：《商业银行资本管理与风险控制：释解〈巴塞尔新资本协议〉》，北京，经济日报出版社，2005。

［7］卡罗尔·亚历山大：《商业银行操作风险》，陈林龙等译，北京，中国金融出版社，2005。

［8］柯罗廖夫：《西方商业银行表外业务分析》，载《国际金融研究》，1989（12）。

［9］李文泓：《资产证券化的资本充足率框架及其对我国的启示》，载《金融研究》，2005（8）。

［10］梁世栋：《商业银行风险计量理论与实务——〈巴塞尔资本

协议〉核心技术》（修订版），北京，中国金融出版社，2011。

[11] 刘逖：《跨国银行与金融深化——兼花旗银行汇丰银行案例分析》，上海，上海远东出版社，1999。

[12] 刘志清：《新资本监管规则对实体经济融资结构和系统性风险防范的影响》，载《金融监管研究》，2013（12）。

[13] 伦纳德·麦茨、彼得·诺伊：《流动性风险计量与管理》，北京，中国金融出版社，2010。

[14] 卢春山：《全球交易与资本流动分析》，博士论文，2000。

[15] 罗平：《巴塞尔委员会面面观》，载《中国金融》，2009（12）。

[16] 罗平：《巴塞尔新资本协议研究文献及评述》，北京，中国金融出版社，2004。

[17] 梅尔文·韦斯特莱克：《巴塞尔资本协议难见实效》，载《国际金融研究》，2012（2）。

[18] 美国金融危机调查委员会：《美国金融危机调查报告》，俞利军等译，北京，中信出版社，2012。

[19] 瑟维吉尼、雷荣特：《信用风险度量与管理》，潘永泉等译，北京，机械工业出版社，2012。

[20] 沈炳熙：《关于资产证券化的资本计量》，载《中国货币市场》，2011（3）。

[21] 王胜邦、陈颖：《新资本协议信用风险的建模、计量和验证》，上海，上海远东出版社，2008。

[22] 王兆星：《后危机时代：国际金融监管改革探索》，北京，中国金融出版社，2013。

[23] 西蒙·约翰逊：《十三个银行家》，郭庚信译，北京，中信出版社，2013。

[24] 徐敬红：《巴塞尔协议 II 的缺陷分析及完善建议》，硕士论

文, 2011。

[25] 徐振东:《银行家的全面风险管理——基于巴塞尔Ⅱ追求银行价值增值》,北京,北京大学出版社,2010。

[26] 张帆:《美国跨国银行与国际金融》,北京,中信出版社,1989。

[27] 章彰:《解读巴塞尔新资本协议》,北京,中国经济出版社,2005。

[28] 赵先信:《银行内部模型和监管模型——风险计量与资本分配》,上海,上海人民出版社,2004。

[29] 中国银行业监督管理委员会《有效银行监管核心原则》自我评估小组编译:《〈有效银行监管核心原则〉学习纲要》,北京,中国金融出版社,2005。

[30] 钟伟、顾弦:《动荡未定——新巴塞尔协议Ⅲ和操作风险管理理论》,北京,中国经济出版社,2012。

[31] Avdjiev, S., Kartasheva, A. and Bogdanova, B. (2013). Co-Cos: a primer, BIS Quarterly Review, September 2013: 43 – 56.

[32] Bank of England (2009). The Role of Macroprudential Policy (A Discussion Paper). Available from: http://www.bankofengland.co.uk/publications/Documents/other/financialstability/roleofmacroprudentialpolicy091121.pdf.

[33] Bank of England (2013). Recovery and Resolution Plans (Consultation Paper). Available from: http://www.fsa.gov.uk/static/pubs/cp/cp11_16.pdf.

[34] Bank of England (2014). The Financial Policy Committee's Review of the Leverage Ratio (Consultation Paper). Available from: http://www.bankofengland.co.uk/financialstability/Documents/fpc/fs_lrr.pdf.

[35] Basel Committee on Banking Supervision (1975). Report to the Governors on the Supervision of Bank's Foreign Establishments. Available

from: http: //www. bis. org/publ/bcbs00a. htm.

[36] Basel Committee on Banking Supervision (1978). Consolidation of Banks' Balance Sheets: Aggregation of Risk – bearing Assets as a Method of Supervising Bank Solvency. Available from: http: //www. bis. org/publ/ bcbs00b. htm.

[37] Basel Committee on Banking Supervision (1983). Principles for the Supervision of Bank's Foreign Establishments. Available from: http: // www. bis. org/publ/bcbsc312. htm.

[38] Basel Committee on Banking Supervision (1988). International Convergence of Capital Measurement and Capital Standards. Available from: http: //www. bis. org/publ/bcbsc111. htm.

[39] Basel Committee on Banking Supervision (1990). Information Flows between Banking Supervisory Authorities. Available from: http: // www. bis. org/publ/bcbsc313. htm.

[40] Basel Committee on Banking Supervision (1991). Amendment of the Basel Capital Accord in Respect of the Inclusion of General Provisions/ General Loan – loss Reserves in Capital. Available from: http: //www. bis. org/publ/bcbs09. htm.

[41] Basel Committee on Banking Supervision (1992). Minimum Standards for the Supervision of International Banking Groups and Their Cross – Border Establishments. Available from: http: //www. bis. org/publ/ bcbsc314. htm.

[42] Basel Committee on Banking Supervision (1994). Amendment to the Capital Accord of July 1988. Available from: http: //www. bis. org/ publ/bcbs12b. htm.

[43] Basel Committee on Banking Supervision (1996). Overview of the Amendment to the Capital Accord to Incorporate Market Risks. Available

from: http: //www. bis. org/publ/bcbs23. htm.

[44] Basel Committee on Banking Supervision (1997). Core principles for Effective Banking Supervision. Available from: http: //www. bis. org/publ/bcbs30a. htm.

[45] Basel Committee on Banking Supervision (1999). Core Principles Methodology. Available from: http: //www. bis. org/publ/bcbs61. pdf.

[46] Basel Committee on Banking Supervision (2006). International Convergence of Capital Measurement and Capital Standards. Available from: http: //www. bis. org/publ/bcbs128. htm.

[47] Basel Committee on Banking Supervision (2006). Core Principles for Effective Banking Supervision. Available from: http: //www. bis. org/publ/bcbs129. htm.

[48] Basel Committee on Banking Supervision (2006). Core Principles Methodology. Available from: http: //www. bis. org/publ/bcbs130. htm.

[49] Basel Committee on Banking Supervision (2006). International Convergence of Capital Measurement and Capital Standards, A Revised Framework Comprehensive Version. Available from: http: //www. bis. org/publ/bcbs128. htm.

[50] Basel Committee on Banking Supervision (2008). Liquidity Risk: Management and Supervisory Challenges. Available from: http: //www. bis. org/publ/bcbs136. htm.

[51] Basel Committee on Banking Supervision (2008). Principles for Sound Liquidity Risk Management and Supervision. Available from: http: //www. bis. org/publ/bcbs144. htm.

[52] Basel Committee on Banking Supervision (2009). Strengthening the Resilience of the Banking Sector (Consultative Document). Available from: http: //www. bis. org/publ/bcbs164. htm.

[53] Basel Committee on Banking Supervision (2009). Supervisory Guidance for Assessing Banks' Financial Instrument Fair Value Practices. Available from: http: //www. bis. org/publ/bcbs127. htm.

[54] Basel Committee on Banking Supervision (2009). Principles for Sound Stress Testing Practices and Supervision. Available from: http: //www. bis. org/publ/bcbs155. htm.

[55] Basel Committee on Banking Supervision (2010). Basel III: A Global Regulatory Framework for More Resilient Banks and Banking Systems. Available from: http: //www. bis. org/publ/bcbs189. htm.

[56] Basel Committee on Banking Supervision (2010). Basel III: International Framework for Liquidity Risk Measurement, Standards and Monitoring. Available from: http: //www. bis. org/publ/bcbs188. htm.

[57] Basel Committee on Banking Supervision (2010). Countercyclical Capital Buffer Proposal (Consultative Document). Available from: http: //www. bis. org/publ/bcbs172. htm.

[58] Basel Committee on Banking Supervision (2010). Guidance for National Authorities Operating the Countercyclical Capital Buffer. Available from: http: //www. bis. org/publ/bcbs187. htm.

[59] Basel Committee on Banking Supervision (2010). Proposal to Ensure the Loss Absorbency of Regulatory Capital at the Point of Non – viability (Consultative Document). Available from: http: //www. bis. org/publ/bcbs174. htm.

[60] Basel Committee on Banking Supervision (2010). Recognising the Risk – mitigating Impact of Insurance in Operational Risk Modelling. Available from: http: //www. bis. org/publ/bcbs181. htm.

[61] Basel Committee on Banking Supervision (2010). Compensation Principles and Standards Assessment Methodology. Available from: http: //

www. bis. org/publ/bcbs166. htm.

[62] Basel Committee on Banking Supervision (2010). Principles for Enhancing Corporate Governance. Available from: http: //www. bis. org/publ/bcbs176. htm.

[63] Basel Committee on Banking Supervision (2010). Sound Practices for the Management and Supervision of Operational Risk. Available from: http: //www. bis. org/publ/bcbs183. htm.

[64] Basel Committee on Banking Supervision (2010). Basel III: International framework for Liquidity Risk Measurement, Standards and Monitoring. Available from: http: //www. bis. org/publ/bcbs188. htm.

[65] Basel Committee on Banking Supervision (2010). Basel III: A Global Regulatory Framework for More Resilient Banks and Banking Systems. Available from: http: //www. bis. org/publ/bcbs189. htm.

[66] Basel Committee on Banking Supervision (2011). Basel Committee Issues Final Elements of the Reforms to Raise the Quality of Regulatory Capital. Available from: http: //www. bis. org/press/p110113. pdf.

[67] Basel Committee on Banking Supervision (2011). Global Systemically Important Banks: Assessment Methodology and the Additional Loss Absorbency Requirement. Available from: http: //www. bis. org/publ/bcbs207. htm.

[68] Basel Committee on Banking Supervision (2011). Global Systemically Important Banks: Assessment Methodology and the Additional Loss Absorbency Requirement, 2011. Available from: http: //www. bis. org/publ/bcbs201. pdf.

[69] Basel Committee on Banking Supervision (2011). Revisions to the Basel II Market Risk Framework Updated as of 31 December 2010. Available from: http: //www. bis. org/publ/bcbs193. htm.

[70] Basel Committee on Banking Supervision (2011). Supervisory Guidelines for the Advanced Measurement Approaches (Final Document). Available from: http: //www. bis. org/publ/bcbs196. htm.

[71] Basel Committee on Banking Supervision (2012). Basel III Regulatory Consistency Assessment (Level 2) – Japan. Available from: http: // www. bis. org/bcbs/implementation/l2 _ jp. pdf.

[72] Basel Committee on Banking Supervision (2012). Core principles for Effective Banking Supervision. Available from: http: //www. bis. org/press/p120914. htm.

[73] Basel Committee on Banking Supervision (2012). Fundamental Review of the Trading Book (Consultative Document). Available from: http: //www. bis. org/publ/bcbs219. htm.

[74] Basel Committee on Banking Supervision (2012). Results of the Basel III Monitoring Exercise as of 30 June 2011. Available from: http: // www. bis. org/publ/bcbs217. htm.

[75] Basel Committee on Banking Supervision (2012). Results of the Basel III Monitoring Exercise as of 31 December 2011. Available from: http: //www. bis. org/publ/bcbs231. htm.

[76] Basel Committee on Banking Supervision (2012). Revisions to the Basel Securitisation Framework (Consultative Document). Available from: http: //www. bis. org/publ/bcbs236. htm.

[77] Basel Committee on Banking Supervision (2013). Basel III Monitoring Report. Available from: http: //www. bis. org/publ/bcbs262. htm.

[78] Basel Committee on Banking Supervision (2013). Basel III Regulatory Consistency Assessment Programme (RCAP). Available from: http: //www. bis. org/publ/bcbs264. htm.

[79] Basel Committee on Banking Supervision (2013). Global System-

ically Important Banks: Updated Assessment Methodology and the Higher Loss Absorbency Requirement. Available from: http: //www. bis. org/publ/ bcbs255. htm.

[80] Basel Committee on Banking Supervision (2013). Principles for Effective Risk Data Aggregation and Risk Reporting. Available from: http: //www. bis. org/publ/bcbs239. pdf.

[81] Basel Committee on Banking Supervision (2013). RCAP Questionnaire for Assessing Implementation of Basel III Capital Regulations. Available from: http: //www. bis. org/bcbs/rcapq. pdf.

[82] Basel Committee on Banking Supervision (2013). Regulatory Consistency Assessment Programme (RCAP): Analysis of Risk – weighted Assets for Market Risk. Available from: http: //www. bis. org/publ/bcbs240. htm.

[83] Basel Committee on Banking Supervision (2013). Regulatory Consistency Assessment Programme (RCAP): Analysis of Risk – weighted Assets for Credit Risk in the Banking Book. Available from: http: // www. bis. org/publ/bcbs256. htm.

[84] Basel Committee on Banking Supervision (2013). Regulatory Consistency Assessment Programme (RCAP): Second Report on Risk – weighted Assets for Market Risk in the Trading Book. Available from: http: //www. bis. org/publ/bcbs267. htm.

[85] Basel Committee on Banking Supervision (2013). Regulatory Consistency Assessment Programme (RCAP): Assessment of Basel III Regulations in Brazil. Available from: http: //www. bis. org/bcbs/implementation/l2 _ br. pdf.

[86] Basel Committee on Banking Supervision (2013). Regulatory Consistency Assessment Programme (RCAP): Assessment of Basel III Regu-

lations – Switzerland. Available from: http: //www. bis. org/bcbs/implemen-
tation/l2 _ ch. pdf.

[87] Basel Committee on Banking Supervision (2013). Regulatory
Consistency Assessment Programme (RCAP): Assessment of Basel III Regu-
lations – China. Available from: http: //www. bis. org/bcbs/implementa-
tion/l2 _ cn. pdf.

[88] Basel Committee on Banking Supervision (2013). Regulatory
Consistency Assessment Programme (RCAP): Assessment of Basel III Regu-
lations – Singapore. Available from: http: //www. bis. org/bcbs/implemen-
tation/l2 _ sg. pdf.

[89] Basel Committee on Banking Supervision (2013). Results of the
Basel III Monitoring Exercise as of 30 June 2012. Available from: http: //
www. bis. org/publ/bcbs243. htm.

[90] Basel Committee on Banking Supervision (2013). Revisions to
the Securitization Framework (Consultative Document). Available from:
http: //www. bis. org/publ/bcbs269. htm.

[91] Basel Committee on Banking Supervision (2013). The Regulatory
Framework: Balancing Risk Sensitivity, Simplicity and Comparability. Avail-
able from: http: //www. bis. org/publ/bcbs258. htm.

[92] Basel Committee on Banking Supervision (2013). Basel III: The
Liquidity Coverage Ratio and Liquidity Risk Monitoring Tools. Available
from: http: //www. bis. org/publ/bcbs238. htm.

[93] Basel Committee on Banking Supervision (2013). Monitoring
Tools for Intraday Liquidity Management. Available from: http: //www. bis.
org/publ/bcbs248. htm.

[94] Basel Committee on Banking Supervision (2014). Basel Capital
Framework National Discretions. Available from: http: //www. bis. org/

bcbs/publ/d297. htm.

[95] Basel Committee on Banking Supervision (2014). Basel III Document: Revisions to the Securitisation Framework (Consultative Document). Available from: https://www. bis. org/bcbs/publ/d303. htm.

[96] Basel Committee on Banking Supervision (2014). Basel III Monitoring Report. Available from: http://www. bis. org/publ/bcbs278. htm.

[97] Basel Committee on Banking Supervision (2014). Progress Report on Implementation of the Basel Regulatory Framework. Available from: http://www. bis. org/publ/bcbs281. htm.

[98] Basel Committee on Banking Supervision (2014). Reducing Excessive Variability in Banks' Regulatory Capital Ratios. Available from: http://www. bis. org/bcbs/publ/d298. htm.

[99] Basel Committee on Banking Supervision (2014). Regulatory Consistency Assessment Programme (RCAP): Assessment of Basel III Regulations – Australia. Available from: http://www. bis. org/bcbs/implementation/l2 _ au. pdf.

[100] Basel Committee on Banking Supervision (2014). Regulatory Consistency Assessment Programme (RCAP): Assessment of Basel III Regulations – Canada. Available from: http://www. bis. org/bcbs/implementation/l2 _ ca. pdf.

[101] Basel Committee on Banking Supervision (2014). The Standardised Approach for Measuring Counterparty Credit Risk Exposures. Available from: http://www. bis. org/publ/bcbs279. htm.

[102] Basel Committee on Banking Supervision (2014). Basel III: Leverage Ratio Framework and Disclosure Requirements. Available from: http://www. bis. org/publ/bcbs270. htm.

[103] Basel Committee on Banking Supervision (2014). Liquidity

Coverage Ratio Disclosure Standards. Available from: http: //www. bis. org/ publ/bcbs272. htm.

[104] Basel Committee on Banking Supervision (2014). Basel III: the Net Stable Funding Ratio. Available from: http: //www. bis. org/bcbs/publ/ d295. htm.

[105] Basel Committee on Banking Supervision (2014). Corporate Governance Principles for Banks (Consultative Document). Available from: http: //www. bis. org/publ/bcbs294. htm.

[106] Basel Committee on Banking Supervision. About the Basel Committee. Available from: http: //www. bis. org/bcbs/about. htm.

[107] Blum, J. (2007). Why "Basel II" May Need a Leverage Ratio Restriction. Swiss National Bank Working Papers No. 2007 – 4, Swiss National Bank, Zurich, Switzerland.

[108] Board of Governors of the Federal Reserve System (2012). Consolidated Supervision Framework for Large Financial Institutions. Available from: http: //www. federalreserve. gov/bankinforeg/srletters/sr1217. pdf.

[109] Board of Governors of the Federal Reserve System (2013). Notice of Proposed Rulemaking – Implementation of Minimum Liquidity Standards. Available from: http: //www. federalreserve. gov/aboutthefed/board-meetings/board – memo – lcr – 20131024. pdf.

[110] Bordeleau, E. , Crawford, A. , and Graham, C. (2009). Regulatory Constraints on Bank Leverage: Issues and Lessons from the Canadian Experience (Discussion Paper). Available from: http: //www. bankofcanada. ca/wp – content/uploads/2010/01/dp09 – 15. pdf.

[111] Borio, C. (2003). Towards a Macroprudential Framework for Financial Supervision and Regulation, BIS Working Paper No. 128, Bank for International Settlements, Basel, Switzerland.

[112] Borio, C. and Drehmann, M. (2009). Assessing the Risk of Banking Crises – Revisited, BIS Quarterly Review, March 2009: 29 – 46.

[113] Borio, C. and Drehmann, M. (2009). Towards an Operational Framework for Financial Stability: "Fuzzy" Measurement and Its Consequences, BIS Working Paper No. 284, Bank for International Settlements, Basel, Switzerland.

[114] Brunnermeier, M., Crocket, A., Goodhart, C., Hellwig, M., Persaud, A. and Shin, H. (2009). The Fundamental Principles of Financial Regulation, Geneva Reports on the World Economy 11. Available from: http: // fic. wharton. upenn. edu/fic/Policy% 20page/may1/Geneva% 20Report% 2011 _ conference%20version. pdf.

[115] Certificates, ON: University of Florida.

[116] Committee on the Global Financial System (2010). Macroprudential Instruments and Frameworks: A Stocktakings of Issues and Experiences. CGFS Papers No. 38, Committee on the Global Financial System, Basel, Switzerland.

[117] Drehmann, M., Borio, C., Gambacorta, L., Jimenez, G. and Trucharte, C. (2010). Countercyclical Capital Buffers: Exploring Options. BIS Working Paper No. 317. Bank for International Settlement, Basel, Switzerland.

[118] Financial Services Authority (2009). The Turner Review: A Regulatory Response to the Global Banking Crisis. Available from: http: // www. fsa. gov. uk/pubs/other/turner _ review. pdf.

[119] Financial Services Authority (2011). Recovery and Resolution Plans (Consultation Paper). Available from: http: //www. fsa. gov. uk/static/pubs/cp/cp11 _ 16. pdf.

[120] Financial Stability Board (2009). Principles for Sound Compen-

sation Practices. Available from: http: //www. financialstabilityboard. org/ 2009/04/principles – for – sound – compensation – practices – 2.

[121] Financial Stability Board (2009). Implementation Standards for the FSB Principles for Sound Compensation Practices. Available from: http: //www. financialstabilityboard. org/2009/09/principles – for – sound – compensation – practices – implementation – standards.

[122] Financial Stability Board (2010). Intensity and Effectiveness of SIFI Supervision Recommendations for Enhanced Supervision. Available from: http: //www. imf. org/external/np/mcm/financialstability/papers/sifisup. pdf.

[123] Financial Stability Board (2010). Reducing the Moral Hazard Posed by Systemically Important Financial Institutions. Available from: http: //www. financialstabilityboard. org/publications/r _ 101111a. pdf.

[124] Financial Stability Board (2011). Key Attributes of Effective Resolution Regimes for Financial Institutions. Available from: http: // www. financialstabilityboard. org/2011/11/r _ 111104cc.

[125] Financial Stability Board (2011). Key Attributes of Effective Resolution Regimes for Financial Institutions. Available from: http: // www. financialstabilityboard. org/wp – content/uploads/r _ 141015. pdf.

[126] Financial Stability Board (2013). Guidance on Supervisory Interaction with Financial Institutions on Risk Culture (Consultative Document). Available from: http: //www. financialstabilityboard. org/wp – content/uploads/c _131118. pdf.

[127] Financial Stability Board (2013). Principles for an Effective Risk Appetite Framework. Available from: http: //www. financialstabilityboard. org/ wp – content/uploads/r _ 131118. pdf? page _ moved = 1.

[128] Financial Stability Board (2014). 2014 Update of List of Global Sys-

temically Important Banks. Available from: http: //www. financialstabilityboard. org/wp – content/uploads/r _ 141106b. pdf.

[129] Financial Stability Board (2014). Adequacy of Loss – absorbing Capacity of Global Systemically Important Banks in Resolution (Consultative Document). Available from: http: //www. financialstabilityboard. org/2014/ 11/adequacy – of – loss – absorbing – capacity – of – global – systemically – important – banks – in – resolution.

[130] Financial Stability Board, International Monetary Fund and Bank for International Settlements (2009). Guidance to Assess the Systemic Importance of Financial Institutions, Markets and Instruments: Initial Considerations. Available from: http: //www. imf. org/external/np/g20/pdf/100109a. pdf.

[131] Financial Stability Board, International Monetary Fund and Bank for International Settlements (2011). Macroprudential Policy Tools and Frameworks Progress Report to G20. Available from: http: //www. imf. org/ external/np/g20/pdf/102711. pdf.

[132] Financial Stability Board, International Monetary Fund and Bank for International Settlements (2011). Macroprudential Policy Tools and Frameworks: Update to G20 Financial Ministers and Central Bank Governors. Available from: http: //www. financialstabilityboard. org/publications/r _ 1103. pdf.

[133] Financial Stability Board. About the FSB. Available from: http: //www. financialstabilityboard. org/about.

[134] Financial Stability Forum (2009). Report of the Financial Stability Forum on Addressing Procyclicality in the Financial System. Available from: http: //www. financialstabilityboard. org/wp – content/uploads/ r _0904a. pdf.

[135] Financial Stability Forum (2009). The Role of Valuation and Leverage in Procyclicality. Available from: http: //www. bis. org/publ/cgfs34. pdf.

[136] Financial Stability Institute (2014). FSI Survey: Basel II. 2. 5 and III Implementation. Available from: http: //www. bis. org/fsi/fsiop 2014. htm.

[137] Financial Stability Institute. Capital and Related Basel Standards. Available from: http: //www. fsiconnect. org/Rubicon. aspx.

[138] Flannery, M. (2002). No Pain, No Gain? Effecting Market Discipline via Reverse Convertible Debentures, in Scott, H. (2005), Risk – Based Capital Adequacy, ON: Oxford University Press.

[139] Flannery, M. (2009). Stabilizing Large Financial Institutions with Contingent Capital.

[140] Goodhart, C. (2011). The Basel Committee on Banking Supervision: A History of the Early Years, 1974—1997, ON: Cambridge University Press.

[141] Haldane, A. and Madouros, V. (2012). The Dog and the Frisbee. Available from: http: //www. bankofengland. co. uk/publications/Documents/speeches/2012/speech596. pdf.

[142] Hildebrand, P. (2010). Is Basel II Enough? The Benefits of a Leverage Ratio. BIS Review, No. 2008158.

[143] Hoenig, T. (2010). Leverage – the Double – edged Sword, BIS Review, No. 100511. Available from: http: //www. bis. org/review/r100511e. pdf .

[144] Hoenig, T. (2012). Back to Basics: A Better Alternative to Basel Capital Rules. Available from: https: //www. fdic. gov/news/news/speeches/chairman/spsep1412 _ 2. html.

[145] Independent Commission on Banking (2011). Interim Report on Reform Options. Available from: http: //s3 – eu – west – 1. amazonaws. com/ htcdn/ICB – Interim – Report – Executive – Summary. pdf.

[146] International Monetary Fund (2011). United Kingdom: Basel Core Principles for Effective Banking Supervision Detailed Assessment of Compliance. Available from: http: //www. imf. org/external/pubs/ft/scr/ 2011/cr11233. pdf.

[147] International Monetary Fund (2011). Germany: Financial Sector Assessment Program – Detailed Assessment of Observance on Basel Core Principles for Effective Banking Supervision. Available from: http: // www. imf. org/external/pubs/ft/scr/2011/cr11273. pdf.

[148] International Monetary Fund (2011). Sweden: Financial Sector Assessment Program Update – Detailed Assessment of Observance on Basel Core Principles for Effective Banking Supervision. Available from: http: // www. imf. org/external/pubs/ft/scr/2011/cr11281. pdf.

[149] International Monetary Fund (2012). Australia: Basel Core Principles for Effective Banking Supervision – Detailed Assessment of Observance. Available from: http: //www. imf. org/external/pubs/ft/scr/2012/cr12313. pdf.

[150] International Monetary Fund (2012). Brazil: Detailed Assessment of Observance of Basel Core Principles for Effective Banking Supervision. Available from: http: //www. imf. org/external/pubs/ft/scr/2012/cr12207. pdf.

[151] International Monetary Fund (2012). Indonesia: Financial Sector Assessment Program – Basel Core Principles Assessment – Detailed Assessment of Compliance. Available from: http: //www. imf. org/external/ pubs/ft/scr/2012/cr12335. pdf.

[152] International Monetary Fund (2012). Japan: Basel Core Principles for Effective Banking Supervision – Detailed Assessment of Observance.

Available from: http: //www. imf. org/external/pubs/ft/scr/2012/cr12231. pdf.

[153] International Monetary Fund (2012). People's Republic of China: Detailed Assessment Report: Basel Core Principles for Effective Banking Supervision. Available from: http: //www. imf. org/external/pubs/ft/scr/2012/cr1278. pdf.

[154] International Monetary Fund (2012). Spain: Basel Core Principles for Effective Banking Supervision – Detailed Assessment of Compliance Report. Available from: http: //www. imf. org/external/pubs/ft/scr/2012/cr12142. pdf.

[155] International Monetary Fund (2013). Belgium: Detailed Assessment of Compliance with the Basel Core Principles for Effective Banking Supervision. Available from: https: //www. imf. org/external/pubs/ft/scr/2013/cr13133. pdf.

[156] International Monetary Fund (2013). France: Financial Sector Assessment Program – Detailed Assessment of Observance of Basel Core Principles for Effective Banking Supervision. Available from: https: //www. imf. org/external/pubs/ft/scr/2013/cr13180. pdf.

[157] International Monetary Fund (2013). Indian: Financial Sector Assessment Program – Detailed Assessment of Observance of Basel Core Principles for Effective Banking Supervision. Available from: https: //www. imf. org/external/pubs/ft/scr/2013/cr13267. pdf.

[158] International Monetary Fund (2013). Italy: Detailed Assessment of Observance of Basel Core Principles for Effective Banking Supervision. Available from: http: //www. imf. org/external/pubs/ft/scr/2013/cr13354. pdf.

[159] International Monetary Fund (2013). Malaysia: Publication of Financial Sector Assessment Program Documentation – Detailed Assessment of

Observance of Basel Core Principles for Effective Banking Supervision. Available from: http: //www. imf. org/external/pubs/ft/scr/2013/cr1356. pdf.

[160] International Monetary Fund (2013). Singapore: Detailed Assessment of Observance of Basel Core Principles for Effective Banking Supervision. Available from: http: //www. imf. org/external/pubs/ft/scr/2013/cr13342. pdf.

[161] International Monetary Fund (2014). Detailed Assessment of Compliance – Basel Core Principles for Effective Banking Supervision. Available from: http: //www. imf. org/external/pubs/ft/scr/2014/cr14264. pdf.

[162] International Monetary Fund (2014). Austria: Publication of Financial Sector Assessment Program Documentation – Detailed Assessment of Basel Core Principles for Effective Banking Supervision. Available from: http: //www. imf. org/external/pubs/ft/scr/2014/cr1413. pdf.

[163] International Monetary Fund (2014). Canada: Financial Sector Assessment Program – Basel Core Principles for Effective Banking Supervision – Detailed Assessment of Observance. Available from: http: //www. imf. org/external/pubs/ft/scr/2014/cr1471. pdf.

[164] International Monetary Fund (2014). People's Republic of China – Hong Kong Special Administrative Region: Financial Sector Assessment Program – Basel Core Principles for Effective Banking Supervision – Detailed Assessment of Observance. Available from: http: //www. imf. org/external/pubs/ft/scr/2014/cr14207. pdf.

[165] International Monetary Fund (2014). Republic of Korea: Financial Sector Assessment Program – Detailed Assessment of Compliance on the Basel Core Principles for Effective Banking Supervision. Available from: http: //www. imf. org/external/pubs/ft/scr/2014/cr14309. pdf.

[166] Laeven, C. and Majnoni, G. (2003). Loan Loss Provisioning

and Economic Slowdowns: Too Much, Too Late, Journal of Financial Interme-diation, 12: 178 – 97.

[167] Micossi, S. (2013). A Viable Alternative to Basel III Prudential Capital Rules. Available from: http://www. voxeu. org/article/viable – al-ternative – basel – iii – prudential – rules.

[168] Office of the Comptroller of the Currency (2014). Regulatory Capital Rules: Regulatory Capital, Enhanced Supplementary Leverage Ratio Standards for Certain Bank Holding Companies and Their Subsidiary Insured Depository Institutions. Available from: http://www. occ. gov/news – issu-ances/news – releases/2014/nr – ia – 2014 – 54a. pdf.

[169] Swiss Financial Market Supervisory Authority (2011). Address-ing "Too Big To Fail" – The Swiss SIFI Policy. Available from: http://www. finma. ch/e/finma/publikationen/Documents/be – swiss – SIFI – policy – june – 2011 – summary – 20110624 – e. pdf.

[170] The Financial Crisis Inquiry Commission (2011). Financial Cri-sis Inquiry Report. United States, ON: Public Affairs.

[171] Yellen, J. (2010). Macroprudential Supervision and Monetary Policy in the Post – crisis World, Remarks at the NABE Annual Meeting. Available from: http://www. federalreserve. gov/newsevents/speech/yellen 20101011a. pdf.

后　记

　　写作本书的目的主要是为了普及有关国际银行监管政策框架的知识。作为一名金融政策研究者，我非常期盼更多的有志之士投身到银行监管这个领域的研究中来。伴随着中国银行业逐步走向国际舞台、国内监管规则与国际规则一致性的提高，国内研究巴塞尔协议的专业人员已日渐增多。但由于巴塞尔协议的规则复杂、术语繁多、涉及范围广等特点，有关国际银行监管政策的研究至今仍旧是曲高和寡。然而，对于国际银行监管政策的研究至关重要。从提高我国自身银行监管能力的角度来看，巴塞尔协议作为对近三十年来国际银行业监管经验和教训的总结，其理念和原则值得我们学习借鉴。同时，随着我国银行业开放和国际化的程度快速提升，国际监管政策和标准的有效性和公平性将深刻影响我国银行体系的稳定和国际竞争力。因此，中国的银行监管者必须对国际银行监管政策进行研究，并且深入参与到国际规则制定的过程中。

　　国际银行监管规则的制定是一项非常复杂而艰辛的工作。2012 年 8 月，我被巴塞尔委员会委任为杠杆率工作组主席，负责牵头对《第三版巴塞尔协议》中的杠杆率规则进行修订。杠杆率工作组由巴塞尔委员会成员国派出的三十余名专家组成。在工作组中，我的职责包括协调、指导杠杆率工作组修订杠杆率计量标准以及披露要求，定期向巴塞尔委员会政策制定委员会以及巴塞尔委员会汇报规则制定的情况，并就总体方向征求委员们的意见。杠杆率政策的制定过程使我对巴塞尔委员会的监管理念、工作机制和政策制定流程有了更为深入的了解，也使我体会到国际银行监管政策和标准制定过程的复杂性和艰巨性。由于巴塞尔委员会的政策是基于所有成员共识基础上的，每一项监管改革政策的出台都必须平衡各成员国银行体系的差异性以及由此产生的各种不同诉求。因此，工作组的工作通常是围绕着对重大政策上存在的不同观点、不同诉求之间的争议展开的。在技术层面，政策讨论的话语权往往取决于工作组成员对国际金融市场的了解、对国际监管规则的熟悉程度，以及政策讨论环节的表达沟通能力。在这一方面，我们急需大量的优秀人才。

　　书稿即将付梓，以巴塞尔协议为核心的国际银行监管框架仍在继续演进。从 2009 年至今，巴塞尔委员会陆续完成了相关资本监管政策的修订和完善、杠杆率监管指标设计和披露要求、流动性监管框架、大额风险暴露的监管框架、对系统重要性银行的资本附加要求，同时正在对市场风险、资产证券化、交易对手信用风险的风险计量方法进行修订。然而，国际金融危机中暴露出的许多问题仍未解决，巴塞尔委员会对政策的修订和完善工作仍在继续，对已完成政策的实施评估工作正在陆续展开。目前，信用风险、市场风险和操作风险标准法的修订正在广泛征求意见，基于标准法的资本底线、交易账户和银行账户利率风险的监管框架改革也正在逐步推进。后续巴塞尔委员会还将就监管改革政策的相互作用、一致性进行评估，并对相关规则进行全面校准。因此，相对于巴塞尔协议的研究来说，这本书还只是一个开始，相关的政策制定和实施进展还有待日后作进一步的更新和探讨。

　　本书由中国金融出版社出版，在编校和出版的过程中，得到了张智慧主任和王雪珂编辑的大力支持，在此对出版社及两位编辑的辛勤工作表示感谢。在书稿的写作中，得到了不少领导和同事的支持和鼓励，在此也一并表示感谢。

由于时间有限，难免存在不足之处，恳请读者批评指正。

刘春航

中国银监会政策研究局

2015 年 5 月